权威·前沿·原创

皮书系列为
"十二五""十三五""十四五"国家重点图书出版规划项目

BLUE BOOK

智 库 成 果 出 版 与 传 播 平 台

钢铁产业蓝皮书

BLUE BOOK OF THE STEEL INDUSTRY

世界钢铁产业发展报告（2022）

WORLD STEEL INDUSTRY DEVELOPMENT REPORT (2022)

世界钢铁发展研究院

主　编／李毅仁　张建良

副主编／闫相斌　冯　梅

社会科学文献出版社

SOCIAL SCIENCES ACADEMIC PRESS (CHINA)

图书在版编目（CIP）数据

世界钢铁产业发展报告.2022/李毅仁，张建良主
编.－－北京：社会科学文献出版社，2022.7
（钢铁产业蓝皮书）
ISBN 978－7－5228－0044－8

Ⅰ.①世…　Ⅱ.①李…②张…　Ⅲ.①钢铁工业－工
业发展－研究报告－世界－2022　Ⅳ.①F416.31

中国版本图书馆CIP数据核字（2022）第066072号

钢铁产业蓝皮书
世界钢铁产业发展报告（2022）

主　　编 / 李毅仁　张建良
副 主 编 / 闫相斌　冯　梅

出 版 人 / 王利民
责任编辑 / 贾立平　颜林柯
责任印制 / 王京美

出　　版 / 社会科学文献出版社·经济与管理分社（010）59367226
　　　　　　地址：北京市北三环中路甲29号院华龙大厦　邮编：100029
　　　　　　网址：www.ssap.com.cn
发　　行 / 社会科学文献出版社（010）59367028
印　　装 / 天津千鹤文化传播有限公司

规　　格 / 开 本：787mm×1092mm　1/16
　　　　　　印 张：31　字 数：469千字
版　　次 / 2022年7月第1版　2022年7月第1次印刷
书　　号 / ISBN 978－7－5228－0044－8
定　　价 / 188.00元

读者服务电话：4008918866

主要编撰者简介

李毅仁　工商管理硕士，正高级工程师、正高级经济师，历任战略企划部总经理、战略总监等职务。现任河钢集团副总经理、河钢集团战略研究院院长、河钢数字技术股份有限公司董事长、大河生态环境科技集团有限公司董事长。长期从事企业管理和战略规划研究工作，先后主持集团"十三五""十四五"规划编制工作，获得国家级和省部级企业管理现代化成果奖 15 项、专利 11 项。

张建良　北京科技大学教授、博士生导师，冶金与生态工程学院党委书记，全国优秀科技工作者，享受国务院政府特殊津贴专家。长期从事炼铁过程优化、氢冶金与低碳冶金、非高炉炼铁和资源综合利用等方面的研究。近年来，主持 200 余项科研项目，荣获国家科学技术进步奖二等奖 1 项，省部级科技奖励 25 项。在国内外发表文章 300 余篇，获得专利 40 余项，出版专著 8 部。

闫相斌　北京科技大学教授、博士生导师、副校长，国家杰出青年科学基金获得者。教育部高等学校管理科学与工程类专业教学指导委员会委员、中国信息经济学会副理事长、中国系统工程学会副秘书长、管理科学与工程学会常务理事。长期从事电子商务与商务智能、商务数据分析等方面的研究。近年来，主持和承担国家自然科学基金重点项目、国家"十二五"重大科技专项等科研项目 20 余项，在 *ISR*、*POMS*、*JMIS*、《管理科学学报》、

《中国管理科学》等国内外主流期刊上发表论文 80 余篇，出版专著 1 部，获省部级科技奖励 8 项，作为副主编编写教育部"十一五"规划教材 2 本，其中 1 本被评为"国家精品教材"。

冯　梅　北京科技大学教授、博士生导师，经济管理学院应用经济系主任。长期从事产业竞争力与产业政策、企业组织与竞争力分析、社会责任与企业战略等方面的研究。近年来，主持和承担国家社会科学基金项目、北京市哲学社会科学规划项目、北京市社会科学基金决策咨询重点项目、教育部人文社会科学项目、国家发改委项目以及多项企业委托项目，荣获教育部课程思政教学名师称号。

序　一

钢铁是反映一个国家综合实力的重要标志，是支撑国家发展的重要基础性产业。目前我国钢铁产业的发展已经由增量扩张阶段过渡到存量调整阶段，钢铁产业面临长期持续的转型挑战。为了更好地推动钢铁产业高质量发展，党和国家制定颁布了《"十四五"原材料工业发展规划》《关于促进钢铁工业高质量发展的指导意见》等文件。这些文件提出，力争到2025年，钢铁工业基本形成布局结构合理、资源供应稳定、技术装备先进、质量品牌突出、智能化水平高、全球竞争力强、绿色低碳可持续的高质量发展格局。

钢铁是世界各国推进农业现代化、完成工业化、实现新型城市化的关键物质支撑。钢铁为社会生活提供原材料，为社会生产提供工具与设备，让生活变得更加美好。同时，钢铁作为一种永久性材料，能够反复使用而不丧失其属性，也是发展循环经济的重要原材料。钢铁产业已经成为现代物质文明有机整体中不可或缺的组成部分，是发展国民经济与国防建设的基础性产业，具有高度的不可替代性。自第二次工业革命以来，钢铁产业的快速发展促进了铁路、船舶、汽车、能源、建筑、机械等众多钢铁下游产业的蓬勃发展，在增加世界物质财富的同时，也改变了近代以来的世界格局。如今，国家间的竞争日趋激烈，新型材料、航空航天、卫星制造、轨道交通、海洋工程与装备制造等高端制造业成为国家间的竞争焦点，钢铁在其中仍将发挥至关重要的作用。在可预见的未来，钢铁将继续保有其基础性和结构性材料的地位。

我国十分重视钢铁产业的发展，新中国成立后的第一年，我国钢铁产量

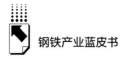

就实现了 3 倍增长。改革开放后，我国钢铁产业从国外引进诸多技术，并利用外资建成一批新型钢铁厂，缩小了与世界水平的差距。进入社会主义市场经济后，多家钢铁企业实现上市，钢铁产业管理体制也进行了改革，我国钢铁产业发展逐步赶上世界平均水平。进入 21 世纪，我国钢铁产业实现了跨越式发展，产业规模迅速扩大，从当年的缺铁少钢，一跃成为全球第一大钢铁生产国。钢铁产品进出口格局彻底改变，品种类型不断丰富，逐渐建立起世界规模最大的钢铁生产体系。同时，钢铁产业创新成果开始涌现，产业结构得到优化，节能环保水平也有所提高。钢铁产业的发展有效地支撑了我国国民经济的平稳快速发展，但也开始面临产能过剩，创新能力不强，环境资源约束紧张，企业经营发展困难的局面。"十三五"时期，党和国家做出实施供给侧结构性改革的决定，明确"去产能、去库存、去杠杆、降成本、补短板"五项任务，并把钢铁产业列为五项任务之首，自此钢铁产业进入高质量发展阶段。目前，我国钢铁产业正持续深入推进供给侧结构性改革，以高质量高标准体系为引领，争取早日实现产业结构转型升级。

"十四五"时期，我国钢铁产业将迈入高质量发展新阶段，机遇和挑战也呈现新变化。在机遇方面，以国内大循环为主体、国内国际双循环相互促进的新发展格局开始形成，内需体系不断完善，国际交往通道联系也更加紧密，这为钢铁产业的可持续发展提供了基础。我国社会主义市场经济体制日益完善，资源要素流动也更加顺畅，这为强化钢铁产业链韧性提供了支撑。在挑战方面，受全球新冠肺炎疫情和贸易保护主义再抬头的影响，世界经济一体化遭遇严重打击，产业链、供应链安全风险凸显。在新形势和新要求下，市场对钢铁等大宗原材料的需求有逐渐减弱趋势，产业内生增长面临挑战。随着碳达峰、碳中和目标的提出，钢铁产业面临的资源环境约束压力也日趋增大。

"创新能力显著增强，产业结构不断优化，绿色低碳深入推进，资源保障大幅改善，供给质量持续提升"是我国钢铁产业迈向高质量发展新阶段的总体目标。为此，就要坚持创新发展、总量控制、绿色低碳和统筹协调原则，实现产业供给高端化，健全创新体系，攻克关键技术，提高产品质量；

推动产业结构合理化，巩固去产能成果，引导合理布局，优化组织结构，推进产业协同；加快产业发展绿色化，积极实施节能低碳行动，推进超低排放和清洁生产，提升资源综合利用水平；加速产业转型数字化，加快制造过程智能化，加快企业管理体系变革；保障产业体系安全化，提高资源保障能力，增强配套支撑能力，提升安全生产水平。

数字化时代的来临也给钢铁产业发展带来了新机遇，驱使钢铁产业进行变革。数字化转型与智能化发展不仅可以帮助钢铁产业降低对一般生产要素的依赖，提高产品质量，还可以改变传统生产经营理念，推动价值链、产业链、生态链间的数据共通，实现资源共享与业务协同。钢铁产业上下游产业众多，数字化转型与智能化发展既关系到钢铁产业自身的可持续发展，又会通过产业关联效应影响其他行业。实现碳达峰、碳中和是全球的共同愿景，绿色低碳行动将在世界范围内引发一场广泛而深刻的系统性变革。数字化与智能化是钢铁产业摆脱传统粗放发展模式，实现绿色低碳发展的重要手段。在这一过程中，先进的数字创新技术、可持续的生产运营方式、灵活的商业创新模式以及良好的产业生态环境，都会对钢铁产业生态系统的重构起到重大作用。

在钢铁产业持续追求高质量发展的背景下，北京科技大学、河钢集团有限公司共同发起成立了世界钢铁发展研究院。世界钢铁发展研究院的成立为钢铁产业的可持续发展提供了新的研究平台。该研究院聚焦世界钢铁与全球经济、钢铁产业与可持续发展、未来钢铁与城市生态的关系，深入研究钢铁工业发展的普遍性规律，努力探讨未来钢铁产业发展所面临的共性、关键科学问题。

《世界钢铁产业发展报告（2022）》一书是世界钢铁发展研究院成立后发表的代表性著作，由北京科技大学和河钢集团有限公司联合编撰。北京科技大学前身是1952年建校的北京钢铁工业学院，是新中国建立的第一所钢铁工业高等学府。建校70年来，学校秉持"求实鼎新"的校训精神，发扬"学风严谨，崇尚实践"的优良传统，为社会培养各类人才26万余人，大部分已成为国家政治、经济、科技、教育等领域尤其是冶金、材料行业的栋

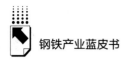

梁和骨干，为中国乃至世界钢铁、冶金工业的发展做出了突出贡献，被社会誉为"钢铁摇篮"。北京科技大学，因钢而生、因钢而兴，为钢铁产业发展长期稳定地提供人才、技术等方面支持是其职责所在。北京科技大学将持续聚焦钢铁先进工艺技术、新材料研发、智能化、绿色低碳等领域，为促进钢铁工业迈向创新引领的高质量发展道路做出更积极的贡献。

《世界钢铁产业发展报告（2022）》秉持事实原则，以追求实践价值为引导，邀请多位专家学者对世界钢铁产业进行了分析，总结了钢铁产业的竞争态势，着重研究了技术创新、低碳发展和数字化转型视角下的钢铁产业发展状况。除此之外，本书还通过两个案例展现了钢铁企业的发展与转型历程。希望本书可以对政府颁布相关政策措施、行业制定有关发展策略、企业明晰发展思路有所帮助。

2022 年 4 月 21 日，习近平总书记给北京科技大学的老教授回信，对钢铁产业发展提出了要求，即要促进钢铁产业的创新发展和绿色低碳发展，铸就科技强国、制造强国的钢铁脊梁。习近平总书记的重要指示为钢铁产业"危中寻机、化危为机"指明了方向。如今的钢铁产业发展挑战与机遇依然并存。"十四五"时期是我国由全面建成小康社会向基本实现社会主义现代化迈进的关键时期，是积极应对国内社会主要矛盾转变和国际经济政治格局深刻变化的战略机遇期，也是加快推进生态文明建设和经济高质量发展的攻坚期，"雄关漫道真如铁"，钢铁产业作为支柱型产业，更应持续推进创新、协调、绿色、开放和共享发展，为我国新发展阶段的经济社会建设做出更多贡献。

北京科技大学党委书记　武贵龙

序　二

　　钢铁是迄今为止世界上应用最广的结构性、功能性材料，是全生命周期排放量最低、循环利用率最高的金属材料，在支撑人类文明进步中做出了不可或缺的突出贡献。世界钢铁协会研究显示，钢铁产业是全球仅次于石化能源行业的第二大产业，年交易额超过 9000 亿美元；钢铁产业也是全球经济带动效应和放大效应极强的产业，能按照 1∶4.9 的比例创造工业增加值、1∶14.7 的比例提供就业岗位。中国钢铁工业作为"世界钢铁中心"，截至 2021 年，累计生产粗钢高达 139.96 亿吨，占同期世界总产量的 40.5%。尤其是自 2018 年以来，我国钢铁产量持续超过世界钢铁总产量的 50%，真正占据了世界钢铁行业的半壁江山。

　　当下，世界之变、时代之变、历史之变正以前所未有的方式展开，新冠肺炎疫情的阴霾、气候变化的挑战、全球经济复苏的乏力、新一轮技术变革的影响，向人类提出了严峻的挑战，也必将给全球产业发展格局和商业模式带来深远影响。钢铁产业作为国民经济的重要基础产业、建设现代化强国的重要支撑和实现绿色低碳发展的重要领域，必将紧随全球产业发展方向，紧扣数字化、绿色化两大发展主题，依托技术的不断迭代升级，推进新一代信息技术、低碳技术等前沿技术与钢铁制造深度融合，并以更多的创新元素、更新的发展内涵继续发挥其在现代经济体系建设和社会经济高质量发展中的重要作用。

　　世界钢铁发展研究院秉承"钢铁与人类社会、自然环境和谐共生的产业生态圈"的建院宗旨，紧扣时代发展主题，充分发挥研究院专家资源平

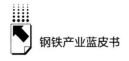

台优势，围绕钢铁产业绿色化、智能化、品牌化等发展方向，积极推进行业重点领域学术研究和技术研究，并取得阶段性成果——《世界钢铁产业发展报告（2022）》。面向未来，世界钢铁发展研究院将携手相关企业、院校和社会组织，为推动世界钢铁工业可持续发展提供智力支持，为全球经济高质量发展和人类文明进步贡献力量。

作为世界钢铁发展研究院的发起单位之一，河钢集团也将继续秉持"人、钢铁、环境和谐共生"的理念，不断强化社会责任，坚定与国家战略同向同行，持续做好转型升级的探索者、超低排放的引领者、合作共享的践行者、全球发展的贡献者，为低碳钢铁、美丽中国、和谐世界贡献积极力量。

河钢集团党委书记、董事长　于勇

摘 要

钢铁产业对于支撑国民经济发展，建设现代化强国具有基础性作用。"十三五"时期，中国钢铁产业持续推进供给侧结构性改革，不断化解产能过剩、集中度偏低等问题，产业结构趋于合理，绿色低碳发展取得成效，创新能力有所增强，数字化转型也正在加速，钢铁产业开始走上健康发展轨道。本书是由北京科技大学和河钢集团有限公司联合编撰的关于钢铁产业发展的最新年度报告，分为总报告、发展指数篇、低碳发展篇、技术创新篇、数字发展篇和案例篇六个部分。本书全面总结了钢铁产业的发展状况，并以低碳、创新和数字化为主题，重点解读了钢铁产业的最新发展趋势，同时通过案例的方式探析了钢铁企业的发展变革情况。

本书总报告部分对世界钢铁产业和主要企业的竞争力以及中国钢铁企业高质量发展情况进行了综合评价，较为准确地刻画了世界钢铁产业竞争态势。在发展指数篇中，依据钢铁产业和企业特征编制了发展评价指数，对中国和世界钢铁企业的发展情况进行了评价。在低碳发展篇中则聚焦全球钢铁产业的低碳发展情况，分析了世界和具有代表性国家的钢铁工业的生产状况以及二氧化碳排放趋势和能源消耗情况，并以中国典型的钢铁企业为研究对象，系统分析了钢铁企业的能源消费情况、二氧化碳排放绩效以及碳交易经济收益。在技术创新篇中对具有代表性国家和地区的钢铁技术发展历史与特征进行了梳理，分析了这些国家和地区钢铁技术创新的特点，总结出钢铁产业转移趋势与区位差异，再分别从国家和企业视角研究了钢铁产业的技术效率和创新效率。在数字发展篇中，首先对世界钢铁产业数字化转型现状进行

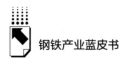

了分析，并对未来发展趋势进行了研判；其次研究了数字经济对钢铁产业结构与布局的影响；最后则基于全球产业数字化发展历程，分析了数字化对世界钢铁产业政策的影响。在末尾的案例篇中则通过河钢集团和韩国浦项钢铁集团两个案例展示了钢铁企业的发展与转型历程，揭示了钢铁企业的发展现状与未来趋势。

"十四五"时期，中国钢铁产业依然面临去产能压力，行业集中度和关键核心工艺发展水平也有待进一步提升，绿色低碳和数字化仍然是钢铁企业转型的核心方向。面对新形势、新要求，需要更好地促进钢铁产业高质量发展。本书以理论和实证相结合的方式，从社会科学角度对钢铁产业发展进行了系统的介绍和分析，能够让广大读者了解世界钢铁产业发展现状和趋势，可以为政府部门出台钢铁产业相关政策措施、企业制定相关战略规划，提供借鉴和参考。

关键词： 世界钢铁产业　产业竞争力　技术效率

目 录 ⏎

Ⅰ 总报告

Ⅱ 发展指数篇

Ⅲ 低碳发展篇

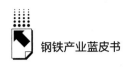

IV 技术创新篇

V 数字发展篇

VI 案例篇

皮书数据库阅读 **使用指南**

总 报 告
General Report

B.1
世界钢铁产业竞争力现状评价与分析

李毅仁　张建良　闫相斌　冯 梅*

摘　要：　在新一轮科技革命和产业变革深入发展背景下，提升世界钢铁产业竞争力势在必行。本报告在回顾世界钢铁产业发展的基础上，对世界钢铁产业竞争力、世界主要钢铁企业竞争力以及中国钢铁企业高质量发展进行综合评价，以期准确刻画世界钢铁产业竞争态势。本报告第一部分回顾了世界钢铁产业的发展历程，将世界钢铁产业发展分成起步阶段、快速发展阶段、结构调整阶段与转型发展阶段四个阶段；第二部分从世界钢铁产业生产能力、市场绩效、技术水平与产业发展环境四个方面对世界钢铁产业竞争力进行总体评价；第三部分从企业规模、经营状况与创新能力三个

---

* 李毅仁，河钢集团副总经理、河钢集团战略研究院院长、河钢数字技术股份有限公司董事长，研究方向为智能制造与数字技术、企业管理与战略规划等；张建良，北京科技大学教授、博士生导师，冶金与生态工程学院党委书记，研究方向为炼铁过程优化、氢冶金与低碳冶金、非高炉炼铁和资源综合利用等；闫相斌，北京科技大学副校长、教授、博士生导师，研究方向为电子商务与商务智能、商务数据分析等；冯梅，北京科技大学经济管理学院教授，研究方向为产业竞争力与产业政策、企业组织与竞争力分析、社会责任与企业战略等。

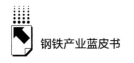
方面对世界排名前十（产量计）的钢铁企业的竞争力进行分析，发现世界粗钢产量排名前十的钢铁企业竞争力呈现较大差异；第四部分从创新发展、协调发展、绿色发展、开放发展与共享发展五个方面对中国钢铁企业高质量发展情况进行分析，认为中国钢铁企业高质量发展不断取得新进展，将促进中国钢铁产业形成更高水平的供需动态平衡；第五部分从生产智能化、工艺绿色化、产品高端化三个方面对钢铁产业的发展进行了展望。

关键词： 产业竞争力　钢铁产业　钢铁企业

加快推进钢铁产业质量变革、效率变革、动力变革，提升钢铁产业全球竞争力，是保障钢铁产业链、供应链安全稳定，促进钢铁产业质量效益全面提升的迫切需求，更是助力国民经济行稳致远的战略需要。当前，新一轮科技革命和产业变革深入发展，为更好地面向世界科技前沿、面向经济主战场、面向国家重大需求，在世界范围内形成绿色低碳可持续、技术装备先进、智能化水平高、全球竞争力强的钢铁产业发展格局势在必行。应加快打造一批具有强大国际竞争力的世界一流超大型钢铁企业集团，培育一大批具有区位优势、工艺优势、产品优势的世界特色钢铁企业集团。在此背景下，本报告将对世界钢铁产业竞争力、世界主要钢铁企业竞争力以及中国钢铁企业高质量发展进行综合评价，以期准确刻画世界钢铁产业竞争态势，为钢铁产业政策的制定提供切实参考。

一　世界钢铁产业发展的回顾

本部分将回顾世界钢铁产业的发展历程，具体来看，世界钢铁产业发展大致可分成四个阶段：起步阶段、快速发展阶段、结构调整阶段与转型发展阶段。

1. 起步阶段

19世纪中叶至20世纪中叶，工业革命的技术成果不断被应用于钢铁生产领域，全球范围内的钢铁生产规模不断扩大，钢铁开始逐步实现产业化发展。这一阶段，炼铁工艺的突破与工业化进程的相互促进使得原来小规模的钢铁生产转向大规模生产。一方面，欧洲与北美地区各国进入工业化阶段，对钢铁的需求急剧扩张；另一方面，工业化使大规模炼钢技术的产生与完善成为可能，这成为钢铁实现产业化发展的关键。19世纪50年代，英国冶金学家贝塞麦将高压空气吹入铁水中进行钢铁冶炼，被称为酸性底吹转炉法，但这一方法要求铁水具有较低的含磷量，这就使得钢铁产业发展受到限制。19世纪70年代，托马斯发明的碱性底吹转炉法能够大量去除铁水中的磷。空气底吹转炉法的产生与发展开创了大规模炼钢的新方法，世界进入了钢铁时代。在空气底吹转炉法不断发展的同时，西门子与马丁继续对炼钢方式进行改进，发明了平炉炼钢法。与空气底吹转炉法相比，平炉炼钢法不但能够以废钢作为冶炼原料，而且钢的质量也得到大幅提高。19世纪末，赫劳特发明了电弧炉冶炼方法，在冶炼优质钢与合金钢方面实现了重大突破。钢铁冶炼技术的不断创新，使得钢铁产量不断扩大。1900年，全球粗钢产量已近3000万吨，1950年，全球粗钢产量已近2亿吨。

英国作为工业革命的发源地，其钢铁冶炼水平在19世纪前半叶一直处于全球领先地位，钢铁产量也高于法国、德国与美国等其他国家。但随着世界各国钢铁冶炼工艺不断取得突破，英国这一地位受到挑战。19世纪70年代，工业化有力地支撑了美国钢铁产业的迅速发展，美国积极引进世界最先进的炼钢工艺，用平炉炼钢法逐步取代坩埚炼钢法与酸性转炉炼钢法，直到20世纪中叶，平炉炼钢法始终为美国主要的炼钢方式。19世纪末，美国粗钢产量超越英国，成为世界第一产钢大国。1900年，美国粗钢产量占全球粗钢总产量的37%，而英国粗钢产量占全球粗钢总产量的比重下滑到18%；1950年，美国粗钢产量占全球粗钢总产量的比重已达46%，而英国仅为9%。这一阶段，除钢产量大幅提升外，还诞生了美国钢铁公司这一美国乃至世界最大的钢铁垄断跨国公司，对全球的钢铁市场与原料来源产生了重要

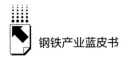

影响。

2. 快速发展阶段

20 世纪中叶至 20 世纪 70 年代初，钢铁产业作为世界各国进行战后重建、恢复经济与发展生产的关键性产业受到了世界各国的重视，世界钢铁产业在政策的支持下进入快速发展阶段，钢铁产量稳步提升。一方面，世界各国纷纷通过提供扶持资金、设立风险资本市场与税收补贴等政策促使资本向钢铁产业集中，扩大钢铁产业生产规模，实现规模经济，满足市场需求；另一方面，技术的革新是钢铁产业进入快速发展阶段的主要途径。钢铁强国不断对钢铁生产工艺和生产装备进行更新，如氧气顶吹转炉炼钢工艺、连续铸钢工艺、带钢热连轧机和冷连轧机等，大幅度提高了钢铁生产能力。一些后起国家通过贸易或技术合作的方式进行技术引进，实现本国钢铁产业技术的换代升级，提高劳动生产率，促进本国钢铁产业快速成长，从而提升钢铁产业产品的国际竞争力。在规模经济与技术革新的双重作用下，钢铁产业产量迅速提升。1970 年，全球粗钢产量达 5.95 亿吨。

在钢铁产业迅速发展阶段，日本在有效的产业政策指导下一跃成为世界钢铁强国。日本政府为尽快实现战后经济恢复与重建，采取"倾斜生产方式"来优先发展钢铁与煤炭两个产业部门。具体来看，日本政府主要采取了两方面的措施：一方面，设置"复兴金融库"，为钢铁等重点产业提供优惠贷款；另一方面，对钢铁等重点产业部门采取价格补贴政策。虽然这种"倾斜生产方式"由于有维护垄断资本等多种弊端，很快就退出了历史舞台，但在该政策下，日本钢铁产业获得了迅速恢复，生产能力不断提升，并以此为杠杆带动了日本国民经济的发展。随着日本政府对钢铁产业的财政补贴的取消，钢铁等工业产品的价格居高不下。为解决这一问题，1950 年，日本制定了《钢铁工业和煤炭工业的合理化施策纲要》，即第一个钢铁产业"合理化计划"，明确将钢铁产业作为出口重点产业进行培育，钢铁产业投资大规模增加。紧接着日本继续实施了两次大规模"合理化计划"，钢铁工业设备投资不断增加，使日本高炉呈现大型化的发展趋势。此外，日本也是全球首个建成全连铸钢厂的国家。设备换代升级与技术革新提高了钢铁企业生产效率,降低了生产成本,日本钢铁产业的国际竞争力得到显著提高。1947 年,日本粗钢产量不足 100 万吨,而 1970 年,日本粗钢产量已经超过9000 万吨,占全球粗钢产量的 15.13%。

这一阶段,韩国钢铁产业也在以鼓励与扶持为主的政策下快速发展。1962 年,韩国开始第一个五年计划,以钢铁产业为代表的重工业的发展得到了重视,经济重心逐渐由以纺织业为主的轻工业向重工业转移。1970 年,韩国政府颁布了《钢铁工业育成法》,从法律和政策层面给予韩国钢铁产业支持。《钢铁工业育成法》提出建立大型钢铁联合企业,如浦项制铁,此举极大地提高了韩国钢铁产业集中度,有效地集聚了产业资源,为韩国钢铁产业的快速发展奠定了基础。20 世纪 70 年代初期,韩国制定了"发展重化工业长远计划",宣布将包括钢铁产业在内的六大产业作为"六大战略工业",通过出口利息补助、进口关税、进口限制政策等对六大产业进行扶持,以减少其对国外设备、技术、工业原料的依赖,大幅提高产业规模,为下游产业发展提供优质原材料,同时增强其在国际市场上的竞争力。

3. 结构调整阶段

20 世纪 80 年代初至 2000 年,世界钢铁产业进入调整与改造阶段,不再盲目追求产业规模的扩大,开始化解过剩产能,产业与产品结构不断得到优化。世界钢铁总产量由 1950 年的 1.89 亿吨增长到 1980 年的 7.17 亿吨,钢铁产业实现了全面复兴。但 20 世纪 80 年代初,在钢铁行业快速发展过程中积累的矛盾和问题逐渐暴露,投资过热、产能过剩、污染严重、发展速度趋缓等问题随之出现。同时,欧美国家进入工业化后期,对钢材产量的需求增长速度放缓,但对钢材品质的要求逐步提高,钢材产品向着多样化、高性能和高附加值方向发展。因此,总体来看,这一阶段淘汰落后企业,促进企业兼并重组,加快企业信息化建设,化解过剩产能,重视技术创新是此时世界钢铁产业发展的主要方向。这在抑制钢铁产业过度投资与低端产能的同时,也促进了世界主要钢铁生产国产业结构的调整,使产业资源向高端产品集中,延伸了钢材加工产业链,提高了钢铁产品深加工度。

具体来看,在这一时期,日本制定了多项政策与法规,促进本国钢铁产

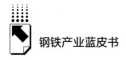

业不断调整，在技术革新与集约管理的基础上，成功实现了钢铁工业向质量型、效益型的转变。1983 年，日本颁布了《特定产业结构改善临时措施法》，鼓励企业间的兼并重组，减量经营，化解低端过剩产能。与此同时，钢铁产业的高耗能与高污染受到重视，日本政府相继制定了《工厂废水排放管理法》《废弃物的处理及清扫法》等一系列法规来禁止企业浪费资源与污染环境的行为。在一系列政策的限制下，1980 ~ 2000 年日本粗钢产量没有出现大幅增长，始终维持在 1.1 亿吨左右，但产品结构开始由结构材料向功能性材料转变，在纯净度、强度、耐磨性与耐腐蚀性等方面有了明显提升，并完成了由技术引入国向技术输出国的转变。同时，在国内钢材市场需求乏力的情况下，日本钢铁产业通过对外投资加快了全球化的进程，高端产品在国际上的竞争力不断加强。

20 世纪 80 年代，中国钢铁产业迅速发展，产业规模不断扩大。但进入 90 年代，中国钢铁产业也出现了对市场盲目乐观、投资过热的现象，导致中国钢铁产业积累了过剩产能。1992 年，党的十四大提出要建立社会主义市场经济体制，中国钢铁企业面临的首要问题就是以市场为导向，从规模扩张向调整结构转变，主要包括淘汰落后产能，优化产品结构、工艺结构并建立现代化的组织结构。1994 年，《关于继续加强固定资产投资宏观调控的通知》提出，控制包括钢铁产业在内的多个产业盲目布点、重复建设的现象。1999 年，国家经贸委颁布了《关于做好钢铁工业总量控制工作的通知》，指出 1999 年全国钢产量比 1998 年实际钢产量压缩 10%，各地要坚决制止重复建设，3 年内不再批准新建炼钢、炼铁、轧钢项目。2000 年，国家经贸委相继出台了《关于下达 2000 年钢铁生产总量控制目标的通知》《关于清理整顿小钢铁厂的意见》，要求继续控制钢产量，加快清理整顿小钢铁厂。在一系列的调整政策影响下，中国钢铁市场逐渐趋冷，供大于求与产品市场价格下跌的局面有所缓解，钢铁企业经济效益有所回升，产业发展质量得到提高，钢铁工艺流程优化成效显著。《中国钢铁工业年鉴》显示，钢铁工业总产值由 1980 年的 276.12 亿元上升到 2000 年的 4732.90 亿元，连铸比由 1980 年的 6.2% 提高至 2000 年的 87.3%，优质钢占总钢产量的比重由 1980

年的 24.5% 增加到 2000 年的 30.3%；根据世界钢铁协会的公开数据，中国转炉炼钢比由 1990 年的 42.5% 上升到 2000 年的 82.4%。

4. 转型发展阶段

2000 年以来，世界范围内的钢铁产业进入一个崭新的发展阶段，这一阶段绿色化与智能化发展成为钢铁产业发展的主要方向。进入 21 世纪后，世界范围内环境污染、生态破坏以及资源短缺问题愈发突出，钢铁等高耗能与高污染产业所引起的环境与资源问题越来越受到重视。因此，世界钢铁产业开始通过技术创新和改造的手段，降低钢铁产业的能耗，减少污染物的排放，提升钢铁冶炼行业的节能环保水平与废钢的循环利用率，实现绿色发展。数字化与智能化发展是钢铁产业实现绿色低碳化的重要手段，同时，在化解钢铁产业过剩产能，突破企业发展瓶颈，提升钢铁产品质量，满足市场高端化、多样化的市场需求方面也发挥着重要作用。21 世纪特别是 2015 年以来，世界钢铁产业在向数字化、智能化转型方面取得了重大进步。

欧美国家以及日本在世界范围内率先进行钢铁产业绿色化与智能化转型。进入 21 世纪后，在钢铁产业绿色发展方面，欧美国家以及日本钢铁产业发展表现出了以工业流程高效、资源节约、环境友好为导向的特点。2005 年，美国新《能源政策法案》提出，采取对安装特定节能技术的企业实施 20 亿美元税收激励等措施，为美国钢铁产业的低碳化带来了资金、技术、人才等方面的支持。美国二氧化碳突破性计划等项目的实施，为美国钢铁产业绿色发展注入了新动能。在"环境立国"的战略方针与绿色经济的发展理念影响下，日本钢铁产业大力推广节能技术，研发节能钢材，加快节能环保技术的合作与转让，这使日本的钢铁产业技术得到革新，工艺得到简化，能源结构得以改善，日本成为世界上吨钢能耗最低的国家。在钢铁产业智能化发展方面，"德国制造 2025""美国工业互联网""日本社会 5.0"等国家级战略均包含了钢铁产业数字化发展的内涵。欧洲煤炭和钢铁研究基金（RFCS）将投入 2.5 亿欧元用于钢铁行业的数字化创新项目，如零缺陷制造、全工艺流程优化、自适应在线控制等。

进入 21 世纪，中国成为世界钢铁产业绿色化与智能化转型的重要组成

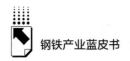

部分。在钢铁产业绿色发展方面，中国不断强调可持续发展与循环发展理念在钢铁产业发展过程中的重要作用，提高废气、废水、废物的综合利用水平，鼓励用可再生材料替代钢材和废钢材回收。在钢铁产业智能化发展方面，在两化融合热潮的影响下，中国大型国有钢铁企业在 2000 年左右就开始实施大规模的 ERP 项目，虽然民营钢铁企业起步要晚于大型国有企业，但发展速度较快，与国有企业的差距逐渐缩小。2015 年以后，数字技术不断创新，使钢铁产业智能化水平迈上新台阶，工业互联网技术、人工智能技术和大数据技术等在钢铁产业的应用日渐普及，钢铁产业互联网平台、无人自动化生产线建设不断推进，数字产业与钢铁产业进一步深度融合。

二 世界钢铁产业竞争力总体评价

本部分将从生产能力、市场绩效、技术水平与产业发展环境四个方面对世界钢铁产业竞争力进行总体评价。

1. 世界钢铁产业生产能力评价

从钢铁生产总量来看，中国、印度、日本、美国、俄罗斯、韩国位居全球前列。21 世纪以来，世界钢铁产业进入新的发展阶段，全球粗钢生产能力稳步提升，年平均增长率达 4.2%。2020 年，全球粗钢产量实现了正增长，产量为 18.78 亿吨，同比增长 0.2%。其中，中国粗钢产量为 10.65 亿吨，占全球粗钢总产量的 56.7%，居全球首位；其次为印度、日本、美国、俄罗斯、韩国，其粗钢产量分别占全球粗钢产量的 5.3%、4.4%、3.9%、3.8% 与 3.6%（见图 1）。中国、印度、日本、美国、俄罗斯和韩国六国作为全球主要钢铁生产国，其粗钢产量总和占据了全球总产量的 77.7%。2017~2019 年，中国与印度粗钢产量均保持着较高的增长率；美国呈震荡增长态势；韩国与俄罗斯增速变缓；日本增速呈下降趋势。2020 年，中国钢铁生产总量实现了正增长，同比增加 7.0%，美国与日本下降幅度较大，同比分别下降 17.2%、16.2%，具体数值如表 1 所示。2021 年全球粗钢产量为 19.51 亿吨，同比增长 3.8%。

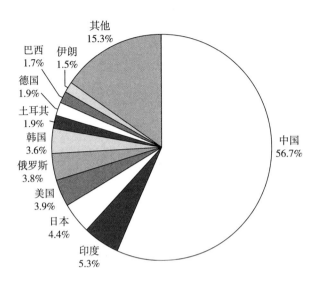

图 1　2020 年全球粗钢产量国家占比情况

资料来源：世界钢铁协会《2020 年世界钢铁统计数据》。

从人均钢铁生产能力来看，虽然 2020 年中国在粗钢总产量与增长率方面居全球首位，但人均粗钢产量低于韩国。如图 2 所示，2020 年，中国人均粗钢产量为 0.75 吨，较 2019 年的 0.71 吨稍有增加，中国的钢铁生产能力进一步增强。在 6 个世界主要钢铁生产国中，韩国人均粗钢产量最高，2020 年达 1.3 吨，远高于 0.2 吨的世界平均水平；印度粗钢总产量虽居全球第二，但人均产量不足 0.1 吨，低于世界平均水平。

表 1　2017～2020 年世界主要钢铁生产国粗钢产量增长率

单位：%

国家	2017 年	2018 年	2019 年	2020 年
中国	7.7	6.6	7.2	7.0
印度	6.2	4.9	4.6	-10.0
日本	-0.1	-0.4	-4.8	-16.2
美国	3.9	6.1	1.4	-17.2
俄罗斯	1.0	0.3	0.3	-0.4
韩国	3.5	2.1	-1.5	-6.0

资料来源：根据世界钢铁协会数据整理而得。

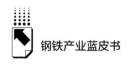

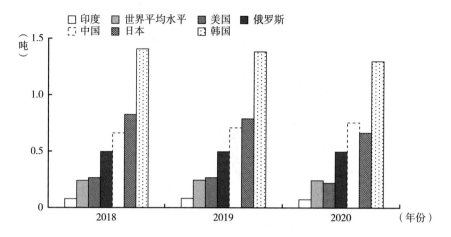

图2 2018~2020年世界主要钢铁生产国人均粗钢产量

资料来源：根据世界钢铁协会与国家统计局数据整理而得。

2. 世界钢铁产业市场绩效评价

从全球钢铁消费市场来看，中国、印度、美国、日本、韩国、俄罗斯市场庞大，为主要钢铁消费国。2020年，全球成品钢表观消费量为17.72亿吨，同比下降0.2%。其中，中国成品钢表观消费量为9.95亿吨，占全球成品钢表观消费量的56.2%，比2010年上涨了11.5个百分点，中国是全球最大的钢铁消费国。2020年，中国成品钢表观消费量保持了较高的增长速度，达9.1%。印度、美国、日本、韩国与俄罗斯也为钢铁消费大国，2020年，其成品钢表观消费量分别为0.89亿吨、0.80亿吨、0.53亿吨、0.49亿吨与0.43亿吨，分别占全球成品钢表观消费量的5.0%、4.5%、3.0%、2.8%与2.4%（见图3）。韩国为全球人均成品钢表观消费量最高的国家，2020年达0.95吨，高于世界平均水平，而印度较低，2020年为0.06吨（见图4）。

从国际市场占有率来看，中国为世界最大钢铁出口国，其钢铁国际市场占有率最高。如图5所示，2020年，中国钢铁国际市场占有率为10.5%，居全球首位。日本为另一钢铁出口大国，2018~2020年，其钢铁国际市场占有率稳定在7.2%，相较于2016年的8.3%稍有下降。韩国与俄罗斯的钢铁国际市场占有率分别在6%与5%上下浮动，而美国的钢铁国际市场占有

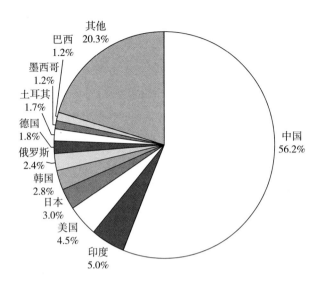

图3　2020 年钢铁消费国家占比情况

资料来源：世界钢铁协会。

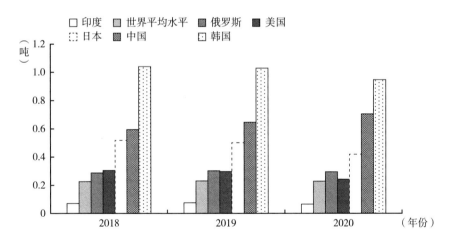

图4　2018～2020 年世界主要钢铁消费国人均成品钢表观消费量

资料来源：世界钢铁协会。

率由 2016 年的 4.3% 缓慢下降至 2020 年的 3.9%。在世界主要钢铁生产国中，印度的钢铁国际市场占有率处于较低水平，但有逐渐上升的趋势，由 2016 年的 2.2% 上升至 2020 年的 3.4%。

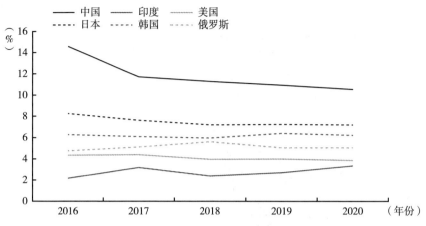

图5 2016～2020年世界主要钢铁出口国钢铁国际市场占有率

注：钢铁国际市场占有率 = 某国钢铁出口金额/世界钢铁出口总金额×100%。
资料来源：根据联合国贸易统计数据库整理而得。

从出口贡献率来看，美国钢铁出口贡献率明显低于其他国家。如图6所示，在世界主要钢铁出口国中，俄罗斯钢铁出口贡献率最高，2020年为4.8%；美国最低，2020年为0.9%；日本与韩国均在4%附近波动；中国则呈下降趋势，由2016年的2.1%下降至2020年的1.3%。

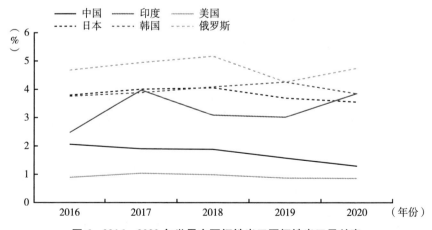

图6 2016～2020年世界主要钢铁出口国钢铁出口贡献率

注：钢铁出口贡献率 = 某国钢铁出口金额/某国商品出口总金额×100%。
资料来源：根据联合国贸易统计数据库整理而得。

3. 世界钢铁产业技术水平评价

从钢铁生产的首要核心技术来看，世界主要钢铁生产国连铸比均超过 80%。2020 年，荷兰等 14 个国家与地区连铸比为 100%，但这些国家与地区钢铁生产规模普遍较小。如表 2 所示，美国连铸比由 2018 年的 98.2% 增长至 2020 年的 99.8%；中国、日本、韩国的连铸比均在 98.5% 的水平上浮动；印度与俄罗斯连铸比较低，2020 年的连铸比分别为 87.0% 与 82.5%。

表 2　2018～2020 年世界主要钢铁生产国连铸比

单位：%

国家	2018 年	2019 年	2020 年
中国	98.4	98.5	98.6
印度	87.1	87.1	87.0
美国	98.2	99.7	99.8
日本	98.5	98.4	98.4
韩国	98.6	98.6	98.7
俄罗斯	82.0	82.5	82.5

资料来源：世界钢铁协会。

从工艺技术方面来看，以废钢为原料的电炉炼钢方式在美国占主导地位。表 3 展示了 2020 年世界主要钢铁生产国所采用的粗钢工艺，美国作为世界上最早用电弧炉炼钢的国家，其电炉高功率、超高功率技术处于世界领先水平。目前，美国转炉炼钢与电炉炼钢比为 0.4∶1。以铁矿石为原料的长流程转炉炼钢方法在中国占主导地位，而以废钢为原料的电炉炼钢所炼的粗钢产量占总粗钢产量的比重不到 10%。[①] 2020 年，中国转炉炼钢与电炉炼钢比为 9.9∶1，远远高于 2.8∶1 的世界平均水平。印度、日本、俄罗斯与韩国转炉炼钢与电炉炼钢比分别为 0.8∶1、2.9∶1、2.1∶1、2.2∶1。

[①]　张寿荣、王一德、殷瑞钰：《中美钢铁产业结构调整对比：思考与借鉴》，冶金工业出版社，2020。

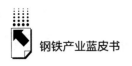

表3　2020年世界主要钢铁生产国粗钢工艺

国家	转炉（%）	电炉（%）	平炉（%）	总计（%）
中国	90.8	9.2	—	100.0
印度	44.5	55.5	—	100.0
日本	74.6	25.4	—	100.0
美国	29.4	70.6	—	100.0
俄罗斯	65.9	32.1	2.0	100.0
韩国	69.0	31.0	—	100.0

资料来源：世界钢铁协会。

从钢铁产业专利数量来看，中国钢铁产业技术水平提升速度较快，技术竞争力持续增强。一方面，中国钢铁产业专利申请数量与授权数量均保持较快增长速度，中国钢铁产业技术能力进一步提升；另一方面，中国钢铁产业专利申请主体也呈多样化趋势，涉及高等院校、科研机构与企业等，多元化主体将有效、合理地提升中国钢铁产业技术竞争优势。

4. 世界钢铁产业发展环境评价

钢铁产业竞争力与国家或地区经济增长密切相关。从经济发展方面来看，中国与印度经济增长速度较快。如图7所示，2010～2019年，中国与印度保持了较高的经济增长速度，年平均增长率分别为7.68%与6.66%，高于世界3.17%的平均增长率。2020年印度增长率为 -7.25%，而中国实现了经济正增长，增长率为2.35%，经济社会的稳定运行为中国钢铁产业的健康发展提供了良好的产业环境。

从工业规模来看，中国工业生产总值占GDP的比重较高。如图8所示，2014年，中国工业生产总值占GDP的比重为43.09%，2019年这一比例下降至38.59%。特别是在汽车、造船等钢铁下游行业，中国持有较大优势。2021年，中国汽车产销分别完成2608.2万辆和2627.5万辆，连续13年保持全球汽车产销总量第一。此外，2021年，中国实现了自2019年以来三年的造船业接单量全球第一，全球市场占有率近50%。俄罗斯工业生产总值占GDP的比重处于上升阶段，由2014年的27.66%上升至2019年的32.27%，而美国工业生产总值占GDP的比重较低，2019年仅为18.16%。

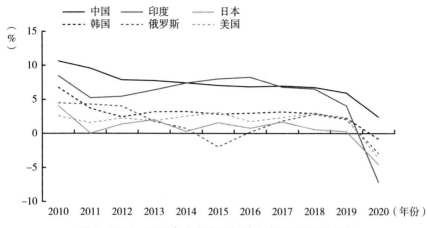

图7 2010～2020年世界主要钢铁生产国GDP增长率

注：计算基于2010年不变价美元。

资料来源：世界银行。

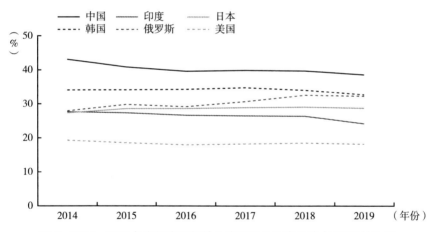

图8 2014～2019年世界主要钢铁生产国工业生产总值占GDP的比重

资料来源：世界银行。

从城市化率来看，印度的城市化率较低，日本、美国和韩国的城市化率较高。城市化过程会促进钢铁产业的发展，这是由于城市化率的提高将促进钢材需求的增加。如表4所示，日本、美国与韩国的城市化率已经超过80%，而中国与印度的城市化水平仍有提升空间，特别是印度，其2020年城市化率仅为34.93%。

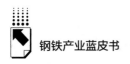

表4 2018～2020年世界主要钢铁生产国城市化率

单位：%

国家	2018 年	2019 年	2020 年
中国	59.15	60.31	61.43
印度	34.03	34.47	34.93
日本	91.62	91.70	91.78
韩国	81.46	81.43	81.41
俄罗斯	74.43	74.59	74.75
美国	82.26	82.46	82.66

资料来源：世界银行。

三 世界排名前十（产量计）的钢铁企业竞争力分析

本部分将从企业规模、经营状况与创新能力三个方面来对世界钢产量排名前十的钢铁企业竞争力进行分析，2020 年全球粗钢产量排名前十的企业如表 5 所示。

表5 2020年世界主要钢铁企业粗钢产量排名

单位：百万吨

排名	公司	产量	公司总部所在国
1	中国宝武钢铁集团	115.29	中国
2	安赛乐米塔尔	78.46	卢森堡
3	河钢集团	43.76	中国
4	江苏沙钢集团	41.59	中国
5	日本制铁株式会社	41.58	日本
6	韩国浦项钢铁公司	40.58	韩国
7	鞍钢集团	38.19	中国
8	北京建龙重工集团	36.47	中国
9	首钢集团	34.00	中国
10	山东钢铁集团	31.11	中国

资料来源：世界钢铁协会。

1. 中国宝武钢铁集团

中国宝武钢铁集团有限公司（以下简称中国宝武）是由原宝钢集团有限公司和武汉钢铁（集团）公司联合重组而成，于2016年12月1日揭牌成立，注册资本527.9亿元，资产规模10141亿元。高强度、长寿命、耐腐蚀、轻量化、绿色化碳钢与不锈钢是中国宝武钢铁产品的重点发展方向。在2021年世界钢动态公司（WSD）发布的世界级钢铁企业竞争力排名中，中国宝武得分为8.04分，较2020年的加权平均得分提高了0.44分，由2020年的第11名大幅跃升至2021年的第5名，企业竞争力大幅提高，是中国排名最靠前的钢铁企业。

从企业规模来看，中国宝武是世界上最具规模的钢铁企业之一，实现了规模引领。近五年来，中国宝武经历了多次联合重组。2019年9月、2020年8月，中国宝武分别对马钢集团与太钢集团实施联合重组；2020年10月，中国宝武托管中钢集团；2020年12月，中国宝武成为重庆钢铁实际控制人。在中国宝武企业空间规模体系进一步得到完善后，其产量规模也进一步扩大。2020年，中国宝武实现粗钢产量1.15亿吨，在新冠肺炎疫情的严重影响下，仍实现了同比20.76%的增长，居全球钢铁企业首位。此外，2020年，中国宝武的硅钢与冷轧汽车板销售总量均为全球第一。

从经营状况来看，中国宝武各项经营指标上升势头明显。2021年，中国宝武以976.43亿美元的营业收入列世界500强第72位，较上一年跃升了39位，继续居全球钢铁企业首位。2020年，中国宝武全年营业收入为6737.39亿元，营业利润为470.52亿元，主营业务利润率为6.31%，主营业务增长率为4.19%，总资产报酬率为5.32%。

从创新能力来看，中国宝武拥有多项核心制造技术，是世界上具有竞争力的钢铁企业。截至2021年8月，中国宝武获得国家科学技术奖78项，其中特等奖1项、一等奖9项；获得中国钢铁工业协会冶金科学技术奖600项，其中特等奖16项、一等奖116项，表6展示了中国宝武获得的部分科技奖项。仅2021年上半年，中国宝武就有10项产品实现全球首发，21项标志性技术取得突破，全球首套智慧高炉运行平台投运。2020年，中国宝

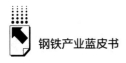

武研发投入强度达到 2.81%，专利申请 3779 件，其中发明专利 2447 件。根据欧盟委员会发布的"2021 全球工业金属与采矿行业研发投入企业排名"，中国宝武的核心企业宝钢股份以 9.17 亿欧元的研发投入居榜单首位。

表6　2020~2021 年中国宝武获得的部分科技奖项

项目名称	荣获奖项
热轧无缝钢管在线组织性能调控关键技术、装备开发及应用	2021 年冶金科学技术奖特等奖
环境友好型搪瓷用钢关键技术研究及应用	2021 年冶金科学技术奖一等奖
核电用高品质不锈钢制造技术及品种开发	2021 年冶金科学技术奖一等奖
冷轧热镀锌线锌锅电磁驱渣技术研究及产业化应用	2021 年冶金科学技术奖一等奖
镁处理洁净钢新产品开发与关键技术集成	2021 年冶金科学技术奖一等奖
工业烟气多污染物协同深度治理技术及应用	2020 年度国家科技进步奖一等奖
特高压高能效输变电装备用超低损耗取向硅钢开发与应用	2020 年度国家科技进步奖二等奖
连铸凝固末端重压下技术开发与应用	2020 年度国家科技进步奖二等奖
广域协同的高端大规模可编程自动化系统及应用	2020 年度国家科技进步奖二等奖
钢材热轧过程氧化行为控制技术开发及应用	2020 年度国家科技进步奖二等奖
钢铁行业多工序多污染物超低排放控制技术与应用	2020 年度国家科技进步奖二等奖

资料来源：根据互联网公开资料整理。

2. 安赛乐米塔尔

安赛乐米塔尔是大型跨国钢铁企业，总部位于卢森堡。2002 年，法国优基诺钢铁集团、卢森堡阿尔贝德钢铁公司和西班牙阿塞拉利亚钢铁公司宣布合并为阿塞洛钢铁集团，并于 2006 年与米塔尔钢铁公司合并，组建钢铁产业领头羊安赛乐米塔尔钢铁集团。在 2021 年世界钢动态公司（WSD）发布的世界级钢铁企业竞争力排名中，安赛乐米塔尔以 7.94 分排名第 6，较 2020 年提高了 0.22 分，排名上升了 1 位。

从企业规模来看，安赛乐米塔尔是全球最大的跨国钢铁企业。安赛乐米塔尔在全球 17 个国家拥有钢铁生产制造基地，客户遍布全球 160 个国家，员工约有 16.8 万人。2020 年，安赛乐米塔尔开采铁矿石 5800 万吨；粗钢产量 7846 万吨，同比下降 19.37%，粗钢产量排名由 2019 年的全球首位下滑至第二位。2020 年，从钢材出货总量来看，安赛乐米塔尔共出货 69.1 百万吨，居全球前列。

从经营状况来看，安赛乐米塔尔受全球经济不确定性的冲击较大。2021年，安赛乐米塔尔以 532.70 亿美元的营业收入列世界 500 强第 197 位，营业收入相较 2020 年下降 24.6%，排名下降了 51 位。同时，利润指标也不容乐观，2020 年、2021 年安赛乐米塔尔净利润分别为 -24.54 亿美元、-7.33 亿美元，表明新冠肺炎疫情与全球经济低迷的外部冲击给安赛乐米塔尔带来巨大负面影响。

从创新能力来看，安赛乐米塔尔在打造智能、低碳和高效的钢铁企业与钢材产品方面具有强大的竞争力。安赛乐米塔尔在全球 12 个国家或地区拥有研发基地，有超过 100 个研究项目正在进行中。根据欧盟委员会发布的"2021 全球工业金属与采矿行业研发投入企业排名"，安赛乐米塔尔以 2 亿欧元的研发投入居榜单第 14 位。安赛乐米塔尔致力于零碳钢技术的研发，目前，已经在清洁动力炼钢、循环碳炼钢和化石燃料的碳捕集与封存等多种低碳技术方面取得突破性的进展。

3. 河钢集团

河钢集团有限公司（以下简称河钢集团）是由唐钢集团和邯钢集团联合组建而成的特大型钢铁企业，总部位于中国河北省。目前，河钢集团已经成为中国第一大家电用钢、第二大汽车用钢供应商，是世界上最具规模的钢铁企业之一。

从企业规模来看，河钢集团正立足于全球资源与市场，不断扩大企业版图。河钢集团先后收购并成功运营南非矿业、瑞士德高、塞尔维亚大型钢铁企业斯梅代雷沃钢厂。目前，河钢集团直接或间接参股、控股中国境外公司 70 多家，控制运营海外资产超过 90 亿美元，商业网络遍及全球 110 多个国家和地区，在海外版图不断扩大的同时增强了其国际影响力与竞争力。截至 2020 年，河钢集团在全球拥有员工近 12.1 万人，其中海外员工 1.3 万人。2020 年，河钢集团粗钢产量 4376 万吨，同比下降 6.01%，居全球第 3 位。

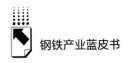

从经营状况来看，河钢集团节节攀升，生产经营持续向好。2021年，河钢集团以527.61亿美元的营业收入列世界500强第200位，较2020年上升了18位，创榜单排名新高。2020年，河钢集团营业收入为3640.50亿元，同比增长2.64%，营业利润为50.21亿元，同比增长53.45%。

从创新能力来看，河钢集团持续发力，势头强劲，企业竞争力不断提升。2020年，河钢集团研发投入56.69亿元，同比增长6.4%，开发新产品150余项，16项新产品填补国内空白，特殊涂层锌铝镁、镀铝硅产品的国内市场占有率排名第一，特大型角钢销量稳居国内首位。目前，清洁生产技术、绿色矿山开发技术、低成本炼铁技术等新型绿色技术已经应用到河钢集团钢铁生产制造的全流程中。

4. 江苏沙钢集团

江苏沙钢集团（以下简称沙钢集团）成立于1996年，位于中国江苏省，是中国最大的民营钢铁企业。在2021年世界钢动态公司（WSD）发布的世界级钢铁企业竞争力排名中，沙钢集团得分为6.14分，居第35位。

从企业规模来看，沙钢集团经过多年的持续积累与快速发展，规模效益不断显现。沙钢集团在中国有5大生产基地，分布在江苏、辽宁、河南等地，产品种类齐全，远销至全球100多个国家和地区。2020年，沙钢集团共有员工4万余人，实现粗钢产量4159万吨，与2019年基本持平，在全球钢铁企业产量排名中由第6位上升至第4位。

从经营状况来看，沙钢集团生产经营指标保持健康稳定，企业竞争力稳步提升。《财富》世界500强排行榜显示，2021年，沙钢集团连续第13年跻身世界500强，以386.65亿美元的营业收入列第308位，比2020年的第351位上升了43位。根据沙钢集团2020年年度报告，沙钢集团营业收入与营业利润分别为1529.12亿元与90.79亿元，同比分别增长6.02%与17.66%。

从创新能力来看，沙钢集团技术创新能力显著增强，为沙钢集团高质量发展注入新动能。在钢铁产业实现集约发展的关键时期，沙钢集团大力推进科技创新及技术改造，建立了总工办、钢铁研究院、理化检测中心"三位一体"的研发和管理团队。目前，沙钢集团已获得专利授权 1000 余件，拥有国家企业技术中心等多个高水平研发平台。根据冶金工业信息标准研究院发布的"2021 全球钢铁企业专利创新指数"榜单，沙钢集团以 67.1 分列榜单第 20 位，与世界创新型钢铁企业相比，创新能力尚有不足。

5. 日本制铁株式会社

日本制铁株式会社由新日铁住金、日铁日新制钢等多家公司经重组合并而形成，是日本最大的钢铁公司，总部位于日本东京。在 2021 年世界钢动态公司（WSD）发布的世界级钢铁企业竞争力排名中，日本制铁株式会社得分为 7.82 分，居第 7 位。

从企业规模来看，日本制铁株式会社为增强企业竞争力，不再追求企业规模的快速扩张，更注重企业发展的质量。日本制铁株式会社是日本规模最大的钢铁企业，2020 年，其粗钢产量为 4158 万吨，居日本首位、全球第 5 位，生产基地遍布亚洲、欧洲、非洲与美洲，截至 2021 年底，日本制铁株式会社共有员工 106226 人。在国际钢铁产业环境不确定性日益增强的情况下，为增强企业竞争力，日本制铁株式会社开始控制国内企业规模的扩张速度，2020 年的粗钢产量相较于 2019 年减少了 1000 万吨，粗钢产量连续两年下降。2020 年，日本制铁株式会社宣布将高炉由 15 座减少到 10 座，以缩减生产规模并控制成本。日本制铁株式会社预测日本的国内钢铁需求将持续萎缩，但预测包括印度在内的亚洲等地区的世界钢铁需求将会有稳定的增长，并开始逐渐拓展和深入推进海外业务。目前，日本制铁株式会社与安赛乐米塔尔已经完成了对埃莎钢铁印度公司的收购，成立了安赛乐米塔尔新日铁印度公司，并计划进一步扩大产能。

从经营状况来看，日本制铁株式会社通过降低成本以提高生产效率，受新冠肺炎疫情影响而恶化的经营情况有所好转。2021 年，日本制铁株式会社以 455.56 亿美元的营业收入列世界 500 强第 249 位，利润为 -3.06 亿美元，虽然仍为亏损状态，但相较于 2020 年的 -39.69 亿美元已有很大程度的好转，营业利润与利润总额分别实现了 157.37% 与 97.96% 的增长。

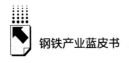

从创新能力来看，日本制铁株式会社重视对创新的投入，并已经在钢铁低碳技术领域走在世界前列。根据欧盟委员会发布的"2021 全球工业金属与采矿行业研发投入企业排名"，日本制铁株式会社以 5.14 亿欧元的研发投入排第 2 位，在"全球研发投入企业排名"榜单中排第 295 位。此外，日本制铁株式会社提出通过领先于其他国家的创新技术与商业模式，计划在2030 年实现二氧化碳排放量比 2013 年减少 30%，并在 2050 年实现碳中和。

6. 韩国浦项钢铁公司

韩国浦项钢铁公司（以下简称浦项制铁）成立于 1968 年，总部位于韩国首尔，是全球最具有竞争力的钢铁企业之一。在 2021 年世界钢动态公司（WSD）发布的世界级钢铁企业竞争力排名中，浦项制铁荣登榜首，这是浦项制铁自 2010 年以来连续第 12 年位列第一。

从企业规模来看，浦项制铁通过整合产业链资源，形成具有极强竞争力的业务集群。浦项制铁年产量超 4000 万吨，向全球 53 个国家出口热轧板、中厚板等多种钢铁产品。目前，浦项制铁重点扩大新能源汽车、智慧建筑、新材料等环保型用钢的产量规模。2021 年 11 月，浦项制铁宣布计划到 2025年投资 1 万亿韩元（约合 8.5 亿美元）扩大新能源汽车牵引电机用电工钢的产能，使其从目前的 10 万吨/年提高至 40 万吨/年。

从经营状况来看，浦项制铁面对发展环境的不确定性时，能够及时有效地采取措施保持较好的盈利能力。浦项制铁 2021 年第三季度营业利润同比大增 364.18%，为 3.11 万亿韩元（约 166 亿人民币），首破 3 万亿韩元大关，创历史新高。2021 年第三季度销售额同比增加 44.53%，达到 20.61 万亿韩元。

从创新能力来看，浦项制铁在不断增加创新投入的同时，也注重与产业链上其他企业技术合作。根据欧盟委员会发布的"2021 全球工业金属与采矿行业研发投入企业排名"，浦项制铁以 3.51 亿欧元的研发投入列第 4 位。为提升技术创新效率，浦项制铁积极开展技术合作，如与HUSTEEL 公司开发氢气输送钢管，与 SM 钢铁公司合作研制宽幅不锈钢厚板，与丰山特种金属公司共同开发高强非磁性不锈钢板并成功应用于三星可折叠手机。

7. 鞍钢集团

鞍钢集团于 2010 年 5 月由鞍山钢铁集团公司和攀钢集团有限公司联合重组而成，总部位于中国辽宁省，是新中国最早的钢铁生产基地。[①] 在 2021 年世界钢动态公司（WSD）发布的世界级钢铁企业竞争力排名中，鞍钢集团居第 28 位。

从企业规模来看，鞍钢集团是中国最具资源优势的大型钢铁企业，具有较强的规模竞争力。鞍钢集团生产基地遍布中国东北、西南、东南、华南等地，是中国首家具有成套技术输出能力的钢铁企业，在汽车、铁路、桥梁与石油化工用钢方面处于国内领先水平，其铁矿石自给率超 70%。目前，鞍钢集团粗钢产量稳定在 3800 万吨左右。2020 年，鞍钢集团粗钢产量达 3819 万吨，居全球第七位。相比于中国宝武等中国其他大型钢铁企业，鞍钢集团在兼并重组的进程上比较缓慢，这阻碍了鞍钢集团规模优势的进一步发挥。

从经营状况来看，增效降本促使鞍钢集团竞争活力得到增强，盈利能力逐步提升。2021 年，鞍钢集团以 3.09 亿美元的营业收入列世界 500 强第 400 位，是鞍钢集团第 8 次入围世界 500 强。2021 年前三季度，其主营业务利润为 197.80 亿元，主营业务利润率为 16.87%，较 2020 年的 4.61% 有大幅度提升。在钢铁行业主要指标排名中，2021 年上半年，其吨钢利润位列第二，利润总额位列第二；销售利润率为 13.50%，是行业平均水平的 2 倍。

从创新能力来看，鞍钢集团坚持科技创新驱动发展，企业核心竞争力得到大幅提高。根据欧盟委员会发布的"2021 全球工业金属与采矿行业研发投入企业排名"，鞍钢集团以 1.38 亿欧元的研发投入居第 28 位。此外，截至 2020 年底，鞍钢集团已围绕钢铁、钒钛、矿山、工程、基础研究等领域建立了 16 家科研机构，建成了国家首个在海洋装备用金属材料及其应用领域设立的国家重点实验室。在打破国外高级钢材垄断上，鞍钢集团攻克

---

① 鞍钢集团：《鞍钢集团有限公司 2020 可持续发展报告》，2021。

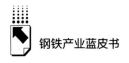

316H 奥氏体不锈钢的关键核心技术，研发的超宽厚壁 X80 管线钢突破高强度管线钢极限尺寸规格，是中国唯一具备 F 级超高强海工钢供货资质的钢企。

8. 北京建龙重工集团

北京建龙重工集团有限公司（以下简称建龙集团）成立于 1999 年，是中国一家集资源开采、钢铁冶炼、船舶与装备制造于一体的民营企业，总部位于中国北京。

从企业规模来看，建龙集团规模快速扩张，但与世界大型钢铁企业仍有较大差距。为扩大企业规模，发挥规模效益，自 2015 年以来，建龙集团先后并购了原海鑫钢铁、北满特钢、西林钢铁、包钢万腾、宁夏申银特钢等钢铁企业。截至 2021 年 1 月底，集团总资产规模达 1578 亿元，员工人数为 6.1 万人，其中钢铁业务员工人数为 4.98 万人。2020 年，建龙集团粗钢产量为 3647 万吨，比 2019 年的 3119 万吨增长了 16.9%。

从经营状况来看，建龙集团为区域内有较强竞争力的钢铁企业，但国际竞争力有待加强。2020 年，建龙集团营业收入为 1956 亿元，同比增长 28.9%，利润为 68 亿元。此外，2020 年，建龙集团首次登上《财富》世界 500 强排行榜，列第 431 位，同时列中国企业 500 强第 119 位。

从创新能力来看，建龙集团开始着力打造企业科研生态圈，增强科技竞争力。2020 年，建龙集团创新研发投入 33.08 亿元，申报专利 277 项，专利授权 194 项，参与修订国家标准 9 项、行业标准 15 项。目前，建龙集团拥有 10 个专业技术研究所、10 个工艺品种研究所，同时投资 10 个外部科技公司，着力打造具有竞争优势的科技生态圈。

9. 首钢集团

首钢集团始建于 1919 年，总部位于中国北京，已经形成碳钢、不锈钢、特殊钢三大门类钢铁产品相结合的完整产品体系。

从企业规模来看，首钢集团规模不断扩大，但规模竞争力还需进一步提高。首钢集团在经历了长钢、水钢、贵钢、通钢等一系列跨地区重组后，规模竞争力有所增强，目前共有员工 9 万余人。2020 年，首钢集团粗钢产量

3400 万吨，同比增长 6.03%，居全球第 9 位。

从经营状况来看，首钢集团持续发力，竞争力不断增强。2021 年，首钢集团以 300.54 亿美元的营业收入与 4250 万美元的利润列世界 500 强第 411 位，较 2020 年的 429 位上升了 18 位。在产量方面，2021 年上半年，首钢集团的铁、钢、材产量分别为 1604.7 万吨、1813.5 万吨、1740.0 万吨。

从创新能力来看，首钢集团是中国最具有创新能力的钢铁企业之一。首钢集团重视创新投入，根据欧盟委员会发布的"2021 全球工业金属与采矿行业研发投入企业排名"，首钢集团核心成员首钢股份以 4.08 亿欧元的研发投入居第 3 位，仅次于宝钢股份与日本制铁株式会社。"十三五"期间，首钢集团有 5 项产品实现全球首发、34 项产品实现国内首发，获发明专利 1390 件、省部级以上科技奖 70 项，在冶金工业信息标准研究院发布的"2020 年世界钢铁企业专利技术能力排名"中位列世界钢企第六、中国钢企第二。2021 年，在"十四五"开局之年，首钢集团获省部级以上科学技术奖 17 项，双相钢高强外板等 6 项新产品实现全国首发，主持和参与修订国际、国家、行业、团体标准 40 项，获专利授权 1044 项，其中发明专利 409 项。

10. 山东钢铁集团

山东钢铁集团有限公司（以下简称山钢集团）成立于 2008 年，总部位于中国山东省，注册资本 111.93 亿元，除钢铁贸易及服务外，还重点发展新材料、高端装备制造及技术服务。

从企业规模来看，山钢集团需进一步扩大规模，使规模优势得到充分发挥。山钢集团主要有板带、型钢、特钢、建材四大产品系列。2020 年，山钢集团粗钢产量 3111 万吨，同比增长 12.8%，居全球第 10 位，山钢集团粗钢产量首次进入全球前十。在实现战略重组方面，山钢集团迎来重大机遇。2021 年 7 月，山东钢铁股份有限公司（以下简称山钢股份）发布提示性公告，该公告显示，山钢股份接集团通知，山东省人民政府国有资产监督管理委员会正在与中国宝武钢铁集团有限公司筹划对山钢集团战略重组事项。

从经营状况来看，山钢集团表现较好，但盈利能力尚需提升。2021 年前三季度，其总资产达 4169.28 亿元，主营业务收入为 2082.36 亿元，主营

业务利润为 101.08 亿元，主营业务利润率为 4.85%，较 2020 年的 3.14% 稍有提升。

从创新能力来看，山钢集团创新能力处于国内较强水平。在冶金工业信息标准研究院发布的"2021 全球钢铁企业专利创新指数"榜单中，山钢集团以综合得分 77.03 分的成绩居第 9 位。此外，山钢集团创新产品也不断涌现，如 2021 年，山钢集团油气工程用热轧型钢获"中国钢铁工业产品开发市场开拓奖"，9Ni 钢等一批高端产品研发成功并打入市场等。

四 中国钢铁企业高质量发展评价

本部分将对中国钢铁企业在创新发展、协调发展、绿色发展、开放发展与共享发展五大方面的发展情况进行分析。

1. 创新发展

创新是钢铁企业高质量发展的第一驱动力。长期以来，技术路径依赖、创新链割裂等造成了中国钢铁企业创新能力弱、产品附加值低的现状。随着高质量发展成为经济新常态下中国钢铁企业发展的新方向，中国钢铁企业创新发展迈上新台阶。[①]

中国钢铁企业研发投入大幅增加。在创新引领发展的背景下，中国钢铁产业的研发投入强度由 2015 年的 0.76% 提高到 2020 年的 0.9% 左右。在欧盟委员会发布的"2021 全球工业金属与采矿行业研发投入企业排名"的前十名中，中国钢铁企业超过半数，宝钢股份、首钢股份、河钢股份、中信泰富特钢、南钢股份与山西太钢不锈钢分别列排行榜第一、第三、第五、第八、第九与第十位。此外，马钢股份、新钢、鞍钢、柳钢等钢铁企业也榜上有名。

创新平台有力支撑中国钢铁企业创新活动。目前，中国已经建成 26 家国家新材料重点平台，全国重点企业主体装备总体达到国际先进水平。全国

---

① 梁斐：《中国钢铁工业高质量发展之路探析》，《冶金管理》2019 年第 24 期。

龙头企业不断完善数字钢铁、钢铁产业互联网等创新平台。例如：2021年南钢建成钢铁行业首个智慧运营中心；中冶宝钢正式启用了全产业链、全流程冶金智能运营平台；中冶赛迪承建的武钢"5G AI 铁钢界面智慧管控系统"成功上线。

中国钢铁企业突破多项核心技术。中信特钢的2200兆帕级特高强度桥梁缆索用热轧盘条产品填补了世界空白，达到国际领先水平；中国钢研与抚顺特钢等联合成功试制出中国最大规格的高温合金涡轮盘整体模锻件，打破了国外垄断；河钢集团开发的高强耐磨钢等20项产品实现替代进口；南钢的100毫米厚钢板止裂韧性达到国际领先水平；宝武太钢首创镍基合金型材用于华为海思芯片封接；攀钢成功研制出新型航空发动机用合金棒材，实现进口产品的替代。

2. 协调发展

协调发展是中国钢铁企业高质量发展的内在要求。新发展阶段对中国钢铁企业分工协调提出了更高要求，打破市场分割、地区封锁，钢铁企业助力区域经济发展是中国钢铁企业高质量发展的重要方面。

中国钢铁产业集中度较低，但跨区域的兼并重组进程加快。在转变经济发展方式、优化钢铁产业结构的政策下，中国钢铁企业加快了兼并重组进程。由图9可以看出，2020年，中国钢铁产业集中度（CR_4）为22.43%，处于较低水平，但有提高趋势。2021年，陕钢、建龙钢铁、晋南钢铁、晋城钢铁、高义钢铁、建邦钢铁6家股东联合成立了西北联合钢铁有限公司。这6家钢铁企业的联合提高了中国钢铁企业的产业集中度，同时在一定程度上影响了中国钢铁企业东强西弱的格局。同年，鞍钢集团与本钢集团正式重组，完成重组后鞍钢集团粗钢产能将仅次于中国宝武和安赛乐米塔尔，营业收入将达到3000亿元，成为全球第三大钢铁企业。在大规模的跨区域合并重组后，中国钢铁产业在集中度增加的同时，区域差异逐渐减小。虽然中国钢铁企业在劳动生产率、人力资本、技术实力等方面依然存在东部地区高于中部地区与西部地区的情况，但从劳动生产率、研发人员的占比、研发资金的投入等指标来看，中西部地区与东部地区之间的差距正在缩小。

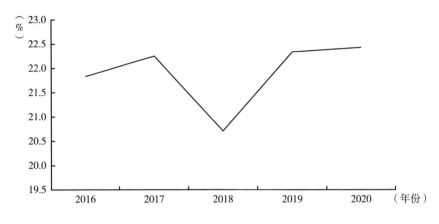

图 9　2016～2020 年中国钢铁产业集中度（CR$_4$）

资料来源：根据世界钢铁协会数据整理而得。

中国钢铁企业高质量发展与区域高质量发展积极融合。2020 年，宝钢八钢积极与新疆有色集团、中国联通等企业在区域矿产资源整合与开发以及先进制造等多个领域展开深入合作，助力新疆地区的高质量发展。鞍钢集团与中国一汽、大连重工起重集团等东北地区企业进行战略合作，形成了技术研发合作、商务合作与装备制造合作等多种合作模式，共同为振兴东北老工业基地助力。

此外，不同类型所有制的钢铁企业也呈现协调发展的新特点。国有制钢铁企业人均工资差距最小，且人工成本要高于非国有钢铁企业。但非国有钢铁企业的工资增幅高于国有企业，二者之间的差距正在逐渐缩小，二者的人工成本差距从 2009 年的 1.91 倍降到 2020 年的 1.58 倍。

3. 绿色发展

绿色是中国钢铁企业高质量发展的必要条件。钢铁产业作为传统产业，具有高污染、高耗能、高排放的特点。在高质量发展成为中国经济发展重要任务的背景下，钢铁产业进入集约发展阶段，绿色发展成为钢铁企业发展的必然方向。[1]

---

[1]　李新创：《差别化管控促进中国钢铁工业高质量发展》，《钢铁》2021 年第 56 期。

中国钢铁企业"双碳"目标明确。中国冶炼方式以"高炉—转炉"长流程的炼钢方式为主,对化石能源依赖度较高,导致钢铁产业产生较高的碳排放量。目前,中国钢铁产业的碳排放量占中国碳排放总量的15%左右。在巨大的减碳压力下,中国钢铁产业制定了减少碳排放的初步目标,即到2025年前,钢铁行业实现碳排放达峰;到2030年,钢铁行业碳排放量较峰值降低30%,预计将实现碳减排量4.2亿吨。[①] 这一减排目标给钢铁企业带来巨大的减排压力,中国钢铁产业龙头企业纷纷制定了减排计划:中国宝武力争2023年实现碳达峰,2042年碳排放量较峰值降低50%,2050年实现碳中和;河钢集团计划于2022年实现碳达峰,2025年实现碳排放量较峰值降低10%以上,2030年实现碳排放量较峰值降低30%以上,2050年实现碳中和;鞍钢集团计划于2025年前实现碳排放总量达峰,力争到2035年实现碳排放总量较峰值降低30%。

中国钢铁企业节能减排效果明显。2020年,全国1.45亿吨钢铁产能完成全流程超低排放改造。重点大中型企业吨钢综合能耗、吨钢二氧化硫排放量较2015年分别下降4.7%、46.0%,总体达到世界先进水平。根据中国钢铁协会统计,2021年1~9月大中型钢铁企业二氧化硫、烟尘和粉尘排放量同比分别下降18.7%、19.2%和7.5%。截至2021年,在节能减排政策的不断引导下,中国钢铁企业"绿色工厂"增至91家。

中国钢铁企业绿色技术不断取得突破。中国宝武"富氢碳循环高炉"项目取得重大进展,通过引入焦炉煤气、脱碳煤气,打通富氢碳循环工艺流程,达到了50%的超高富氧冶炼,降低碳消耗15%。建龙集团的氢基熔融还原法(CISP)冶炼高纯铸造生铁工艺取消了烧结和焦化等工序,可使二氧化硫和氮氧化物排放量减少38%,粉尘排放量减少89%,且没有二噁英、酚氰废水等污染物排放。为有效集聚绿色技术资源,中国宝武发起设立全球

---

① 《钢铁行业碳达峰及降碳行动方案成型》,中国钢铁工业协会官网,2021年3月30日,http://www.chinaisa.org.cn/gxportal/xfgl/portal/content.html?articleId = 0df75b1afc8005c3687f171c3e89f99092bf1b06899b608eed5368e7c92ca6f5&columnId = 3683d857cc4577e4cb75f76522b7b82cda039ef70be46ee37f9385ed3198f68a。

低碳冶金创新联盟，由 15 个国家的 62 家企业、高等院校和科研机构共同组建。

4. 开放发展

开放是中国钢铁企业高质量发展的必由之路。相较于安赛乐米塔尔、浦项制铁、塔塔钢铁等大型跨国钢铁企业，中国钢铁企业国际化水平较低。有效整合全球资源，从而降低企业原材料采购成本、劳动力成本，激发全球贸易潜力对中国钢铁企业高质量发展具有重要意义。近年来，中国钢铁企业开放发展水平逐步提升，主要表现在行业龙头企业由原来的只出口钢材转为直接向海外投资、与海外企业合作日益紧密等方面，但小型企业对外开放水平有待进一步提升。①

中国钢铁龙头企业与海外企业的合作日渐紧密，对外直接投资规模扩大。《印尼巴哈多比镍铁建设与运营项目合作框架协议（PCFA）》在上海、印尼雅加达同步签署，中国宝武、淡水河谷印尼公司和鑫海科技将携手建设和运营位于印尼中苏拉威西省莫罗瓦利县的镍铁项目。2021 年 6 月，河钢集团与浦项制铁正式签署年产 135 万吨的高端汽车面板项目。宝钢股份与世界最大的石油生产公司沙特阿美（Aramco）协商在沙特阿拉伯合作建设一座世界一流的钢厂，项目主要包括一座全流程厚板厂及相关配套设施建设，定位于生产高端厚板产品。中铁十九局国际公司在玻利维亚承建了一座年产值为 19.4 万吨的棒材及线材的钢厂，项目总投资额约为 5.46 亿美元。

5. 共享发展

共享是中国钢铁企业高质量发展的本质要求。在发展中保障和改善民生，增进人民福祉，促进社会和谐发展，在共享中联结共建与共富是中国钢铁企业发展的应有之义。随着中国经济高质量发展进一步深入，中国钢铁企的共享发展成效显著。

中国钢铁企业职工工资稳步提升，实现了劳动生产率与职工收入同步提

---

① 俞懿展：《"一带一路"融入全球化背景下钢铁企业高质量发展探析》，《中国市场》2019年第 35 期。

升、企业与员工共同发展的目标。根据中国钢铁工业协会公开数据，"十三五"末期，钢铁行业实物劳动生产率按职工总数计算、按在岗职工总数计算与按主业在岗职工总数计算分别为 564 吨／（人·年）、617 吨／（人·年）与 850 吨／（人·年），均高于目标的 493 吨／（人·年）、578 吨／（人·年）与 819 吨／（人·年）。2020 年行业主业在岗职工实物劳动生产率比上年增长了 5.41%，抵消人均人工成本增加的 1.94% 后，2020 年吨钢人工成本为 174 元／吨，比上年吨钢人工成本 180 元／吨减少了 6 元，降低了3.33%，企业效益得到提升。在钢铁企业发展质量得到提升后，员工收入也得到大幅提升。"十三五"期间，钢铁企业人均年工资由 2015 年的 5.99 万元增长到 2020 年的 10.12 万元，增长 68.95%，而"十二五"期间的增幅是 26.37%，不同岗位结构职工的工资都完成了"十三五"初期预定的目标，具体如表 7 所示，扭转了钢铁企业职工工资增幅多年低于全社会平均工资增幅的局面。

表 7　"十三五"末期中国钢铁企业各岗位职工收入情况

单位：万元

类别	平均年薪	目标年薪
高级经营管理人员	41.03	29.16
一般经营管理人员	16.52	12.76
技术人员	13.63	10.61
研发人员	16.66	16.27
操作人员	8.70	7.10
全体人员	10.12	8.35

资料来源：中国钢铁工业协会《2020 年钢铁行业人力资源数据分析报告》。

中国钢铁企业自觉履行企业社会责任意识进一步加强。一方面，在全面建成小康社会的过程中，中国钢铁企业积极承担脱贫攻坚重任。在 2021 年2 月 25 日的全国脱贫攻坚总结表彰大会上，钢铁行业有 4 人被评为"全国脱贫攻坚先进个人"，7 家集体被评为"全国脱贫攻坚先进集体"。中国宝武包含中钢集团在内的 7 个定点帮扶县和 4 个对口支援县全部实现脱贫摘帽，8家子公司承担的7个省级行政区的41个扶贫点全面脱贫。为进一步巩固脱贫攻坚成果，中国宝武制定了"授渔"计划，决定实施"授业""授岗""授教"三大行动。另一方面，面对突如其来的新冠肺炎疫情，中国钢铁企业进一步展示了作为大国重器的责任与担当。根据《中国冶金报》统计，截至2020年5月6日，为应对新冠肺炎疫情，中国钢企捐款捐物总金额超过17亿元，120余名钢医援鄂抗疫。方大集团分别向湖北与辽宁捐赠2亿元与1亿元的抗疫资金。此外，其还向湖北、江西、甘肃等多地捐赠各种抗疫物资。中国宝武在新冠肺炎疫情突袭而至后第一时间向湖北及相关地区捐款4900万元，参与医院供氧改造，腾挪企业场地建立方舱医院与集中隔离观察点，为火神山医院与雷神山医院建设提供钢材。鞍钢集团在抗击新冠肺炎疫情中共捐款捐物3750万元，其中善款3000万元，捐赠保供专用钢2808吨。2020年9月18日，其在全国抗击新冠肺炎疫情表彰大会上共有3名个人、1个集体获得表彰。在脱贫攻坚与抗击新冠肺炎疫情重大战役面前，中国钢铁企业履行社会责任意识进一步加强，全社会共享钢铁企业发展成果迈上新台阶。

五　世界钢铁产业展望

全球科技创新进入空前密集活跃的时期，互联网、物联网、人工智能等新一代信息技术正重塑着以钢铁为代表的传统产业的模式，给其带来新的发展机遇，钢铁产业正向着生产智能化、工艺绿色化、产品高端化的方向发展。

面对扑面而来的科技革命浪潮，智能化转型是未来钢铁产业摆脱传统粗放的发展模式的重要途径。随着智能制造技术在全球的快速发展，工业机器人、物联网、云计算、数据湖、数字孪生等创新技术将与钢铁产业深度融合，成为工业互联网、产业"云"等平台的关键支撑，使得产业资源集成、技术赋能、协同创新等数字化与智能化生态成为现实，提高世界钢铁产业整体效能。

全球绿色低碳行动正在世界范围内引发一场广泛而深刻的经济社会系统性变革，实现生产工艺绿色化是钢铁产业未来的主要趋势。作为传统高耗能高污染产业，钢铁是世界各国绿色发展的重点产业，未来清洁、绿色、可循环的新型钢铁生产工艺将得到较快发展。浦项制铁、安赛乐米塔尔、中国宝武等国内外大型钢铁企业都已经将氢冶炼技术作为未来的技术革新重点，氧气高炉技术与碳捕捉技术等新型技术在形成资源节约、环境友好的产业发展模式中将发挥更大的作用。

钢铁产业全球竞争日渐激烈，钢铁产品质量变革将成为保持竞争力的关键。促进钢铁新材料的发展，研发有新功能和特殊性能的钢铁材料，实现钢铁产品高新化、精细化与多样化，提升产品的附加值，从而满足市场上高端化与多元化的需求。因此，提升产品竞争力，形成具有技术优势、工艺优势与产品优势的钢铁企业是未来世界钢铁产业发展的重点方向。

参考文献

［1］张寿荣、王一德、殷瑞钰：《中美钢铁产业结构调整对比：思考与借鉴》，冶金工业出版社，2020。

［2］鞍钢集团：《鞍钢集团有限公司2020可持续发展报告》，2021。

［3］梁斐：《中国钢铁工业高质量发展之路探析》，《冶金管理》2019年第24期。

［4］李新创：《差别化管控促进中国钢铁工业高质量发展》，《钢铁》2021年第56期。

［5］俞懿展：《"一带一路"融入全球化背景下钢铁企业高质量发展探析》，《中国市场》2019年第35期。

发展指数篇
Development Index

B.2
2011~2020年中国钢铁产业
发展指数评价

闫相斌　金家华　李 新*

摘　要：　钢铁产业是国民经济的重要组成部分，其发展程度是衡量国家或地区工业化水平的重要指标，具有产业链长、影响面广、累积效应明显等特征。早期经济学家通常采用钢铁产量或人均钢铁产量来评价一个国家或地区的钢铁产业发展水平。然而，单一指标的产业发展评价难以体现产量背后的科技水平、资源消耗、政策支持等因素，尤其是在世界范围内钢铁产能普遍过剩和碳排放政策收紧的时代背景下，产量不再是衡量国家或地区钢铁产业发展水平的唯一标准。本报告基于产业经济学的相关理论，从发展基础、发展环境和发展能力3个方面提出一套包含3个一级指标、

* 闫相斌，北京科技大学副校长、教授、博士生导师，研究方向为电子商务与商务智能、商务数据分析等；金家华，北京科技大学经济管理学院讲师，研究方向为商务数据分析；李新，北京科技大学经济管理学院副教授，研究方向为大数据分析与产业预测。

9 个二级指标和 22 个三级指标的钢铁产业发展指数评价的指标
体系，并采用主客观相结合的方法对指标进行赋权，最后采集
指标数据，对 2011～2020 年的中国钢铁产业发展指数进行评
价。评价结果表明，中国钢铁产业发展基础稳定，在发展能力
显著提升的推动下，整体产业发展态势良好，即使在新冠肺炎
疫情突袭而至的 2020 年，中国钢铁产业依然保持不错的上升势
头。但是，在去产能和"双碳"目标政策下，中国钢铁产业发
展环境面临深刻复杂的变化。

关键词： 钢铁产业 低碳生产 产业发展指数

一 钢铁产业发展指数评价理论与方法

"十三五"时期，中国钢铁行业深入推进供给侧结构性改革，化解过剩
产能取得显著成效，产业结构更加合理，绿色发展、智能制造、国际合作取
得积极进展，有力支撑了经济社会健康发展。综合研判国内外形势，2021
年，中国发展面临的风险挑战仍然很多，而钢铁产业发展指数可以从宏观角
度反映钢铁产业的整体发展态势，包括变化方向及变动程度。[1] 对钢铁产业
发展指数进行评价可以更好地反映中国钢铁产业的优势和现存问题。[2] 本部
分以钢铁产业发展指数评价框架为开篇，构建钢铁产业发展指数评价指标体
系，说明钢铁产业发展指数测算方法，旨在深入介绍钢铁产业发展指数评价
理论与方法。

---

[1] 张雪花、许文博、李宝娟、王妍、贾品荣：《中国环保产业发展指数构建与测评》，《环境
保护》2018 年第 46 期。
[2] 于长钺：《新一代信息技术产业发展评价及影响因素研究》，北京邮电大学博士学位论文，
2020。

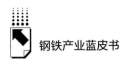

（一）钢铁产业发展指数评价框架

钢铁产业是以从事黑色金属矿物采选和黑色金属冶炼加工等工业生产活动为主的工业行业，是国民经济重要的基础性原材料产业，钢铁产业的发展水平是衡量一个国家或地区工业化水平和综合实力的主要标志之一。完整的钢铁产业链环节包含如下：原材料的开采——原材料的加工——中间产品的转换——最终产品。[①] 钢铁产业包括金属铁、铬、锰等的矿物采选业、炼铁业、炼钢业、钢加工业、铁合金冶炼业、钢丝及其制品业等细分行业。[②] 除此之外，钢铁产业还包括非金属矿物采选和制品等其他工业门类，例如焦化、耐火材料、碳素制品等。

本报告以钢铁产业为研究对象，通过分析钢铁产业特点，结合相关文献的研究成果，构建钢铁产业发展指数评价指标体系，采用主客观赋权法对指标进行赋权，最后采用指数合成法得到钢铁产业发展指数。整体研究框架如图1所示。

（二）钢铁产业发展指数评价指标体系构建

钢铁产业是国民经济发展的支柱产业，是建设现代化强国的重要支撑，是实现绿色低碳发展的重要领域。因此，构建钢铁产业发展指数评价指标体系在当下显得尤为重要。本部分秉持指标体系构建原则与方法，构建指标体系基本框架，并对具体指标进行详细解释。

1. 指标体系构建原则与方法

科学的钢铁产业发展指数评价的指标体系是钢铁产业发展指数评价的重要前提，关系到评价结果的准确性和合理性。本报告指标的选取以及指标体系的设计将遵从以下3个基本原则：系统性原则、代表性原则和可操作性原则。

---

① 于长钺：《新一代信息技术产业发展评价及影响因素研究》，北京邮电大学博士学位论文，2020。
② 王建军：《资源环境约束下的钢铁产业整合研究》，西南财经大学博士学位论文，2008。

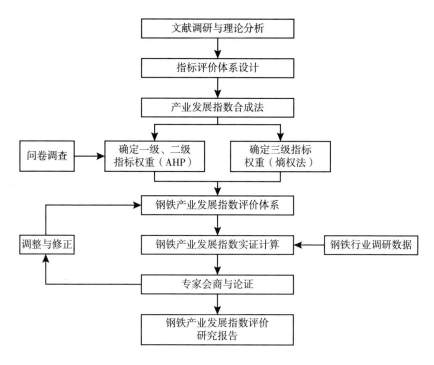

图1 整体研究框架

（1）系统性原则：钢铁产业评价指标体系的设计需要具有系统性，应综合考虑钢铁产业链上下游的多个方面及其相互之间的联系。

（2）代表性原则：尽量选取具有代表性的、重要表征意义的核心指标，在能够真实反映钢铁行业情况的同时，适当减少指标的数量，提高数据搜集的时效性。

（3）可操作性原则：指标数据可以从公开数据源获取或通过调查得到。使指标体系能够真正进行实际情况的分析与评价。

由于各产业的特殊性，目前尚无一套公用的产业发展指数评价指标体系，已有研究都是在产业经济学的体系框架下，结合所研究产业的特点，构建多层级的指标体系。本部分在前人研究的基础上，基于产业经济学的相关理论框架，结合钢铁产业发展特点，遵照如下步骤构建钢铁产业发展指数评价指标体系。

（1）基于现有文献研究和钢铁产业特征，从不同的方面进行指标的选

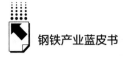
择，再将所有搜集的指标进行综合整理，以完成指标的初选。

（2）通过专家打分法（德尔菲法）优化指标选取，并通过小组焦点访谈的方式充分讨论指标的可测量性、相关性、差异性和数据的可获得性，从而进一步修正指标体系。

（3）通过调研数据的统计分析和行业专家意见对指标体系进行检验，最终确立适用于钢铁产业发展指数评价的指标体系。

2. 指标体系基本框架

作为典型的中游产业，钢铁产业链上下牵连甚广，除自身的基础和能力外，其发展受上游原材料供给和下游市场需求的影响；作为劳动力密集型和资金密集型产业，国家政策、外部环境都会对钢铁产业发展产生影响。因此，钢铁产业发展受自身基础和能力以及外部环境等共同影响。本部分基于产业经济学的理论框架，从钢铁产业发展基础、钢铁产业发展能力以及钢铁产业发展环境3个维度来构建钢铁产业发展指数评价指标体系。

发展基础是钢铁产业发展的基础条件，本研究遵照传统的产业经济学方法，在产业规模和产业结构的基础上，新增发展钢铁产业所必须具备的资源禀赋作为发展基础的评价指标；发展能力是钢铁产业发展的内部驱动力，本研究以低碳生产能力、出口能力和技术创新能力来衡量钢铁产业的发展能力；发展环境是指钢铁产业发展的外部保障，包括经济环境、政策环境和市场环境3个方面，本研究据此对钢铁产业的发展环境进行评估。

基于上述分析，本研究拟定的中国钢铁产业发展指数评价指标体系如表1所示。该指标体系是由3个一级指标、9个二级指标和22个三级指标（具体指标）共同构成的。其中，一级指标包括发展基础、发展环境、发展能力。钢铁产业发展基础和发展能力能够体现钢铁产业的自持能力和发展潜力，而钢铁产业发展环境体现了外部环境对钢铁产业发展的影响。[1] 9个二级指标包括：产业规模、产业结构、资源禀赋、经济环境、政策环境、市场环境、低碳生产能力、技术创新能力和出口能力。

---

[1] 余敦涌：《环保产业发展指数测算与企业效率分析》，天津工业大学硕士学位论文，2017。

表 1　中国钢铁产业发展指数评价指标体系

一级指标名称	二级指标名称	三级指标名称
钢铁产业发展指数评价指标体系		
发展基础	产业规模	资产总计
		粗钢产量
		从业人数
		流动资产平均余额
		利润总额
	产业结构	产业集中度
		第二产业占比
	资源禀赋	铁矿石查明资源储量
发展环境	经济环境	工业增加值
		基建投入
		房地产开发投资额
		黑色金属冶炼及压延加工业 PPI
	政策环境	碳排放权成交均价(北京)
	市场环境	库存
发展能力	低碳生产能力	吨钢二氧化碳排放量
		电炉钢占比
	技术创新能力	研发人员数量
		研发经费支出
		研发项目数
		有研发活动的企业数量
		有效发明专利数量
	出口能力	出口数量与进口数量的比值

3. 指标解释

（1）钢铁产业发展基础指标

钢铁产业发展基础是指钢铁产业发展的基础性条件，包括产业当前的发展程度和现实状况。本部分采用产业规模、产业结构和资源禀赋 3 个指标对钢铁产业发展基础进行评价。[1]

1）产业规模

产业规模的评价指标包括资产总计、粗钢产量、从业人数、流动资产平

---

[1]　Singh，R. K.，Murty，H. R.，Gupta，S. K.，"Development of Composite Sustainability Performance Index for Steel Industry"，*Ecological Indicators*，2007，7（3）：565 – 588.

均余额和利润总额。

①资产总计

资产总计是指钢铁产业可以控制或者拥有的能够以货币计量的经济资源，包括各种财产、债权和其他权利。[①] 资产总计是衡量产业规模的重要指标。钢铁产业作为资金密集型产业，资产总计数值越大，表明该产业占有的社会资源越多，对其发展越有利。

②粗钢产量

粗钢是钢铁产业可以向社会提供的最终钢材加工原料，粗钢产量大小决定钢铁产业向全社会提供最终钢材产品的规模大小。

③从业人数

钢铁产业作为人力资源密集型产业，从业人数是其产业规模的重要体现，从业人员越多，产业规模越大。

④流动资产平均余额

流动资产是指企业在一个营业周期内能够变现或者运用的资产，是企业资产中必不可少的组成部分，流动资产平均余额越多，企业用于扩大再生产和创造利润的可用资金越多。

⑤利润总额

利润是企业经营效益的重要指标，利润高低反映企业的景气程度，也是企业是否扩大生产规模的重要依据。

2）产业结构

产业结构的评价指标包括产业集中度和第二产业占比。

①产业集中度

产业集中度是衡量行业头部企业市场份额的重要指标。钢铁产业作为资金密集型、人力资源密集型、技术密集型行业，提高产业集中度可以有效避免价格的无序竞争，提高上游产业的议价能力，增强科技研发投入，淘汰低端产品线，提高钢铁行业的整体竞争力。

---

① 雷冰：《股票投资的 24 个关键财务指标》，中国宇航出版社，2012。

②第二产业占比

钢铁产业是第二产业的重要产业之一，同时也为第二产业的制造业、建筑业等产业提供原材料，因此，第二产业在国民经济中的占比间接反映了钢铁产业的重要程度。

3）资源禀赋

资源禀赋的评价指标为铁矿石查明资源储量。铁矿石是钢铁产业的重要原材料，铁矿石储量对发展钢铁产业具有重要的决定作用。

（2）钢铁产业发展环境指标

钢铁产业发展环境是指钢铁产业发展的外部环境，包括影响钢铁产业发展的政策、经济和市场等因素。本部分采用经济环境、市场环境和政策环境对钢铁产业发展环境进行评价。

1）经济环境

经济环境的评价指标包括工业增加值、基建投入、房地产开发投资额、黑色金属冶炼及压延工业PPI。

①工业增加值

工业增加值是工业企业生产过程中新增加的价值，是钢铁行业所处经济环境的重要指标，工业增加值大小表明工业整体景气程度的高低。

②基建投入

基建投入规模很大程度上与钢铁需求直接相关。

③房地产开发投资额

房地产是钢铁行业的重要下游产业，房地产开发投资额很大程度上与钢铁需求直接相关。

④黑色金属冶炼及压延工业PPI

生产价格指数（Producer Price Index，PPI）是衡量工业企业产品出厂价格变动趋势和变化程度的指数，是反映某一时期生产领域价格变动情况的重要经济指标。[1]

---

① 徐春雷：《中国中药企业全产业链并购效应研究》，西南财经大学硕士学位论文，2019。

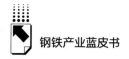
2）政策环境

政策环境的评价指标为碳排放权成交均价。碳排放交易是一种运用市场经济来促进环境保护的重要机制，[①] 其规定企业能够通过减少碳排放量来获得收益，碳排放权成交均价的高低反映环保政策的严苛程度，对钢铁产业的发展有反向的调节作用。

3）市场环境

市场环境的评价指标为库存。库存是市场供需关系的直接体现，当市场环境好时，钢材产品供不应求，库存相应处于较低的水平；当市场环境不好时，产品需求疲软，库存则处于较高的水平。

（3）钢铁产业发展能力指标

钢铁产业发展能力是指钢铁产业高质量发展的能力要素，本部分采用低碳生产能力、技术创新能力和出口能力3个指标对钢铁产业发展能力进行评价。

1）低碳生产能力

在世界产能普遍过剩以及低碳生产成为趋势的大背景下，低碳生产能力成为一个国家或地区钢铁产业竞争力的重要体现。本报告采用吨钢二氧化碳排放量和电炉钢占比来衡量一个国家或地区的低碳生产能力。

①吨钢二氧化碳排放量

钢铁产业是碳排放大户，钢铁生产过程中需要消耗大量的化石能源，进而排放大量二氧化碳，给国家或地区的环境可持续发展带来极大挑战。使用清洁能源、升级高炉设备、增加废钢回收比率等手段被广泛用来降低钢铁生产过程中的碳排放量。本报告采用吨钢二氧化碳排放量来表示一个国家或地区在钢铁生产过程中的碳排放水平，吨钢二氧化碳排放量越低，那么该国家或地区的低碳生产能力越强。

②电炉钢占比

世界钢铁行业普遍采用的炼钢方式有转炉炼钢和电炉炼钢。相比转炉炼

---

① 刘月瑞：《全球气候变暖背景下"气候难民"的国际法保护》，广西大学硕士学位论文，2020。

钢，电炉炼钢具有工序短、投资省、建设快、节能减排效果突出等优势，且各国普遍重视发展以废钢为主要原料的电炉短流程炼钢生产工艺。提升电炉钢产量占粗钢总产量的比重是落实钢铁产业低碳化发展任务的重要举措，电炉钢产量占粗钢总产量的比重越高，那么该国家或地区的低碳生产能力越强。

2）技术创新能力

技术创新能力是直接影响钢铁产业的核心能力。科技是第一生产力，钢铁产业的发展与革新需要科技的进步。以下具体指标能很好地体现企业对技术创新的关注度。

①研发人员数量

研发人员是指企业科技活动人员中从事基础研究、应用研究和试验发展活动的人员，包括直接参加上述活动的人员及这类项目的管理和服务人员。[1]

②研发经费支出

研发经费支出是指调查对象在调查年度内实际用于某项技术研究和试验发展的经费支出，包括实际用于研究与试验发展活动的人员劳务费、原材料费、固定资产构建费、管理费及其他费用支出。[2]

③研发项目数

研发项目数是指企业的研发项目数量。

④有研发活动的企业数量

有研发活动的企业数量是指钢铁行业有产品研发活动的企业数量。

⑤有效发明专利数量

专利是研究成果的具体体现，也是科研成果转化的重要基础。有效发明专利数量直接反映钢铁行业的科技水平和竞争壁垒。

---

[1] 余敦涌：《环保产业发展指数测算与企业效率分析》，天津工业大学硕士学位论文，2017。

[2] 余敦涌：《环保产业发展指数测算与企业效率分析》，天津工业大学硕士学位论文，2017。

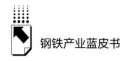

3）出口能力

出口能力作为衡量发展能力的重要指标，主要体现在产品销售的竞争力上。本部分采用出口数量与进口数量的比值来表示出口能力。

（三）钢铁产业发展指数测算方法

发展指数是分析社会经济现象数量变化的一种重要统计方法，用于综合反映现象总体的变化方向和变动程度。钢铁产业发展指数测算方法包括以下3个部分：一是指标去量纲处理方法；二是指标权重确定方法；三是指数合成方法。

1. 指标去量纲处理方法

比值法是一种用于数据去量纲处理的方法。由于不同指标的计量单位不一样，在进行指数合成之前需要对数据进行去量纲处理。本报告采用比值法对数据进行去量纲处理。

比值法不仅可以解决数据间量纲不一致的问题，而且能最低限度地降低指标间差异性信息的损失，方便产业内部细分领域发展态势的差异分析。比值法计算公式如式（1）所示：

$$v_{it} = \frac{x_{it}}{x_{io}} \qquad (1)$$

其中，v_{it} 是去量纲处理后 i 指标在当年的标准化值，x_{it} 是 i 指标在观察期的具体数值，x_{io} 是 i 指标在基期的具体数值。

2. 指标权重确定方法

本部分采用主客观相结合的指标权重赋值方法。对于三级指标，由于数量众多，且含义广泛，本部分采用熵权法进行权重确定；对于一级指标和每个一级指标下的二级指标，本部分采用层次分析法进行权重确定。

（1）熵权法

熵是系统无序程度的度量，对于某项评价指标可以用信息熵来判断该指标离散程度的大小，信息熵的值越小，代表该指标的离散程度越大，说明该项指标对整体系统的影响程度越高。所有值相等则代表该指标无效。据此，本报告采用信息熵计算各指标的权重比例，从而依次从下而上进行指标的分析与综合。

（2）层次分析法

层次分析法（Analytic Hierarchy Process，AHP）是一种结构化、层次化的决策方法，它能够实现决策者定性判断和定量分析的结合，在许多实际决策问题中都得到了广泛应用。层次分析法采用特征值法构建指标权重，通过综合多个专家对指标重要性两两比较的判断矩阵的估计实现对指标权重的计算。对于多个层次结构，单独计算单层权重，可以避免专家对太多指标重要性的对比。

每轮调查中确定权重的步骤如下。

①被调查专家给出各层次中指标重要程度两两比较的判断矩阵。本报告指标体系第一层和第二层评价共计 4 个判断矩阵。

②集结专家意见，计算单层判断矩阵的一致性指标，进行一致性检验，计算单层权重。

③计算总权重及进行一致性检验。

本次评价采用的是群体评价方式，判断矩阵由具有较好评价能力的专家给出，向专家发放判断矩阵问卷及专家评价能力问卷，其中专家评价能力问卷用于专家权重的计算。本报告综合专家给出的判断矩阵，对指标的权重进行综合计算。

3. 指数合成方法

本部分采用综合指数法进行发展指数的合成。综合指数法有算术加权和几何加权两种最基本的方法。算术加权适用于指标间数量级相差较小的测算，而几何加权适用于指标间数量级相差较大的测算。本部分采用环比的方式进行具体指标的无量纲化处理，无量纲化处理之后的指标值数量级相差较小，因此适合采用算术加权综合指数法。

指数合成公式如式（2）所示：

$$SPI = \sum_{i=1}^{n} (V_i \times X_i) \tag{2}$$

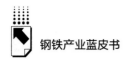
式（2）中，SPI 为钢铁产业发展指数分值，V_i 为第 i 项指标的权重，X_i 为第 i 项指标的标准化值。

二 2011~2020年中国钢铁产业发展指数评价及分析

基于上文构建的钢铁产业发展指数评价指标体系，本部分采集 2011~2020 年中国钢铁产业的相应指标数据，进行发展指数测算，并根据测算结果分析 2011~2020 年中国钢铁产业的发展指数。

（一）指标数据采集与预处理

本部分根据前文构建的钢铁产业发展指数评价指标体系进行数据采集，并进行数据预处理，主要包括以下两个方面：一是数据来源与采集；二是数据预处理。

1. 数据来源与采集

本部分采集的数据均为公开发表的数据，数据来源及基本情况如表 2 所示。中国钢铁企业的数据相对公开透明，数据的可获得性比较强，依据拟定的指标体系，本部分调查了 2011~2020 年中国钢铁产业的相关数据。其中，宏观数据来源于 Wind 数据库、国家统计局、中华人民共和国自然资源部、国际能源署；微观数据来源于世界钢铁协会每年发布的《世界钢铁统计数据》。数据涵盖了宏观经济、钢铁产业、行业政策等不同维度，具有较强的代表性。

表 2 数据采集汇总

编码	指标名称	数据频度	开始日期	更新日期	数据来源	备注
1	资产总计	年度	1993 年	2021 年 10 月	Wind 数据库	缺失 2020 年数据
2	粗钢产量	月度	1989 年 2 月	2021 年 8 月	Wind 数据库	月度累计值

编码	指标名称	数据频度	开始日期	更新日期	数据来源	备注
3	从业人数	年度	2003 年	2021 年 2 月	Wind 数据库	缺失 2020 年数据
4	流动资产平均余额	月度	1999 年 2 月	2021 年 7 月	Wind 数据库	缺失每年 1 月的数据
5	利润总额	月度	1999 年 2 月	2021 年 8 月	Wind 数据库	月度累计值，无缺失
6	产业集中度	年度	—	—	《世界钢铁统计数据》	无缺失
7	第二产业占比	年度	1952 年 1 月	2021 年 1 月	Wind 数据库	无缺失
8	铁矿石查明资源储量	年度	—	2020 年 10 月 22 日	中华人民共和国自然资源部	缺失 2020 年数据
9	工业增加值	年度	1952 年	2021 年 1 月	Wind 数据库	无缺失
10	基建投入	月度	2000 年 1 月	2021 年 8 月	Wind 数据库	月度累计值
11	房地产开发投资额	年度	2000 年	2021 年 1 月	国家统计局	无缺失
12	黑色金属冶炼及压延加工业 PPI	年度	1986 年	2021 年 1 月	Wind 数据库	无缺失
13	碳排放权成交均价（北京）	日均值	2013 年 11 月	2021 年 8 月	Wind 数据库	缺失 2011 年、2012 年数据
14	库存	月度	2012 年 2 月	2021 年 7 月	Wind 数据库	缺失 2011 年数据和 2012 ~ 2020 年 1 月数据
15	钢材产量	月度	1989 年 2 月	2021 年 8 月	Wind 数据库	缺失 2016 ~ 2020 年 1 月、2 月数据
16	钢材表观消费量	月度	2003 年 7 月	2021 年 6 月	Wind 数据库	缺失 2016 ~ 2020 年 1 月、2 月数据
17	研发人员数量	年度	2006 年	2020 年 10 月	Wind 数据库	缺失 2020 年数据

编码	指标名称	数据频度	开始日期	更新日期	数据来源	备注
18	研发经费支出	年度	2006 年	2020 年 10 月	Wind 数据库	缺失 2020 年数据
19	研发项目数	年度	2008 年	2020 年 10 月	Wind 数据库	缺失 2020 年数据
20	有研发活动的企业数量	年度	2011 年	2021 年 1 月	Wind 数据库	缺失 2020 年数据
21	有效发明专利数量	年度	2012 年	2020 年 10 月	Wind 数据库	缺失 2011 年、2020 年数据
22	钢材出口数量	年度	1991 年	2021 年 2 月	Wind 数据库	无缺失
23	钢材进口数量	年度	1991 年	2021 年 2 月	Wind 数据库	无缺失
24	吨钢二氧化碳排放量	年度	2011 年	2019 年	国际能源署	缺失 2020 年数据
25	电炉钢占比	年度	2011 年	2019 年	国际能源署	缺失 2020 年数据

2. 数据预处理

（1）数据频度转换

为统一数据频度，本研究对月度、日度数据进行频度转换，从而得到年度数据，数据频度处理方法如表 3 所示。

表 3　数据频度转换

序号	指标名称	频度类型	处理方法
1	粗钢产量	月度累计值	取每年 12 月值
2	流动资产平均余额	月度值，缺失 1 月数据	忽略 1 月的数据，使用 2~12 月的数据计算流动资产平均余额
3	利润总额	月度累计值	取每年 12 月值
4	基建投入	月度累计值	取每年 12 月值
5	碳排放权成交均价（北京）	日均值	$\dfrac{\sum 成交均价 \times 碳排放交易量}{日碳排放交易量年累计值}$

（2）缺失值补全

根据表4可知，部分指标缺失1月的数值，这是由于为消除春节期间各种不固定因素带来的影响，同时增加数据的可比性，国家统计局自2012年起，不单独对1月数据进行调查统计。因此，2012年以来，部分指标如规模以上工业生产、固定资产投资、民间固定资产投资、房地产开发投资和销售、社会消费品零售总额和工业经济效益等方面的数据存在缺失的情况。此外，截至2021年12月31日，资产总计、从业人数、铁矿石查明资源储量、研发人员数量、研发经费支出、研发项目数等指标2020年的数据还未在相关数据来源上公开发布，因此这些指标也存在缺失值。

本研究采用两种方法对存在缺失值的指标进行处理：线性函数处理和非线性函数处理。

其中，线性函数处理缺失值方法适用于指标数据能够拟合在一条直线上，出现明显单调递增或者单调递减趋势，或者数据的稳定性高的情况，如表4所示。

表4　线性函数处理缺失值数据

被处理指标	数据类型	缺失数据及原因	数据规律
资产总计	年度数据	2020年数据，未统计	2011～2019年数据整体呈单调递增趋势
从业人数	年度数据	2020年数据，未统计	2012～2019年数据呈单调递减趋势
铁矿石查明资源储量	年度数据	2020年数据，未统计	2015～2019年每年数据的稳定性高
碳排放权成交均价（北京）	日均值	2011年、2012年数据，未统计	2013～2020年数据整体呈单调递增趋势
钢材产量	月度数据	2016～2020年1月、2月数据，春节假期	2016～2020年每年数据的稳定性高
钢材表观消费量	月度数据	2016～2020年1月、2月数据，春节假期	2016～2020年每年数据的稳定性高

续表

被处理指标	数据类型	缺失数据及原因	数据规律
有效发明专利数量	年度数据	2011 年数据,未统计	2012～2017 年数据呈单调递增趋势
吨钢二氧化碳排放量	年度数据	2020 年数据,未统计	2011～2019 年每年数据的稳定性高
电炉钢占比	年度数据	2020 年数据,未统计	2011～2019 年每年数据的稳定性高

非线性函数处理缺失值方法适用于指标数据比较分散、波动程度比较大、数据出现忽高忽低的情况。非线性函数处理缺失值适用的指标如表 5 所示。

表 5　非线性函数处理缺失值数据

被处理指标	数据类型	缺失数据及原因	数据规律
研发人员数量	年度数据	2020 年数据,未统计	数据忽高忽低,无明显规律
研发经费支出	年度数据	2020 年数据,未统计	数据忽高忽低,无明显规律
研发项目数	年度数据	2020 年数据,未统计	数据忽高忽低,无明显规律
有效发明专利数量	年度数据	2020 年数据,未统计	2015～2019 年数据呈先单调递增后单调递减趋势

（3）名义价格折实

为了消除通货膨胀因素对指数合成结果的影响，本部分通过居民消费价格指数（CPI）消除变量中存在的通货膨胀引起的价格变化问题。本部分中涉及的通货膨胀的因素有以下 9 个指标。

①资产总计（单位：亿元）。

②流动资产平均余额（单位：万元）。

③利润总额（单位：万元）。

④工业增加值（单位：亿元）。

⑤基建投入（单位：亿元）。

⑥房地产开发投资额（单位：亿元）。

⑦碳排放权成交均价（北京）（单位：元/吨）。

⑧库存（单位：万元）。

⑨研发经费支出（单位：万元）。

从国家统计局查询得到居民消费价格指数（1978＝100）如表6所示，其以1978年为基期，基期值为100。

表6　2011~2020年居民消费价格指数

指标	2011年	2012年	2013年	2014年	2015年	2016年	2017年	2018年	2019年	2020年
CPI	565.0	579.7	594.8	606.7	615.2	627.5	637.5	650.9	669.8	686.5

以资产总计为例，2012年资产总计的名义值为58183.48亿元，2013年为62638.33亿元。先以2011年为基期，2012年和2013年资产总计的名义价格转换实际价格计算公式分别如式（3）和式（4）所示。结果表明，2012年、2013年资产总计去除通货膨胀因素后的值分别为56708.07亿元和59500.09亿元。其他年份和其他涉及通货膨胀因素的评价指标处理方式与之相同。

$$2012\text{年资产总计实际价格} = \frac{2012\text{年资产总计名义价格}}{\dfrac{2012\text{年CPI}}{2011\text{年CPI}}}$$

$$= \frac{58183.48}{\dfrac{579.7}{565.0}} \qquad (3)$$

$$= 56708.07$$

$$2013\text{年资产总计实际价格} = \frac{2013\text{年资产总计名义价格}}{\dfrac{2013\text{年CPI}}{2011\text{年CPI}}}$$

$$= \frac{62638.33}{\dfrac{594.8}{565.0}} \qquad (4)$$

$$= 59500.09$$

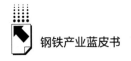

（4）数据无量纲化

基于前文的指标去量纲处理方法，以粗钢产量为例，2011 年中国粗钢产量为 68326.50 千吨，2012 年为 71654.20 千吨，2013 年为 77904.10 千吨，2013 年以 2011 年为基期，即中国粗钢产量 2011 年为 1.00。根据式（1）对中国粗钢产量进行标准化处理，计算过程如式（5）、式（6）所示。

$$2012 \text{ 年粗钢产量无量纲值} = \frac{2012 \text{ 年粗钢产量}}{2011 \text{ 年粗钢产量}}$$

$$= \frac{71654.20}{68326.50} \tag{5}$$

$$= 1.05$$

$$2013 \text{ 年粗钢产量无量纲值} = \frac{2013 \text{ 年粗钢产量}}{2011 \text{ 年粗钢产量}}$$

$$= \frac{77904.10}{68326.50} \tag{6}$$

$$= 1.14$$

2011 年、2012 年、2013 年中国粗钢产量指标的无量纲值分别为 1.00、1.05、1.14。其他年份和其他指标无量纲处理方式同上。

（5）数据正向化

指标的正向化处理主要针对两种数据进行处理。首先针对逆向指标，即数值越小越好或者越大越不好的指标，通过式（7）进行转化，将此列数据中的最大值减去原始值，得到处理后的正向指标。

$$x^{'} = \max(x) - x \tag{7}$$

其次针对中间值指标即越接近某一个值的数据越好，将最佳值作为公式中的 best，并取该列数据中距离最佳值最远的值为 M，如式（8）所示，最后用转换式（9）完成每个值的正向化处理，得到处理后的正向指标。

$$M = \max(|x - best|) \tag{8}$$

$$x^{'} = \frac{1 - |x - best|}{M} \tag{9}$$

（二）2011~2020年中国钢铁产业发展指数测算

本部分根据前文所介绍的钢铁产业发展指数测算方法进行 2011~2020 年中国钢铁产业发展指数的测算，主要包括指标体系权重的测算和指数测算。

1. 指标体系权重

基于熵权法，本部分对每个二级指标下的三级指标进行权重确定，计算过程如下。

（1）针对以人民币为计量单位的指标去除通货膨胀影响，根据每年的通货膨胀率将名义价格转化为实际价格。

（2）对所有指标进行去量纲处理，采用 Z – Score 归一化方法，以保证不同量纲指标之间的可比性。

（3）对所有逆向指标和中间值指标进行正向化处理。

（4）对于每个二级指标，采用熵权法计算构成该二级指标的所有三级指标权重。

对于一级指标和二级指标，本部分采用层次分析方法进行权重确定。通过问卷调查，我们邀请了 6 位相关领域的专家对所有一级指标和每个一级指标下的所有二级指标进行相对重要度打分，将通过一致性检验的专家打分结果进行汇总得到一级指标、二级指标的权重，如表 7 所示。

表 7　2011~2020 年中国钢铁产业发展指标体系及权重

	一级指标		二级指标		三级指标	
	指标名称	权重	指标名称	权重	指标名称	权重
钢铁产业 发展指数	发展基础	0.274	产业规模	0.367	资产总计	0.235
					粗钢产量	0.182
					从业人数	0.202
					流动资产平均余额	0.197
					利润总额	0.184

续表

一级指标		二级指标		三级指标	
指标名称	权重	指标名称	权重	指标名称	权重
发展基础	0.274	产业结构	0.476	产业集中度	0.495
				第二产业占比	0.505
		资源禀赋	0.157	铁矿矿石查明资源储量	1
发展环境	0.294	经济环境	0.464	工业增加值	0.239
				基建投入	0.219
				房地产开发投资额	0.240
				黑色金属冶炼及压延加工业 PPI	0.302
		政策环境	0.203	碳排放权成交均价（北京）	1
		市场环境	0.333	库存	1
发展能力	0.432	低碳生产能力	0.393	吨钢二氧化碳排放量	0.311
				电炉钢占比	0.689
		技术创新能力	0.493	研发人员数量	0.196
				研发经费支出	0.175
				研发项目数	0.184
				有研发活动的企业数量	0.237
				有效发明专利数量	0.208
		出口能力	0.114	出口数量与进口数量的比值	1

（钢铁产业发展指数）

一级指标中，发展基础、发展环境和发展能力的权重分别为 0.274、0.294 和 0.432，其中发展能力的权重值最大，即对最终的钢铁产业发展指数评价结果的作用最大。

在发展基础指标下设的 3 个二级指标中，产业结构的权重最大，为 0.476，其次是产业规模和资源禀赋，分别为 0.367 和 0.157；在发展环境指标下设的 3 个二级指标中，经济环境的权重最大，为 0.464，其次是市场环境和政策环境，分别为 0.333 和 0.203；在发展能力指标下设的 3 个二级指标中，技术创新能力的权重最大，为 0.493，其次是低碳生产能力和出口能力，分别为 0.393 和 0.114。

2. 指数测算

基于上述数据预处理结果和权重分析结果，本部分按照图 2 的指数层级，从下往上，逐年依次对各级指标进行测算，最后得出钢铁产业发展指数。为了便于横向比较和更加直观地反映中国钢铁产业发展指数及其下设的一级指标、二级指标和三级指标的变化情况，以及更好地分析中国钢铁产业发展态势，我们在测算发展指数时，以 2011 年为基期，即 2011 年各级单项指标值均为 100，对于发展指数及其下设的各级指标，均以单项指标百分制形式进行分析。

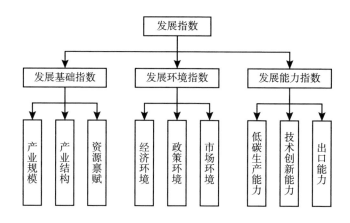

图 2　钢铁产业发展指数层级

（1）发展基础指数测算

发展基础指标下设 3 个二级指标和 8 个三级指标，首先基于前文确定的三级指标权重和预处理后的三级指标数值，采用指数合成法，分别得到评价发展基础的产业规模、产业结构和资源禀赋的指标数值，再次使用指数合成法对产业规模、产业结构和资源禀赋进行指数合成，从而得到发展基础指数，最终结果如表 8 所示。

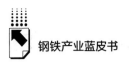

表8 2011～2020年中国钢铁产业发展基础指数及其二级指标指数

年份	发展基础	产业规模	产业结构	资产禀赋
2011	100.00	100.00	100.00	100.00
2012	99.04	101.37	95.51	104.22
2013	99.73	112.01	87.75	107.34
2014	98.47	111.17	83.77	113.38
2015	90.40	94.89	79.01	114.37
2016	92.42	100.79	79.17	113.00
2017	99.12	116.89	80.51	114.11
2018	99.36	119.74	78.69	114.56
2019	95.27	108.38	78.79	114.67
2020	94.40	104.05	80.24	114.83

（2）发展环境指数测算

发展环境指标下设3个二级指标和6个三级指标，首先基于前文确定的三级指标权重和预处理后的三级指标数值，采用指数合成法，分别得到评价发展环境的经济环境、政策环境和市场环境的指标数值，再次使用指数合成法对经济环境、政策环境和市场环境进行指数合成，从而得到发展环境指数，最终结果如表9所示。

表9 2011～2020年中国钢铁产业发展环境指数及其二级指标指数

年份	发展环境	经济环境	政策环境	市场环境
2011	100.00	100.00	100.00	100.00
2012	96.48	98.65	95.99	93.74
2013	96.48	106.94	86.09	88.22
2014	99.50	112.48	75.64	95.96
2015	109.73	111.97	97.71	113.93
2016	111.93	121.55	95.30	108.65
2017	119.49	135.87	94.64	111.83
2018	117.96	134.90	83.31	115.49
2019	112.81	134.45	59.65	115.09
2020	120.17	149.26	55.58	119.04

（3）发展能力指数测算

发展能力指标下设3个二级指标和8个三级指标，首先基于前文确定的三级指标权重和预处理后的三级指标数值，采用指数合成法，分别得到评价发展能力的低碳生产能力、技术创新能力和出口能力的指标数值，再次使用指数合成法对低碳生产能力、技术创新能力和出口能力进行指数合成，从而得到发展能力指数，最终结果如表10所示。

表10　2011~2020年中国钢铁产业发展能力指数及其二级指标指数

年份	发展能力	低碳生产能力	技术创新能力	出口能力
2011	100.00	100.00	100.00	100.00
2012	122.13	92.00	144.28	130.04
2013	122.56	71.82	158.64	141.10
2014	141.48	76.29	178.04	207.11
2015	150.88	72.73	182.86	280.27
2016	160.81	76.25	204.54	261.67
2017	174.56	97.96	234.03	180.72
2018	158.93	107.78	197.53	167.79
2019	173.60	107.35	227.93	166.55
2020	179.73	113.10	254.91	84.56

（4）综合指数测算

钢铁产业发展综合指数下设发展基础、发展环境和发展能力3个一级指标，基于以上对这3个一级指标的计算结果，通过指数合成法，得到2011~2020年中国钢铁产业发展综合指数，最终结果如表11所示。

表11　2011~2020年中国钢铁产业发展综合指数及其一级指标指数

年份	综合指数	发展基础	发展环境	发展能力
2011	100.00	100.00	100.00	100.00
2012	108.27	99.04	96.48	122.13
2013	108.64	99.73	96.48	122.56
2014	117.36	98.47	99.50	141.48

续表

年份	综合指数	发展基础	发展环境	发展能力
2015	122.22	90.40	109.73	150.88
2016	127.71	92.42	111.93	160.81
2017	137.71	99.12	119.49	174.56
2018	130.57	99.36	117.96	158.93
2019	134.28	95.27	112.81	173.60
2020	138.85	94.40	120.17	179.73

（三）2011～2020年中国钢铁产业发展指数测算结果分析

本部分对2011～2020年中国钢铁产业发展指数的测算结果进行深入分析。

1. 产业发展基础分析

图3为2011～2020年中国钢铁产业发展基础及其下设的3个二级指标（产业规模、产业结构和资源禀赋）指数变化趋势。由图3可知，产业规模起伏较大，2011～2013年呈现小幅增长，2014年呈现小幅下降，在2015年出现明显回落后保持增长趋势，2018年达到了2011年以来中国钢铁产业规模的顶峰，2019～2020年又呈现下降趋势；产业结构呈现先下降后保持稳定的趋势，2011～2015年持续下降，2016～2020年整体变化不大；资源禀赋在2011～2015年呈现稳步上升的趋势，后趋于稳定，表明2015年后中国铁矿石查明资源储量趋于稳定。

在明确发展基础变化情况的基础上，下面进一步对发展基础下设的3个二级指标（产业规模、产业结构和资源禀赋）进行具体分析。

首先是产业规模，图4展示了2011～2020年中国钢铁产业规模及其下设的5个三级指标指数变化趋势。由图4可知，资产总计有起有伏，但波动不大，整体趋于平稳。粗钢产量在2011～2014年持续小幅上升，2015年出现下降，2016年后又继续保持上升趋势。从业人数总体呈现逐年下降趋势，主要原因是中国钢铁产业产能过剩问题依然没有得到有效解决，在去产能背

图3 2011~2020年中国钢铁产业发展基础及其下设的二级指标指数变化趋势

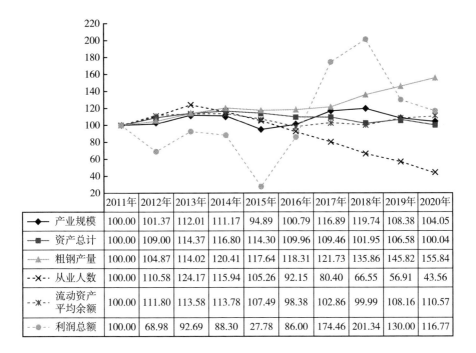

	2011年	2012年	2013年	2014年	2015年	2016年	2017年	2018年	2019年	2020年
◆ 产业规模	100.00	101.37	112.01	111.17	94.89	100.79	116.89	119.74	108.38	104.05
■ 资产总计	100.00	109.00	114.37	116.80	114.30	109.96	109.46	101.95	106.58	100.04
▲ 粗钢产量	100.00	104.87	114.02	120.41	117.64	118.31	121.73	135.86	145.82	155.84
✕ 从业人数	100.00	110.58	124.17	115.94	105.26	92.15	80.40	66.55	56.91	43.56
✳ 流动资产平均余额	100.00	111.80	113.58	113.78	107.49	98.38	102.86	99.99	108.16	110.57
● 利润总额	100.00	68.98	92.69	88.30	27.78	86.00	174.46	201.34	130.00	116.77

图4 2011~2020年中国钢铁产业规模及其下设的三级指标指数变化趋势

景下，从业人数的减少是当前中国钢铁产业产能调整的一种体现。[①] 此外，随着工业互联网和产业机器人的使用，机器代替人的趋势也在逐年上升，这在一定程度上减少了钢铁行业的从业人数。流动资产平均余额波动不大，趋于平稳。利润总额波动明显，在 2015 年出现剧烈下降，2016～2018 年又呈现明显上升趋势，2019 年继续下降。[②] 2015 年利润总额出现了 2011 以来的最低谷，既有宏观经济形势普遍不景气的大环境原因，也有钢铁行业本身无序扩张造成的产能严重过剩的内因。2018 年，在房地产行业和基建行业的推动下，钢铁产业利润总额达到了峰值。

其次是产业结构，图 5 展示了 2011～2020 年中国钢铁产业结构及其下设的 2 个三级指标指数变化趋势。由图 5 可知，中国钢铁产业集中度在 2011～2015 年整体呈下降趋势，2016～2020 年整体呈上升趋势。受到中国钢铁大型企业集团减产等因素影响，钢铁产业集中度指标在 2012 年呈现下降态势。部分大型钢铁企业在前几年进行的企业重组工作没有得到实质性推进，导致"联而不合"的集团成员退出，最终导致 2013 年相关会员企业统计口径缩小。[③] 因此，钢铁产业集中度在 2011～2015 年持续下滑，2016 年，宝钢、武钢重组成立了宝武集团，产业集中度有所提高，扭转了产业集中度连年下降的趋势，使得产业集中度在 2018～2020 年呈现上涨态势。第二产业占比在 2011～2020 年呈现整体下降的趋势，根据配第一克拉克定理，随着人均国民收入的不断提高，劳动力在三大产业间的转移变化趋势为：随着经济水平的提高，劳动力从第一产业转向第二产业；随着经济水平的进一步提高，劳动力从第二产业逐渐转向第三产业。因此，我国第二产业占比出现下降属于正常情况。

最后是资源禀赋，图 6 展示了 2011～2020 年中国钢铁产业基于铁矿石储量的资源禀赋指数变化情况。2011～2020 年中国铁矿石探明总量基本维

① 李坤：《中国产业结构优化研究》，《中小企业管理与科技》2021 年第 9 期。
② 中国钢铁工业协会：《2015 年中国钢铁行业运行情况》，《冶金动力》2016 年第 3 期。
③ 李拥军：《2007—2017 年粗钢集中度指标分阶段特点分析》，《冶金经济与管理》2018 年第 3 期。

图5　2011～2020年中国钢铁产业结构及其下设的三级指标指数变化趋势

持在稳定状态，在没有大规模铁矿石资源探明的情形下，小幅度调增或调减对发展基础的影响不大。

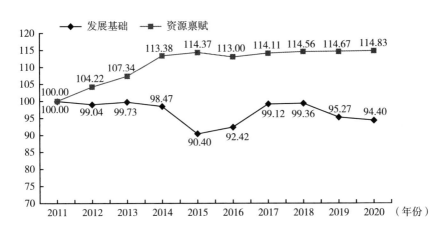

图6　2011～2020年中国钢铁产业资源禀赋指数变化趋势

2.产业发展环境分析

图7展示了2011～2020年中国钢铁产业发展环境及其下设的3个二级指标（经济环境、政策环境、市场环境）指数变化趋势。由图7可知，在经济环境和市场环境整体向上的拉动下，中国钢铁产业发展环境整体上得到

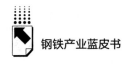

一定程度的改善。政策方面，为了有效发挥碳排放权交易机制促进企业节能减排的职能，继电力和建材行业后，钢铁行业成为第三个被纳入全国碳市场的重点行业，碳交易价格整体呈现增长趋势，对于钢铁企业来说，短期来看会给钢铁企业带来成本负担。

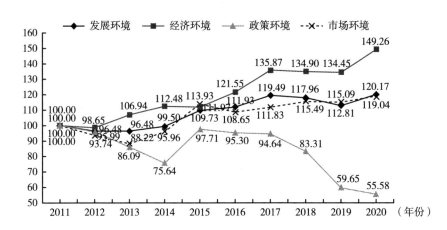

图7　2011～2020年中国钢铁产业发展环境及其下设的二级指标指数变化趋势

在明确发展环境变化情况的基础上，下面进一步对发展环境下设的3个二级指标（经济环境、政策环境、市场环境）进行具体分析。

首先是经济环境，图8展示了2011～2020年中国钢铁产业经济环境及其下设的4个三级指标指数变化趋势。由图8可知，工业增加值、基建投入整体都呈现逐年上升的趋势，是钢铁产业经济环境逐年向好的重要支撑。房地产开发投资额除了2015年在去库存政策的影响下，出现了小幅下降外，其余年份都呈现良好的增长趋势，为钢铁产业营造了良好的发展环境。黑色金属冶炼及压延加工业PPI波动起伏较大，在2017年达到10年内的顶峰。在该轮上涨中，钢价一方面受到上游原材料价格的牵引，铁矿石占到了钢铁成本的40%～50%，煤炭占钢铁成本的比重也不小，与铁矿石共同构成成本中占比最大的部分；另一方面，钢价受到下游需求端变化的驱动，需求向好驱动钢价上涨。因此，对工业生产价格指数影响方面，一方面上游煤炭开采业、黑色金属采掘业涨价会引起

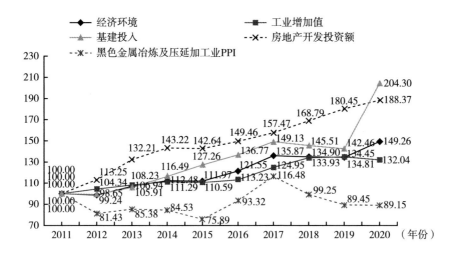

图8 2011~2020年中国钢铁产业经济环境及其下设的三级指标指数变化趋势

中游钢铁涨价，三者涨价会体现在工业生产价格指数之中；另一方面，下游需求端好转引起中游钢铁价格上涨，也会体现在工业生产价格指数之中。

其次是政策环境，近些年来国家相继出台了去产能和碳排放的相关政策，这些政策短期来看提升了钢铁企业的技术改造的成本，不利于钢铁产业的短期发展。图9展示了基于碳排放价格的政策环境变化情况，整体来看，碳排放政策逐年收紧给钢铁产业发展带来了不利影响，但是从政策环境与整体发展环境的趋势来看，两者呈现几乎相反的变化趋势，可以理解为碳排放政策成为国家宏观调控钢铁产业发展的政策手段，当钢铁产业发展环境向好时，适当收紧碳排放政策，防止钢铁产业过快发展；反之，则采取适当放松碳排放策略，防止钢铁产业过快下滑。

最后是市场环境，图10展示了基于库存数据的市场环境指数变化情况，两者的变化趋势基本一致，表明中国去产能、去库存的政策得到了较好的执行，钢铁企业库存逐年降低，进一步促进了中国钢铁产业发展环境的向好。

图 9 2011～2020 年中国钢铁产业政策环境指数变化趋势

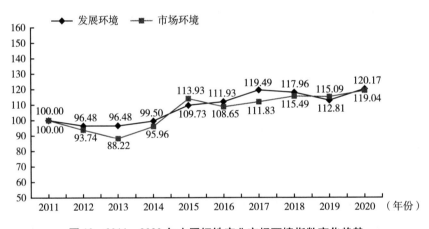

图 10 2011～2020 年中国钢铁产业市场环境指数变化趋势

3. 产业发展能力分析

图 11 展示了 2011～2020 年中国钢铁产业发展能力及其下设的 3 个二级指标（低碳生产能力、技术创新能力和出口能力）指数变化趋势。由图 11 可知，低碳生产能力在 2011～2013 年经历短暂的下滑，2014 年以后整体上逐年提升，呈现较好的发展势头；技术创新能力不断增强，2018 年出现回落；出口能力经历了先上升后下降的趋势，2011～2014 年，出口能力显著增长，2015 年出口能力达到了顶峰，之后开始出现显著下滑。由于新冠肺炎疫情的负面影响，2020 年出口能力达到 10 年内最低谷。

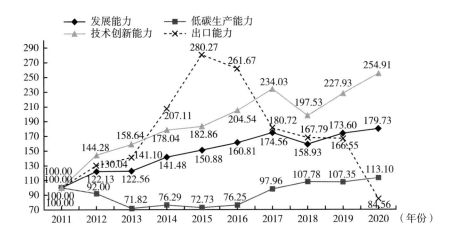

图 11 2011～2020 年中国钢铁产业发展能力及其下设的二级指标指数变化趋势

在明确发展能力变化情况的基础上，下面进一步对发展能力指标下设的 3 个二级指标（低碳生产能力、技术创新能力和出口能力）进行具体分析。

首先是低碳生产能力，图 12 展示了 2011～2020 年中国钢铁产业低碳生产能力及其下设的三级指标指数变化趋势。由图 12 可知，2011～2020 年电炉钢占比呈现先降后升的波动趋势，2011～2013 年快速下降，2013～2016 年经过一段时间的小幅波动之后，2016 年国务院发布《关于钢铁行业化解过剩产能实现脱困发展的意见》，提出在近年来淘汰落后钢铁产能的基础上，立即关停"地条钢"生产企业，极大地改善了电炉钢的发展环境，在 2017 年和 2018 年电炉钢占比得到了快速的增长。因此，受中国钢铁整体产能巨大的影响，电炉钢产量比例难以大幅提升，从而导致中国钢铁产业的低碳生产能力增长缓慢，在 2016 年之前甚至出现了大幅下降的情况，之后随着国家产业政策的调整，中国钢铁产业低碳生产能力得到不断的提升。

其次是技术创新能力，图 13 展示了 2011～2020 年中国钢铁产业技术创新能力及其下设的三级指标指数变化趋势。由图 13 可知，整体来看，2011～2020 年中国钢铁行业技术创新能力稳步提升，整体水平明显提高。2011～2014 年研发人员数量呈小幅上升后，2015 年、2016 年出现下降后又继续波

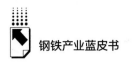

**图12 2011～2020年中国钢铁产业低碳生产能力及其下设的
三级指标指数变化趋势**

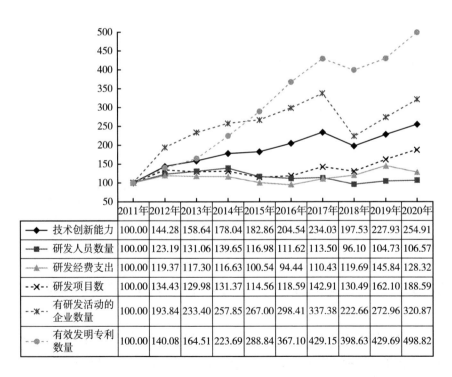

	2011年	2012年	2013年	2014年	2015年	2016年	2017年	2018年	2019年	2020年
◆ 技术创新能力	100.00	144.28	158.64	178.04	182.86	204.54	234.03	197.53	227.93	254.91
■ 研发人员数量	100.00	123.19	131.06	139.65	116.98	111.62	113.50	96.10	104.73	106.57
▲ 研发经费支出	100.00	119.37	117.30	116.63	100.54	94.44	110.43	119.69	145.84	128.32
--×-- 研发项目数	100.00	134.43	129.98	131.37	114.56	118.59	142.91	130.49	162.10	188.59
--＊-- 有研发活动的企业数量	100.00	193.84	233.40	257.85	267.00	298.41	337.38	222.66	272.96	320.87
--●-- 有效发明专利数量	100.00	140.08	164.51	223.69	288.84	367.10	429.15	398.63	429.69	498.82

图13 2011～2020年中国钢铁产业技术创新能力及下设的三级指标指数变化趋势

动起伏。2015~2016年研发人员数量出现下降，这与2015年实施供给侧改革、减少对就业人员的吸纳有关。总的来看，研发人员数量起伏不大。研发经费支出前期呈现先增加后减少的趋势，随后在2016年达到低谷，2017年开始增长。研发项目数整体呈现增长趋势。有研发活动的企业数量和有效发明专利数量在2011~2020年均有明显的上升趋势，二者在2018年经历回落后又继续上升。

最后是出口能力，图14展示了中国钢铁产业出口能力指数变化趋势，其出口能力指数在2015年前呈现良好的上升势头，之后呈现断崖式的下降。通过图15可知，造成2015年以后出口能力指数大幅下降的原因是出口量的大幅下降。中国钢铁产品出口的优势有两点：一是低价格优势；二是国际市场巨额的需求。价格低是中国钢铁产品出口最大的优势，2011~2015年，中国钢铁产品的出口量呈现大幅上升趋势，价格优势在其中发挥着重要作用。① 2015年，国内钢价处于历史最低水平，这也是2015年中国钢铁产业出口能力达到峰值的直接原因。受全球经济发展变缓的影响，各国钢铁产业发展普遍不景气，中国钢铁产业因此也成为发生贸易摩擦的主要领域之一。② 钢铁产业作为重要产业，各进口国对本国钢铁产业采取保护措施，使得国际市场需求量减少，一些国家对中国发起反倾销、反补贴贸易案有增加态势，同时制定各种政策保护本国钢铁企业。③ 因此，贸易摩擦对中国钢铁行业的影响还是不容忽视的。此外，2016~2017年，中国针对钢铁行业采取淘汰落后和去产能的措施，使国内钢铁市场价格出现明显回升，国内价格高于国际价格，继而导致中国钢铁在国外市场上失去价格竞争优势，钢铁出口量也随之下降。④ 2018~2019年，受国内环保限产等影响，中国钢铁价格保持在相对高位，国际市场对中国钢铁进口的意愿减弱。

---

① 王丽娟：《经济调整下行钢材消费下降》，《冶金经济与管理》2015第6期。
② 张鹏：《钢铁企业如何面对贸易摩擦》，《现代国企研究》2018年第21期。
③ 王丽娟：《经济调整下行钢材消费下降》，《冶金经济与管理》2015第6期。
④ 陈程：《中国钢铁出口的SWOT分析》，《现代商贸工业》2018年第39期。

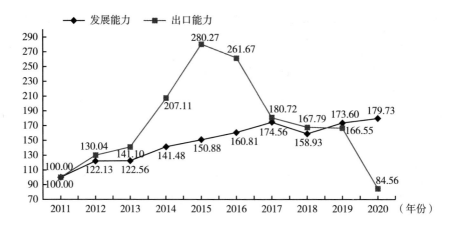

图 14 2011～2020 年中国钢铁产业出口能力指数变化趋势

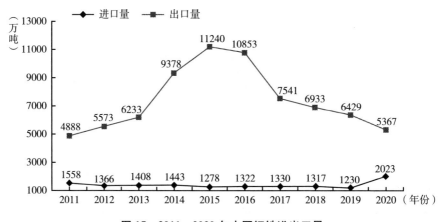

图 15 2011～2020 年中国钢铁进出口量

4. 产业发展综合指数分析

依据测算结果，图 16 展示了 2011～2020 年中国钢铁产业发展综合指数及其下设的 3 个一级指标（发展基础、发展环境和发展能力）指数变化趋势。从钢铁产业发展综合指数来看，2011～2020 年中国钢铁产业发展态势良好，2011～2017 年整体呈现上涨态势，受金融危机和中美贸易摩擦的影响，中国钢铁产业在 2018 年有所下降，随后继续保持上升的趋势，即使在新冠肺炎疫情全球蔓延的 2020 年，中国钢铁产业依然呈现快速发展的势头，可以预计随着世界经济的复苏，中国钢铁产业上升的势头会继续保持。

图16 2011~2020年中国钢铁产业发展综合指数及其下设的一级指标指数变化趋势

从发展基础、发展环境以及发展能力3个一级指标指数来看，钢铁产业发展基础指数值呈现先下降再上升的波动趋势，2011～2015年呈小幅下降趋势，2016～2018年有所回升，2019～2020年有所下降，整体来说，发展基础指数值波动不大，趋于平稳；发展环境指数值呈现稳步增长的趋势，2011～2014年出现小幅波动，随后呈显著增长趋势，2018～2019年稍有下降，2020年开始小幅回升，说明近年来中国钢铁产业发展环境较好；发展能力指数值增长趋势明显，2011～2017年快速增长，2018年出现短暂回落后又继续保持增长态势，发展能力指数值在2011～2020年持续高于中国钢铁产业发展综合指数值，是拉动钢铁产业向前发展的主要动力。

三　结论与展望

（一）结论

本研究主要采用熵权法和层次分析法对钢铁产业中的一级指标、二级指

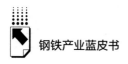

标以及三级指标进行权重的测量,通过指数合成法得到2011~2020年中国钢铁产业发展指数。基于2011~2020年中国钢铁产业发展指数的测算结果,我们可以得到如下结论。

1. 中国钢铁产业整体发展态势良好,上升趋势明显

2011~2020年,在面临国内产能过剩、国外经济危机和贸易保护主义抬头的不利背景下,中国钢铁产业发展指数呈现整体向上的发展势头,主要原因如下:①中国经济的快速发展带来了旺盛的钢铁产品需求,例如房地产、基础设施建设等在过去的十年里实现了跨越式的发展,钢铁产业作为支撑产业也得到了飞速的发展;②中国作为世界上唯一一个掌握了完整工业链的国家,在世界500多种工业产品中,有220多种产品实现了产量第一,制造大国向制造强国的转变带动了钢铁产业的高质量发展;③科技创新推动钢铁产业结构化进程、提升钢铁产品竞争力,尤其是数字化、智能化技术在钢铁生产中的广泛使用,进一步推动中国从钢铁大国向钢铁强国转变;④深化混合所有制改革和龙头企业实施兼并重组进一步提升了产业集中度,技术攻关、科研投入、原材料议价、风险控制等展现了规模效应的优势,进一步提升了中国钢铁产业的全球竞争力。同时,我们也应该注意到,中国钢铁产业面临一些严峻的挑战:首先,新冠肺炎疫情的突袭而至影响全球经济的复苏,给钢铁企业上游供给和下游需求带来了极大的不确定性;其次,气候变化使得碳排放政策进一步收紧,钢铁企业生产成本大幅增加。

2. 钢铁产业发展基础稳定,产业集中度有待加强

2011~2020年,中国钢铁产业发展基础,从整体来看,变化幅度较小,整体呈平稳趋势。与发达国家相比,中国钢铁产业集中度指标依然较低,且呈下降趋势,表明中国钢铁产业粗钢生产不集中,以小高炉、小转炉为主体的钢铁厂数量较多。产业集中度低会产生行业自律性差、资源无法合理高效配置等问题,继而使钢铁产业难以实现集约化经营。市场需求的大幅增长,势必导致钢铁企业的大量重复建设、资源配置不合理、产能过剩和行业内过度竞争等问题,从而抑制了钢铁行业整体竞争力的提高。美、日、韩等钢铁强国之所以取得较高的钢铁产业集中度,是因为其粗钢产量由大型钢铁企业

集团控制，一些中小型钢铁企业侧重于对钢材进行深加工，并以此满足用户对钢铁产品多元化、个性化、高端化的需求。[①] 针对国内企业产能分散、产业集中度偏低的问题，兼并重组是今后中国钢铁产业持续发展、持续经营的必由之路。特别是对于规模较小的民营钢企而言，若想长久生存必然要走规模化道路。当前在国家政策层面，从全国到地方，相关部门均已制定了健全的兼并重组规划。例如，工信部发布的《钢铁工业调整升级规划（2016—2020年）》提出：兼并重组要实施减量化，避免"拉郎配"；推动行业龙头企业实施跨行业、跨地区、跨所有制兼并重组，形成若干家世界一流超大型钢铁企业集团等。产业结构的优化需要全国"一盘棋"统筹考虑，处理好地方发展与行业发展之间的关系，促进产业布局更加集聚化、生态化和区域个性化，逐渐追赶国外钢铁产业的发展步伐，提升中国钢铁产业的核心竞争力。

3. 钢铁产业发展能力提升明显，是拉动钢铁产业向前发展的主要动力

钢铁产业发展能力指数增长趋势明显，在观察期内持续高于中国钢铁产业整体发展指数，是拉动钢铁产业向前发展的主要动力。技术创新能力是提升钢铁产业发展能力的基础，中国的研发投入力度不断加大，专利发明数量逐年增加，为中国钢铁产业的高质量发展注入了强劲动力。然而，在钢铁大国向钢铁强国转变的过程中，要进一步发挥好企业创新驱动和引领作用，通过创新寻求技术突破，解决好钢铁材料"卡脖子"问题和关键核心设备进口问题；通过创新引领市场需求，形成供给创造需求的更高水平的动态平衡；通过改革创新促进管理水平提升，促进行业及企业生产运行效率、资源利用效率的提高。应加快推进产学研用协同创新，加快科技创新成果转化应用，促进研发投入、技术人才向优势企业集中，支持行业领军企业以及专精特新"小巨人"企业技术创新，在低碳冶金、非高炉炼铁、洁净钢冶炼、无头轧制等前沿技术自主创新上取得突破性进展。未来中国钢铁行业将深入

---

① 牛雅芳、付静、杨婷：《世界主要产钢国家钢铁工业的竞争力研究》，《冶金信息导刊》2007年第6期。

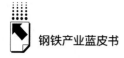

推进产学研用协同创新以及战略性新兴产业集群的构建，将数字智能化作为研发创新的重要手段，加快推进工业互联网、人工智能和大数据中心建设，发挥行业骨干企业的带头作用，打造一批智能化示范工厂，突破一批智能制造关键共性技术，实现全行业产品智能制造，不断提升创新驱动力，引领钢铁产业的转型发展之路。

4. 在去产能和"双碳"目标政策下，中国钢铁产业发展环境面临深刻复杂的变化

钢铁行业转型升级的两个核心是绿色转型和产品升级。绿色转型既支撑钢铁工业的发展，也为其发展提供了约束条件，这是响应国家号召、顺应历史潮流的举措。政府工作报告中多次提到钢铁行业需要加强节能减排，并将其列为节能减排的重点。绿色低碳是钢铁行业高质量发展的重要内容，也是提升全行业发展质量的重要前提。实现钢铁行业转型升级有必要按照钢铁行业低碳发展的新要求，坚持强化源头治理、严格过程控制和优化末端治理的原则，以低碳发展优化调整钢铁产业的原料结构、用能结构和流程结构，变革创新先进节能技术、末端治理技术和低碳冶金技术，全方位提升钢铁行业供需平衡水平。[①] 产品升级是为了保持和创造市场，需要创新驱动转型、智能制造转型、服务化转型、内需主导及消费驱动转型，将创新能力建设作为高质量发展的重要动力。

（二）研究展望

针对钢铁产业特点，本研究基于产业经济学相关理论和数据的可获得性，提出了钢铁产业发展指数评价的指标体系，通过中国统计年鉴、Wind数据库、世界钢铁研究院等数据库或渠道，采集了中国钢铁产业相关数据，对2011～2020 年中国钢铁产业发展指数进行了评价，并对构成发展指数的发展基础、发展环境和发展能力 3 个指标进行测算和分析。然而，受限于数据的可获得性，本研究未实现对世界及中国之外的其他主要国家钢铁产业发

---

① 张长富：《中国钢铁工业运行情况和发展展望》，《中国钢铁业》2013 年第 4 期。

展指数的评价与分析，指标体系和指标权重的确定也存在优化的空间。在下一步的研究中，我们将从以下几个方面进行完善。（1）进一步优化钢铁产业发展指数评价指标体系，提升指标体系的系统性和科学性。在确保数据可获得性的前提下，增加绿色化、智能化、数字化等体现钢铁产业发展质量的评价指标；利用自然语言处理等技术对钢铁产业发展政策进行研判，更加准确地评价钢铁产业发展的政策环境。（2）进一步提升指标权重的合理性。当前指标权重采用主客观相结合的赋权方法，一级指标、二级指标采用专家打分的方法确定权重，三级指标使用熵权法确定权重。目前打分的专家代表性不足，权重计算结果需要进一步的讨论确定，熵权法得出的指标权重因数据而异，应在熵权法的基础上结合专家意见，形成一套合理的、稳定的指标权重，以增强评价结果的稳定性和准确性。（3）进一步采集世界主要国家在评价指标方面的相关数据，实现不同国家钢铁产业发展指数的横向对比和纵向对比，准确刻画世界各国的钢铁产业发展现状，为钢铁产业政策制定、国际合作等提供数据支持和现实依据。

参考文献

［1］张雪花、许文博、李宝娟、王妍、贾品荣：《中国环保产业发展指数构建与测评》，《环境保护》2018年第46期。

［2］于长钺：《新一代信息技术产业发展评价及影响因素研究》，北京邮电大学博士学位论文，2020。

［3］钟维琼、代涛、李丹：《钢铁产业链全球物质流网络分析》，《中国矿业》2018年第27期。

［4］王建军：《资源环境约束下的钢铁产业整合研究》，西南财经大学博士学位论文，2008。

［5］余敦涌：《环保产业发展指数测算与企业效率分析》，天津工业大学硕士学位论文，2017。

［6］雷冰：《股票投资的24个关键财务指标》，中国宇航出版社，2012。

［7］徐春雷：《中国中药企业全产业链并购效应研究》，西南财经大学硕士学位论文，2019。

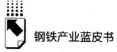
［8］刘月瑞：《全球气候变暖背景下"气候难民"的国际法保护》，广西大学硕士学位论文，2020。

［9］李坤：《中国产业结构优化研究》，《中小企业管理与科技》2021年第9期。

［10］中国钢铁工业协会：《2015年中国钢铁行业运行情况》，《冶金动力》2016年第3期。

［11］李拥军：《2007—2017年粗钢集中度指标分阶段特点分析》，《冶金经济与管理》2018年第3期。

［12］王丽娟：《经济调整下行钢材消费下降》，《冶金经济与管理》2015第6期。

［13］张鹏：《钢铁企业如何面对贸易摩擦》，《现代国企研究》2018年第21期。

［14］陈程：《中国钢铁出口的SWOT分析》，《现代商贸工业》2018年第39期。

［15］牛雅芳、付静、杨婷：《世界主要产钢国家钢铁工业的竞争力研究》，《冶金信息导刊》2007年第6期。

［16］张长富：《中国钢铁工业运行情况和发展展望》，《中国钢铁业》2013年第4期。

［17］Singh, R. K., Murty, H. R., Gupta, S. K., "Development of Composite Sustainability Performance Index for Steel Industry", *Ecological Indicators*, 2007, 7 (3): 565 – 588.

B.3
2020年中国上市钢铁企业
竞争力评价与分析

金家华　郭希雅　陆　展*

摘　要： 2020年，新冠肺炎疫情全球蔓延，经济社会发展面临的形势复杂严峻，中国通过积极恢复生产、增强基础设施建设、扩大外贸出口等手段，成为2020年世界主要经济体当中唯一实现正增长的经济体。钢铁产业作为中国经济的"稳定器"和"压舱石"，2020年运行情况整体表现好于预期，呈现"高需求、高产量、高成本、有效益"的特点。本报告以中国主要上市钢铁企业为研究对象，基于企业竞争力评价的相关理论，构建了一套包含4个一级指标、8个二级指标和14个三级指标的钢铁企业竞争力评价指标体系，并采用主客观相结合的方法对指标进行赋权，最后采集指标数据，实现对中国17家上市钢铁企业的竞争力评价。评价结果表明，在17家上市钢铁企业中，宝钢股份的生产能力和创新能力居第一位，韶钢松山在经营能力和低碳能力两个方面居首位。在综合能力方面，排名前五的上市钢铁企业依次为宝钢股份、韶钢松山、南钢股份、三钢闽光和太钢不锈。不同企业在各评价指标上表现各有优劣，尚无企业在所有指标上形成压倒性优势，各家上市钢铁企业都存在自己的优势和短板，评价结果可为企业后续的生产经营提供一定的现

* 金家华，北京科技大学经济管理学院讲师，研究方向为商务数据分析；郭希雅，北京科技大学经济管理学院硕士研究生，研究方向为社交媒体用户使用行为及心理、社会网络分析；陆展，北京科技大学经济管理学院博士研究生，研究方向为社交化媒体中用户生成内容及质量评价。

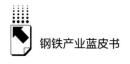

实依据。

关键词： 钢铁企业　钢铁产业　钢铁上市公司　竞争力评价

钢铁号称"工业的粮食"，在社会生产生活的各个领域都有着广泛的应用，是不可或缺的战略性基础工业品。钢铁产业是国民经济的重要基础产业，带动国家经济的发展，但在新冠肺炎疫情全球蔓延的背景下受到了极大的冲击与挑战。[①] 分析与评价 2020 年国内钢铁企业竞争力，对整体把握国内钢铁行业的发展、探究每个企业在各方面的竞争力水平具有重要意义。本报告首先对钢铁企业竞争力评价的理论与方法进行总结与梳理；其次，采集数据对 2020 年中国上市钢铁企业的竞争力进行评价与分析；最后总结中国钢铁行业发展态势和本报告的不足之处。

一　钢铁企业竞争力评价理论与方法

中国钢铁企业的发展状况决定着中国钢铁行业的发展态势，企业的竞争力能够在一定程度上体现企业的发展状况及未来发展趋势。[②] 本报告以评价理论为基础，对钢铁企业的竞争力水平进行科学的分析与评价。本部分首先构建钢铁企业竞争力的评价框架，其次详细描述其指标体系的构建过程，最后对钢铁企业竞争力的测算方法进行说明。

（一）钢铁企业竞争力评价框架

企业竞争力是一个动态的、相对的和持续的概念。简单地说，企业竞争力的大小决定着企业能否在充满竞争压力的市场中为自身谋取生存和发展。

---

① 何文波：《中国钢铁行业以强大且丰富的产能强力支撑了中国经济的快速复苏》，《中国钢铁业》2020 年第 10 期。
② 沈会：《关于钢铁行业发展的研究》，《中国管理信息化》2020 年第 19 期。

具体而言，企业竞争力是指企业通过培育自身，获取并利用外部资源，能够比其他企业更为有效地为顾客、为市场、为行业提供产品和服务，并在此基础上完善自身并赢得声望的能力。企业竞争力理论可以追溯到亚当·斯密的劳动分工和绝对优势理论，其理论汇集了经济学和管理学的经典研究主题，并围绕资源、能力、市场结构和跨国公司等流派展开。[①] 目前世界已进入数字经济时代，无论是人力、资源，还是关键信息都在全球加速流转，共享一词逐渐进入大家的视野，企业竞争力不再仅仅取决于自身资源，而是更多地依赖企业的综合平台和产业生态圈的建立和运营能力。"全球国家竞争力排行榜"以法律、宏观经济环境以及教育等12项主要竞争力因素为衡量指标，反映了世界各经济体的竞争力状况。相似地，企业竞争力研究框架也应从理论出发，创新体系，引入先进工具，结合多方面指标数据进行科学综合地评价与报告。

由于理论和视角不同，企业竞争力评价呈现百花齐放的态势，不同的组织和部门发布了大量企业竞争力的评价结果，很难评判每一种评价结果的优劣。本报告在梳理现有企业竞争力评价研究的基础上，结合钢铁产业的特点，构建钢铁企业竞争力评价指标体系，采用主客观赋权法对指标进行赋权，最后采用指数合成法计算得到钢铁企业的竞争力。整体研究框架如图1所示。

（二）钢铁企业竞争力评价指标体系构建

为科学准确评价企业竞争力，本报告综合专家意见及钢铁企业的特征，构建钢铁企业竞争力评价指标体系。本部分首先阐述指标体系构建的原则与方法，然后对指标体系的基本框架进行描述，最后对具体指标进行解释。

1. 指标体系构建的原则与方法

构建一套科学的钢铁企业竞争力评价指标体系是评价钢铁企业竞争力的

---

① 郭伟琼主编《中关村上市公司竞争力报告（2019）》，社会科学文献出版社，2019。

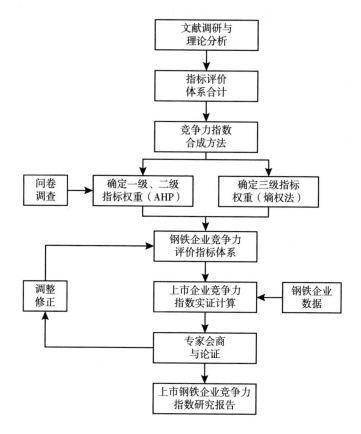

图1　上市企业竞争力评价整体研究框架

重要前提，关系到评价结果的准确性和合理性。[①] 在选择评估钢铁企业竞争力的指标时，应当充分地考虑指标体系的系统性、单个指标的代表性、指标数据的可获取性以及指标的易计量性。

由于各产业的特殊性和数据的不可获得性，目前尚无一套公用的企业竞争力评价指标体系。本报告在前人研究的基础上，基于企业经济学的相关理论框架，结合钢铁企业的特点，遵照如下步骤构建钢铁企业竞争力评价指标体系。

---

① 张爱华、程霞：《世界级钢铁企业竞争力评价指标体系及排名分析》，《冶金经济与管理》2014年第2期。

（1）基于现有文献研究、钢铁产业特征和国家市场监督管理总局发布的企业竞争力评价体系标准文件，综合考虑多重角度，初步提取并整合相应指标，完成指标初选工作。

（2）通过专家打分法（德尔菲法）进行指标优选，组建小组焦点访谈对指标的代表性、数据的可获取性、易测量性和均衡性等方面进行深入讨论，修正初选的指标体系。

（3）以建立的指标体系为基础，通过调研数据的统计分析和行业专家意见对指标体系进行检验，最终确立适用于钢铁企业竞争力评价的指标体系。

2. 指标体系基本框架

世界各地对企业的竞争力进行了比较充分的研究。1986 年，世界经济论坛和位于瑞士洛桑的国际管理发展学院共同进行了一项研究，将国际商业竞争力分为五个领域，即生产力、劳动成本、企业绩效、管理效率、企业战略和文化。而用于评估知名的《财富》全球 500 强竞争力的指标包括营业收入、净收入、总资产、股权和人均营业收入。国内涌现了大量学者从事企业竞争力及其相关领域的研究，张志强、吴健中从企业生存能力指标、企业发展能力指标、外部环境和科技开发能力指标 3 个维度对企业竞争力进行评价。[1] 国家标准化管理委员会发布的《企业竞争力评价体系》结合"卓越绩效评价准则""企业标准体系"的内容和方法，借鉴企业竞争力评价要素的划分与指标细化成果，通过基础能力、经营能力、财务能力、科技创新能力、可持续能力、企业文化六大指标对企业竞争力进行评价。[2]

在钢铁竞争力评分指标体系中，本报告参考了国内外企业竞争力研究成果，结合上市钢铁企业的实际情况及行业特征，从 4 个方面，即生产能力、经营能力、创新能力、低碳能力，构建了包含 4 个一级指标、8 个二级指标

---

[1] 张志强、吴健中：《企业竞争力及其评价》，《管理现代化》1999 年第 1 期。

[2] 林晓言、刘铁鹰、王梓利等：《中国城市交通绿色发展报告（2018）》，社会科学文献出版社，2018。

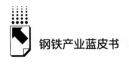

和14个三级指标的钢铁企业竞争力评价指标体系（见表1）。

3. 指标解释

（1）生产能力

生产能力是指企业在计划期内基于组织技术能力所能生产的最大产品数量，是评价钢铁企业竞争力的重要指标之一，能够反映钢铁企业的生产规模与可能性。本报告采用产量和资产规模两个指标来衡量钢铁企业的生产能力。

表1　钢铁企业竞争力评价指标体系

一级指标	二级指标	三级指标
生产能力	产量	产量
	资产规模	资产总额
经营能力	盈利能力	净利率
		总资产收益率
		净资产收益率
	偿债能力	现金比率
		资产负债率
		长期资本负债率
	运营能力	流动资产周转率
		总资产周转率
		应收账款周转率
创新能力	创新投入	研发费用
	创新产出	有效专利授权数量
低碳能力	能源消耗	吨钢能耗

①产量

产量是指钢铁企业过去一段时间内的实际钢铁产出量，是钢铁企业生产能力的直接体现，产量越大表明企业为市场提供的产品越多，其竞争力也就越强。

②资产规模

资产规模是指企业所拥有的可用于生产、运营等经营活动的总资产额，钢铁企业所积累的资产总额是其潜在生产能力的重要体现。因此，本报告使用资产总额来代表企业的资产规模。

（2）经营能力

经营能力指企业对内部资源的调配能力、战略与规划的决策能力以及各种生产经营活动的组织运营管理能力。经营能力可通过盈利能力、偿债能力、运营能力来进行衡量。

①盈利能力

盈利能力是指企业通过生产、经营、投资等一系列决策与计划执行获得利润的能力，能够直接反映企业的竞争力。盈利能力可通过净利率、总资产收益率、净资产收益率来进行衡量。

净利率能够反映企业通过运营业务创造净利润的能力，从而反映该企业的经营效率。净利率的计算公式是：净利率 = 净利润/营业收入 × 100%。

总资产收益率能够反映与企业投入资产相关的收益实现效果，从而反映企业的竞争实力和发展能力。总资产收益率的计算公式是：总资产收益率 = 净利润/平均资产总额×100%，其中，平均资产总额 = （年初资产总额 + 年末资产总额）/2。

净资产收益率能够反映股东权益的收益水平。净资产收益率的计算公式是：净资产收益率 = 净利润/平均归属母公司的股东权益总额×100%，其中，平均归属母公司的股东权益总额 = （年初归属母公司的股东权益总额 + 年末归属母公司的股东权益总额）/2。

②偿债能力

偿债能力是指企业偿还债务的能力。企业有无现金资产或收益用来偿还债务对于企业的持续发展至关重要。企业偿债能力能够反映企业财务状况和经营能力，偿债能力通常分为短期偿债能力和长期偿债能力。短期偿债能力通常指企业通过流动资产偿还日常到期负债的能力，本报告采用现金比率来表征企业的短期偿债能力。长期偿债能力指企业偿还长期负债的能力，本报告采用资产负债率和长期资本负债率对企业的长期偿债能力进

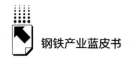

行衡量。

现金比率能够反映企业直接偿付流动负债的能力，计算公式为：现金比率＝现金/流动负债×100%。

资产负债率能够衡量企业利用债权人提供资金进行经营活动的能力，同时也可以衡量企业对债权人利益的保护程度。资产负债率的计算公式是：资产负债率＝负债总额/资产总额×100%。

长期资本负债率能够反映企业的长期资本结构。长期资本负债率的计算公式是：长期资本负债率＝非流动负债/（非流动负债＋股东权益）×100%。

③运营能力

运营能力能够体现企业对资产的经营效率，能够反映企业对资源的运营效率，提升运营能力也是企业的主要战略目标之一。企业运营能力通常通过资产运营效率来体现，资产运营效率通常指资产的周转率。本报告采用流动资产周转率、总资产周转率与应收账款周转率3个指标对企业的运营能力进行衡量。

流动资产周转率反映了企业流动资产的周转速度，是评价企业资产利用率的重要指标之一。流动资产周转率的计算公式是：流动资产周转率＝营业收入/平均流动资产总额，其中，平均流动资产总额＝（流动资产年初数额＋流动资产年末数额）/2。

总资产周转率能够衡量资产投资规模与销售水平之间的配比情况与流转速度，从而反映企业的销售能力与投资效益。总资产周转率的计算公式是：总资产周转率＝营业收入/平均资产总额，其中，平均资产总额＝（资产总额年初数额＋资产总额年末数额）/2。

应收账款周转率能够反映企业应收账款周转速度及资金的使用效率。应收账款周转率的计算公式是：应收账款周转率＝赊销收入净额/［（期初应收账款＋期末应收账款）/2］。

（3）创新能力

创新是引领发展的第一动力，是推动高质量发展、建设现代化经济体系的战略支撑。[①] 企业创新能力指企业通过自有技术等资源创造新的技术发明、运营活动、发展战略从而获取价值或收益的能力，因此，创新能力是评价企业竞争力的重要指标。本报告将从创新投入和创新产出两方面来衡量企业的创新能力。

①创新投入

创新投入是指企业基于资金、战略等方面对技术创新的投入程度，企业的创新投入能够为企业的持续发展与规模扩张提供基础，能够对企业竞争力产生较大影响。本报告采取研发费用来衡量企业的创新投入。

②创新产出

创新产出是指企业在技术创新方面的产出获得了专利的成果。专利是企业创新产出的最主要表征，包括发明专利、实用新型专利等。企业的技术专利能够使得企业相较于行业中的其他企业具有一定的先进性与优越性，进而增加企业竞争力。本报告采用有效专利授权数量指标对创新产出进行衡量，有效专利授权数量越多，那么企业的创新产出就越多。

（4）低碳能力

钢铁工业是国民经济的支柱产业，但是钢铁的生产涉及大量的能源物资的高温处理过程，这些物资包括燃煤、焦煤、焦炭、石灰石、灰渣、水、空气、燃油、钢铁屑、氧化铁皮等，从而产生大量有害废弃物排放，包括二氧化碳、二氧化硫、工业废水等，严重危害自然环境。随着"双碳"目标的提出，钢铁企业作为碳排放大户，碳排放水平成为衡量钢铁企业可持续发展的重要指标。本报告采用能源消耗指标对企业的低碳能力进行评价。

能源消耗是指企业生产过程中消耗的煤、天然气、电等能源。本报告采用吨钢能耗来表征钢铁生产企业的能源消耗水平，吨钢能耗越低表明企业低碳生产能力越强，反之，则表明企业降碳潜力越大。

---

① 李晓红：《提升企业技术创新能力》，《求是》2021年第1期。

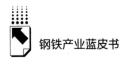

（三）钢铁企业竞争力测算方法

钢铁企业竞争力的测算方法有 3 个，即指标去量纲处理方法、指标权重确定方法和指数合成方法。

1. 指标去量纲处理方法

在钢铁企业竞争力评价指标体系中，每个评价指标都有不同的属性，即量纲。在科学严谨的量化计算中，需要将每个指标去除指标单位的约束，转换为无量纲的纯数值，使得不同单位或量级的指标可以更容易进行比较和加权。在本研究中，如式（1）所示，采用比值法来消除规模对不同指标的影响。在比值法中，每个指标的极大值将设置为 100，再根据公式进行数据预处理。

$$y_i = \frac{x_i}{\max(x_i)} \times 100 \tag{1}$$

2. 指标权重确定方法

本部分采用主客观相结合的指标权重赋值方法。对于三级指标，由于数量众多且含义广泛，本部分采用熵权法进行权重确定；对于一级指标和每个一级指标下的二级指标，本部分采用层次分析法进行权重确定。

3. 指数合成方法

本部分采用综合指数法进行企业竞争力评价，具体计算过程与上一章同。

二 2020年中国上市钢铁企业竞争力评价与分析

截至 2021 年 2 月 1 日，中国黑色金属冶炼和压延加工业（行业编码 C31）累计有 A 股上市企业 33 家，剔除已经于 2017 年退市的武钢股份、2021 年 11 月上市的云路股份和未能公开产能、吨钢能耗、授权专利等数据的 14 家企业，最后剩余 17 家上市钢铁企业作为本报告的评价对象，企业信息如表 2 所示。

表2　待评价的中国17家上市钢铁企业

证券代码	企业名称	证券代码	企业名称
600581. SH	八一钢铁	002110. SZ	三钢闽光
000959. SZ	首钢股份	600022. SH	山东钢铁
600282. SH	南钢股份	000825. SZ	太钢不锈
600010. SH	包钢股份	000709. SZ	河钢股份
000761. SZ	本钢板材	600019. SH	宝钢股份
600307. SH	酒钢宏兴	000717. SZ	韶钢松山
601003. SH	柳钢股份	000898. SZ	鞍钢股份
600569. SH	安阳钢铁	600782. SH	新钢股份
600808. SH	马钢股份		

（一）指标数据采集与预处理

根据构建指标体系的系统性、科学性、可行性、导向性、合理性与均衡性六大基本原则，以及前文中介绍的钢铁企业竞争力评价指标体系中的14个三级指标，本部分对中国17家上市钢铁企业进行数据采集和预处理。

1.数据来源与采集

本报告所需数据均来自公开数据源，包括上市企业2020年财务报表、上市企业2020年社会责任报告、世界钢铁协会、巨潮咨询网、钢联、天眼查等，由于酒钢宏兴、安阳钢铁、宝钢股份未在2020年财务年报或2020年社会责任报告中披露有效专利授权数量，本报告通过企查查的知识产权统计功能得到上述企业的有效专利授权数量。具体数据来源及基本情况如表3所示。

表3　数据采集汇总

序号	指标	数据来源	序号	指标	来源
1	产量	钢联	8	长期资本负债率	年报
2	资产总额	年报	9	流动资产周转率	年报
3	净利率	年报	10	总资产周转率	年报
4	总资产收益率	年报	11	应收账款周转率	年报
5	净资产收益率	年报	12	研发费用	年报
6	现金比率	年报	13	有效专利授权数量	社会责任报告、天眼查、年报
7	资产负债率	年报	14	吨钢能耗	钢联

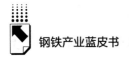
2. 数据预处理

（1）逆向指标正向化

指标体系中的资产负债率、长期资本负债率、吨钢能耗等属于逆向指标，即数值越小越好，通过式（2）进行转化，将此列数据中的最大值减去原始值，得到处理过后的正向指标。

$$x' = \max(x) - x \tag{2}$$

（2）数据无量纲

采用比值法对所有的指标数值进行无量纲化处理。

（二）2020年中国上市钢铁企业竞争力评价

本部分在指标数据采集的基础上，采用熵权法确定三级指标权重，采用层次分析法确定二级指标和一级指标权重，最后按照指标体系层级结构，通过加权平均法得到17家上市钢铁企业综合能力、一级和二级评价指标的得分。

1. 指标权重测算

本部分对每个二级指标下的三级指标采用熵权法进行权重确定，计算过程如下。

（1）对所有指标进行去量纲处理，采用 Z – Score 归一化方法，以保证不同量纲指标之间的可比性。

（2）对所有逆向指标进行正向化处理。

（3）对于每个二级指标，采用熵权法计算构成该二级指标的所有三级指标权重。

对于一级指标和二级指标，本部分采用层次分析法进行权重确定。通过问卷调查，我们邀请了6位该领域的专家对所有一级指标和每个一级指标下的所有二级指标进行相对重要度打分，将通过一致性检验的专家打分结果进行汇总和调整后得到一级指标和二级指标的权重，如表4所示。

表4　钢铁企业竞争力评价指标权重

一级指标		二级指标		三级指标	
指标名称	权重	指标名称	权重	指标名称	权重
生产能力	0.28	产量	0.72	产量	1.00
		资产规模	0.28	资产总额	1.00
经营能力	0.36	盈利能力	0.48	净利率	0.32
				总资产收益率	0.41
				净资产收益率	0.27
		偿债能力	0.24	现金比率	0.50
				资产负债率	0.26
				长期资本负债率	0.24
		运营能力	0.28	流动资产周转率	0.31
				总资产周转率	0.16
				应收账款周转率	0.53
创新能力	0.22	创新投入	0.70	研发费用	1.00
		创新产出	0.30	有效专利授权数量	1.00
低碳能力	0.14	能源消耗	1.00	吨钢能耗	1.00

2. 竞争力测算

基于上述数据预处理结果和权重分析结果，本部分按照上述指标体系层级结构，首先通过三级指标加权平均得到各企业在二级指标的评价结果，如表5所示。然后基于各企业在二级指标的评价结果，通过加权平均法得到各企业的一级指标评价值，如表6所示。最后基于各企业在一级指标的评价结果，通过加权平均法得到各企业的综合竞争力评价结果，如表6的最后一列所示。

表5　二级指标评价结果

企业名称	产量	资产规模	盈利能力	偿债能力	运营能力	创新投入	创新产出	能源消耗
八一钢铁	5.42	6.30	22.93	38.99	43.13	2.49	11.34	5.78
首钢股份	19.18	40.53	24.75	13.12	22.83	5.51	43.31	54.56
南钢股份	10.05	13.45	77.26	61.10	27.41	9.73	100.00	88.19
包钢股份	13.54	40.49	7.89	30.24	12.27	0.76	18.99	0.00
本钢板材	15.06	18.25	9.03	52.50	26.96	0.44	11.03	8.99

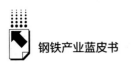

续表

企业名称	产量	资产规模	盈利能力	偿债能力	运营能力	创新投入	创新产出	能源消耗
酒钢宏兴	7.59	11.64	35.59	40.80	36.20	5.83	14.50	48.10
柳钢股份	14.66	17.01	38.37	34.37	42.35	17.76	10.52	71.05
安阳钢铁	9.71	11.37	18.64	22.53	18.57	9.76	3.68	34.19
马钢股份	18.19	22.66	37.84	40.90	23.27	20.78	33.81	57.22
三钢闽光	9.86	12.16	69.58	89.31	64.75	13.40	4.29	77.99
山东钢铁	26.99	19.23	22.80	49.79	78.39	14.81	7.66	43.88
太钢不锈	9.27	19.17	30.03	78.59	30.51	24.62	13.28	75.46
河钢股份	36.76	67.72	15.62	21.11	14.04	32.33	63.74	29.81
宝钢股份	100.00	100.00	49.11	57.52	19.07	100.00	21.76	42.49
韶钢松山	6.94	4.98	99.47	71.38	100.00	12.29	14.71	100.00
鞍钢股份	33.13	24.72	24.04	71.94	34.71	4.78	54.65	40.51
新钢股份	8.58	14.66	57.06	62.85	28.88	7.22	7.05	54.47

表6 一级指标及综合竞争力评价结果

企业名称	生产能力	经营能力	创新能力	低碳能力	综合竞争力
八一钢铁	5.67	32.44	5.14	5.77	15.20
首钢股份	25.16	21.42	16.85	54.56	26.10
南钢股份	11.00	59.42	36.81	88.19	44.92
包钢股份	21.09	14.48	6.23	0.00	12.49
本钢板材	15.95	24.48	3.61	8.99	15.33
酒钢宏兴	8.72	37.01	8.43	48.10	24.36
柳钢股份	15.32	38.52	15.59	71.05	31.53
安阳钢铁	10.18	19.55	7.94	34.19	16.42
马钢股份	19.44	34.50	24.69	57.22	31.30
三钢闽光	10.51	72.96	10.67	77.99	42.47
山东钢铁	24.81	44.85	12.67	43.88	32.02
太钢不锈	12.04	41.82	21.22	75.46	33.66
河钢股份	45.43	16.50	41.75	27.81	32.02
宝钢股份	100.00	42.71	76.53	42.48	66.16
韶钢松山	6.39	92.88	13.01	100.00	52.09
鞍钢股份	30.77	38.52	19.74	40.51	32.50
新钢股份	10.28	50.56	7.17	54.47	30.28

（三）2020年中国钢铁企业竞争力评价结果分析

本部分将对2020年中国17家上市钢铁企业的数据的计算结果进行描述性分析，包括各级指标得分以及综合能力情况。除此之外，本部分还将2012年的数据与2019年中国17家上市钢铁企业的相关数据进行对比分析。

1. 生产能力评价

生产能力能够反映企业所拥有的加工能力及生产规模。生产能力的大小是钢铁企业是否具有竞争力的一个重要指标。本报告通过产量和资产规模对中国主要上市钢铁企业的生产能力进行整体评价。

（1）产量分析

本报告选取粗钢产量来衡量上市钢铁企业的产量，企业粗钢产量越大，代表其生产能力越强，从而获得规模优势，增强其对上下游的控制和研发投入等，从而增强企业竞争力。图2展示了2019~2020年中国17家上市钢铁企业的粗钢产量。其中，这17家上市钢铁企业在2020年的总产量为39765.72万吨，占全国粗钢产量的37.34%，表明本报告选取的17家上市钢铁企业可以较大程度代表中国钢铁行业的整体情况。相比于2019年，这17家上市钢铁企业的粗钢产量整体上涨8.56%。2020年，每家企业的年平均产量可达2339.16万吨，相比于2019年，平均每家增长184.44万吨。由图2可见，有4家企业的年产量增长率为负值，分别是太钢不锈（-1.57%）、三钢闽光（-8.32%）、鞍钢股份（-2.58%）和河钢股份（-5.11%）。

2020年粗钢产量最高的是宝钢股份，共11528.81万吨，占本报告分析的17家上市钢铁企业总产量的28.99%，是产量最低的八一钢铁的18.45倍，表明中国钢铁行业头部企业之间也存在较大的产量差异。在这17家上市钢铁企业中，宝钢股份也是年增长量最大的企业，相比2019年其产量共增长1981.54万吨。宝钢股份是中国钢铁产业提升产业集中度的先行者，先后合并了武汉钢铁、马钢集团和太原钢铁，形成了中国钢铁产业的"巨无霸"，提升了中国钢铁企业在世界范围内的竞争力。在这17家上市钢铁企业中，2020 年粗钢产量达到 2000 万吨的企业还有 4 家，分别是：河钢股份（4237.65 万吨）、鞍钢股份（3819.37 万吨）、山东钢铁（3111.42 万吨）和首钢股份（2211.15 万吨）。产量低于 1000 万吨的企业有 4 家，分别是新钢股份（988.6 万吨）、酒钢宏兴（875.3 万吨）、韶钢松山（800 万吨）和八一钢铁（624.93 万吨）。这 4 家钢铁企业的粗钢产量之和仍然不及排名第三的鞍钢股份的粗钢产量，表明中国钢铁产能正在向头部企业集中，产业的集中度不断加强。

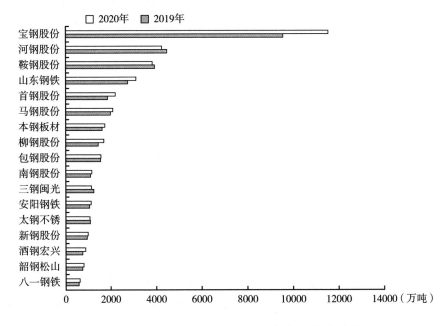

图 2　2019～2020 年中国 17 家上市钢铁企业粗钢产量

（2）资产规模分析

在资产规模方面，2020 年，中国 17 家上市钢铁企业的资产总额共计 15827.66 亿元，平均资产总额达到 931.04 亿元，整体资产规模较大。相比 2019 年，2020 年中国 17 家上市钢铁企业的资产总额共增长 1093.14 亿元，增长率达到 7.42%。

如图 3 所示，资产总额超过 1000 亿元的共有 4 家企业，资产总额为

8860.44 亿元，占上述 17 家上市钢铁企业资产总额的 55.98%，居行业领先地位。居首位的是宝钢股份，其资产总额远高于其他企业，为 3562.25 亿元。其次是河钢股份，为 2412.30 亿元。首钢股份和包钢股份的资产总额相近，分别为 1443.67 亿元和 1442.22 亿元。最低的是韶钢松山，资产总额仅为 177.56 亿元。

相比于 2019 年，2020 年多数企业的资产总额有所上升，其中，增长额最大的是柳钢股份，共增长 341.49 亿元，相比于上一年有了大幅增长；其次是河钢股份，共增长 292.94 亿元；宝钢股份的增长额位居第三，增长 165.92 亿元。但仍有 4 家企业资产总额年增长率为负值，分别是包钢股份（-1.95%）、马钢股份（-6.50%）、山东钢铁（-1.51%）和太钢不锈（-1.80%）。

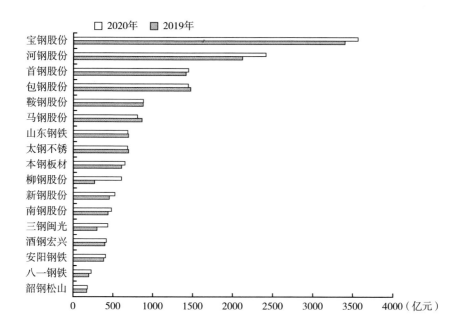

图 3 2019~2020 年中国 17 家上市钢铁企业资产总额

（3）生产能力综合评价

通过熵权法的计算，我们得到上述三级指标的权重值，加权得到二级指

标得分,再次重复计算,得到在生产能力评价的指标中,产量和资产规模两个指标的权重值分别为 0.72 和 0.28,最终通过加权得到生产能力的综合得分。

2020 年中国 17 家上市钢铁企业的生产能力评价结果如图 4 所示。其中,宝钢股份位居第一,说明宝钢股份在完成对武汉钢铁、太原钢铁等企业的联合重组之后,进一步夯实了龙头企业的地位。宝钢股份克服了突如其来的新冠肺炎疫情的影响,充分发挥多制造基地协同优势与企业整体抗风险能力,积极应对铁矿石快速上涨、钢铁需求震荡、内部制造基地大修带来的产能波动等情况,通过全面对标找差,推动内部变革,进一步提升效率与竞争力。

另外,生产能力得分在 30 分以上的企业还有两家,分别是 45.43 分的河钢股份和 30.77 分的鞍钢股份。11 家上市钢铁企业生产能力得分为 10 ~ 30 分。生产能力最低的是八一钢铁,得分仅为 5.67 分。

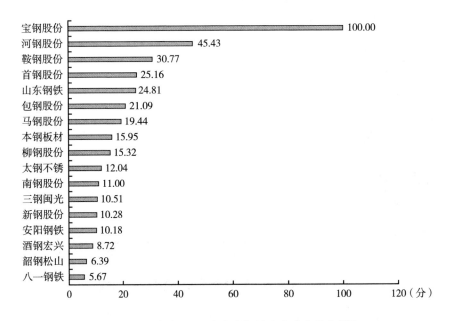

图 4　2020 年中国 17 家上市钢铁企业生产能力得分

2. 经营能力评价

本报告通过分析中国 17 家上市钢铁企业的盈利能力、偿债能力以及运营能力来对企业的经营能力进行评价。

（1）盈利能力分析

在盈利能力方面，为了充分体现企业的资本增值能力，本报告选取净利率、总资产收益率、净资产收益率 3 个指标来对中国上市钢铁企业的盈利能力进行综合评价。

在净利率方面，如图 5 所示，本报告选取的这 17 家上市钢铁企业在 2019 年的平均净利率为 3.31%，2020 年的平均净利率是 2.88%，相比下降了 0.43 个百分点。这其中净利率下降的企业数量占中国 17 家上市钢铁企业的 64.71%。三钢闽光下降程度最高，由 2019 年的 8.1% 下降到 2020 年的 5.27%；新钢股份下降程度较高，由 2019 年的 5.92% 下降到 2020 年的 3.79%。

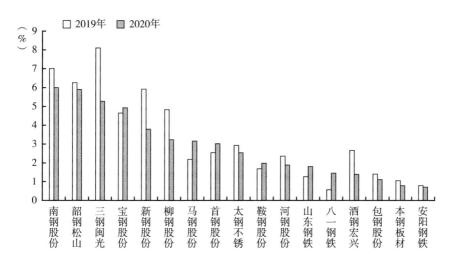

图5　2019～2020 年中国 17 家上市钢铁企业净利率

2020 年，南钢股份的净利率最高，达到 6.00%。该企业以"高效率生产、低成本智造"作为工作重点，持续高效生产，降本增效，并通过数字运营，提升了盈利能力。而净利率在 4% 以上的企业数量占 23.53%，分别是南钢股份（6.00%）、韶钢松山（5.9%），三钢闽光（5.27%）、宝钢股份（4.93%）。净利率不足1%的企业共2家，分别是本钢板材（0.80%）和安阳钢铁（0.72%）。

总资产收益率是指净利润占平均资产总额的比率，其高低直接反映了企业的竞争实力和发展能力的强弱，也是决定企业是否应举债经营的重要依据。本报告选取的2019～2020年中国17家上市钢铁企业的总资产收益率如图6所示，对比中国17家上市钢铁企业的总资产收益率情况，2020年的平均总资产收益率达到3.11%，相比2019年下降了0.85个百分点。

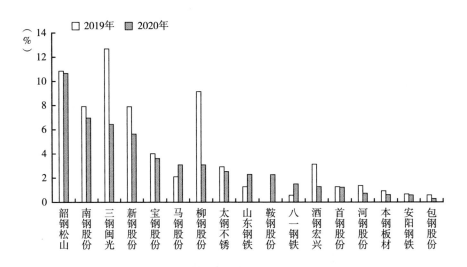

图6 2019～2020年中国17家上市钢铁企业总资产收益率

注：缺失2019年鞍钢股份总资产收益率数据。

2020年，总资产收益率超过5%的企业共有4家，分别是韶钢松山（10.66%）、南钢股份（6.97%）、三钢闽光（6.44%）、新钢股份（5.64%）。总资产收益率低于1%的企业也有4家，分别是河钢股份（0.73%）、本钢板材（0.61%）、安阳钢铁（0.58%）和包钢股份（0.28%）。相比于2019年的总资产收益率，三钢闽光和柳钢股份是下降幅度最大的两家企业，分别下降了6.23个百分点和6.05个百分点。

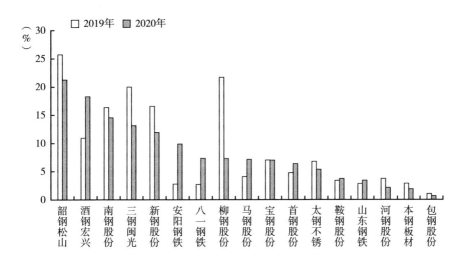

净资产收益率是净利润占平均归属母公司的股东权益总额的百分比，反映股东权益的收益水平，用以衡量公司运用自有资本的效率。本报告选取的2019~2020年中国17家上市钢铁企业的净资产收益率如图7所示。

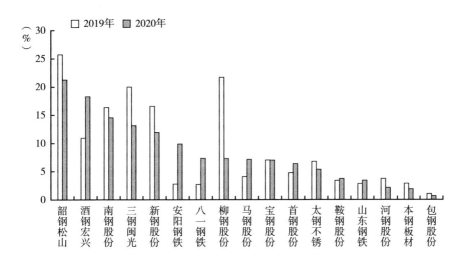

图7　2019~2020年中国17家上市钢铁企业净资产收益率

在净资产收益率方面，2020年中国17家上市钢铁企业的平均净资产收益率为8.33%，相比于2019年下降0.7个百分点。共41.18%的企业在净资产收益率上有所增长，增长幅度最大的是酒钢宏兴（7.33%）和安阳钢铁（7.12%）。柳钢股份的净资产收益率下降幅度最大，从2019年的21.71%下降到2020年的7.32%。在2020年的数据中，韶钢松山在净资产收益率上位居第一，达到21.26%；其次是酒钢宏兴达到18.00%，位居第二。

通过熵权法的计算，我们得到上述三级指标净利率、总资产收益率和净资产收益率的权重值分别为0.32、0.41、0.27。加权得到二级指标得分，进一步指数合成得到2020年中国17家上市钢铁企业的盈利能力得分（见图8）。

如图8所示，盈利能力得分最高的是韶钢松山，为98.47分。40~80分的企业共有4家，从高到低依次为南钢股份、三钢闽光、新钢股份和宝钢

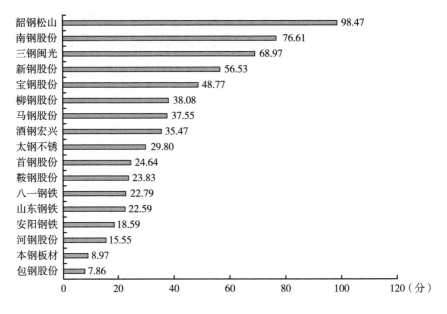

图8 2020年中国17家上市钢铁企业盈利能力得分

股份。盈利能力得分最低的2家是本钢板材和包钢股份，得分分别为8.97分和7.86分。

（2）偿债能力分析

偿债能力反映了企业偿还债务的能力，是衡量企业竞争力的重要指标。对于上市企业而言，如果对于偿债能力没有充分的认识，资金运营不当导致无法按时偿还到期债务，轻者会造成筹资成本增长，财务费用提高，从而降低企业的盈利能力；重者可能导致企业信用评级下降，进一步降低企业融资能力，最终陷入财务困境当中。本报告选取现金比率、资产负债率、长期资本负债率来综合评价中国17家上市钢铁企业的偿债能力。

现金比率能够反映企业直接偿付流动负债的能力。现金比率越高，说明企业变现的能力越强。一般理论认为此比例在20%以上为较好，但并非越高越好。本报告选取的2019~2020年中国17家上市钢铁企业的现金比率情况如图9所示。2020年的平均现金比率整体上比2019年有所下降，从

17.14%下降至15.88%，新钢股份和韶钢松山是下降幅度最大的两个企业，分别下降了12.81百分点和10.23百分点。

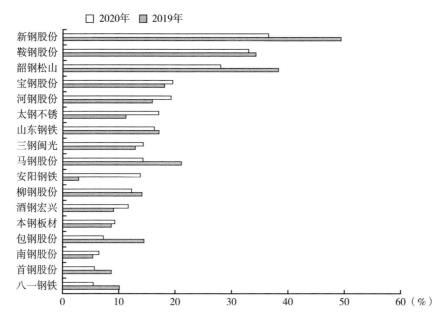

图9 2019～2020年中国17家上市钢铁企业现金比率

如果现金比率过低，企业就面临较高的风险，不能按期支付借款利息、偿还到期债务，或者不能满足正常生产经营及紧急情况下对现金的需要。因此，部分上市企业需要注重日常经营的现金支付需要、应收账款和应收票据的收现周期、短期有价证券变现的顺利程度以及企业筹集短期资金的能力，保证企业的变现能力。

资产负债率是用以衡量企业利用债权人提供资金进行经营活动的能力，以及反映债权人发放贷款的安全程度的指标。国务院国资委发布的《企业绩效评价标准值（2020）》中，在全国国有企业全行业口径下，资产负债率的评价标准值为：48.6%为优秀值、53.6%为良好值、58.6%为平均值、68.6%为较低值、83.6%为较差值。

根据该标准，本报告对选取的中国17家上市钢铁企业的资产负债率进行分析。如图 10 所示，2020 年中国 17 家上市钢铁企业的平均资产负债率是 59.14%，相比 2019 年的平均资产负债率增加了 0.51 个百分点。但这 17 家上市钢铁企业资产负债率仍处于全行业的平均值水平上，且拥有最高资产负债率（79.93%）的八一钢铁仍未超出 80%，说明钢铁行业的资产负债率整体水平良好。

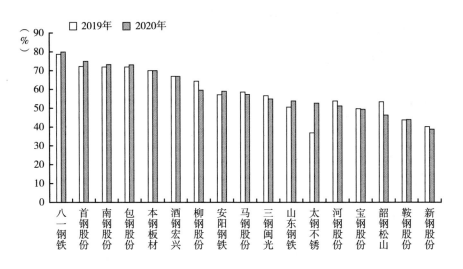

图 10　2019～2020 年中国 17 家上市钢铁企业资产负债率

2020 年，资产负债率最低的是新钢股份（38.83%）；低于 48.6% 的企业还有 2 家，分别是韶钢松山（46.44%）和鞍钢股份（43.93%）。而资产负债率超过 68.6% 的共计 5 家，分别是八一钢铁（79.93%）、首钢股份（74.95%）、南钢股份（73.22%）、包钢股份（73.10%）和本钢板材（70.21%）。另外，2019 年，太钢不锈资产负债率为 36.86%，2020 年则呈现显著增长趋势，资产负债率为 52.71%。

长期资本负债率是指企业长期债务与长期资本的比率，反映企业的长期资本结构。如图 11 所示，2020 年中国 17 家上市钢铁企业的长期资本负债率差距较大。新钢股份拥有最低的长期资本负债率，为 3.65%；八一钢铁拥有最高的长期资本负债率，可达 42.15%。长期资本负债率超过 30% 的企业共计 4 家，分别是八一钢铁（42.15%）、首钢股份（39.69%）、南钢股份（33.67%）和包钢股份（32.81%）。

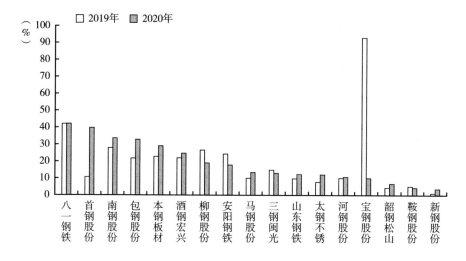

图 11　2019～2020 年中国 17 家上市钢铁企业长期资本负债率

相比于 2019 年，2020 年多数企业的长期资本负债率浮动较小，仅首钢股份有较大幅度的增加，宝钢股份有较大幅度的减少。

通过熵权法的计算，得到上述三级指标现金比率、资产负债率和长期资本负债率的权重值分别是 0.50、0.26、0.24。加权得到二级指标得分，进一步指数合成得到 2020 年中国 17 家上市钢铁企业的偿债能力得分，如图 12 所示。

如图 12 所示，在中国 17 家上市钢铁企业中，2020 年偿债能力最高的是三钢闽光，得分为 89.31 分，表现为较高的偿债水平。60～80 分的企业共有 5 家，从高到低依次为太钢不锈、鞍钢股份、韶钢松山、新钢股份和南钢股份。偿债能力得分最低的 2 家是河钢股份和首钢股份，偿债能力得分分别为 21.11 分和 13.12 分。

（3）运营能力分析

运营能力是衡量企业资产管理效率的财务比率，影响现代企业的盈利能力和偿债能力，对资产的高效管理将成为企业持续提升经营绩效和核心竞争力的重要财务手段。我们通过对中国 17 家上市钢铁企业的运营能力进行分析，将有助于从企业经营效率的角度评判其财务状况。本报告选取应收账款

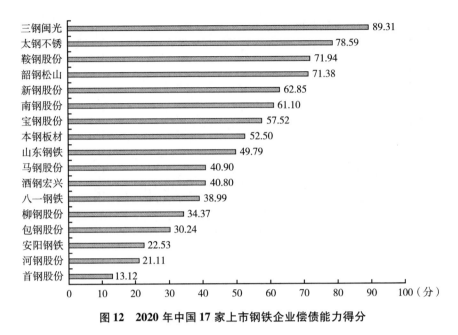

图12 2020年中国17家上市钢铁企业偿债能力得分

周转率、流动资产周转率和总资产周转率3个指标评价2020年中国17家上市钢铁企业的运营能力。[1]

应收账款周转率是指在一年内以应收账款的形式收回营业收入的平均次数，用来衡量企业应收账款流动程度。根据应收账款周转率的定义，该指标越高，表明企业的账期越短，回款能力越强。2020年，选取的中国17家上市钢铁企业的平均应收账款周转率为220.31次，同比增长5.9%，表明中国上市钢铁企业应收账款回收能力有所提高，在产业链中拥有更强的议价能力。

在国务院国资委发布的《企业绩效评价标准值（2020）》中，全国国有企业全行业口径下，应收账款周转率的评价标准值为：18.3次为优秀值、11.4次为良好值、7.4次为平均值、4.6次为较低值、3.3次为较差值。[2]根据该标准，本报告对2019～2020年中国17家上市钢铁企业

① 郭伟琼主编《中关村上市公司竞争力报告（2020）》，社会科学文献出版社，2020。

② 国务院国资委考核分配局编《企业绩效评价标准值（2020）》，经济科学出版社，2020。

应收账款周转率进行统计（见图13）。2020年，这些企业的应收账款周转率均高于18.3次，其中韶钢松山应收账款周转率最高，达到858.33次；包钢股份最少，为18.65次。这表明选取的中国17家上市钢铁企业拥有优秀的应收账款管理能力，在产业链中属于议价能力较强的一方。

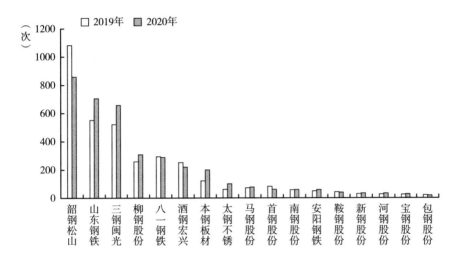

图13 2019～2020年中国17家上市钢铁企业应收账款周转率

与2019年数据进行对比，2020年有11家企业的应收账款周转率有所提升，占比为64.7%，其中，本钢板材同比增长67.9%，太钢不锈同比增长59.8%，增长幅度居前两位，表明中国上市钢铁企业普遍注重应收账款管理能力，如注重交易时的合同约定、实时结清账务、坚持"零应收款"原则，提升应收账款周转率。

流动资产周转率是指企业一定时期内主营业务收入净额同平均流动资产总额的比率，是评价企业资产利用率的一个重要指标。对该指标进行对比分析，可以促进企业加强内部管理，充分利用流动资产，如调动暂时闲置的货币资金用于短期的投资创造收益等，还可以促进企业采取措施扩大销售，提高流动资产的综合使用率。该指标越高，表明企业流动资产周转速度越快，资金利用效果越好，利润越高。在较快的周转速度下，流动资产会相对节约，相当于流动资产投入的增加，在一定程度上增强了企业的盈利能力。国务院国资委发布的《企业绩效评价标准值（2020）》中，全国国有企业全行业口径下，流动资产周转率的评价标准值为：3.5 次为优秀值、2.2 次为良好值、1.2 次为平均值、0.6 次为较低值、0.3 次为较差值。①根据该标准，在选取的中国 17 家上市钢铁企业中（见图 14），2020年流动资产周转率高于 3.5 次的企业有 3 家，分别为韶钢松山（6.08 次）、山东钢铁（4.65 次）和鞍钢股份（4.34 次）；流动资产周转率为 2.2 ~ 3.5 次的企业有 8 家；流动资产周转率为 1.2 ~ 2.2 次的企业有 6 家，表明选取的中国 17 家上市钢铁企业均达到国务院国资委发布的流动资产周转率的平均值，且大部分企业可以较好地利用流动资产增加企业的盈利能力。

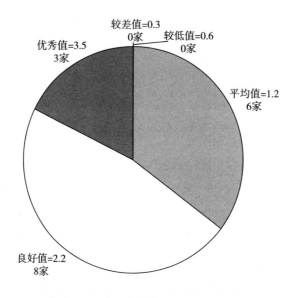

图 14　2020 年中国 17 家上市钢铁企业流动资产周转率分布情况

如图 15 所示，与 2019 年数据进行对比，2020 年，选取的中国 17 家上市钢铁企业流动资产周转率均达到国务院国资委发布的平均值，但只有 5 家

---

① 国务院国资委考核分配局编《企业绩效评价标准值（2020）》，经济科学出版社，2020。

企业的流动资产周转率有所提升，分别为韶钢松山、山东钢铁、鞍钢股份、新钢股份和马钢股份，其中前3家企业均为达到优秀值的上市钢铁企业。图15表明选取的中国17家上市钢铁企业资金运用效率较2019年有所降低，资产结构中的流动性下降，可能使企业的盈利能力和偿债能力下降。为提升企业竞争力，上市钢铁企业需加强资金利用率，加快存货周转速度，注意应收账款回款和存货囤积问题，减少应收账款期末余额。

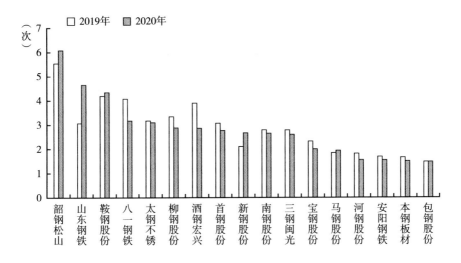

图15　2019～2020年中国17家上市钢铁企业流动资产周转率

总资产周转率反映了企业对全部资产的管理能力和利用效率，体现企业在经营期内资产从投入到产出的流转速度。根据总资产周转率的定义，该指标值越高，说明总资产的周转速度越快，企业对资产的利用效率也越高。国务院国资委发布的《企业绩效评价标准值（2020）》中，在全国国有企业全行业口径下，流动资产周转率的评价标准值为：1.5次为优秀值、1次为良好值、0.5次为平均值、0.3次为较低值、0.2次为较差值。① 根据该标准，选取的2020年中国17家上市钢铁企业中总资产周转率（见图16）高于1.5次的企业有1家，为韶钢松山，表明该企业有良好的运营能

---

① 国务院国资委考核分配局编《企业绩效评价标准值（2020）》，经济科学出版社，2020。

力，并能依靠较强的资产运营效率增加经营绩效。总资产周转率在 1 ~ 1.5 次的企业有 6 家，在 0.5 ~ 1 次的企业有 8 家，这类企业与全国一般企业水平持平或略高于平均水平，总资产管理效率正常。总资产周转率在 0.3 ~ 0.5 次的企业有 2 家，这些企业总资产利用效率较差，反映出企业整体运营能力的不足。

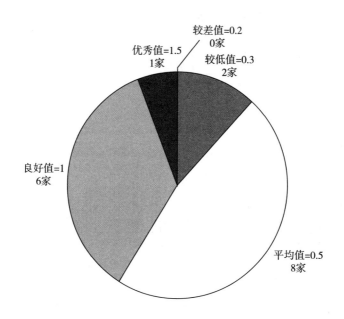

图 16　2020 年中国 17 家上市钢铁企业总资产周转率分布情况

如图 17 所示，与 2019 年数据进行对比，2020 年选取的中国 17 家上市钢铁企业总资产周转率达到国务院国资委发布的平均值，但只有 6 家企业的总资产周转率实现了正增长，分别为韶钢松山、新钢股份、山东钢铁、南钢股份、马钢股份和首钢股份。图 17 表明，与 2019 年相比，2020 年，尽管选取的中国 17 家上市钢铁企业的总资产管理效率正常，但总资产运用效率有所降低，反映出大部分企业整体运营中存在一些问题，如利用总资产产生收益的能力有所下降、利用营业收入收回总资产投资所需时间有所延长等。这就需要企业强化内部管理，以销定产、以销促产，加大科技投入，提高管理水平，同时做到即时盘活资产，提高资产收益。

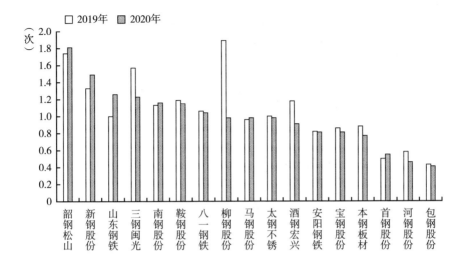

图17 2019～2020年中国17家上市钢铁企业总资产周转率

本报告运用熵权法计算构成运营能力指标的所有三级指标权重，对选取的中国17家上市钢铁企业的运营能力进行排序和打分。如图18所示，韶钢松山运营能力最强，与山东钢铁和三钢闽光位列前三，这3家企业在应收账款周转率和总资产周转率方面表现优秀，表明这些企业账期短，拥有优秀的应收账款管理能力；总资产的周转速度快，对资产的利用效率高。

企业管理层应在财务管理中，充分重视对运营资本的管理，指定适宜的信用政策，合理利用商业信用融资手段等措施，将应收账款周转率、流动资产周转率和总资产周转率控制在最好水平，保证企业财务状况的充分流动、实现运营资本的高效运转，提升企业经营绩效。

（4）经营能力综合评价

通过熵权法的计算，我们得到上述三级指标的权重值，加权得到二级指标得分，而后通过层次分析法得到二级指标盈利能力、偿债能力和运营能力的指标权重分别为0.48、0.24、0.28。最终通过加权得到经营能力的综合得分。

统计的2020年中国17家上市钢铁企业的经营能力评分数据如图19所

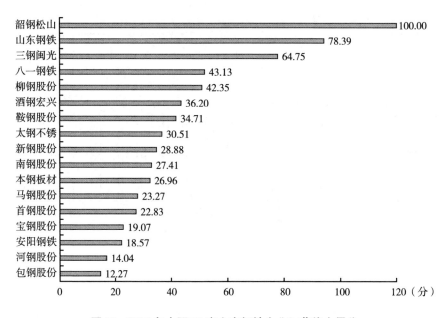

图18　2020年中国17家上市钢铁企业运营能力得分

示。其中，韶钢松山位居第一，得分为92.88分，说明其在经营能力上具有较强的企业竞争力优势；三钢闽光位居第二，得分为72.96分。另外，经营能力得分超过50分的企业还有两家，分别为59.42分的南钢股份和50.56分的新钢股份。经营能力得分最低的是包钢股份，仅为14.48分。

3. 创新能力评价

"十四五"时期中国钢铁工业存在产能过剩压力大、产业安全保障能力不足、绿色低碳发展水平有待提升、产业集中度偏低等问题。工业和信息化部、国家发展和改革委员会、生态环境部于2022年1月联合印发了《关于促进钢铁工业高质量发展的指导意见》，要求增强创新发展能力、严禁新增钢铁产能、优化产业布局结构、推进企业兼并重组、有序发展电炉炼钢、深入推进绿色低碳、大力发展智能制造、大幅提升供给质量、提高资源保障能力、提升本质安全水平、维护公平市场秩序、提升开放合作水平。本部分将从创新投入和创新产出两个维度对中国17家上市钢铁企业创新能力进行评价和分析。

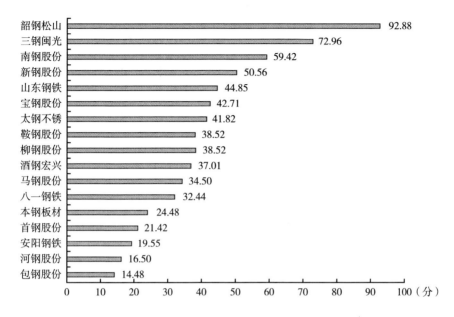

图 19　2020 年中国 17 家上市钢铁企业经营能力得分

（1）创新投入分析

创新能力是现代企业核心竞争力之一，创新投入使企业产品避免同质化竞争，增强企业核心竞争力。研发投入的增加虽牺牲企业的短期利润，但可以起到加固企业"护城河"的作用。目前，钢铁企业普遍坚持创新发展、总量控制、绿色低碳、统筹协调原则，加大科研创新投入，促进钢铁企业绿色低碳可持续高质量发展。

本研究收集了 2019～2020 年中国 17 家上市钢铁企业的研发费用情况（见图 20），这些企业研发费用合计 246.5 亿元，营业收入合计 19870.85 亿元。如图 20 所示，2020 年，中国 17 家上市钢铁企业中，研发费用超过 10 亿元的企业有 8 家，占比为 47.06%，分别是宝钢股份（87.26 亿元）、河钢股份（28.21 亿元）、太钢不锈（21.48 亿元）、马钢股份（18.13 亿元）、柳钢股份（15.5 亿元）、山东钢铁（12.93 亿元）、三钢闽光（11.7 亿元）和韶钢松山（10.72 亿元）。

与 2019 年数据相比，2020 年，宝钢股份、河钢股份和太钢不锈的研发

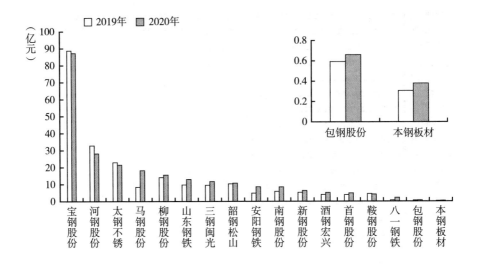

图20　2019～2020年中国17家上市钢铁企业研发费用情况

费用投入仍然位居前三，但稍有减少。除此之外，还有13家企业研发费用投入有所提升，占比为76.47%，表明越来越多的企业注重研发体系的建设和自主研发投入，响应数字化和智能化趋势，推动研发工作流程化和资源化，持续打造内在竞争力。

（2）创新产出分析

有效专利授权数量是指由专利行政部门授予专利权的数量，是发明、实用新型、外观设计三种专利当年授权数之和。企业有效专利授权数量是测量企业在技术研发、技术创新方面的能力、水平和质量的重要指标。企业有效专利授权数量授权越多，表明企业的创新能力越强，研发氛围越浓厚。2020年，选取的中国17家上市钢铁企业均有有效专利授权数量（见图21），合计4262项，平均每家企业拥有251项专利授权，其中有5家企业有效专利授权数量超过均值，分别为南钢股份、河钢股份、鞍钢股份、首钢股份和马钢股份，这组数据表明，2020年中国上市钢企寻求专利保护的积极性持续提高。

2020年中国17家上市钢铁企业有效专利授权数量排名前五的企业共获

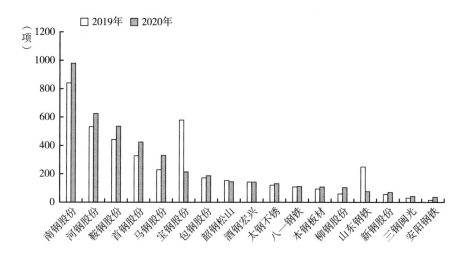

图21　2019~2020年中国17家上市钢铁企业有效专利授权数量

得2893项专利授权，这5家企业分别是南钢股份（979项）、河钢股份（624项）、鞍钢股份（535项）、首钢股份（424项）和马钢股份（331项）。南钢股份有效专利授权数量占中国17家上市钢铁企业有效专利授权数量的22.97%。

与2019年数据相比，有13家企业有效专利授权数量有所提升，占比为76.47%。值得注意的是，宝钢股份的有效专利授权数量在2020年大幅下降。

（3）创新能力评价

本报告运用熵权法计算构成创新能力的所有三级指标权重，同时根据专家打分得出的二级指标权重，对选取的中国17家上市钢铁企业的创新能力进行排序和打分。如图22所示，宝钢股份创新能力最强，与河钢股份和南钢股份位列前三。这3家企业在研发费用投入以及有效专利授权数量方面表现优秀，如宝钢股份在规划期内，实施"1+5"发展战略，即坚持高质量发展，创新深化多制造基地管理模式，持续提升成本变革、技术领先、服务先行、智慧制造、城市钢厂五大能力，积极探索、实践未来钢铁，成为全球领先的钢铁企业。南钢股份则坚持改革创新、优化组织管理，生产单元实行

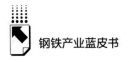

事业部制运作，推行阿米巴经营模式，提升组织运行效率；遵从"以人为本、同心共进"的企业价值观，建立以价值创造为导向的"共创共享"文化，与员工形成"利益共同体、事业共同体、命运共同体"；构建多层次、多维度激励体系，施行股权激励计划、员工持股计划及技术合伙人制度，激发组织内生动力。

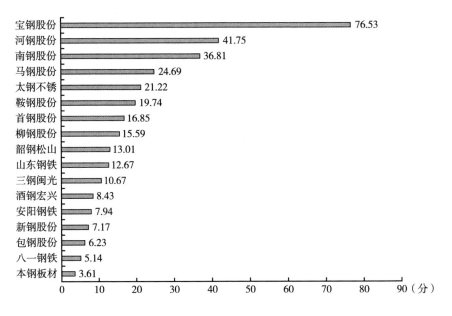

图22 2020年中国17家上市钢铁企业创新能力得分

4. 低碳能力评价

进入新发展阶段，秉承新发展理念，在中国构建"双循环"新发展格局下，在国家推动钢铁工业高质量发展等产业政策指导下，在国家碳达峰、碳中和决策部署下，中国钢铁工业作为落实碳减排的重要领域，将面临低碳发展巨大挑战。从发展阶段来看，中国钢铁工业现已处在数量时期的减量阶段、高质量时期的重组阶段和中间过渡时期的强化环保阶段三期叠加阶段，正在向高质量时期的低碳阶段演进，将以低碳统领高质量发展全面提升。国家高度重视"3060"目标任务的推进落实工作，多次召开会议强调重申做好低碳发展工作的重要性和必要性，各部委相继出台有关政策。低碳发展将助推中国钢铁行业构建更高水平的供需动态平衡、优化工艺流程结构、推动技术革命、促进智能化升级。本报告通过能源消耗的分析对企业低碳能力进行评价。

（1）能源消耗评价

本部分将从能源消耗角度对中国 17 家上市钢铁企业低碳能力进行评价和分析。降低能耗强度，控制能耗总量，有利于扭转中国工业化、城镇化加快发展阶段对能源消耗大幅度增加的势头，缓解中国经济增长对能源消耗增长的依赖程度，对减轻中国资源环境约束，提高经济发展质量发挥了重要作用。

吨钢能耗是指钢铁企业在报告期内，每生产 1 吨粗钢，从炼焦、烧结、炼铁、炼钢直到企业最终钢材配套生产所必需的耗能量及企业燃料加工与运输、机车运输能耗及企业能源亏损所分摊在每吨粗钢上的耗能量之和。本报告收集的中国 17 家上市钢铁企业中（见图 23），2020 年平均吨钢能耗为575.39 千克标准煤/吨，除韶钢松山（498 千克标准煤/吨）外的 16 家企业吨钢能耗均超过 500 千克标准煤/吨。有 4 家上市钢铁企业的吨钢能耗超过600 千克标准煤/吨，分别为包钢股份（649.7 千克标准煤/吨）、八一钢铁（640.94 千克标准煤/吨）、本钢板材（636.06 千克标准煤/吨）、河钢股份（604.48 千克标准煤/吨）。

国内钢铁行业吨钢能耗压减进程已经取得了长足的进步。以马钢股份为例，其吨钢能耗由 2019 年的 581.05 千克标准煤/吨下降至 2020 年的 562.9千克标准煤/吨。与国外企业相比，国内吨钢能耗已经没有明显差距，在现有工艺布局下吨钢能耗下降难度非常大。大力调整钢铁行业工艺布局将使得吨钢能耗发生质的飞跃。

与 2019 年数据相比，有 9 家企业吨钢能耗有所降低，占比为52.94%，其中，韶钢松山吨钢能耗下降最多，达 18.2 千克标准煤/吨。这表明中国钢铁行业节能与绿色发展取得进一步发展，越来越多的企业积极探索低碳发展道路，以低耗能、低污染、低排放带动企业的可持续发展。20 世纪以来，中国相继在烧结厂采用了脱硫、脱硝、二噁英等烟气处

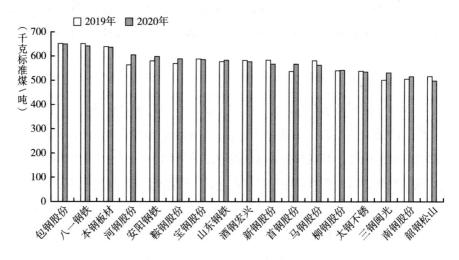

图23　2019～2020年中国17家上市钢铁企业吨钢能耗

理装置。不同于燃煤电厂，烧结烟气处理装置面临投资大、运行费用高、效率低和副产品复杂等问题，但如果直接外排烧结烟气，会带走大量的热量，造成能源浪费。因此，针对烧结固体燃耗较高的问题，能耗仍有降低空间。

（2）低碳能力综合评价

本报告运用熵权法计算构成低碳能力指标的所有三级指标权重，同时根据专家打分得出的二级指标权重，对选取的中国17家上市钢铁企业的低碳能力进行排序和打分。如图24所示，韶钢松山低碳能力最强，与南钢股份、三钢闽光、太钢不锈和柳钢股份位列前五。这5家企业在吨钢能耗方面表现优秀，通过积极探索并采取一系列措施提升环境治理体系能力，推动绿色低碳发展。例如，韶钢松山制定下发了《关于开展2020年"六·五"世界环境日暨节能宣传周系列活动的通知》，开展"节能环保达人"评选、环境经营先进案例评选及发布、节能环保宣贯培训、节能环保专业知识竞赛等活动，提高公司内各级职工的环保意识，加强环保专业人员的专业能力。南钢股份将低碳绿色循环发展作为推动企业高质量发展的重要引擎，投资超低排放改造和生态保护项目，建成了一批先进的环保治理设施。柳钢股份采用先进工艺技术与装备和高效清洁能源，加大节能减排力度，减少二氧化碳排放；实施焦炭干熄发电、烧结环冷机余热回收发电、高炉炉顶 TRT 发电、转炉煤气回收、富余煤气发电等余热回收技改项目，为公司节能减排发挥重要作用。

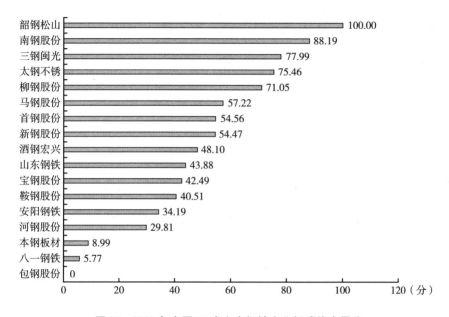

图 24　2020 年中国 17 家上市钢铁企业低碳能力得分

5. 综合竞争力评价

根据专家打分得出的一级指标权重，即生产能力（0.28）、经营能力（0.36）、创新能力（0.22）和低碳能力（0.14）计算得出选取的中国 17 家上市钢铁企业的综合竞争力，结果显示（见图 25），宝钢股份综合实力最强，达 66.16 分，与韶钢松山（52.09 分）、南钢股份（44.92 分）、三钢闽光（42.47 分）位列前四，且综合能力得分明显高于第 5 名。

通过对这 4 家钢企进行多维度分析（见图 26），数据显示宝钢股份在生产能力和创新能力方面优势突出，表明宝钢集团有限公司与武汉钢铁公司完成重组后，在化解过剩产能、提高行业集中度方面发挥了重要作用，推动其完成剥离资产、削减债务、安置人员等诸多严峻任务，帮助双方从长远利益

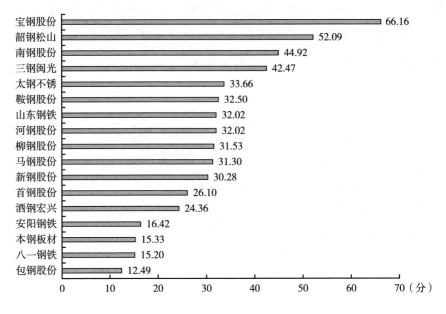

图25 2020年中国17家上市钢铁企业综合能力得分

出发，积极探索、打破经营困局，加快供给侧改革的进程，提升竞争力。除此之外，韶钢松山、南钢股份和三钢闽光在四维分析中均呈扁平状，即其低碳能力和经营能力突出。这些企业都位于经济较发达的省份，市场化程度较高，具有先进的经营管理能力和严格的环境保护措施。

三 结论与不足

企业竞争力是市场参与者进行角逐或比较而体现出来的综合能力，反映企业当前的经营状况，并在一定程度上决定企业未来的发展策略。钢铁产业作为国民经济的重要组成部分，为国家经济建设奠定了坚实的基础。然而，随着世界范围内钢铁产能普遍过剩、碳排放政策逐渐收紧以及上下游市场的不确定性的影响，我国钢铁企业市场化竞争已经进入白热化阶段，正确认识钢铁企业竞争力水平，明确提高竞争力水平的方向，不仅能够帮助钢铁企业改善生产和经营现状，而且能够为国家钢铁产业政策的制定和实施提供现实

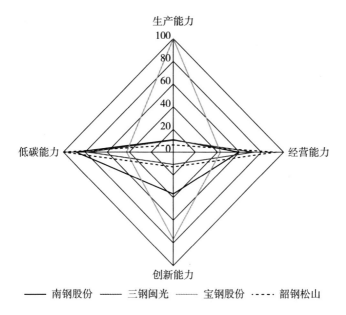

**图26　2020年综合能力排名前四的中国上市
钢铁企业竞争力情况**

依据。基于企业竞争力的相关理论，结合国家产业发展规划、钢铁企业经营特征和数据的可获得性，本报告构建了钢铁企业竞争力评价指标体系，并通过熵权法和层次分析法确定各级指标权重。最后，以我国黑色金属冶炼和压延加工业（行业代码C31）的A股上市企业为研究对象，剔除退市和未公开相关数据的企业，最后剩余八一钢铁、包钢股份、宝钢股份、本钢板材、河钢股份、柳钢股份、鞍钢股份、安阳钢铁、马钢股份、南钢股份、三钢闽光、山东钢铁、首钢股份、太钢不锈、酒钢宏兴、新钢股份和韶钢松山这17家上市钢铁企业。在生产能力方面，本报告通过产量和资产规模两个指标来进行评价，结果表明宝钢股份、河钢股份和鞍钢股份位居前三，尤其是宝钢股份在完成一系列的资产重组后，生产能力优势明显；在经营能力方面，本报告通过盈利能力、偿债能力和运营能力来进行评价，结果表明韶钢松山、三钢闽光和南钢股份位列前三，这些企业生产规模相对较小，具有较强的经营灵活性，而且都位于经济发达的省份，市场化程度相对较高；在创新能力方面，本报告通过创新投入和创新产出来进行评价，结果表明宝钢股份、河钢股份和南钢股份位居前三，这些公司通常都具有较强的生产能力或经营能力，为研发活动提供了坚实基础；在低碳能力方面，本报告通过吨钢能耗来进行评价，结果表明韶钢松山、南钢股份和三钢闽光位列前三；在综合竞争力方面，本报告对企业的生产能力、经营能力、创新能力和低碳能力进行加权综合，结果表明排名前五的企业依次为宝钢股份、韶钢松山、南钢股份、三钢闽光和太钢不锈，而且不同企业在各个评价指标上表现各有优劣，尚无企业在所有指标上形成压倒性优势，各家上市钢铁企业都存在自己的优势和短板，评价结果可为企业后续的生产经营提供一定的现实依据。

本报告存在如下不足：（1）评价指标体系方面，本报告数据均来自公开数据，如上市企业财务报表、Wind 数据库等，导致本报告指标体系的选择具有较大的局限性，下一步将进一步完善数据采集手段，深入企业内部调研，提升指标体系的全面性和科学性；（2）指标权重方面，本报告采用主客观相结合的权重确定方法，主观确权法受专家观点影响较大，而客观确权法因数据而异，难以形成一套稳定的指标权重，下一步将扩大专家数量，在熵权法的基础上引入专家判断，得到一套科学的、稳定的指标权重；（3）评价对象方面，部分上市钢铁企业未能公开吨钢能耗、专利等数据，导致本报告仅包括17家上市企业，无法全面反映我国钢铁企业的整体情况，下一步将完善数据采集方式，通过公开数据和调研数据相结合的方式，实现更大范围的钢铁企业竞争力评价。综上所述，本报告尚有较多的不足之处，评价结果仅供参考。我们后续将进一步完善相关工作，提升中国上市钢铁企业竞争力评价的科学性和准确性。

参考文献

[1] 何文波：《中国钢铁行业以强大且丰富的产能强力支撑了中国经济的快速复苏》，《中国钢铁业》2020 年第 10 期。

［2］沈会：《关于钢铁行业发展的研究》，《中国管理信息化》2020 年第 19 期。

［3］郭伟琼主编《中关村上市公司竞争力报告（2019）》，社会科学文献出版社，2019。

［4］张爱华、程霞：《世界级钢铁企业竞争力评价指标体系及排名分析》，《冶金经济与管理》2014 年第 2 期。

［5］张志强、吴健中：《企业竞争力及其评价》，《管理现代化》1999 年第 1 期。

［6］林晓言、刘铁鹰、王梓利等：《中国城市交通绿色发展报告（2018）》，社会科学文献出版社，2018。

［7］李晓红：《提升企业技术创新能力》，《求是》2021 年第 1 期。

［8］郭伟琼主编《中关村上市公司竞争力报告（2020）》，社会科学文献出版社，2020。

［9］国务院国资委考核分配局编《企业绩效评价标准值（2020）》，经济科学出版社，2020。

B.4
2020年国外主要上市钢铁企业竞争力分析

金家华　魏雨含　潘瑾琼*

摘　要： 钢铁工业是国家重要的工业部门，是发展国民经济与国防建设的物质基础，是衡量一个国家工业化的标志。目前国外各国钢铁制造商的资产规模与业务范围各不相同，单以钢铁产能指标难以评价一个钢铁企业的经营能力与发展水平。本报告基于企业经济学的相关理论框架，结合钢铁行业的特点，提出了一个包含2个一级指标、5个二级指标和11个三级指标的钢铁企业竞争力评价的指标体系，旨在对位于国外上市钢铁企业排名前列的主要钢铁企业竞争力进行评价分析。我们发现，产量及资产规模固然能够反映钢铁企业的资产底蕴及发展能力，但经营能力在评价体系中同样举足轻重。2020年新冠肺炎疫情的全球蔓延，也给国外各地的钢铁产业带来了一定的影响。当前钢铁企业受消费端的不利影响，普遍面临着库存成本高、资金周转压力大和供应链受阻等困难。随着相关新冠肺炎疫情防控措施和对策的出台，这些底蕴雄厚的国外主要上市钢铁企业也正在逐渐恢复业务运营，进而有更加多元化的发展。

关键词： 钢铁企业　钢铁上市公司　企业竞争力

---

* 金家华，北京科技大学经济管理学院讲师，研究方向为商务数据分析；魏雨含，北京科技大学经济管理学院硕士研究生，研究方向为在线医疗背景下患者就医选择行为；潘瑾琼，北京科技大学经济管理学院硕士研究生，研究方向为商务数据分析。

企业竞争力，是指企业在竞争的环境中，通过配置或创造企业资源，在占有市场、创造价值、维持发展等方面与同行其他企业在市场竞争中的比较能力。[①] 随着宏观经济的飞速增长，世界各国的钢铁行业呈现快速发展的趋势，然而各国的钢铁企业规模、发展能力及战略各不相同，因此搭建一套符合科学理论与钢铁行业特征的标准体系来评价国外钢铁企业竞争力具有重要的意义，通过横向对比，能够发现企业现存的优势及不足，从而对企业的营销战略及长远发展提供一定的启示。[②] 本报告将从指标体系的搭建与指标数据采集、竞争力评价、评价结果分析三个方面展开论述。

一　指标体系与指标数据采集

基于前文关于中国上市钢铁企业竞争力评价指标体系的论述和国外钢铁企业数据的可获得性受限问题，本报告采用如表1所示的指标体系，对国外主要上市钢铁企业竞争力进行分析和评价，指标体系包括2个一级指标、5个二级指标和11个三级指标。三级指标的数据主要通过世界钢铁协会和上市公司财务报表进行采集，具体采集渠道如表2所示。

表1　国外主要上市钢铁企业竞争力评价指标体系

一级指标	二级指标	三级指标
生产能力	产量	产量
	资产规模	资产总额
经营能力	盈利能力	净利率
		总资产收益率
		净资产收益率
	偿债能力	现金比率
		资产负债率
		长期资本负债率
	运营能力	流动资产周转率
		总资产周转率
		应收账款周转率

---

① 刘自学：《上市钢铁企业竞争力分析》，《经营与管理》2012年第12期。

② 张爱华、程霞：《国外级钢铁企业竞争力评价指标体系及排名分析》，《冶金经济与管理》2014年第2期。

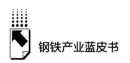

表2 国外主要上市钢铁企业竞争力评价质保数据采集汇总

序号	指标	数据来源	序号	指标	数据来源
1	产量	世界钢铁协会	7	资产负债率	财务报表
2	资产总额	财务报表	8	长期资本负债率	财务报表
3	净利率	财务报表	9	流动资产周转率	财务报表
4	总资产收益率	财务报表	10	总资产周转率	财务报表
5	净资产收益率	财务报表	11	应收账款周转率	财务报表
6	现金比率	财务报表			

本报告以国外主要上市钢铁企业为评价对象，依据世界钢铁协会前50强企业排名，基于数据可获得性，共筛选出国外15家上市钢铁企业进行评价。如表3所示，美国、俄罗斯和印度各3家，韩国2家，日本、卢森堡、土耳其和乌克兰各1家。统计数据显示印度、日本、俄罗斯、美国、韩国、土耳其均在世界十大钢铁生产国之列，本报告选择的国外15家上市钢铁企业均为各国顶尖集团，可以在较大程度上代表国外钢铁企业的生产情况。

表3 待评价的国外15家上市钢铁企业

序号	企业名称	国家
1	安赛乐米塔尔	卢森堡
2	日本制铁株式会社	日本
3	浦项制铁	韩国
4	塔塔钢铁集团	印度
5	纽科钢铁公司	美国
6	现代制铁	韩国
7	印度钢铁管理有限公司	印度
8	耶弗拉兹集团	俄罗斯
9	俄罗斯MMK钢铁集团	俄罗斯
10	美国钢铁公司	美国
11	谢韦尔钢铁	俄罗斯
12	METINVEST控股	乌克兰
13	埃雷利钢铁集团	土耳其
14	美国钢动态公司	美国
15	JSW钢铁	印度

二 2020年国外主要上市钢铁企业竞争力评价

国外主要上市钢铁企业竞争力评价将从指标权重测算与竞争力测算两方面展开。其中，指标体系的构建考虑到数据可获得性的问题，在中国上市钢铁企业竞争力评价指标体系的基础上进行取舍，通过熵权法得到三级指标权重。一级和二级指标则按照指标体系层次结构依次对各级指标进行测算，最终得到企业的综合竞争力评价结果。

（一）指标权重测算

对于三级指标，本报告采用熵权法对每个二级指标下的三级指标进行权重确定。[①] 对于一级指标和二级指标，由于不同国家的钢铁企业所披露的创新能力和低碳能力相关指标程度不一，且指标标准不同，因此国外主要上市钢铁企业竞争力评价指标体系仅考虑生产能力和经营能力，其权重设置方法依然采用层次分析方法，重新计算调整后的权重设置如表4所示。

表4　2020年国外主要上市钢铁企业竞争力评价指标权重

一级指标		二级指标		三级指标	
指标名称	权重	指标名称	权重	指标名称	权重
生产能力	0.38	产量	0.72	产量	1.00
		资产规模	0.28	资产总额	1.00
经营能力	0.62	盈利能力	0.48	净利率	0.24
				总资产收益率	0.33
				净资产收益率	0.43
		偿债能力	0.24	现金比率	0.58
				资产负债率	0.20
				长期资本负债率	0.22
		运营能力	0.28	流动资产周转率	0.47
				总资产周转率	0.41
				应收账款周转率	0.12

---

① 曲丽虹、程骏超、张驰、何元安：《海洋安全指数测算方法》，《科技导报》2020年第38期。

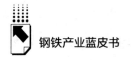

（二）竞争力测算

基于上述数据预处理结果和权重分析结果，本部分按照上述指标体系层级结构，首先基于各企业在三级指标上的取值，通过加权平均法得到各企业在各二级指标上的评价结果，如表5所示。其次基于各企业在二级指标上的评价结果，通过加权平均法得到各企业在各一级指标上的取值，如表6所示。最后基于各企业在一级指标上的评价结果，通过加权平均法得到各企业的综合竞争力评价结果，如表6的最后一列所示。

表5　二级指标评价结果

企业名称	产量	资产规模	盈利能力	偿债能力	运营能力
安赛乐米塔尔	100.00	100.00	-13.74	38.54	12.90
日本制铁株式会社	53.00	89.35	-73.80	29.12	11.88
浦项制铁	51.72	88.74	38.06	74.75	6.94
塔塔钢铁集团	35.78	40.87	13.59	17.78	87.21
纽科钢铁公司	28.92	24.53	54.77	70.46	9.49
现代制铁	25.25	39.10	-262.58	31.09	4.48
印度钢铁管理有限公司	19.08	19.85	13.29	23.28	64.24
JSW 钢铁	18.94	24.70	23.54	25.46	75.90
耶弗拉兹集团	17.37	10.62	72.12	14.04	28.11
俄罗斯 MMK 钢铁集团	14.75	9.13	47.37	56.40	17.86
美国钢铁公司	14.72	14.70	-36.99	43.84	91.73
谢韦尔钢铁	14.41	9.01	62.19	31.37	31.46
METINVEST 控股	12.95	16.40	37.56	36.98	7.52
埃雷利钢铁集团	10.87	9.63	43.31	100.00	13.42
美国钢动态公司	10.71	11.29	47.40	67.07	14.69

表6　一级指标及综合竞争力评价结果

企业名称	生产能力	经营能力	综合竞争力
安赛乐米塔尔	100.00	6.26	41.88
日本制铁株式会社	63.17	-25.11	8.44
浦项制铁	62.09	38.15	47.25
塔塔钢铁集团	37.20	35.21	35.97
纽科钢铁公司	27.69	45.86	38.95
现代制铁	29.13	-117.32	-61.67
印度钢铁管理有限公司	19.30	29.96	25.91

企业名称	生产能力	经营能力	综合竞争力
JSW 钢铁	20.55	38.66	31.78
耶弗拉兹集团	15.48	45.86	34.32
俄罗斯 MMK 钢铁集团	13.17	41.27	30.60
美国钢铁公司	14.71	18.45	17.03
谢韦尔钢铁	12.90	46.19	33.54
METINVEST 控股	13.91	29.01	23.27
埃雷利钢铁集团	10.52	48.55	34.10
美国钢动态公司	10.87	42.96	30.77

三 2020年国外主要上市钢铁企业竞争力评价结果分析

国外主要上市钢铁企业竞争力评价结果分析主要从生产能力、经营能力、综合竞争力三方面进行。我们还结合企业近年来的发展政策与运营情况，从各个方面分析企业 2020 年的综合竞争力，为钢铁企业经营活动提供参考。

（一）生产能力评价

生产能力是指反映钢铁企业所拥有的加工能力的一个重要技术参数，也是反映企业生产规模的一个重要指标。对于钢铁企业而言，生产能力代表企业参与生产的全部固定资产，在既定的组织技术条件下，所能生产的高技术含量、高附加值的钢铁产品的数量，或是能够处理的原材料数量。在工业 4.0 时代的今天，生产能力之于工业行业依然是关键指标之一。本报告通过分析国外 15 家上市钢铁企业的产量和资产规模两个指标对国外钢铁企业的生产能力进行整体评价。

1. 产量分析

在产量方面，针对钢铁企业的特征，本报告统一选取粗钢的产量来评价国外主要上市钢铁企业的产能。粗钢的产量越大，代表着企业生产规模越

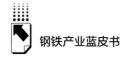

大，生产能力越强。本报告选取了2020年世界排名靠前的国外15家上市钢铁企业进行分析。所有数据来源于企业填报的粗钢产量，如果持有超过50%的所有权，则计入子公司100%的产量，另有说明的除外。如果持有30%～50%的所有权，则按比例计入产量。除非另有说明，否则所有权低于30%的，将作为少数权益考虑，因此不予计入。本数据包括安赛乐米塔尔－日本制铁印度合资公司60%的产量（前身为艾萨钢铁公司），日本制铁不锈钢、三洋特钢、奥沃克集团的产量，安赛乐米塔尔－日本制铁印度合资公司40%的产量，以及米纳斯吉拉斯钢铁公司31.2%的产量。

2020年，国外15家上市钢铁企业的粗钢产量数据如图1所示，从产量数据上可以最直观地感受到2020年新冠肺炎疫情对国外钢铁行业的影响，2019年国外15家上市钢铁企业总产量能够达到37814万吨，而2020年的数据显示，国外15家上市钢铁企业总产量共计33617万吨，平均每家企业的年产量仅为2241.1万吨，较2019年同比下降11.10%。其中，企业整体排名没有较大变动，安赛乐米塔尔的粗钢产量最高（7846万吨），占15家总产量的23.34%，在粗钢生产方面与其他企业相比具有更强的企业竞争力。安赛乐米塔尔是全球最优秀的钢铁制造商之一，总部设在卢森堡，在欧洲、亚洲、非洲和美洲的27个国家（包括中国）拥有分支机构，业务范围覆盖新兴市场与成熟市场。2006年米塔尔收购了欧洲最大的钢铁集团安赛乐，并更名为安赛乐米塔尔集团后，在中国宝武集团重组之前，其规模居国外钢铁行业首位，在国外钢铁企业中产量依然遥遥领先。[1] 此外，2020年粗钢产量达到2000万吨的企业还有4家，分别是：日本制铁株式会社（4158万吨）、浦项制铁（4058万吨）、塔塔钢铁集团（2807万吨）和纽科钢铁公司（2269万吨），这4家企业也代表着这些国家钢铁生产能力的顶尖水平。产量最低的是美国钢动态公司，粗钢产量840万吨，和安赛乐米塔尔的粗钢产量相差7006万吨，钢铁企业的规模和能力存在较大的差距。

---

① 《冶金管理》编辑部：《典型国家钢铁产业转移特点分析》，《冶金管理》2013年第9期。

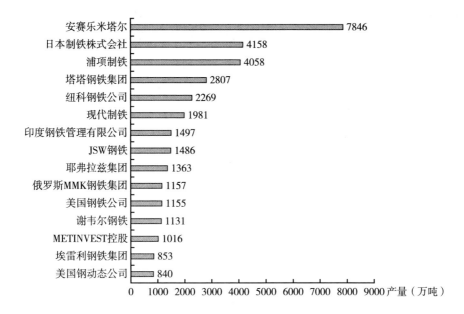

图1　2020年国外15家上市钢铁企业粗钢产量

2. 资产规模分析

本报告统一选取企业的资产总额指标来评价国外15家上市钢铁企业的资产规模。资产总额指企业拥有或控制的全部资产，包括流动资产、长期投资和固定资产等的资产总计，能够从整体上反映企业的资产规模。[1] 在2020年国外15家上市钢铁企业数据中，其全部资产总额共计4167.54亿美元，平均资产总额达到277.84亿美元。而国外钢铁市场受2020年新冠肺炎疫情影响，国外15家上市钢铁企业资产总额整体较2019年下降明显。

2020年国外15家上市钢铁企业的资产总额如图2所示。安赛乐米塔尔在粗钢产量第一的情况下又以820.52亿美元的资产规模排名第一；日本制铁株式会社和浦项制铁的资产总额相近，分别以733.10亿美元和728.15亿美元位列第二和第三。日本制铁株式会社是日本最大的钢铁公司，也是国际市场上竞争力最强的钢铁企业之一，无论是从研发能力、管理水平，还是从

---

①　刘自学：《上市钢铁企业竞争力分析》，《经营与管理》2012年第12期。

产品的质量和技术含量方面来讲，都堪称钢铁界的一面旗帜。浦项制铁是全球最大的钢铁制造商之一，是韩国十大财团之一，自从创立以来一直承续着黑色经营的传统，其卓越的创收能力在国外钢铁业界出类拔萃。2020年三者资产总额之和达到2281.77亿美元，占国外15家上市钢铁企业全部资产总额的54.75%，连续两年三者居钢铁行业领先地位，稳居前三。除上述三家以外，资产总额超过300亿美元的企业还有2家，分别为塔塔钢铁集团和现代制铁，分别拥有335.38亿美元和320.82亿美元的资产总额。JSW钢铁和纽科钢铁公司的资产总额相近，分别为202.63亿元和201.25亿元。而资产总额最少的是谢韦尔钢铁，仅拥有73.96亿美元的资产总额，整体排名较2019年下降4位。

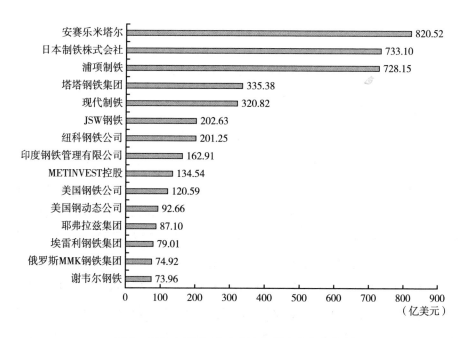

图2　2020年国外15家上市钢铁企业资产总额

3.生产能力评价

产量和资产规模是两个带量纲的数据，所以在进一步计算前，本报告先对二者进行去量纲处理。由于产量和资产规模仅有一个三级指标，因此三级指标权重均为 1.00，直接得到二级指标的评价指标得分，再通过层次分析法计算得到二级指标产量和资产规模的指标权重分别为 0.72 和 0.28。最终通过加权得到生产能力的综合得分。

本报告选取的 2020 年国外 15 家上市钢铁企业的生产能力评分数据如图 3 所示。其中，安赛乐米塔尔位居第一，得分相比于第二名的日本制铁株式会社高了近 40 分，表明安赛乐米塔尔在生产能力上处于行业领先水平。安赛乐米塔尔作为钢铁行业巨头，历史悠久且资产雄厚，尽管受新冠肺炎疫情影响，但是依然保持优秀的生产能力，努力应对困难与挑战。浦项制铁以 62.09 分位居第三，与第二名仅差 1.08 分。

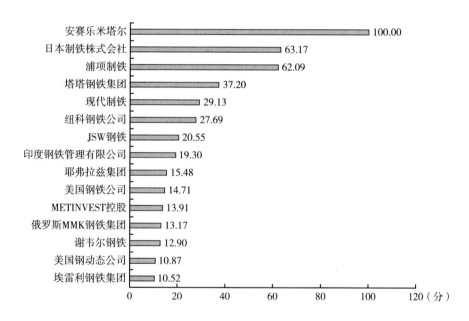

图 3　2020 年国外 15 家上市钢铁企业生产能力得分

除此之外，生产能力得分超过 25 分的企业还有 3 家，分别是塔塔钢铁集团、现代制铁和纽科钢铁公司。60% 的钢铁企业生产能力得分均高于 15 分，且所有钢铁企业的得分均高于 10 分，其中生产能力得分最低的是埃雷利钢铁集团，仅为 10.52 分。

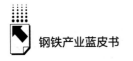

（二）经营能力评价

本报告通过分析2020年国外15家上市钢铁企业的盈利能力、偿债能力以及运营能力来综合评价上述企业的经营能力，即对企业包括内部条件及其发展潜力在内的经营战略与计划的决策能力进行评价。

1.盈利能力分析

本部分对2020年国外15家上市钢铁企业的盈利能力进行分析，为了充分表现企业的资本增值能力，本报告采用净利率、总资产收益率、净资产收益率3个指标对国外15家上市钢铁企业的盈利能力进行综合评价。

如图4所示，在净利率方面，有4家企业出现了赤字的情况，其中现代制铁情况尤为严重，净利率为−602.64%。2020年新冠肺炎疫情席卷全球，对现代制铁的影响尤为明显，根据财务报表，现代制铁相比于2019年营业收入下降了78%。据新闻报道，2020年6月，其暂停了唐津工厂部分炼钢设施，其公司代表称："COVID−19爆发导致韩国钢材需求急剧下降。"该工厂6月的订单数量几乎为零。而日本制铁株式会社净利率虽然仅有−169.82%，但相较于2019年，其营业收入实现了正增长。资产总额居首位的安赛乐米塔尔也发生同样的情况，2019年国外第一大钢铁集团安赛乐米塔尔粗钢产量暴跌，导致营业收入出现了亏损，可能的原因包括其在2019年出售了欧洲6家钢厂，同时欧洲部分钢厂减产。2020年，安赛乐米塔尔调整资产配置结构，采取相应的措施提升营业收入，净利率上升至−27.39%。美国钢铁公司2020年净利率为−10.77%，较2019年下降了5.99个百分点。

美国的纽科钢铁公司，作为美国最大的钢铁生产商，在2020年依然保持着突出的盈利能力，净利率达到100.06%。此外，虽然受到新冠肺炎疫情影响，各集团的净利率多有下降的趋势，但净利率保持在50%以上的企业数量仍占53.33%，分别是浦项制铁（74.41%）、美国钢动态公司（67.38%）、俄罗斯MMK钢铁集团（64.12%）、埃雷利钢铁集团（62.98%）、METINVEST控股（62.10%）、谢韦尔钢铁（52.64%）和耶弗

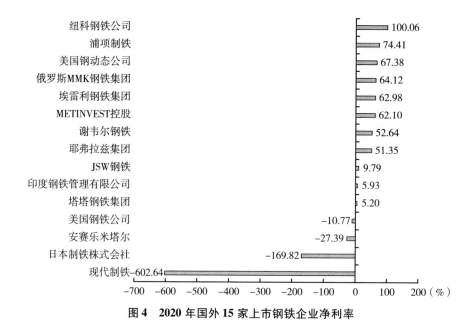

图4 2020年国外15家上市钢铁企业净利率

拉兹集团（51.35%）。大部分钢铁企业依然保持着较好的盈利能力。而位于印度的3家钢铁企业2020年的净利率为5%~10%，分别是JSW钢铁（9.79%）、印度钢铁管理有限公司（5.93%）和塔塔钢铁集团（5.20%），3家企业净利率较2019年都有小幅度的提升。

总资产收益率是净利润占平均资产总额的比率，是衡量企业收益能力的重要指标之一，其高低直接反映了公司的竞争实力和发展能力的大小。而净资产收益率是净利润占平均归属母公司的股东权益总额的百分比，反映股东权益的收益水平，其高低代表着投资带来的收益的高低，体现了自由资本获得净收益的能力，用以衡量公司运用自有资本的效率。[①] 同时分析这两个指标，我们可以根据两者差距来说明公司经营的风险程度。

2020年国外15家上市钢铁企业总资产收益率和净资产收益率的具体数据如图5所示。在总资产收益率方面，2020年国外15家上市钢铁企业的平

---

① 马珩、孙宁：《中国制造业发展指数的构建与应用研究》，《华东经济管理》2011年第25期。

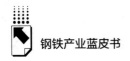

均总资产收益率是3.57%。其中，美国钢铁公司、现代制铁、安赛乐米塔尔和日本制铁株式会社4家企业的总资产收益率出现赤字，分别为-9.84%、-1.27%、-0.68%和-0.26%，其中安赛乐米塔尔和日本制铁株式会社较2019年有些许上升，而其余两家企业均有所下降。而俄罗斯的谢韦尔钢铁的总资产收益率位居第一，达到13.01%；俄罗斯的耶弗拉兹集团的总资产收益率也达到9.25%，位居第二。

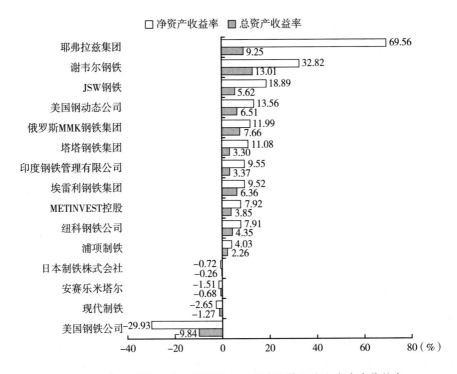

图5　2020年国外15家上市钢铁企业总资产收益率和净资产收益率

通过具体的净资产收益率计算对比可知，国外15家上市钢铁企业平均净资产收益率为10.8%。其中，美国钢铁公司、现代制铁、安赛乐米塔尔和日本制铁株式会社4家企业的净资产收益率出现赤字。美国钢铁公司的净资产收益率为-29.93%，现代制铁为-2.65%，安赛乐米塔尔和日本制铁分别为-1.51%和-0.72%，总体情况和总资产收益率类似。而俄罗斯的耶弗拉兹集团净资产收益率反超谢韦尔钢铁（32.82%）达到69.56%，可以看出俄罗斯钢铁行业还保持着较好的收益能力。此外，净资产收益率超过10%的企业还有4家，分别是JSW钢铁（18.89%）、美国钢动态公司（13.56%）、俄罗斯MMK钢铁集团（11.99%）和塔塔钢铁集团（11.08%）。

而总资产收益率的排名与净资产收益率的排名并不完全一致，但大致相同。净资产收益率排名第五的俄罗斯MMK钢铁集团，在总资产收益率中排名第三，达到7.66%。总资产收益率高于5%的企业还有3家，即JSW钢铁（5.62%）、美国钢动态公司（6.51%）和土耳其的埃雷利钢铁集团（6.36%）。国外15家上市钢铁企业中，耶弗拉兹集团和美国钢铁公司的两个指标偏差较大，说明两家企业财务杠杆更大，经营风险也会更高。

通过熵权法的计算，得到净利率、总资产收益率和净资产收益率3个三级指标的权重值，分别为0.24、0.33和0.43。通过加权求和得到国外15家上市钢铁企业的盈利能力的综合得分，具体数据如图6所示。

根据图6展示的国外15家上市钢铁企业盈利能力排名数据可知，其中盈利能力较高的埃雷利钢铁集团，2020年的得分为43.31分，而其生产能力却排名最末。同时现代制铁的盈利能力得分位居倒数第一，为–262.58分，在2020年新冠肺炎疫情的影响下，现代制铁受到了重创，其部分工厂停工，整个韩国市场的钢铁需求量下降，企业的净利率为–602.64%，同时总资产收益率和净资产收益率都有一定幅度的下降，综合导致其盈利能力位居倒数第一。日本制铁株式会社的盈利能力得分也位居倒数第二，仅有–73.80分。2019年，日本制铁株式会社的总资产收益率和净资产收益率情况更差，在2020年新冠肺炎疫情的高压下依然得到了有效的控制和提升，但净利率却大幅度下降。从整体而言，新冠肺炎疫情在国外没有得到有效控制，国外整体钢铁市场遭受了严峻的挑战，整体盈利能力都有所下降，美国钢铁集团得分为–36.99分，位居倒数第三。而对于生产能力居首位的安赛乐米塔尔的盈利能力得分居倒数第四，分数仅为 –13.74 分。除上述 4 家企业之外，所有企业盈利能力得分均超过 10 分，其中 46.67% 的企业得分为 20 ~ 60 分。俄罗斯的两家企业，耶弗拉兹集团得分为 72.12 分，谢韦尔钢铁得分为 62.19 分，分别位列第一和第二。

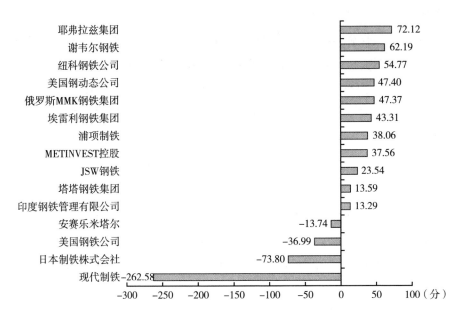

图 6　2020 年国外 15 家上市钢铁企业盈利能力得分

2. 偿债能力分析

偿债能力反映了企业用其资产偿付债务的能力。企业有无支付现金的能力和偿还债务的能力，是企业能否健康生存和发展的关键，是反映企业财务状况和经营能力好坏的重要标志。[①] 通过对偿债能力的分析，我们可以考察企业持续经营的能力和风险，有助于对企业未来收益进行预测。对于上市公司而言，如果对于偿债能力没有充分的认识，资金运营不当导致无法按时偿还到期债务，轻者会造成筹资成本增长，财务费用提高，企业的盈利能力下

[①]　王沫：《中国上市公司海外并购财务绩效评估体系构建》，《经济研究导刊》2013 年第 11 期。

降，重者可能导致企业信用评级下降，会进一步降低企业的融资能力，最终使企业陷入财务困境当中。本报告选取现金比率、资产负债率、长期资本负债率来综合评价国外上市钢铁企业的偿债能力。

现金比率是在企业因大量赊销而形成大量的应收账款时，考察企业变现能力的指标之一。现金比率越高，说明企业变现的能力越强。一般认为，此比例在20%以上为较好。选取的国外15家上市钢铁企业的2020年现金比率情况如图7所示，其中，印度钢铁管理有限公司、塔塔钢铁集团、现代制铁3家企业的现金比率未达到20%。通常来讲，现金比率较低意味着企业需要注重日常经营的现金支付需要、应收账款和应收票据的收现周期、企业筹集短期资金的能力，以保证企业的变现能力，但由于2020年全球企业都受到新冠肺炎疫情的恶性影响，钢铁需求均有所下降，这使得印度大多数钢铁企业面临生产中断，部分钢厂停产的困难，导致印度钢铁管理有限公司的现金比率仅为1.11%。在国外15家上市钢铁企业中，JSW钢铁作为现金比率最高的印度钢铁企业也仅为27.58%。

但总的来讲，企业的现金比率超过20%便能够表明这些企业储备现金较充足。如图7所示，纽科钢铁公司（100.45%）、美国钢动态公司（108.73%）、埃雷利钢铁集团（143.54%）的现金比率均超过了100%，这表明企业即使不动用其他资产，如存货、应收账款等，其经营活动的现金流就足以偿还流动负债，但现金比率通常不宜持续过高，企业可以在保有一定的偿债能力、不会发生债务危机的情况下，通过其他资产形式提高自身的盈利能力。

资产负债率是用以衡量企业利用债权人提供资金进行经营活动的能力，以及反映债权人发放贷款的安全程度的指标，资产负债率的适宜水平通常为40%～60%。

本报告对选取的国外15家上市钢铁企业的2020年的资产负债率进行分析。如图8所示，其平均资产负债率为55.90%，说明国外钢铁企业的资产负债率平均水平处于适宜范围内。其中，耶弗拉兹集团拥有最高资产负债率（89.44%），相较于2019年80.52%的资产负债率有所增长，说明该企业近

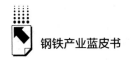
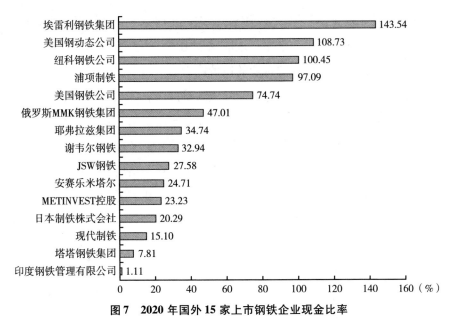

图7 2020年国外15家上市钢铁企业现金比率

两年面临较大的偿债风险，大部分资产依靠债务形成从而使得企业背负较大的资金循环压力，需要承担债务偿还的义务，面临资金周转的风险。

在15家国外上市钢铁企业中，资产负债率处于适宜水平的有6家。除耶弗拉兹集团外，资产负债率大于60%的企业还有5家，分别是印度钢铁管理有限公司（61.92%）、谢韦尔钢铁（62.90%）、美国钢铁公司（67.83%）、塔塔钢铁集团（68.43%）、JSW钢铁（68.99%）。还有3家企业的资产负债率低于40%，分别为埃雷利钢铁集团（29.09%）、俄罗斯MMK钢铁集团（38.59%）、浦项制铁（39.72%），表明此类企业通过负债方式获得的资产占比较少，运用外部资金的能力相对较弱。

长期资本负债率是指企业长期债务与长期资本的比率，反映企业的长期资本结构。图9展示的是2020年国外15家上市钢铁企业的长期资本负债率情况，这些上市的钢铁企业的长期资本负债率差距较大，埃雷利钢铁集团的长期资本负债率最低，为15.32%，表明该企业负债的资本化程度低，长期偿债压力小；耶弗拉兹集团拥有最高的长期资本负债率，达到77.15%，说明该企业负债的资本化程度高，长期偿债能力较弱，资本结构风险较大，稳

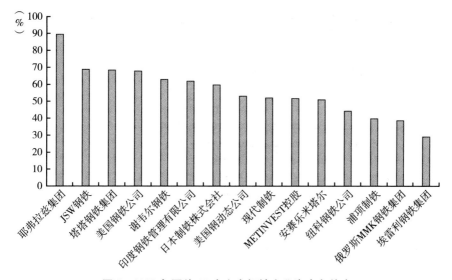

图8 2020年国外15家上市钢铁企业资产负债率

定性较差，在经济衰退时期可能会给企业带来额外风险。

通过图9可知，8家企业的长期资本负债率低于45%。长期资本负债率超过50%的企业共计5家，分别是谢韦尔钢铁（51.23%）、塔塔钢铁集团（55.61%）、JSW钢铁（56.06%）、美国钢铁公司（59.33%）、耶弗拉兹集团（77.15%）。

通过熵权法的计算，得到上述三级指标现金比率、资产负债率、长期资本负债率的权重值分别为0.58、0.20、0.22。加权得到国外15家上市钢铁企业的偿债能力得分（见图10）。

如图10所示，在国外15家上市钢铁企业中，偿债能力最高的是埃雷利钢铁集团，得分为100.00分，在三项指标中拥有最高的现金比率及最低的资产负债率和长期资本负债率，表现出较高的偿债水平。偿债能力得分超过50分的企业共有5家，从高到低依次为埃雷利钢铁集团、浦项制铁、纽科钢铁公司、美国钢动态公司和俄罗斯MMK钢铁集团。偿债能力最差的两家是塔塔钢铁集团和耶弗拉兹集团，得分分别为17.78分和14.04分。

3. 运营能力分析

运营能力主要指企业运营资产的效率与效益。我们通过对国外上市钢铁

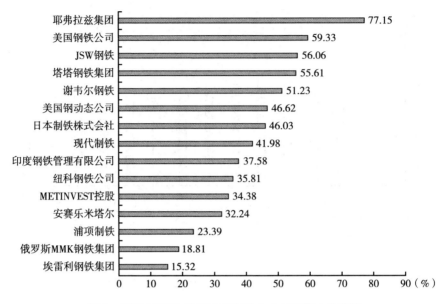

图9　2020年国外15家上市钢铁企业长期资本负债率

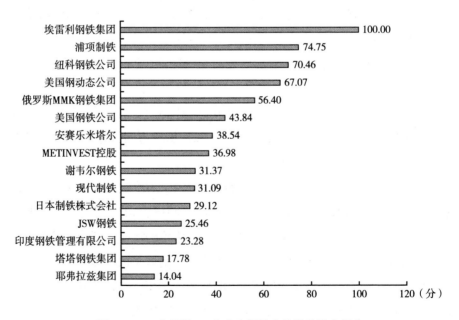

图10　2020年国外15家上市钢铁企业偿债能力得分

企业的运营能力进行分析，将有助于我们从企业经营效率的角度评判其财务状况，为企业提高经济效益指明方向，并对盈利能力分析和偿债能力分析进行补充。[①] 本报告选取应收账款周转率、流动资产周转率和总资产周转率评价国外上市钢铁企业运营能力。

应收账款周转率是指在一年内以应收账款的形式收回营业收入的平均次数，它反映了企业应收账款的流动程度，是衡量企业应收账款管理效率的重要指标，同时也反映了企业应收账款变现能力、变现速度和管理效率，对于提高企业运营能力具有重要意义。[②] 根据应收账款周转率的定义，该指标越高，表明企业的账期越短，应收账款回收速度越快，企业管理工作效率越高。

本报告对 2020 年国外 15 家上市钢铁企业应收账款周转率情况进行统计（见图 11）。在选取的国外 15 家上市钢铁企业中，耶弗拉兹集团的应收账款周转率最高，达到 18.35 次；METINVEST 控股最低，为 2.61 次。国外 15 家上市钢铁企业的应收账款周转率平均为 11.40 次，这表明选取的国外 15 家上市钢铁企业中约半数拥有较优秀的应收账款管理能力，表明企业收账速度快，平均收账期短，坏账损失少，资产流动快，在产业链中也可能属于议价能力较强的一方。其中日本制铁株式会社 2020 年的应收账款周转率为 17.96 次，相较于 2019 年的 6.6 次有大幅度提升，说明 2020 年日本制铁株式会社加大了应收账款回收力度，减少应收账款余额，从而提升了 2020 年的现金利用率。

流动资产周转率是指企业在一定时期内主营业务收入净额同平均流动资产总额的比率，反映的是全部流动资产的利用效率。通过对该指标的对比分析，我们可以促使企业充分利用流动资产，节约资金，提高资金的利用效率，还可以促使企业扩大资产投入，增强企业盈利能力。该指标越高，表明企业流动资产周转速度越快，说明企业对流动资产的利用效率越好。

---

① 杨帆、朱博雅：《中国钢铁企业竞争力的评价体系构建》，《统计与决策》2013 年第 13 期。
② 中关村上市公司协会：《中关村上市公司竞争力报告（2019）》，社会科学文献出版社，2019。

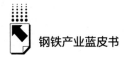

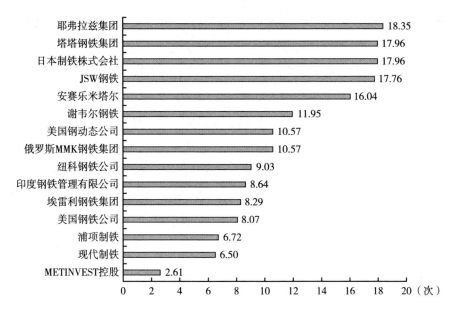

图11 2020年国外15家上市钢铁企业应收账款周转率

如图12所示，选取的国外15家上市钢铁企业中，2020年，流动资产周转率高于1.9次的企业有4家，分别为印度钢铁管理有限公司（1.91次）、JSW钢铁（2.22次）、美国钢铁公司（2.62次）和塔塔钢铁集团（2.71次）。可见印度的3家钢铁企业虽然受到了新冠肺炎疫情的影响，现金比率较低，但这3家企业对于流动资产的处理与运营相较于其他企业效果较好，其流动资产周转速度较快，能够为企业提供一定的盈利能力。

其余11家企业2020年的流动资产周转率均小于1，其中现代制铁的流动资产周转率为0.0075次；作为韩国大型钢铁企业之一的浦项制铁也仅为0.068次；日本制铁株式会社的流动资产周转率为0.0042次。这3家企业的流动资产周转率指标与其2019年的数据相差无几。可能的原因是，2019年日韩两国钢铁企业同时面临制造行业放缓的困难。日本许多钢铁工厂关停，海外汽车需求减少，导致钢材需求增速放缓，钢材价格下跌，钢铁利润率下降。这些导致日韩钢铁巨头企业2019年的

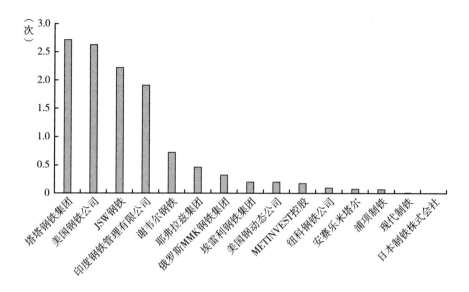

图 12　2020 年国外 15 家上市钢铁企业流动资产周转率

经营业绩大幅下滑。而在 2020 年，新冠肺炎疫情的突袭而至对日韩钢铁行业造成重创，经济放缓叠加疫情影响致使钢材需求再次急剧下降。日韩大部分制铁企业均停产了部分炼钢设施与生产线，企业产能被迫削减，导致行业中企业流动资产利用效率有所下降，各企业面临较高的财务风险。

　　总资产周转率反映了企业对全部资产的管理能力和利用效率，体现的是企业在经营期内资产从投入到产出的流转速度，可以衡量资产投资规模与销售水平之间的配比情况。根据总资产周转率的定义，该指标值越高，说明总资产的周转速度越快，企业销售能力越强，资产投资的效益越好。

　　本报告对选取的国外 15 家上市钢铁企业的 2020 年总资产周转率进行分析。如图 13 所示，美国钢铁公司为总资产周转率最高的企业，达 0.91 次。总资产周转率为0.5～1次的企业共有 4 家，剩余企业的总资产周转率普遍较低，反映了 2020 年新冠肺炎疫情对于国外钢铁企业的普遍影响。全球钢铁企业在自身生产能力与行业的钢铁需求等方面均有所降低，从而

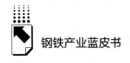

使得部分国外上市钢铁企业的资产利用效率显著下降，企业整体的经营效果较差。

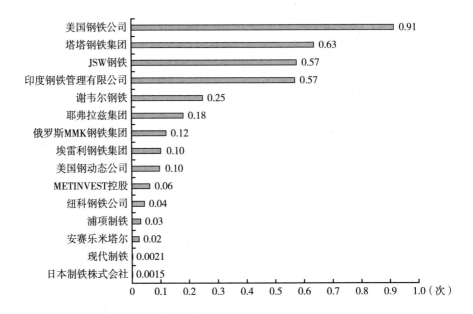

图 13　2020 年国外 15 家上市钢铁企业总资产周转率

本报告运用熵权法计算构成该二级指标（运营能力）的所有三级指标（应收账款周转率、流动资产周转率和总资产周转率）的权重，分别为0.12、0.47、0.41，对选取的国外 15 家上市钢铁企业的 2020 年的运营能力进行排序和打分，如图 14 所示，美国钢铁公司运营能力最强（91.73 分），与塔塔钢铁集团（87.21 分）和 JSW 钢铁（75.90 分）位列前三。

（三）综合竞争力评价

根据专家打分得出的一级指标权重，即生产能力（0.38）与经营能力（0.62）计算得出选取的 2020 年国外 15 家上市钢铁企业的综合能力得分，结果显示浦项制铁综合实力最强，为 47.25 分，与安赛乐米塔尔（41.88分）、纽科钢铁公司（38.95 分）、塔塔钢铁集团（35.97 分）和耶弗拉兹集团（34.32 分）位列前五（见图 15）。

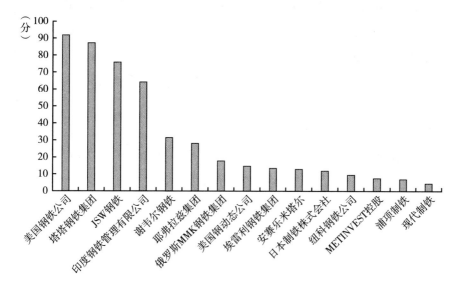

图 14　2020 年国外 15 家上市钢铁企业运营能力得分

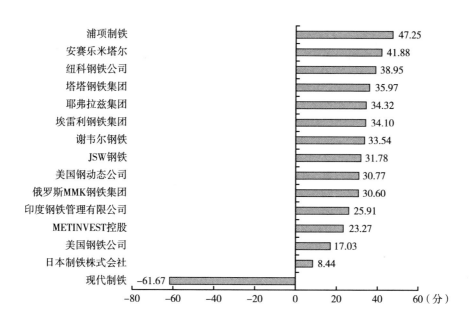

图 15　2020 年国外 15 家上市钢铁企业综合能力得分

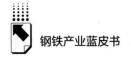

同时，本报告从最终的一级指标即生产能力与经营能力两方面对选取的国外 15 家上市钢铁企业展开进一步分析（见图 16），数据显示安赛乐米塔尔在生产能力方面较为突出，事实上，2006 年安赛乐钢铁公司与米塔尔钢铁公司合并，组建了钢铁业"领头羊"安赛乐米塔尔钢铁集团。自 2007 年至 2019 年，该集团始终在全球粗钢产量方面排名第一，并成为全球排名第一的钢铁企业。虽然 2020 年中国宝武钢铁集团组建成立后成为近年来全球粗钢产量排名第一的钢铁企业，但安赛乐米塔尔目前仍然为全球最优秀的钢铁制造商之一。安赛乐米塔尔综合得分位居第二的主要原因是其经营能力得分较低（6.26 分），在盈利能力指标中出现赤字情况，主要原因是 2020 年欧洲新冠肺炎疫情较为严重，使得安赛乐米塔尔在多个欧洲国家的业务受到影响。

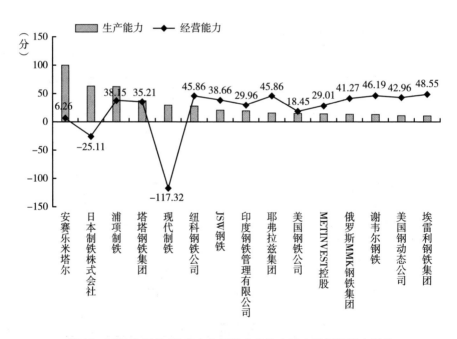

图 16　2020 年国外 15 家上市钢铁企业生产能力及经营能力得分

反观综合能力得分排名第一的浦项制铁，同样作为全球最大钢铁制造商之一，生产能力得分（62.09 分）仅次于安赛乐米塔尔与日本制铁株式会社，虽然在运营能力方面较弱，但受 2019 年经济放缓与 2020 年新冠肺炎疫情的影响，仍然创造了较高的净利率与偿债能力。2020 年，浦项制铁虽然受到新冠肺炎疫情影响出现了产量缩减、采购量减少、产线员工停工、下调营收指标等情况，但同时，浦项制铁也提出了多项举措来应对新冠肺炎疫情风险，通过股票回购提升股东价值，增强其应对风险的能力，推进新型高端产品研发工作，开拓新发展领域等。① 随着高炉钢厂的恢复运营，浦项制铁的生产经营也正在加快恢复至正常水平，进而稳步前进。

综合得分排在第 3 ~ 5 名的钢企分别为纽科钢铁公司、塔塔钢铁集团与耶弗拉兹集团。如图 16 可知，纽科钢铁公司、耶弗拉兹集团、谢韦尔钢铁与埃雷利钢铁集团的生产能力虽处于中等甚至较低水平，但这 4 家企业的经营能力得分位于中等偏上水平，可见来自美国、俄罗斯等国家的钢铁企业受新冠肺炎疫情影响较小，总体上保有较好的运营能力与盈利能力。

除了浦项制铁外，新冠肺炎疫情给日韩钢铁行业带来了较为严重的影响。作为国际市场竞争力较强、资产规模较大的钢铁企业，日本制铁株式会社与现代制铁的综合得分排在后两位，可见其在近两年受到了重创。日韩钢铁行业在 2019 年已经出现了利润下滑的问题：一方面国际铁矿石价格上涨，成品钢材价格下降，使得钢材生产成本大幅增加，盈利业绩大幅下滑；另一方面，国内外汽车、机械等需求下降，导致企业产能削减、产量目标下调。日韩钢企需要提升自身的竞争力，对产品、生产流程及发展市场进行更新与规划，从而提升自身的盈利水平。目前，日韩巨头钢铁企业纷纷聚焦于生产智能化、创新产品的研发等方面，对产品、生产流程及发展市场进行更新与规划，以增强企业竞争力从而提升自身的盈利水平。相信在未来国外对新冠肺炎疫情的限制逐步解除后，

---

① 冯士超、毛艳丽、狄嫣、周文涛：《韩国浦项制铁公司科技创新体系概况》，《冶金经济与管理》2020 年第 2 期。

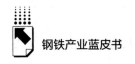

钢铁市场需求或将强劲复苏，全球钢铁企业在经历过新冠肺炎疫情阶段的困难后，能够重整旗鼓，蓬勃发展。

四 结论与展望

在对中国上市钢铁企业竞争力进行评价的基础上，本报告进一步对国外主要上市钢铁企业的竞争力进行评价。受数据可获得性的限制，本报告构建了一套包含2个一级指标、5个二级指标和11个三级指标的国外主要上市钢铁企业竞争力评价指标体系，并通过层次分析法和熵权法确定各级指标权重。以世界钢铁协会公布的2020年世界钢铁企业50强名单为基准，去除未上市或未公开相关数据的企业，最后以安赛乐米塔尔、日本制铁株式会社、浦项制铁、塔塔钢铁集团、纽科钢铁公司、现代制铁、印度钢铁管理有限公司、耶弗拉兹集团、俄罗斯MMK钢铁集团、美国钢铁公司、谢韦尔钢铁、METINVEST控股、埃雷利钢铁集团、美国钢动态公司和JSW钢铁这15家国外上市钢铁企业作为评价对象。在生产能力方面，本报告从产量和资产规模两方面来进行评价，评价结果表明安赛乐米塔尔、日本制铁株式会社和浦项制铁位居前三；在经营能力方面，本报告从盈利能力、偿债能力和运营能力3个方面进行评价，结果表明埃雷利钢铁集团和谢韦尔钢铁居前两名；在综合竞争力方面，本报告对企业的生产能力和经营能力进行加权综合，结果表明排名前五的上市钢铁企业依次为浦项制铁、安赛尔乐塔尔、纽科钢铁公司、塔塔钢铁集团和耶弗拉兹集团，值得注意的是日本制铁株式会社和现代制铁居后两位，且生产能力和经营能力呈现倒挂现象，可能原因是2020年新冠肺炎疫情在全球蔓延，严格的防疫政策导致市场需求萎缩，企业呈现生产越多亏损越多的局面。

受评价数据的可获得性、专业水平等限制，本报告在指标体系构建、指标权重确定和评价数据采集方面都有进一步完善的空间，评价结果仅供参考。后续我们将进一步完善相关工作，进一步提升国外上市钢铁企业竞争力评价的准确性。

参考文献

［1］刘自学：《上市钢铁企业竞争力分析》，《经营与管理》2012年第12期。

［2］张爱华、程霞：《国外级钢铁企业竞争力评价指标体系及排名分析》，《冶金经济与管理》2014年第2期。

［3］曲丽虹、程骏超、张驰、何元安：《海洋安全指数测算方法》，《科技导报》2020年第38期。

［4］《冶金管理》编辑部：《典型国家钢铁产业转移特点分析》，《冶金管理》2013年第9期。

［5］马珩、孙宁：《中国制造业发展指数的构建与应用研究》，《华东经济管理》2011年第25期。

［6］王沫：《中国上市公司海外并购财务绩效评估体系构建》，《经济研究导刊》2013年第11期。

［7］杨帆、朱博雅：《中国钢铁企业竞争力的评价体系构建》，《统计与决策》2013年第13期。

［8］中关村上市公司协会：《中关村上市公司竞争力报告（2019）》，社会科学文献出版社，2019。

［9］冯士超、毛艳丽、狄嫣、周文涛：《韩国浦项制铁公司科技创新体系概况》，《冶金经济与管理》2020年第2期。

低碳发展篇
Low Carbon Development

B.5
世界钢铁工业低碳发展分析

邵燕敏　李俊龙　胡怡文*

摘　要： 本报告在对全球和代表性国家钢铁工业生产现状进行分析的基础上，系统分析全球和代表性国家钢铁工业发展现状和 CO_2 排放趋势，发现：（1）世界钢铁工业 CO_2 排放量集中度较高，大多数国家钢铁工业 CO_2 排放量呈现先上升后趋于平缓的特点；（2）多个国家吨粗钢 CO_2 排放量和高炉煤气消耗热量呈下降趋势，电弧炉炼钢占比呈上升趋势，这些国家通过调整生产方式、优化能源结构有助于减少碳排放；（3）基于 1990~2019 年 30 个国家的数据的实证结果表明，粗钢产量、城市人口的增加会导致钢铁工业 CO_2 排放量的增加，钢铁工业贸易开放度的扩大、金融发展水平的提高会减少钢铁工业的 CO_2 排放量，而人均 GDP 与钢铁工业 CO_2 排放量呈"倒 U"形关系。

* 邵燕敏，北京科技大学经济管理学院副教授，研究方向为绿色技术创新、效率评价方法与应用；李俊龙，北京科技大学经济管理学硕士研究生，研究方向为绿色经济与低碳发展；胡怡文，北京科技大学经济管理学院博士研究生，研究方向为绿色技术创新。

关键词： 低碳发展　能源消耗　碳排放

"双碳"目标的呼吁在全球愈演愈烈，各国纷纷加快钢铁产业的低碳化、绿色化转型。钢铁产业是国民经济的支柱产业，[①] 与其他产业具有较高的关联度，因此，研究钢铁产业的绿色低碳发展具有十分重要的意义。本报告首先从全球视角分析了 2000 年以来钢铁工业的发展特点，并重点分析 2020 年新冠肺炎疫情对钢铁工业的影响；其次，系统介绍了全球和世界十大钢铁生产国[②]自 1990 年以来的钢铁工业 CO_2 排放趋势；再次，分析了全球和代表性国家吨粗钢 CO_2 排放量、高炉煤气消耗热量及电弧炉炼钢占比情况；最后，利用 1990 ~ 2019 年 30 个国家的数据建模，分析了粗钢产量、城市人口、钢铁工业贸易开放度、人均 GDP 和金融发展水平对钢铁工业 CO_2 排放量的影响。

一　世界钢铁工业发展分析

21 世纪后，随着发展中国家和新兴经济体工业化及经济发展速度的加快，世界钢铁工业呈现快速增长趋势。除了 2009 年金融危机对全球粗钢产量的影响较大以外，全球粗钢产量一直稳步增长。2020 年，虽然全球受到了新冠肺炎疫情的冲击，但各国政府积极采取抗疫保产的应对措施，全球钢铁工业的生产逐步得到恢复。

（一）世界钢铁工业生产分析

1. 世界粗钢产量

2000 ~ 2021 年，世界粗钢产量整体呈增长趋势，除个别年份外（2008

---

① Wang, Y., Wen, Z., Cao, X., Zheng, Z., Xu, J., "Environmental Efficiency Evaluation of China's Iron and Steel Industry: A Process-Level Data Envelopment Analysis", *Science of the Total Environment*, 2020, 707: 135903.

② 世界十大钢铁生产国指粗钢产量排名前十的国家。

年、2009 年、2015 年），大多数年份的世界粗钢产量增长率均大于零。如图 1 所示，2000~2007 年，随着世界各国工业化及经济的快速发展，各地区钢铁需求量不断增大，世界粗钢产量在 2007 年出现第一个峰值，粗钢产量达 13.50 亿吨；2008 年，受全球金融危机的冲击，世界粗钢产量出现下降趋势，尤其是在 2009 年世界粗钢产量大幅减少，由 2008 年的 13.45 亿吨下降至 2009 年的 12.41 亿吨，下滑 7.73%；2010 年，随着世界经济环境的逐步复苏，世界粗钢产量迅速反弹，年增长率达到 15.63%。此后，世界粗钢产量开始进入缓慢增长期。2020 年，尽管受到新冠肺炎疫情的影响，世界粗钢产量仍达到 18.78 亿吨，基本与 2019 年的 18.74 亿吨齐平。2021 年，世界粗钢产量达到 19.51 亿吨的历史新高。

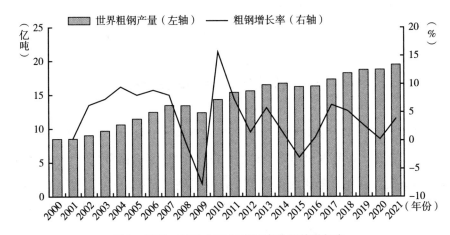

图 1　2000~2021 年世界粗钢产量及其增长率

资料来源：世界钢铁协会。

2021 年，世界粗钢产量月度数据呈 "W" 形走势。2021 年初，世界粗钢产量从 1 月的 1.65 亿吨下跌至 2 月的 1.51 亿吨。随后，世界粗钢产量平稳增加，到 2021 年 5 月，世界粗钢产量已经达到 1.75 亿吨。2021 年下半年，受中国减产的影响，全球粗钢产量持续下跌至 11 月的 1.43 亿吨，12 月的世界粗钢产量虽然略有回升，但仍低于 1 月的粗钢产量（见图 2）。

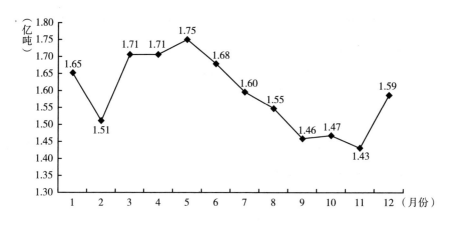

图 2 2021 年世界粗钢月度产量

资料来源：世界钢铁协会。

根据世界钢铁协会公布的 64 个国家数据，2021 年，世界粗钢产量为 19.51 亿吨。2021 年各地区的粗钢产量及同比增长率如表 1 所示。

表 1 2021 年各地区粗钢产量及同比增长率

单位：亿吨，%

地区	粗钢产量	同比增长率
非洲	0.16	26.7
亚洲和大洋洲	13.82	0.6
独联体	1.056	5.6
欧盟（27 国）	15.25	15.4
欧洲其他国家	0.512	11.6
中东地区	0.412	1.2
北美洲	1.178	16.6
南美洲	0.456	17.8

资料来源：世界钢铁协会。

从表 1 可以看出，2021 年，各地区粗钢产量同比增长率均为正，说明各地区在经过 2020 年的调整后，逐步恢复生产，其钢材产量、需求以及运输量大幅增加。具体来看，2021 年非洲地区粗钢产量为 0.16 亿吨，同比上

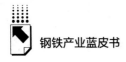

涨 26.7%，涨幅最大；亚洲和大洋洲地区粗钢产量为 13.82 亿吨，同比增长 0.6%，涨幅最小。

2021 年，世界主要钢铁生产国的粗钢产量占比如图 3 所示。从国家来看，世界十大钢铁生产国依次是中国、印度、日本、美国、俄罗斯、韩国、土耳其、德国、巴西、伊朗。其中，中国粗钢产量达 10.33 亿吨，排名第一，占 2021 年世界粗钢产量的比重为 52.95%，远超其他国家。早在 2009 年，中国的粗钢产量就跃居世界第一，成为世界钢铁大国。2020 年，在世界粗钢产量排名前十的钢铁生产公司中，中国有 7 家，其中，中国宝武粗钢产量位居世界第一。2021 年，印度的粗钢产量达 1.18 亿吨，占 2021 年世界粗钢产量的比重为 6.05%，因为印度拥有知名的大型钢铁公司——安赛乐米塔尔；2021 年，日本的粗钢产量排名第三，为 0.96 亿吨，占 2021 年世界粗钢产量的比重为 4.92%。

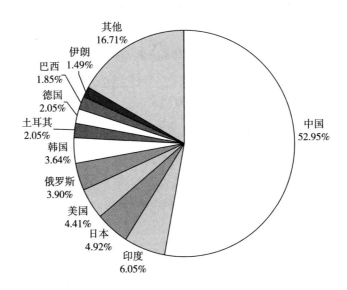

图 3　2021 年世界主要钢铁生产国的粗钢产量占比

资料来源：世界钢铁协会。

2. 成品钢表观消费量

表 2 为 2019~2020 年世界各地区成品钢表观消费量情况。2020 年，

新冠肺炎疫情在全球快速蔓延，对世界各地区成品钢的需求造成一定的冲击。其中，欧盟（28 国）、北美自贸区、中南美洲、非洲、中东地区和大洋洲在 2020 年的成品钢表观消费量下降明显；独联体国家 2020 年的成品钢表观消费量与 2019 年基本持平；而其他欧洲国家和亚洲地区 2020 年的成品钢表观消费量均有不同程度的增加，中国在拉动亚洲地区成品钢表观消费量上做出了突出贡献。

表 2 2019~2020 年世界各地区成品钢表观消费量

单位：亿吨，%

各地区	2019 年	2020 年	同比增长率
非洲	0.393	0.356	-9.415
亚洲	12.518	12.966	3.579
大洋洲	0.066	0.061	-7.576
独联体	0.583	0.582	-0.172
欧盟（28 国）	1.586	1.406	-11.349
其他欧洲国家	0.329	0.360	9.422
中东地区	0.503	0.460	-8.549
北美自贸区	1.352	1.140	-15.680
中南美洲	0.419	0.386	-7.876

资料来源：世界钢铁协会。

3. 世界钢材贸易量

2020 年，新冠肺炎疫情对各地区钢铁的需求具有一定程度的影响。本报告根据世界钢铁协会发布的世界钢材产量和出口量测算出口比例，结果如图 4 所示。

从图 4 可以看出，尽管世界钢材的出口量在 2007 年前呈平稳递增趋势，但是其占钢材产量的比重呈下降趋势，说明各国主要通过不断增加国内产钢量来满足需求。2008 年全球金融危机的爆发，对世界钢材的生产和出口均产生较大的负面冲击，使得世界钢材出口量从 2008 年的 4.39 亿吨下降到 2009 年的 3.30 亿吨，骤降 1.09 亿吨。自 2016 年起，随着全球钢铁产能的

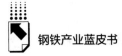

增加，世界钢材出口量占产量的比重又呈现逐年下降趋势，由 2016 年的 31.33% 下降到 2020 年的 22.88%。

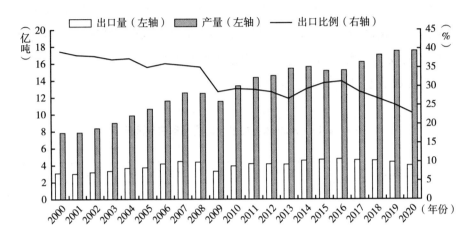

图 4　2000～2020 年世界钢材产量、出口量及其占比

2017～2020 年，世界钢材出口量逐渐减少。发达国家对钢材的需求逐步减缓，部分国家钢材市场出现产能过剩的现象，再加上新冠肺炎疫情对世界贸易的负面影响，2020 年，世界钢材出口量下降到 4.01 亿吨，占世界钢材产量的 22.88%，创 2011 年以来的新低。世界钢铁协会发布的《世界钢铁统计数据 2021》中关于 2020 年世界各地区钢材贸易量的数据如表 3 所示。

表 3　2020 年世界各地区钢材贸易量

单位：亿吨

目的地	出口地											
	欧盟(28 国)	其他欧洲国家	独联体	北美自贸区	其他美洲国家	非洲和中东	中国	日本	其他亚洲国家	大洋洲	进口总量	其中:地区外进口量
欧盟(28 国)	0.958	0.084	0.129	0.002	0.006	0.011	0.021	0.003	0.069	0.001	1.284	0.326
其他欧洲国家	0.078	0.008	0.061	0.000	0.007	0.001	0.009	0.006	0.011	0.000	0.182	0.174

目的地	出口地										进口总量	其中:地区外进口量
	欧盟(28国)	其他欧洲国家	独联体	北美自贸区	其他美洲国家	非洲和中东	中国	日本	其他亚洲国家	大洋洲		
独联体	0.010	0.005	0.103	0.000	0.000	0.000	0.016	0.000	0.004	0.000	0.138	0.035
北美自贸区	0.047	0.008	0.026	0.144	0.045	0.006	0.013	0.021	0.050	0.003	0.364	0.220
其他美洲国家	0.009	0.014	0.010	0.028	0.030	0.000	0.031	0.011	0.011	0.000	0.145	0.115
非洲	0.035	0.036	0.041	0.001	0.005	0.018	0.083	0.011	0.026	0.000	0.255	0.236
中东地区	0.013	0.044	0.033	0.001	0.002	0.059	0.051	0.010	0.043	0.000	0.257	0.198
日本	0.014	0.002	0.026	0.004	0.015	0.030	—	0.050	0.238	0.000	0.379	0.379
中国	0.000	0.000	0.000	0.000	0.000	0.000	0.009	—	0.042	0.000	0.051	0.051
其他亚洲国家	0.019	0.015	0.079	0.004	0.004	0.024	0.275	0.183	0.273	0.003	0.880	0.607
大洋洲	0.002	0.001	0.000	0.001	0.000	0.000	0.007	0.002	0.012	0.002	0.027	0.025
出口总量	1.185	0.220	0.509	0.185	0.114	0.149	0.514	0.298	0.778	0.011	—	2.366

根据表3中2020年世界各地区钢材贸易量可知，出口量和进口量最多的地区都是欧盟（28国），其中，出口量达到1.185亿吨，占全球出口总量的比重约为30%，进口量为1.284亿吨，占全球进口总量的比重约为32%。

（二）世界主要钢铁企业生产分析

世界钢铁协会公布的2018～2020年世界主要钢铁企业的粗钢产量排名如表4所示。可以看出2018年，安赛乐米塔尔以0.96亿吨的粗钢产量位居世界第一，中国宝武以0.67亿吨的粗钢产量位居全球第二。此外，日本制铁株式会社以0.49亿吨的粗钢产量位居第三；河钢集团以0.47亿吨的粗钢产量位居第四；浦项制铁以0.43亿吨的粗钢产量位居第

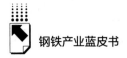

五；沙钢集团以 0.41 亿吨的粗钢产量位居第六；鞍钢集团以 0.37 亿吨的粗钢产量位居第七；JFE 钢铁以 0.29 亿吨的粗钢产量位居第八；建龙集团以 0.28 亿吨的粗钢产量位居第九；首钢集团以 0.27 亿吨的粗钢产量位居第十。

2019 年，安赛乐米塔尔以 0.97 亿吨的粗钢产量位居全球第一，中国宝武以 0.95 亿吨的粗钢产量位居全球第二。此外，日本制铁株式会社以 0.52 亿吨的粗钢产量位居第三；河钢集团以 0.47 亿吨的粗钢产量位居第四；浦项制铁以 0.43 亿吨的粗钢产量位居第五；沙钢集团以 0.41 亿吨的粗钢产量位居第六；鞍钢集团以 0.39 亿吨的粗钢产量位居第七；建龙集团以 0.31 亿吨的粗钢产量位居第八；印度塔塔钢铁以 0.30 亿吨的粗钢产量位居第九；首钢集团以 0.29 亿吨的粗钢产量位居第十。

2020 年，中国宝武以 1.15 亿吨的粗钢产量位居全球第一；安赛乐米塔尔以 0.78 亿吨的粗钢产量位居第二，两家集团粗钢产量之和占全球总产量的 10.28%。此外，河钢集团以 0.44 亿吨的粗钢产量位居第三；沙钢集团以 0.42 亿吨的粗钢产量位居第四；日本制铁株式会社以 0.42 亿吨的粗钢产量位居第五；浦项制铁以 0.41 亿吨的粗钢产量位居第六；鞍钢集团以 0.38 亿吨的粗钢产量位居第七；建龙集团以 0.36 亿吨的粗钢产量位居第八；首钢集团以 0.34 亿吨的粗钢产量位居第九；山东钢铁集团有限公司（以下简称山钢集团）以 0.31 亿吨的粗钢产量位居第十。前十名中，有 7 家钢铁企业均为中国钢铁企业，中国是世界钢铁制造中心，也是当之无愧的钢铁大国。

跨国投资并购推动了钢铁产业的转移进程。跨国公司在全球范围内配置资源，打破贸易壁垒，推动生产要素在世界范围内流动。大型钢铁跨国企业的产业转移主导着国际钢铁的转移方向和转移路径。安赛乐米塔尔、浦项制铁、日本制铁株式会社等国际大型跨国企业相继制定并实施全球化发展战略，将企业置于全球化背景下重新定位，充分整合全球资源，加速企业成长。2002 年，来自法国、西班牙和卢森堡的三家钢铁巨头正式合并，组建

表4 2018~2020年世界主要钢铁企业的粗钢产量排名

单位：亿吨

排名	2018 年		2019 年		2020 年	
	企业	产量	企业	产量	企业	产量
1	安赛乐米塔尔	0.96	安赛乐米塔尔	0.97	中国宝武	1.15
2	中国宝武	0.67	中国宝武	0.95	安赛乐米塔尔	0.78
3	日本制铁株式会社	0.49	日本制铁株式会社	0.52	河钢集团	0.44
4	河钢集团	0.47	河钢集团	0.47	沙钢集团	0.42
5	浦项制铁	0.43	浦项制铁	0.43	日本制铁株式会社	0.42
6	沙钢集团	0.41	沙钢集团	0.41	浦项制铁	0.41
7	鞍钢集团	0.37	鞍钢集团	0.39	鞍钢集团	0.38
8	JFE 钢铁	0.29	建龙集团	0.31	建龙集团	0.36
9	建龙集团	0.28	印度塔塔钢铁	0.30	首钢集团	0.34
10	首钢集团	0.27	首钢集团	0.29	山钢集团	0.31

了阿赛洛钢铁集团，2006年该公司改名为安赛乐钢铁集团。同年，安赛乐钢铁集团和米塔尔钢铁集团合并，组建成安赛乐米塔尔。经过多次合并，安赛乐米塔尔年产量接近1亿吨，长期位居全球第一，成为名副其实的"钢铁航母"。中国宝武钢铁集团是由原宝钢集团有限公司和武汉钢铁（集团）公司合并而来的。2019年，中国宝武钢铁集团再次和马钢集团联合重组。至此，中国宝武钢铁集团通过兼并重组，营收规模及产能大幅提升，2020年产量达1.15亿吨，超过了安赛乐米塔尔。

（三）新冠肺炎疫情对世界钢铁工业发展的影响分析

2020年初，新冠肺炎疫情在全球范围内爆发，各国政府采取相应措施进行应对，如停工、封锁出行等。交通运输系统在此次新冠肺炎疫情中受到限制，从而导致钢铁工业的原材料供应受到一定的负向冲击。

如表5所示，受新冠肺炎疫情的影响，2020年世界十大钢铁生产国除中国、德国和伊朗外，其他钢铁生产国粗钢产量均出现同比下降情况，其中，2020年美国粗钢产量同比下降17.20%，日本同比下降16.21%，印度同比下降 9.96%，土耳其同比下降 9.60%，疫情对这四国钢铁工业冲击最大。2021 年世界各国对新冠肺炎疫情有了更全面系统的防范措施，疫苗也逐渐开始被接种，钢铁生产逐步恢复正轨。2021 年，仅中国和伊朗粗钢产量出现了同比下降的情况。2021 年，印度粗钢产量达 1.182 亿吨，同比增长 17.85%，并且超过 2019 年的产量；日本粗钢产量达 0.963 亿吨，同比增长 15.75%；美国粗钢产量达 0.858 亿吨，同比增长 18.02%。新冠肺炎疫情对世界十大钢铁生产国产生的负面影响是短时的，到 2021 年，世界十大钢铁生产国大部分已逐渐恢复正常。

表 5 新冠肺炎疫情对世界十大钢铁生产国粗钢产量的影响①

单位：亿吨，%

国家	2019 年	2020 年	同比增长率	2021 年	同比增长率
中国	9.954	10.647	6.96	10.328	−3.00
印度	1.114	1.003	−9.96	1.182	17.85
日本	0.993	0.832	−16.21	0.963	15.75
美国	0.878	0.727	−17.20	0.858	18.02
俄罗斯	0.717	0.716	−0.14	0.756	5.59
韩国	0.714	0.671	−6.02	0.704	4.92
土耳其	0.396	0.358	−9.60	0.404	12.85
德国	0.337	0.357	5.93	0.401	12.32
巴西	0.326	0.314	−3.68	0.362	15.29
伊朗	0.256	0.290	13.28	0.285	−1.72

世界各国钢铁企业积极抗疫保产，采取多种举措优化产能。2020 年 5 月，蒂森克虏伯股份公司在扩展原有材料服务、工业零部件和汽车零部件 3 个主要业务板块的基础上，积极为旗下的钢铁和下游海洋系统业务（包括舰艇制造等业务）寻找合适的合作伙伴。同年 12 月，美国钢铁公司宣布将收购美国电炉钢厂——大河钢铁的剩余 50.10% 的股份，从而获得这家北美

① 2019 年、2020 年、2021 年粗钢产量数据均取自世界钢铁协会，同比增长率为作者计算得到。

最先进板材生产企业的全部股份。安赛乐米塔尔美国公司在2020年12月宣布以价值14亿美元的现金和股票组合的方式出售给北美最大的铁矿石公司——克利夫兰‐克利夫斯公司（Cleveland‐Cliffs）。2020年，印度塔塔钢铁公司削减其在欧洲地区的产量，扩大钢材出口，通过加强各类业务做出优质产品和特色服务，并且积极向地方政府等获取金融支持。2021年初，印度京德勒钢铁和能源公司以2.51亿美元的价格将其子公司金达尔契德钢铁公司出售给圣堂武士投资公司，希望能够抵消部分债务，改善资产负债表，提升信用评级。全球大型钢铁企业纷纷加快战略步伐的调整来应对新冠肺炎疫情的冲击，以及适应国际市场变化。

二 世界钢铁工业碳排放趋势分析

随着国际社会对生态环境和气候变化的日益关注，绿色低碳发展，特别是钢铁工业的绿色化发展受到世界各地政府和企业的重视。钢铁产业是能源密集型产业，具有高碳排放特征，因此，本部分重点分析世界钢铁工业 CO_2 排放趋势。

（一）世界钢铁工业碳排放趋势分析

本报告中，世界钢铁工业的 CO_2 排放量数据均来自国际能源署（International Energy Agency，IEA），本报告讨论的 CO_2 仅指燃料燃烧产生的 CO_2。[1] 近30年来，世界钢铁工业 CO_2 排放[2]整体呈现上升趋势。世界钢铁工业 CO_2 排放量从1990年的8.96亿吨增长到2014年的20.43亿吨，在2015年出现短暂

---

[1] 本报告中钢铁工业截至2019年的 CO_2 排放量的数据均来自 IEA2021年7月发布的版本。

[2] 由 IEA 提供的世界钢铁工业 CO_2 排放均指通过燃料燃烧排放的 CO_2。燃料包括煤、泥炭、油页岩、石油和天然气。其中，煤、泥炭、油页岩这一类包括了所有煤，如原生煤和衍生燃料，泥炭、泥炭铲平、油页岩也属于此类；石油类包括原油、天然气液体、炼油原料、奥里油、其他碳氢化合物、炼厂气、乙烷、液化石油气等；天然气一类不包括天然气液体。需要注意的是，本报告所说的 CO_2 排放量数据不包括电力产生的 CO_2 排放量数据。

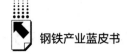

下降趋势后又开始回升（见图5）。2019年，世界钢铁工业的CO_2排放量达20.99亿吨，同比增长3.51%。

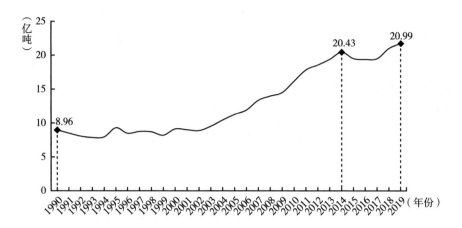

图5　1990～2019年世界钢铁工业CO_2排放量趋势

（二）代表性国家钢铁工业CO_2排放趋势分析

世界十大钢铁生产国的钢铁工业CO_2排放情况见图6至图15。2019年，中国钢铁工业CO_2排放量达到12.89亿吨，同比增长4.60%，位居世界第一。由于中国和印度工业化起步晚，人口规模大，需要大量钢铁支撑基础设施建设和社会经济发展，因此中国和印度钢铁工业CO_2排放量呈明显上升趋势。

1. 中国

目前，中国是世界第一大钢铁生产国。如图6所示，2019年中国钢铁工业CO_2排放量达到12.89亿吨，总体呈现明显上升趋势。1990年，中国钢铁工业CO_2排放量为1.02亿吨，中国钢铁工业CO_2排放量在2014～2017年出现了短暂的下降，随后又开始上升。在2030年实现碳达峰和2060年实现碳中和的双重目标约束下，中国钢铁企业也做出相应的行动计划，如中国宝武宣布力争2023年实现碳达峰，2035年减碳30%，2050年实现碳中和。河钢集团提出2022年实现碳达峰，2025年CO_2排放量比峰值减排10%，

2030 年 CO_2 排放量比峰值减排 30%，并最终在 2050 年实现碳中和的目标。河钢集团旗下的宣钢公司正在河北省张家口市建设中国第一座氢气直接还原工厂，助力中国钢铁工业碳达峰与碳中和目标的实现。

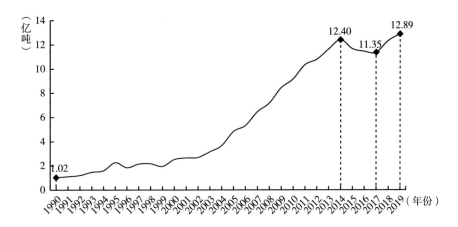

图 6　1990～2019 年中国钢铁工业 CO_2 排放量趋势

2. 印度

目前，印度为世界第二大钢铁生产国。如图 7 所示，2019 年印度钢铁工业 CO_2 排放量达 2.92 亿吨。自 1990 年以来，印度钢铁工业 CO_2 排放量在大多数时间都保持上升趋势。印度并未提出具体的总碳达峰时间，但提出到 2030 年将非化石燃料在其能源结构中所占比重从 2015 年的 30% 增加到 40% 左右，2030 年将可再生能源的发电占比增加到 40%。印度电弧炉产能占粗钢总产能的比重超过 50%，远超过 26% 的世界平均水平，说明印度十分重视废钢的再利用。2021 年，塔塔钢铁与 Aarti Green Tech 合作，建立了印度第一家利用报废汽车和其他产品生产钢筋的工厂。2022 年 2 月，塔塔钢铁再次准备建立该类型的钢铁回收厂。

3. 日本

如图 8 所示，日本钢铁工业 CO_2 排放量从 1990 年 0.88 亿吨减少至 2019 年的 0.79 亿吨，并经历了 1990 年到 1999 年的小幅下降阶段和 1999 年到 2007 年的缓慢上升阶段。2009 年的全球经济危机严重影响了日本钢铁工业，

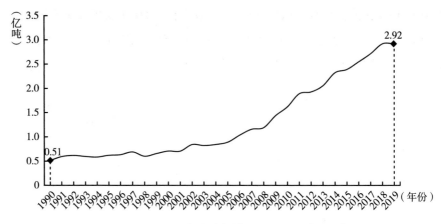

图7　1990～2019 年印度钢铁工业 CO_2 排放量趋势

使其 CO_2 排放量明显下降，并在 2010 年小幅反弹后总体呈缓慢下降趋势。2020 年 10 月，日本新任首相菅义伟表示日本将在 2050 年实现总碳中和。日本决定到 2030 年每年使用约 1000 万吨氢气用于发电，并扩大相应的财政支出，这使得"氢冶金"技术在日本得到了快速的发展。2022 年日本新能源产业技术开发机构启动钢铁氢能利用项目，旨在开发高炉氢还原技术以及氢还原低品位铁矿石技术，其实施单位包括日本制铁株式会社、JFE 钢铁等。

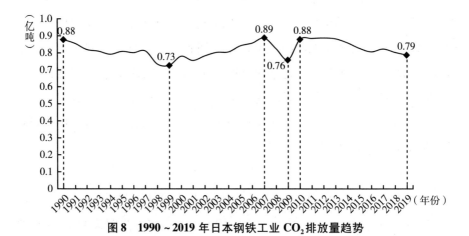

图8　1990～2019 年日本钢铁工业 CO_2 排放量趋势

4. 美国

美国在 2007 年实现总碳达峰,并提出在 2050 年实现总碳中和的目标。如图 9 所示,美国钢铁工业 CO_2 排放量最大值出现在 1998 年,为 0.99 亿吨,随后总体呈下降趋势。2019 年,美国电弧炉产能占比高达 68%,远高于世界平均水平,而在 1990 年其电弧炉产能占比仅为 37% 左右。美国钢铁工业走低碳发展之路的一部分原因归功于电弧炉的应用和技术的创新。美国钢铁工业碳达峰时间点早于总碳达峰的时间点,美国钢铁工业的减碳工作为其国家整体碳达峰的尽早实现做出了重要贡献。2022 年 1 月,美国钢铁公司和 Carnegie 铸造厂加速推进机器人和人工智能技术,实现工业自动化。同年 2 月,美国钢铁公司与多家工业企业合作,努力在俄亥俄州、宾夕法尼亚州和西弗吉尼亚州建立全新的脱碳技术中心,旨在发展碳捕获、利用和储存技术以及绿色氢气的生产。美国钢铁工业的智能化发展与清洁能源的利用将进一步促进其低碳发展。

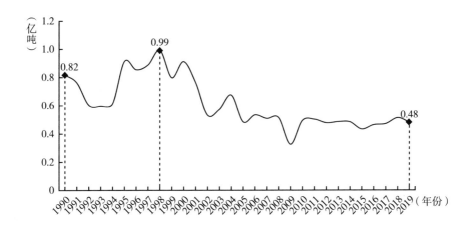

图 9 1990 ~ 2019 年美国钢铁工业 CO_2 排放量趋势

5. 俄罗斯

如图 10 示,1990 ~ 2006 年,俄罗斯钢铁工业 CO_2 排放量整体呈下降趋势,2006 年 CO_2 排放量为 0.71 亿吨。苏联解体后,俄罗斯经济受到严重影响,失业率较高,钢铁工业的发展受到严重制约,钢铁工业 CO_2 排放量降低。2006 年以后，俄罗斯钢铁工业 CO_2 排放量呈明显上升趋势。2019 年，俄罗斯钢铁工业 CO_2 排放量达 1.70 亿吨的历史峰值。2022 年 2 月，Ecolant 在俄罗斯的价值约 22 亿美元的直接还原铁（DRI－Fed）电弧炉钢铁厂破土动工，预计在 2025 年上线进行作业。2022 年 3 月，欧盟禁止从俄罗斯进口主要钢铁，将进口配额在欧盟其他贸易伙伴中进行重新分配。欧盟估计此禁令将会导致俄罗斯损失 33 亿欧元的收入。同时期，英国政府对俄罗斯钢铁进口提高 35% 的关税，美国政府对俄罗斯石油管材出口商（OCTG）进行反补贴制裁。为应对贸易冲击，俄罗斯政府未来可能会出台一系列政策，降低钢铁产品的生产，可能会使其钢铁工业 CO_2 排放量减少。

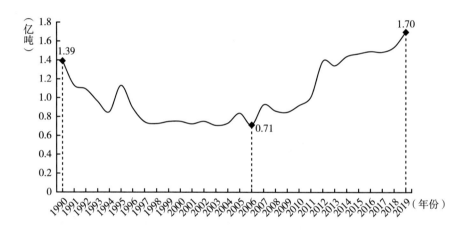

图 10　1990～2019 年俄罗斯钢铁工业 CO_2 排放量趋势

6. 韩国

2020 年 10 月，韩国总统文在寅在国会发表施政演说时提出力争在 2050 年之前实现总碳中和。如图 11 所示，韩国钢铁工业 CO_2 排放量在 1990～2000 年呈现明显的持续上升趋势，随后在 2000～2002 年出现下降趋势。2002 年，韩国钢铁工业 CO_2 排放量下降至 0.23 亿吨，之后持续波动，到2019 年，韩国钢铁工业 CO_2 排放量为 0.20 亿吨。近年来，韩国钢铁工业 CO_2 排放量在 0.23 亿吨附近波动，说明韩国钢铁工业进一步降碳存在一定压力。

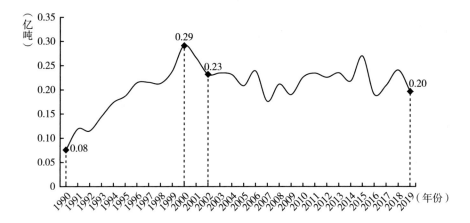

图 11　1990～2019 年韩国钢铁工业 CO_2 排放量趋势

7. 德国

如图 12 所示，德国钢铁工业 CO_2 排放量从 1990 年至 2019 年保持了持续下降的趋势。受 2008 年经济危机影响，德国钢铁工业 CO_2 排放量在 2008～2009 年出现大幅降低，在 2010 年得到回升。2019 年钢铁工业 CO_2 排放量从 1990 年的 0.43 亿吨下降到 0.26 亿吨，减少了约 40% 的 CO_2 排放量。欧盟制定 2050 年实现碳中和的目标，德国钢铁工业 CO_2 排放量的表现迎合了该目标，德国积极推进绿色减排。2020 年，蒂森克虏伯和萨尔茨吉特等大型钢铁企业首次尝试用氢代替煤。2021 年，德国联邦经济和能源部长阿尔特迈尔宣布德国政府将投入至少 50 亿欧元用于继续促进德国钢铁工业的绿色转型。

8. 土耳其

如图 13 所示，近 30 年来，土耳其钢铁工业 CO_2 排放量在 0.06 亿吨～0.09 亿吨的范围内波动。2000 年，土耳其钢铁工业 CO_2 排放量首次达到 0.09 亿吨。土耳其钢铁工业 CO_2 排放量规律与前面日本、美国、韩国、德国四个钢铁工业碳达峰的国家有明显不同。土耳其钢铁工业 CO_2 排放量的波动较大，存在一定的降碳压力。由于土耳其电弧炉产能占比较高，达到 69%，因此，土耳其钢铁企业应努力攻克技术难题。2022 年，土耳其 Tosyali Holding 钢铁生产商跨界与华为合作，旨在打造 149MW 的绿色钢铁工厂。

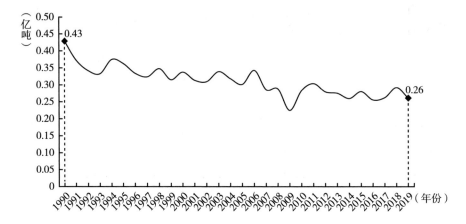

图 12　1990～2019 年德国钢铁工业 CO_2 排放量趋势

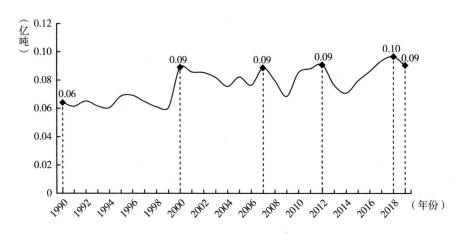

图 13　1990～2019 年土耳其钢铁工业 CO_2 排放量趋势

9. 巴西

巴西环境部长里卡多·萨列斯在 2020 年表示巴西力争在 2060 年实现碳中和。如图 14 所示，巴西钢铁工业 CO_2 排放量经历了从 1990 年到 2011 年的上升期，2011 年达到近 30 年来的碳峰值，为 0.32 亿吨。2011～2016 年，巴西钢铁工业 CO_2 排放量总体表现出持续下降趋势，从 2016 年开始有所回升，2018 年达到 0.30 亿吨，但在 2019 年下降至 0.27 亿吨。巴西钢铁工业

CO_2 排放量达峰之后的降碳阶段出现了部分回升期，巴西钢铁工业 CO_2 排放量可能将在碳峰值附近波动一段时期后才会出现下降。2021 年，巴西绿色钢铁公司（Aço Verde do Brasil）获得瑞士通用公证行的碳中和认证，其吨钢 CO_2 排放量约为 -0.04 吨。

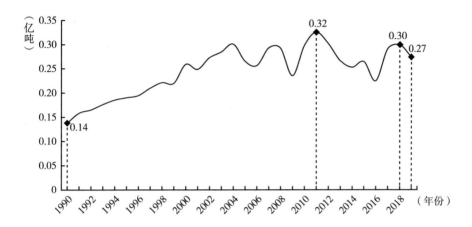

图 14 1990~2019 年巴西钢铁工业 CO_2 排放量趋势

10. 伊朗

如图 15 所示，伊朗钢铁工业 CO_2 排放量在 2012 年以前保持较平稳趋势，在 2012 年以后出现大幅度增长。2015 年，伊朗钢铁工业 CO_2 排放量为 0.0103 亿吨，与 2012 年的 0.0008 亿吨相比，增长了约 12 倍。2016~2018 年，伊朗钢铁工业 CO_2 排放量出现明显下降趋势，并在 2019 年开始回升。伊朗电弧炉炼钢占比达到 90%，通过短流程生产粗钢可减少大量 CO_2 排放。

11. 世界十大钢铁生产国钢铁工业 CO_2 排放量占比

如图 16 所示，中国、印度、日本、美国、俄罗斯、韩国、土耳其、德国、巴西和伊朗十大钢铁生产国钢铁工业 CO_2 排放量占世界钢铁工业总 CO_2 排放量的比重呈上升趋势，并于 2015 年达到最大值，占比为 90.66%，2015 年后趋于平缓，2019 年占比为 90.23%。世界钢铁工业 CO_2 排放量集中度高，呈上升趋势后趋于平缓，要想达到碳峰值并进一步实现碳中和，需要着重聚焦于世界十大钢铁生产国。上述分析中，中国、印度、俄罗斯

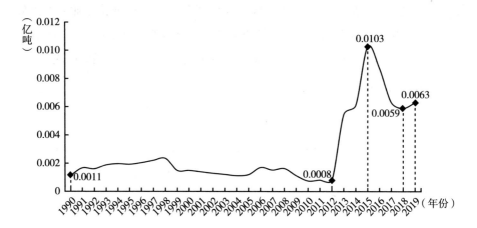

图15　1990~2019年伊朗钢铁工业CO₂排放量趋势

和伊朗钢铁工业 CO_2 排放量出现明显上升趋势；土耳其、巴西钢铁工业处于碳达峰阶段；美国、韩国钢铁工业虽达到碳峰值，但近年来钢铁工业降碳趋势趋于平缓；日本、德国近年来有明显降碳趋势。中国、印度、俄罗斯钢铁工业的碳达峰在一定程度上决定着世界钢铁工业的碳达峰，因此，这些国家可以借鉴其他国家钢铁工业绿色低碳发展经验，推动钢铁产业绿色转型。

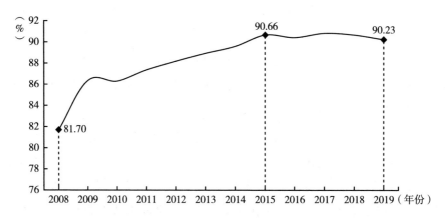

图16　2008~2019年世界十大钢铁生产国钢铁工业CO₂排放量占比

三 世界钢铁工业低碳发展指标分析

从长期发展来看，世界钢铁工业要做好低碳转型发展的顶层设计，提前谋划和布局碳减排工作，完善碳排放管理支撑体系建设，重视生产过程中的碳产生和利用情况，让低碳转型真正成为钢铁工业实现高质量发展、提高竞争力的重要引擎。

（一）单位粗钢 CO_2 排放量

单位粗钢 CO_2 排放量是评价一国钢铁低碳发展的重要指标，其数值越小代表每生产一单位粗钢所排放的 CO_2 量越小。如表6所示，根据世界钢铁协会和 IEA 分别公布的粗钢产量和 CO_2 排放量测算，2019年全球吨粗钢 CO_2 排放量为1.16吨，相比于2015年的1.20吨，减少了3.33%。2019年，吨粗钢 CO_2 排放量最高的是印度，为2.62吨，相比于2015年的2.68吨，减少了2.24%；其次是俄罗斯，吨粗钢 CO_2 排放量为2.36吨，相比于2015年的2.07吨，增加了14.01%。2019年，世界十大钢铁生产国中，仅中国、俄罗斯以及印度的吨粗钢 CO_2 排放量超过世界平均水平，其中俄罗斯整体呈上升趋势，而中国和印度在不断降低单位粗钢 CO_2 排放量。2019年，日本、德国和美国吨粗钢 CO_2 排放量和2015年持平。总体而言，在世界十大钢铁生产国中，发达国家吨粗钢 CO_2 排放量较低，发展中国家（除土耳其和伊朗外）吨粗钢 CO_2 排放量均高于发达国家。2019年，伊朗吨粗钢 CO_2 排放量最低，这是因为其电弧炉产能占粗钢总产能的90.4%，远高于其他国家。使用电弧炉炼钢是有效降低 CO_2 排放量的重要途径之一。韩国吨粗钢 CO_2 排放量从2015年的0.39吨下降至2019年的0.28吨，减少了28.21%，是世界十大钢铁生产国中除伊朗外降幅最大的，这得益于韩国钢铁工业整体结构性改革。自2016年起，韩国现代钢铁致力于从研发到生产领域都构建智能化的运行机制，目的是使企业各工序间的协同效应最大化，以应对第四次工业革命的浪潮。浦项制铁也积极进行数字化改革，自主创立"PosFrame"的数字化工厂，建立"智能高炉"，通过深度学习等数字技术对高炉实施自动化控制，提高生产效率，降低每吨铁水所需的燃料。2019 年，韩国金属和材料学会理事长金成俊在第十二届中国钢铁年会上重点阐述了韩国钢铁 Finex 技术和智能化的最新进展。Finex 技术是浦项制铁与奥钢联合开发的一种非高炉炼铁工艺，与传统高炉相比，Finex 炼铁不会有焦化烧结，氧化硫、氧化氮以及其他污染物排放量均低于高炉炼铁工艺的排放量。

2019 年，中国吨粗钢 CO_2 排放量为 1.29 吨，相比于 2015 年的 1.45 吨，减少了 11.03%，这得益于中国钢铁工业技术的不断调整与绿色实践。2019 年，中国宝武钢铁集团、中核集团和清华大学联合签订《核能—制氢—冶金耦合技术战略合作框架协议》，积极应对氢冶金的国际浪潮。无独有偶，同年，河钢集团与中国工程院战略咨询中心、中国钢研、东北大学联合打造氢能技术与产业创新中心，旨在促进氢能技术与产业相融合。但是，中国粗钢仍然主要通过"高炉－转炉"长流程进行生产，中国电弧炉产能占比较低。

综上所述，降低吨粗钢 CO_2 排放量可以从以下三方面入手：第一，扩大电弧炉产能，从源头减少化石能源的消耗；第二，进行智能化和数字化改革，提高生产效率，在整体生产经营链上减少能源消耗；第三，进行技术创新，调整生产方式，在末端减少污染物的排放。此外，使用新能源以及废钢再回收等也是降低吨粗钢 CO_2 排放量的方式。

表 6　全球和世界十大钢铁生产国吨粗钢 CO_2 排放量

单位：吨

	2015 年	2016 年	2017 年	2018 年	2019 年
印度	2.68	2.67	2.68	2.67	2.62
俄罗斯	2.07	2.12	2.08	2.13	2.36
中国	1.45	1.42	1.30	1.33	1.29
巴西	0.80	0.71	0.84	0.85	0.84
日本	0.79	0.77	0.79	0.77	0.79
德国	0.66	0.61	0.61	0.69	0.66
美国	0.55	0.59	0.57	0.59	0.55
韩国	0.39	0.28	0.29	0.33	0.28

	2015 年	2016 年	2017 年	2018 年	2019 年
土耳其	0.25	0.26	0.25	0.26	0.27
伊朗	0.06	0.05	0.03	0.02	0.02
全球	1.20	1.19	1.12	1.15	1.16

（二）高炉煤气消耗热量

高炉煤气是在高炉炼铁中所产生的一种副产品，属于可燃气体，可用于加热热轧的钢锭、预热钢水包等。[①] 高炉煤气主要成分为一氧化碳、二氧化碳、氮气、氢气、甲烷等，其消耗热量可作为衡量一国低碳发展的指标。如表 7 所示，2019 年，全球高炉煤气消耗热量为 4203596TJ，相比于 2015 年的 3100936TJ，增加了 35.56%。2019 年，世界十大钢铁生产国中，高炉煤气消耗热量排第一的是中国，为 3143113TJ，相比于 2015 年的 2081424TJ，增加了 51.01%。世界十大钢铁生产国中，2019 年，中国、印度、美国和巴西的高炉煤气消耗热量相比于 2015 年有所增加。2019 年，世界十大钢铁生产国中，中国、印度和日本基本是通过"高炉 - 转炉"长流程生产粗钢的国家，其粗钢产量位居前三，这三国高炉煤气消耗的热量也居前三。

表 7　全球和世界十大钢铁生产国高炉煤气消耗热量

单位：TJ

	2015 年	2016 年	2017 年	2018 年	2019 年
中国	2081424	2179267	2303190	2971150	3143113
印度	332928	368888	386515	426330	434391
日本	175577	171681	173082	170725	165580
俄罗斯	156858	147761	148820	142095	138852
美国	56183	61146	62102	67058	63145
德国	62784	52198	55994	71128	61209
巴西	12722	4454	20008	18862	15683

---

① 高炉煤气消耗热量包括能源转型消耗、行业自用消耗、损失以及统计误差。

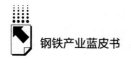

	2015 年	2016 年	2017 年	2018 年	2019 年
土耳其	9613	6136	849	2135	2658
伊朗	3450	2695	1848	1857	1989
韩国	2464	2338	3055	3141	1874
全球	3100936	3198746	3342745	4066013	4203596

资料来源：IEA 公布的数据。

高炉煤气的产生是高炉炼铁的必然结果，从源头上降低高炉煤气的放散率，并从工艺流程中提高其利用率是实现低碳炼铁的重要途径，最终实现高炉煤气的 100% 回收与再利用。高炉煤气本身作为一种加热燃料可将其充分利用于企业各工序生产中，通过捕获并再利用炼铁过程中产生的高炉煤气，降低其放散率，可减少一次能源的消耗。根据《中国钢铁工业年鉴 2020》的数据，2019 年，中国钢铁工业协会会员企业高炉煤气利用率达 94.30%，比 2013 年提高了 11.72 个百分点。2021 年，邢台钢铁顺利在高炉安装均压煤气回收系统，实现了高炉煤气的全回收，避免了煤气的放散。韩国现代钢铁在 2019 年成功研制出世界上首个能有效减少大气污染的煤气净化阀，解决高炉排气阀发生的大气污染物排放问题。日本 COURSE50 技术在探索用氢代替碳进行铁矿石还原，分离回收高炉煤气中的 CO_2，将剩余的具有还原性质的气体重新在高炉中进行循环利用。高炉煤气在满足企业各工序的加热需求外，剩余部分主要通过锅炉发电技术、燃气蒸汽联合循环发电（CCPP）技术用于发电。[1] 钢铁企业自主烧煤发电是在企业充分考量了煤气生产和再利用之间的动态平衡前提下进行的一项作业，体现为合理配置煤气发电工作组，目的是实现煤气利用率的再提高，并不是追求烧煤发电而过多增加煤气量。

（三）电弧炉炼钢占比

相比于传统"高炉－转炉"长流程炼钢工艺，电弧炉炼钢所产生的

---

① 张波、薛庆斌、牛得草、罗思红、刘彦祥：《高炉煤气利用现状及节能减排新技术》，《炼铁》2018 年第 2 期。

CO_2 排放量仅为前者的 1/3。[①] 电弧炉炼钢可有效减少世界钢铁工业 CO_2 排放量,是打破对长流程炼钢的依赖、适应世界钢铁工业低碳发展新格局的重要手段。如表 8 所示,2019 年全球电弧炉炼钢占比仅为 27.90%,相比于 2015 年的 25.20%,增加了 2.7 个百分点。在世界十大钢铁生产国中,伊朗的电弧炉炼钢占比最高,2019 年达到了 90.10%,并呈现逐年上升的趋势。中国电弧炉炼钢占比从 2015 年的 5.90% 增至 2019 年的 10.40%,增加了 4.5 个百分点,但仍然低于全球平均水平。截至 2019 年,在世界十大钢铁生产国中,仅日本、巴西和中国的电弧炉炼钢占比低于全球平均水平。

电弧炉炼钢虽然具有工序短、建设快、排放少等优势,但其需要的主要能源为电力,主要原料为废钢,这导致电力价格和废钢的使用成本很大程度上影响了一国电弧炉炼钢的发展。根据 2020 年国家电网发布的新闻,2019 年美国工业电价为 0.472 元/千瓦时,在被统计的 36 国中位居倒数第一。2019 年中国工业电价为 0.635 元/千瓦时,虽然低于德国、日本和韩国,但如果按人均收入电价比来看仍然处于较高水平。对于发展中国家,当政府对工业电价的补贴难以维持企业的成本竞争力时,电弧炉的发展将受到遏制。随着各国对钢铁的需求日益上涨,废钢的累积量也将增加,全球废钢产业链逐步实现完全循环。首先,从生产源头,钢铁企业可自主回收并利用在炼钢、铸钢等车间产生的废钢;其次,可从下游的汽车、家电等以钢铁为核心的制造业中回收生产所产生的废钢,还可回收折旧或报废的汽车、家电等钢铁制品,实现钢铁 100% 再利用;最后,展开废钢的国际贸易,利用贸易实现废钢的全球化合理配置。中国在 2021 年实施《再生钢铁原料》国家标准以及颁布《关于规范再生钢铁原料进口管理有关事项的公告》,符合国家标准的废钢可以自由进口。废钢在中国的利用潜力是巨大的,这也是中国发展电弧炉炼钢的重要契机。另外,废钢是可以替代铁矿石用于炼钢的炉料,对

[①] Karali, N., Xu, T., Sathaye, J. "Reducing Energy Consumption and CO_2 Emissions by Energy Efficiency Measures and International Trading: A Bottom – Up Modeling for the U. S. Iron and Steel Sector", *Applied Energy*, 2014, 120: 133 – 146.

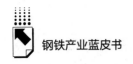

于高度依赖铁矿石进口的中国、日本和韩国,发展废钢产业和电弧炉炼钢可以有效缓解国际铁矿石价格上涨对生产成本造成的压力。

表8 全球和世界十大钢铁生产国电弧炉炼钢占比

单位:%

	2015 年	2016 年	2017 年	2018 年	2019 年
伊朗	85.10	87.80	89.50	90.80	90.10
美国	62.70	67.00	68.40	68.00	69.70
土耳其	65.00	65.90	69.20	69.10	67.80
印度	57.10	57.30	54.50	55.10	56.20
俄罗斯	30.50	30.90	30.80	33.50	33.60
韩国	30.40	30.70	32.90	33.40	31.80
德国	29.60	29.90	30.00	29.90	30.00
日本	22.90	22.20	24.20	25.00	24.50
巴西	20.20	21.10	21.00	22.10	22.20
中国	5.90	6.30	9.30	10.60	10.40
全球	25.20	25.50	27.60	28.70	27.90

四 世界钢铁工业低碳发展影响因素分析

低碳发展意义重大,它将对钢铁行业产生深远影响,甚至带来广泛而深刻的产业变革,进而重塑区域乃至全球钢铁发展格局。因此,探究世界钢铁工业低碳发展的影响因素将对缓解工业化过程中的排放问题具有重要指导意义。

(一)世界钢铁工业碳排放主要影响因素分析

世界钢铁工业存在高污染、高排放的共性,影响钢铁工业 CO_2 排放量的因素主要涉及以下五个方面。第一,钢铁工业一切生产活动均服务于钢铁生产,粗钢产量会直接影响钢铁工业 CO_2 的排放量。第二,世界各国城市化进程需要钢铁工业的支持,城市化意味着建筑、汽车、家电等制造行业以及基础设施建设的需求增加。钢铁是建筑中最重要的材料,也是汽车生产中的主要材料之一，还被广泛运用到家电或其他装备制造行业，基础设施的投资以及建设会拉动钢铁的需求，从而影响钢铁工业整体 CO_2 的排放量。第三，全球化趋势的持续深入为世界各国钢铁工业贸易开放的进一步扩大提供了可能。钢铁工业贸易开放度的扩大使世界钢铁工业生产要素得到充分利用，优化资源配置，改善各国钢铁工业结构，提高绿色生产技术水平，减少世界钢铁工业整体 CO_2 的排放量。第四，环境库兹涅茨曲线（Environment Kuznets Curve，EKC）假设经济增长与环境污染存在"倒 U"形关系。一个国家经济发展处在低水平时，人均 GDP 提高会导致环境污染的增加，当人均 GDP 提高到一定水平时，环境污染水平达到顶峰，随着人均 GDP 的进一步增加，环境污染会得到改善。第五，金融发展有利于钢铁工业获取资金用于节能减排，金融发展在一定程度上对钢铁工业 CO_2 的排放量有负向影响。在本报告数据中，粗钢产量（PROUD，单位：千吨）、钢铁工业贸易开放度（COPEN）计算的相关指标（单位：千吨）均来自世界钢铁协会，城市人口（URBAN）、人均 GDP（RGDP，2010 年不变价美元）数据来自世界银行，金融发展指数（FD，取值 0 到 1，取值越大，表示金融发展程度越好）来自国际货币基金组织（IMF）。

本部分选取 1990~2019 年 30 个国家的面板数据进行分析。根据计算，2019 年选取的 30 个国家钢铁工业燃料燃烧产生的 CO_2 占世界钢铁工业燃料燃烧 CO_2 排放量的 97.40%，粗钢产量占世界的 92.63%。本部分选取的 30 个国家分别为：美国、加拿大、德国、日本、韩国、意大利、法国、西班牙、比利时、英国、奥地利、荷兰、澳大利亚、斯洛伐克、芬兰、瑞典、捷克、中国、印度、俄罗斯、土耳其、巴西、乌克兰、墨西哥、波兰、埃及、南非、印度尼西亚、哈萨克斯坦和阿根廷。根据 IMF 对发达经济体的划分，前 17 个国家为发达国家，后 13 个国家为发展中国家。

1. 粗钢产量

一国钢铁工业的产量会直接影响该国钢铁工业的 CO_2 排放量。图 17 横坐标为粗钢产量的自然对数，纵坐标为钢铁工业 CO_2 排放量的自然对数。在 30 个国家的样本中，除西班牙、奥地利、芬兰、埃及和哈萨克斯坦外，所有国家都显示出粗钢产量和钢铁工业 CO_2 排放量呈现明显的正向关系。美

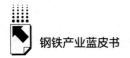

国、加拿大和德国等样本虽然达到了碳峰，但是粗钢产量的增加依然会直接影响其钢铁工业 CO_2 的排放量。

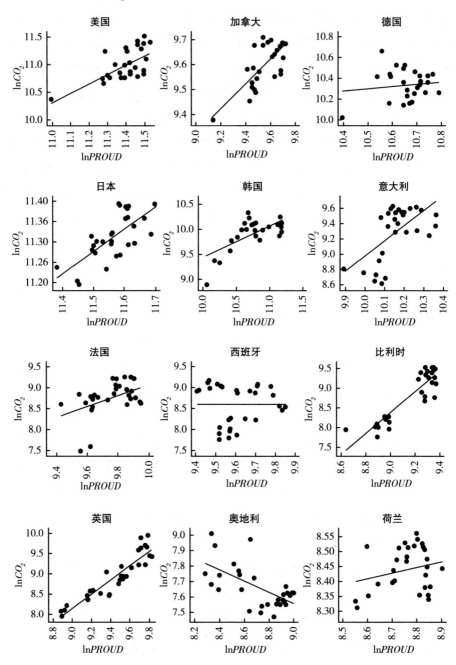

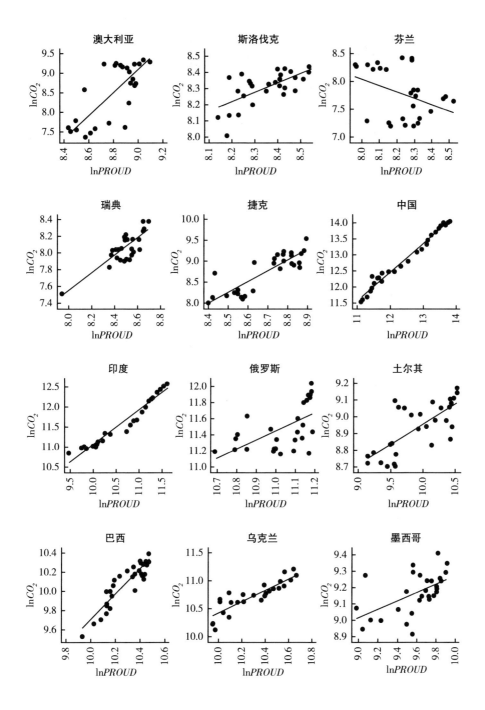

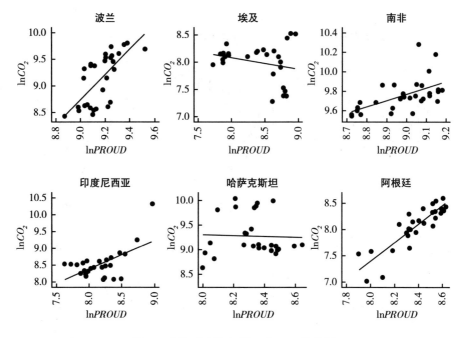

图17 粗钢产量与钢铁工业 CO₂ 排放量

2. 城市人口

钢铁被广泛运用于日常生活，是最重要的工程以及建筑材料之一。城市化进程离不开钢铁的支持，城市人口的增加会导致对基础设施和交通的需求增加，[①] 进而导致钢铁的需求量提升，从而影响钢铁工业的 CO_2 的排放量。图18横坐标为一国城市人口的自然对数，纵坐标为钢铁工业 CO_2 排放量的自然对数。发达国家样本中除日本和韩国以外均实现钢铁工业的碳峰值。在实现碳达峰的发达国家样本中，城市人口的增加并未给钢铁工业 CO_2 的排放量增加压力。日本和韩国还未达峰，城市人口的增加在一定程度上依然会带动钢铁工业 CO_2 的排放量的增加。在发展中国家样本中，中国、印度、土耳其、巴西、波兰和阿根廷的城市人口与该国钢铁工业的 CO_2 排放量呈现正相

[①] Acheampong, A. O., Amponsah, M., Boateng, E., " Does Financial Development Mitigate Carbon Emissions? Evidence from Heterogeneous Financial Economies ", *Energy Economics*, 2020, 88.

关关系。不同于实现钢铁工业碳达峰的发达国家，巴西和波兰虽然达到了碳峰，但是城市人口的增加依然给钢铁工业的持续减碳任务带来了压力。在未达峰的发展中国家中，埃及和南非的人口增加并未给钢铁工业低碳发展带来压力。

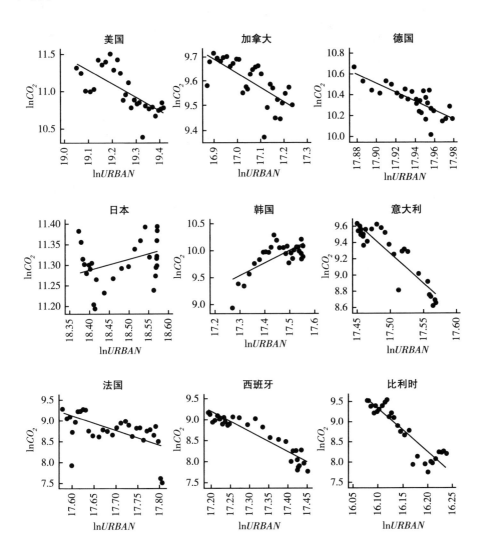

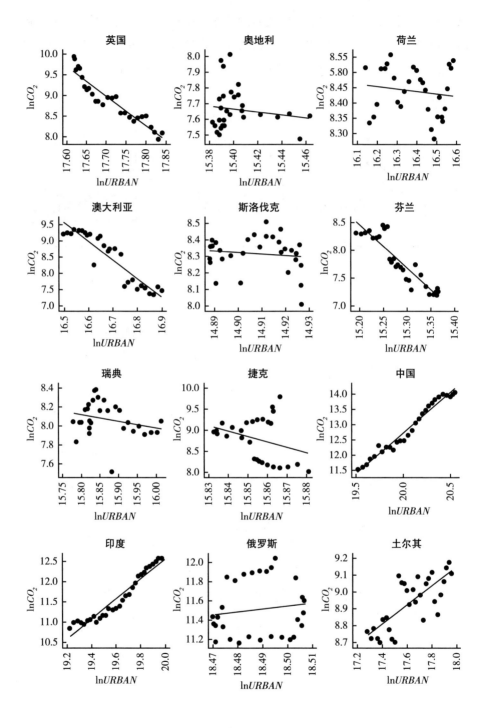

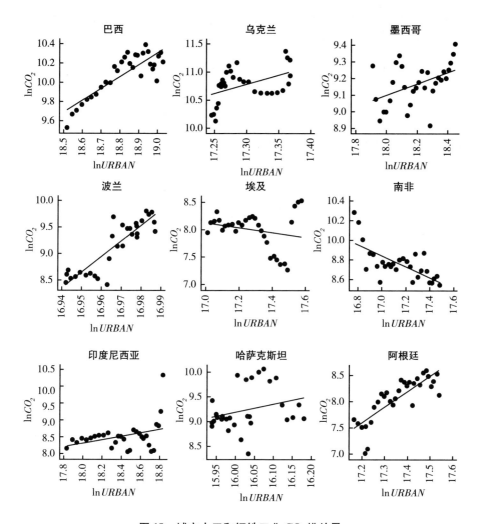

图 18　城市人口和钢铁工业 CO_2 排放量

3. 钢铁工业贸易开放度

贸易在一定程度上可以优化资源配置，从而减少 CO_2 的排放量。[①] 图 19

① Koc, S., Bulus, G. C., "Testing Validity of the EKC Hypothesis in South Korea: Role of Renewable Energy and Trade Openness", *Environmental Science and Pollution Research*, 2020, 27: 29043 – 29054.

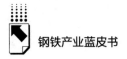

横坐标为钢铁工业贸易开放度，本报告采用成品钢与半成品钢进出口总量之和比上粗钢产量作为该国钢铁工业贸易开放度的度量指标。纵坐标为钢铁工业 CO_2 排放量的自然对数。日本、韩国、芬兰、印度、土耳其、墨西哥、印度尼西亚和哈萨克斯坦的钢铁工业贸易开放度与钢铁工业 CO_2 排放量之间未出现负向或明显的负向关系。其余国家均显示随着钢铁工业贸易开放度的增加，有效减少了钢铁工业 CO_2 的排放量。

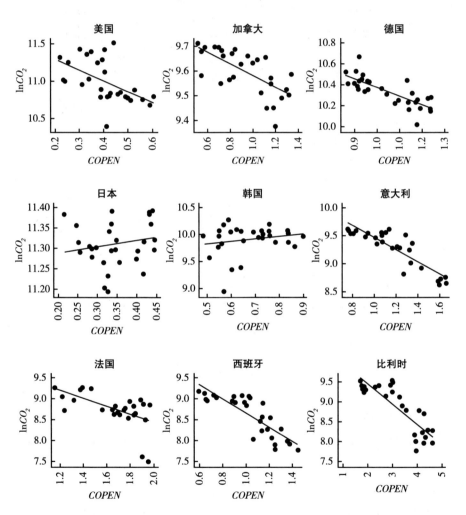

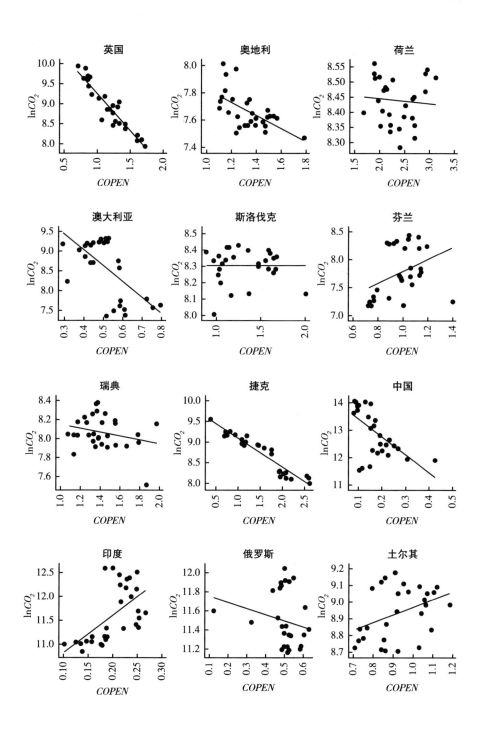

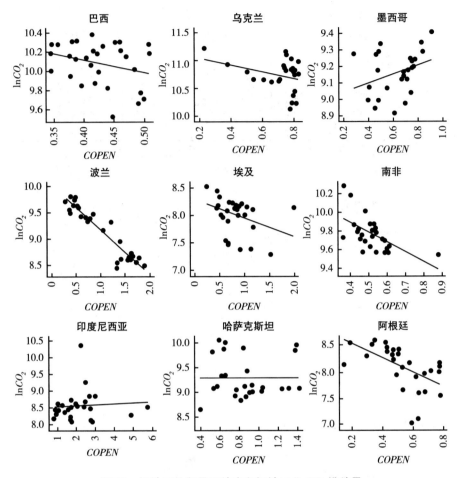

图19 钢铁工业贸易开放度和钢铁工业 CO_2 排放量

4. 人均 GDP

EKC 假设环境污染和人均收入呈现"倒 U"形关系。也就是说当一个国家处于低经济发展水平时,环境污染度不高,但随着人均收入的增加,环境污染度会提升;当经济发展到一定程度后,人均收入的再次提高会使环境污染度下降,环境质量得到改善。[①] 图 20 横坐标是人均 GDP 的自然对数,

---

① Grossman, G. M., Krueger, A. B., "Economic Growth and the Environment", *The Quarterly Journal of Economics*, 1995, 110: 353 – 377.

纵坐标为钢铁工业 CO_2 排放量的自然对数。美国、韩国、法国、西班牙、比利时、英国、澳大利亚、芬兰、瑞典、巴西、波兰和南非的钢铁工业显示了 EKC 假设的存在，人均 GDP 与钢铁工业 CO_2 排放量存在"倒 U"形关系。加拿大、德国、奥地利、捷克的人均 GDP 和钢铁工业 CO_2 的排放量虽然未出现明显的"倒 U"形关系，但人均 GDP 的提高有助于减少他们的钢铁工业 CO_2 的排放量。中国、印度和阿根廷的人均 GDP 的增加会带动钢铁工业的 CO_2 排放量的增加。

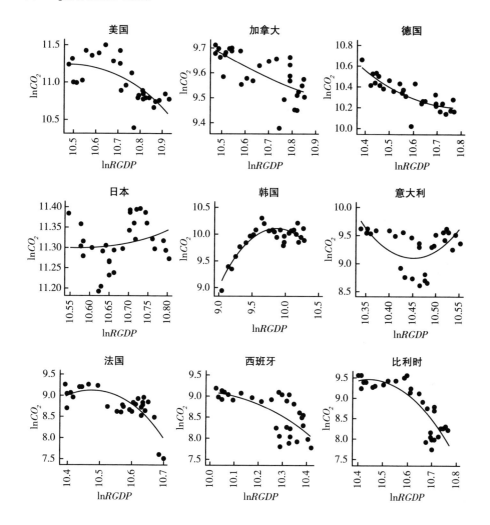

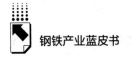

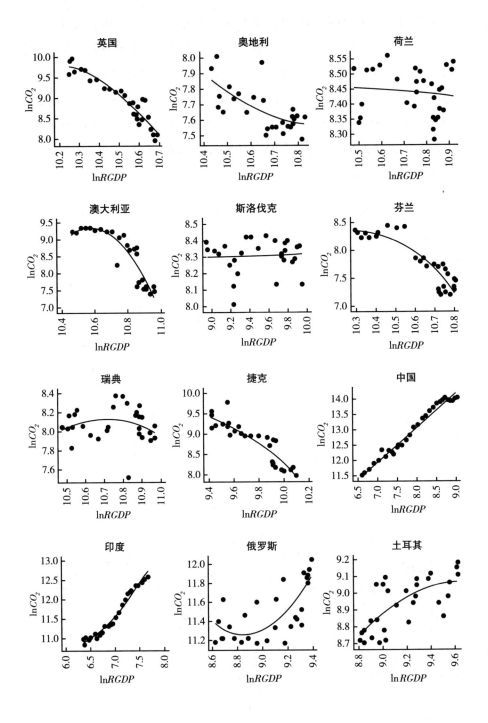

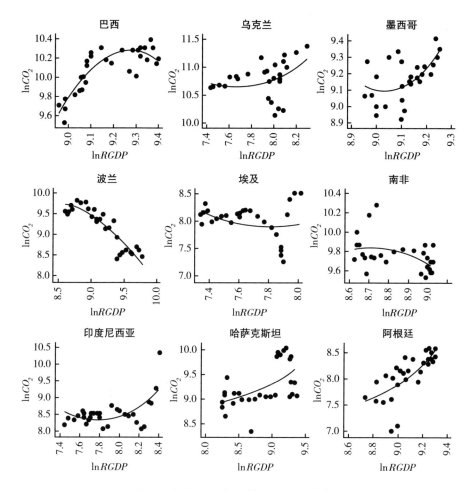

图20 人均GDP与钢铁工业 CO_2 排放量

5. 金融发展指数

金融发展可以促进绿色投资、低碳技术发展并减少碳排放。[1][2] 金融发展为钢铁工业低碳发展提供了良好的融资渠道。图21横坐标为该国金融发

① Shahbaz, M., Nasir, M. A., Roubaud, D., "Environmental Degradation in France: The Effects of FDI, Financial Development, and Energy Innovations", *Energy Economics*, 2018, 74: 843 – 857.

② Zhang, Y., "The Impact of Financial Development on Carbon Emissions: An Empirical Analysis in China", *Energy Policy*, 2011, 39: 2197 – 2203.

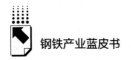

展指数，纵坐标为钢铁工业 CO_2 排放量的自然对数。在发达国家中，除日本、韩国、荷兰和瑞典外，其他发达国家均表现出金融发展指数与钢铁工业 CO_2 的排放量呈负向关系。在发展中国家中，仅乌克兰、波兰、南非和阿根廷表现出金融发展指数与钢铁工业 CO_2 的排放量呈负向关系。

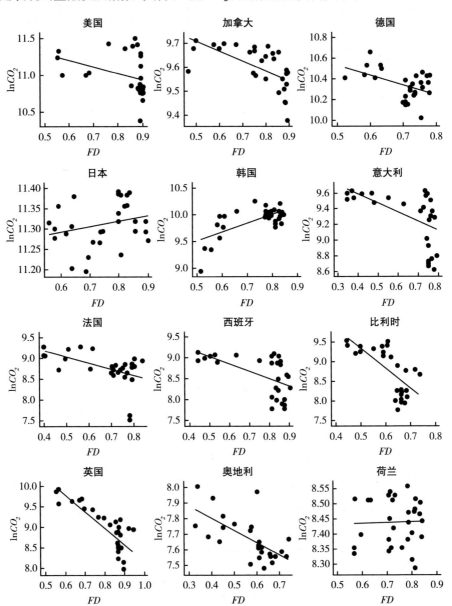

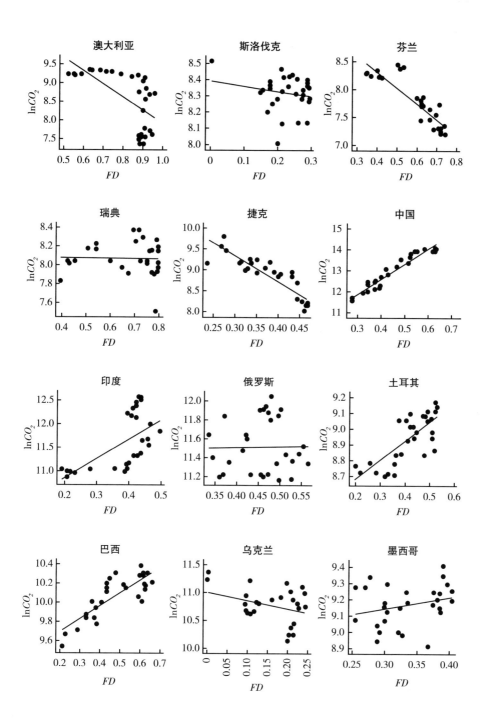

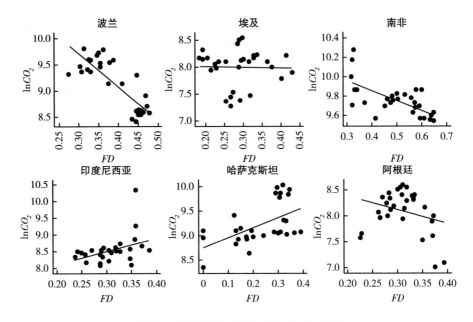

图 21　金融发展与钢铁工业 CO_2 排放量

（二）世界钢铁工业碳排放影响因素的实证分析

根据前面的分析，本部分构建计量模型以确定影响因素与钢铁工业 CO_2 排放量的具体因果关系。基本的计量模型如公式（1）所示：

$$\ln CO_{2it} = \beta_0 + \beta_1 \ln PROUD_{it} + \beta_2 \ln URBAN_{it} + \beta_3 COPEN_{it} +$$
$$\beta_4 \ln RGDP_{it} + \beta_5 \ln RGDP_{it}^2 + \beta_6 FD_{it} + v_i + v_t + \varepsilon_{it} \quad\quad (1)$$

其中 $i = 1, 2, \cdots, 30$，$t = 1990, \cdots, 2019$；v_i 为个体固定效应；v_t 为时间固定效应；ε_{it} 为随机误差项；$\ln CO_{2it}$ 是钢铁工业燃料燃烧排放的 CO_2 的自然对数；$\ln PROUD_{it}$ 是粗钢产量的自然对数；$\ln URBAN_{it}$ 是城市人口的自然对数；$COPEN_{it}$ 是钢铁工业贸易开放度；$\ln RGDP_{it}$ 是人均 GDP 的自然对数，$\ln RGDP_{it}^2$ 为其平方项；FD_{it} 为金融发展指数。表 9 展示了相关变量的含义、单位、取值范围和来源。

表9　相关变量的解释

变量名	含义	单位或取值范围	来源
CO_2	钢铁工业燃料燃烧排放的二氧化碳	千吨	国际能源署
PROUD	粗钢产量	千吨	世界钢铁协会
COPEN	钢铁工业贸易开放度	>0	世界钢铁协会
URBAN	城市人口	人	世界银行
RGDP	人均GDP	2010年不变价美元	世界银行
FD	金融发展指数	0~1	国际货币基金组织

考虑到模型可能存在截面相关问题，首先采用 Frees' test[1] 检查该模型是否存在截面相关，该检验原假设为不存在截面相关问题。检验结果见表10。

表10　截面相关检测结果

Frees' test 值	1%临界值	5%临界值	10%临界值
5.633	0.1726	0.1204	0.0924

由表10可知 Free's test 值为5.633，在1%水平上拒绝原假设的临界值为0.1726。由于5.633远大于0.1726，故我们认为在1%的显著性水平上拒绝不存在截面相关问题的原假设，即我们设定的模型存在截面相关问题。为了获得更稳健的标准误，我们采用了 Driscoll - Kraay 标准误来处理误差项的截面相关问题。[2] 另外，我们检测出模型还存在异方差和自相关问题，使用 Driscoll - Kraay 标准误的好处在于能同时处理异方差、自相关和截面相关三大问题，获得更为稳健的标准误。

采取双向固定效应模型的估计结果如公式（2）所示：

$$\ln CO_{2it} = -11.48 + 0.65\ln PROUD_{it} + 0.35\ln URBAN_{it} - 0.17COPEN_{it}$$
$$(1.44) \qquad (0.10) \qquad\quad (0.09) \qquad\quad (0.04)$$
$$+ 1.67\ln RGDP_{it} - 0.07\ln RGDP_{it}^2 - 0.62FD_{it}$$
$$(0.34) \qquad\quad (0.02) \qquad\quad (0.23) \qquad\qquad (2)$$

---

① Frees, E. W., "Assessing Cross-Sectional Correlation in Panel Data", *Journal of Econometrics*, 1995, 69: 393 – 414.

② Driscoll, J. C., Kraay, A. C., "Consistent Covariance Matrix Estimation with Spatially Dependent Panel Data", *The Review of Economics and Statistics*, 1998, 80: 549 – 560.

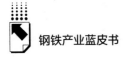
括号内容表示估计系数的 Driscoll – Kraay 标准误。金融发展指数的估计系数在 5% 的显著性水平上成立，其余估计系数均在 1% 的显著性水平上成立。根据估计结果，粗钢产量、城市人口的增加会导致钢铁工业 CO_2 排放量的增加。城市人口的增加会导致对基础设施建设和住房的需求增加，从而提升钢铁的需求，导致钢铁工业 CO_2 排放量增加。钢铁工业贸易开放度的提高会优化一国钢铁资源的配置，从而降低钢铁工业 CO_2 排放量。金融发展水平的提高会使钢铁工业更容易获得低成本的金融支持，从而拥有充足的资金用于设备和技术的创新，进而减少钢铁工业 CO_2 排放量。人均 GDP 的一次项估计系数显著为正、二次项系数显著为负表明 EKC 假设在钢铁工业内成立，人均 GDP 与 CO_2 排放量在钢铁工业内呈"倒 U"形关系，即在钢铁工业发展初期，人均 GDP 的增加会先导致钢铁工业 CO_2 排放量增加，此时人们更在乎钢铁工业发展规模，注重钢铁的产量；而当人均 GDP 达到一定水平后，钢铁工业 CO_2 排放量将达到一个峰值，随后随着人均 GDP 的进一步增加，钢铁工业 CO_2 排放量将会减少，这说明此时钢铁工业的生产不仅关注产量，还更加注重钢铁生产工艺的改进。

参考文献

[1] 张波、薛庆斌、牛得草、罗思红、刘彦祥：《高炉煤气利用现状及节能减排新技术》，《炼铁》2018 年第 2 期。

[2] 袁家桢：《电解水制氢使用电力能源的合理性——电解水制氢、天然气制氢、焦炉煤气制氢的优劣对比》，中国工业气体工业协会第十九次会员代表大会暨 2009 年年会，西安，2009 年 10 月。

[3] Wang, Y., Wen, Z. Cao, X., Zheng, Z., Xu, J., "Environmental Efficiency Evaluation of China's Iron and Steel Industry: A Process-Level Data Envelopment Analysis", *Science of the Total Environment*, 2020, 707: 135903.

[4] Acheampong, A. O., Amponsah, M., Boateng, E., "Does Financial Development Mitigate Carbon Emissions? Evidence from Heterogeneous Financial Economies", *Energy Economics*, 2020, 88.

［5］ Koc, S. , Bulus, G. C. , "Testing Validity of the EKC Hypothesis in South Korea: Role of Renewable Energy and Trade Openness", *Environmental Science and Pollution Research*, 2020, 27: 29043 – 29054.

［6］ Grossman, G. M. , Krueger, A. B. , "Economic Growth and the Environment", *The Quarterly Journal of Economics*, 1995, 110: 353 – 377.

［7］ Shahbaz, M. , Nasir, M. A. , Roubaud, D. , "Environmental Degradation in France: The Effects of FDI, Financial Development, and Energy Innovations", *Energy Economics*, 2018, 74: 843 – 857.

［8］ Zhang, Y. , "The Impact of Financial Development on Carbon Emissions: An Empirical Analysis in China", *Energy Policy*, 2011, 39: 2197 – 2203.

［9］ Frees, E. W. , "Assessing Cross-Sectional Correlation in Panel Data", *Journal of Econometrics*, 1995, 69: 393 – 414.

［10］ Driscoll, J. C. , Kraay, A. C. , "Consistent Covariance Matrix Estimation with Spatially Dependent Panel Data", *The Review of Economics and Statistics*, 1998, 80: 549 – 560.

［11］ Karali, N. , Xu, T. , Sathaye, J. "Reducing Energy Consumption and CO_2 Emissions by Energy Efficiency Measures and International Trading: A Bottom – Up Modeling for the U. S. Iron and Steel Sector", *Applied Energy*, 2014, 120: 133 – 146.

B.6
中国典型钢铁企业能源消费
与二氧化碳排放绩效指数研究

何威俊　李　白*

摘　要： 作为中国主要的二氧化碳排放行业之一，钢铁行业的绿色低碳可持续发展对中国应对全球气候变化、实现经济高质量发展具有重要意义。本报告以中国18家典型钢铁企业为研究对象，系统研究了钢铁企业的能源消费特征、二氧化碳排放绩效以及碳交易的经济收益。结果表明，2012～2019年，18家典型钢铁企业的吨钢能耗量和吨钢二氧化碳排放量总体呈下降趋势，这反映了中国钢铁企业在实现低碳发展中取得的进步。与此同时，各个企业之间的二氧化碳排放绩效指数存在显著的个体差异性，2019年18家典型钢铁企业的平均二氧化碳排放绩效指数仅为0.562，相比2012年的0.558有了略微的上升。此外，18家典型钢铁企业的二氧化碳排放存在拥堵现象，适当地减排有利于生产率和产量的提高。18家典型钢铁企业之间的二氧化碳交易是降低减排成本的有效手段之一。通过实施碳交易，18家典型钢铁企业总的钢材产量理论上有了显著的增加，也间接提升了二氧化碳排放绩效，减少了吨钢二氧化碳排放量。

关键词： 钢铁企业　吨钢能耗　碳交易

---

* 何威俊，北京科技大学经济管理学院讲师，研究方向为能源经济与气候政策；李白，北京科技大学经济管理学院硕士研究生，研究方向为绩效评估方法建模。

钢铁行业在助力中国经济高速发展的同时，也成为中国主要的碳排放源之一，是中国在应对全球气候变化过程中实施节能减排政策的重点行业之一。钢铁行业的绿色低碳可持续发展是中国进一步提高经济发展质量、有效应对全球气候变化的内在要求。本报告以中国典型钢铁企业为例，在系统研究钢铁企业的能源消费特征的基础上，构建中国典型钢铁企业的二氧化碳排放绩效指数，以研究各企业的碳排放绩效。此外，本报告模拟了各企业之间开展碳交易带来的经济收益，以期为相关钢铁企业节能减排策略的实施和碳交易市场的建立提供实证依据。

一　中国典型钢铁企业能源消费研究

根据国家发展改革委员会制定的《中国钢铁生产企业温室气体排放核算方法与报告指南（试行）》，钢铁企业的碳排放主要来自三个方面：一是化石能源的燃烧；二是生产过程中的排放；三是净购入的电力和热力产生的排放。考虑到化石能源的燃烧是钢铁生产过程中的重要排放源之一，本部分将详细分析中国典型钢铁企业的能源消费情况。

（一）重点钢铁企业及不同生产工艺能源消费分析

事实上，钢铁在生产过程中，主要使用的能源类型包括煤炭、天然气和电力等。鉴于中国重点钢铁企业在中国钢铁行业的代表性及其在中国钢铁生产过程中发挥的重要作用，本部分将系统分析中国重点钢铁企业的能源消费情况。从能源消耗的总量来看，钢联数据库相关数据显示，2021年中国重点钢铁企业的能源消耗量为6890.9万吨标准煤，相比2015年的4544.2万吨标准煤，增加了51.6%。尽管如此，重点钢铁企业的吨钢能源消耗量仍然呈显著下降趋势。如图1所示，2010年中国重点钢铁企业生产1吨钢的能源消耗量接近595.6千克标准煤，而这一数值在2021年9月降到了484.1千克标准煤，降幅达到18.7%。这表明中国重点钢铁企业在过去十多年中提高了能源利用效率，大大降低了吨钢的能源消耗量，这也将大幅减少二氧化碳排放量。

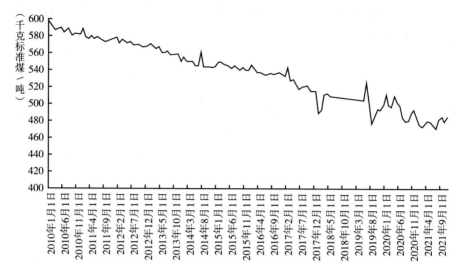

图1　中国重点钢铁企业的吨钢可比能耗

资料来源：钢联数据库。

当然，钢铁的生产也将经历多个生产工艺，如炼焦、烧结、球团等，而不同的生产工艺的能源消耗量也存在较大差异。图2给出了2012~2021年中国重点钢铁企业不同生产工艺的单位产品可比能耗情况。如图2所示，在钢铁生产过程中，中国重点钢铁企业在不同生产环节中的能源消耗量存在较大差异。在炼焦、烧结和球团3种工艺中，炼焦工艺的单位产品能源消耗量最高，约为100千克标准煤；其次是烧结工艺，其生产单位产品所消耗的能源大约为50千克标准煤；而球团工艺的能源消耗量相对最低，其生产单位产品所消耗的能源大约为25千克标准煤。从这3种生产工艺的能耗变化趋势来看，我们发现，炼焦工艺的能源消耗量并无明显的下降趋势，2012~2021年，始终在100千克标准煤/吨附近波动，烧结工艺存在类似的趋势。相比之下，球团工艺的单位产品能耗一直呈下降的趋势，从2012年的28.75千克标准煤/吨，下降到了2021年的24.62千克标准煤/吨，下降幅度达到了14.4%。因此，中国重点钢铁企业需要更加注重控制炼焦和烧结工艺的能源消耗，进一步降低吨钢的能源消耗。

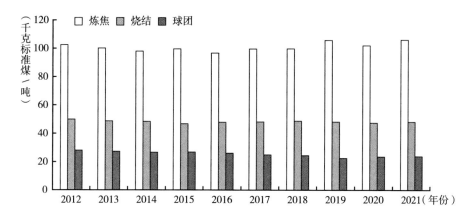

图2 2012~2021年中国重点钢铁企业不同生产工艺的单位产品可比能耗

资料来源：钢联数据库。

（二）典型钢铁企业的吨钢能耗及其变化趋势分析

接下来，本研究将聚焦中国18家典型钢铁企业的钢材产量和能源消耗量。考虑到数据的可获得性，本部分选择中国18家典型钢铁企业作为研究对象。从表1中可以发现，本部分选定的18家典型钢铁企业分布在中国12个省份，地理位置较为分散，各个地区的经济发展模式也不一致，因此这18家典型的钢铁企业能够较好地代表中国整个钢铁产业的发展水平。根据钢联数据库的数据，表1统计了2012~2019年这18家典型钢铁企业的钢材产量情况。从表1中很容易发现，在这18家典型钢铁企业中，宝钢股份在2012~2019年的钢材产量最高，达到了4.3195亿吨；其次是辽宁的鞍钢集团，其钢材产量也达到了2.8881亿吨。在这期间，钢材产量最少的企业是重钢集团，其产量仅为0.3831亿吨，不足宝钢股份的1/10。因此，本部分选择的18家典型钢铁企业在生产规模和钢材产量上也存在较大差异，这进一步说明选定的18家典型钢铁企业能够较好地代表中国不同技术、规模的钢铁企业。

为了详细分析中国18家典型钢铁企业的吨钢能源消耗量和钢材产量，图3展示了2012~2019年中国18家典型钢铁企业的吨钢能源消耗量和钢材

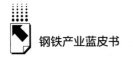

表1　本部分选定的研究样本及其钢材产量

单位：亿吨

企业名称	所在省份	钢材产量 （2012～2019年）	企业名称	所在省份	钢材产量 （2012～2019年）
安钢集团	河南	0.8416	马钢股份	辽宁	1.5163
鞍钢集团	辽宁	2.8881	攀钢集团	四川	0.7098
包钢集团	内蒙古	1.0066	新钢集团	新疆	0.7903
宝钢股份	上海	4.3195	首钢总公司	北京	1.3994
广东韶钢	广东	0.4831	重钢集团	重庆	0.3831
本钢集团	辽宁	1.2540	南钢股份	江苏	0.6973
福建三钢	福建	0.7961	宝钢八钢	上海	0.4809
沙钢股份	江苏	1.8118	柳钢集团	辽宁	0.9373
凌钢集团	辽宁	0.3991	酒泉钢铁	甘肃	0.6446

资料来源：钢联数据库。

产量。从图3中可以发现，2012～2019年中国18家典型钢铁企业的钢材年产量均维持在2.5亿吨左右，并无显著下降的趋势。然而其吨钢能源消耗量在2012～2018年呈现明显下降的趋势，尤其是在2018年，其吨钢能源消耗量在2017年的基础上呈现大幅度下降趋势。2019年，中国18家典型钢铁企业的吨钢能源消耗量在2018年的基础上显著回升。从总体上看，2012～2019年中国18家典型钢铁企业的吨钢能源消耗量控制在0.42～0.52吨范围内。

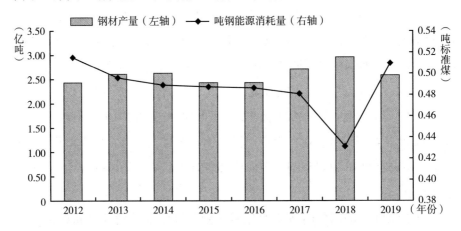

图3　2012～2019年中国18家典型钢铁企业的吨钢能源消耗量与钢材产量

在此基础上，我们将详细分析 2012～2019 年中国 18 家典型钢铁企业的吨钢能源消耗量。表 2 给出了 2012～2019 年中国 18 家典型钢铁企业的吨钢能源消耗量及其变化率。从表 2 中我们可以发现，2019 年中国 18 家典型钢铁企业的吨钢能源消耗量差异相对较小。其中，吨钢能源消耗量最高的企业是包钢集团，其生产 1 吨钢所消耗的能源大约为 651.35 千克标准煤，其次是宝钢八钢；而吨钢能耗相对最低的是福建三钢，其生产 1 吨钢的能源消耗量大约为 501.29 千克标准煤。从 2012～2019 年吨钢能源消耗量的变化率来看，在中国 18 家典型钢铁企业中，有 15 家企业的吨钢能源消耗量在 2012～2019 年呈下降的趋势，仅包钢集团、宝钢八钢和酒泉钢铁的吨钢能源消耗量呈现上升的趋势。吨钢能源消耗量下降幅度最大的企业是重钢集团，其 2019 年的吨钢能源消耗量在 2012 年的基础上下降了 18.55%；其次是广东韶钢，其吨钢能源消耗量下降幅度达到了 17.82%。在吨钢能源消耗量下降的 15 家企业中，有 9 家企业的吨钢能源消耗量下降幅度超过了 10%。这充分体现了这些典型钢铁企业在钢铁生产节能减排、实现绿色低碳发展方面取得了重大进步。尽管如此，需要注意的是，包钢集团、宝钢八钢和酒泉钢铁的吨钢能源消耗量表现出了不同程度的上升趋势。因此，在未来，这 3 家企业还需进一步注重能源利用效率的提升，降低吨钢能源消耗量。

表 2　2012～2019 年中国 18 家典型钢铁企业的吨钢能源消耗量及其变化率

企业名称	2019 年吨钢能源消耗量（千克标准煤）	2012～2019 年吨钢能源消耗量的变化率(%)	企业名称	2019 年吨钢能源消耗量（千克标准煤）	2012～2019 年吨钢能源消耗量的变化率(%)
安钢集团	580.09	-12.08	凌钢集团	555.58	-5.98
鞍钢集团	568.90	-7.03	马钢股份	581.05	-9.75
包钢集团	651.35	5.13	攀钢集团	622.97	-9.61
宝钢股份	587.48	-4.40	新钢集团	583.71	-11.02
广东韶钢	580.79	-17.82	首钢总公司	537.17	-17.75
本钢集团	638.43	-10.99	重钢集团	521.57	-18.55
福建三钢	501.29	-12.06	南钢股份	505.26	-10.09
柳钢集团	539.72	-17.71	宝钢八钢	650.59	5.07
沙钢集团	546.01	-7.21	酒泉钢铁	582.19	7.81

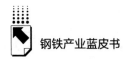

化石能源的燃烧将产生大量的二氧化碳。在系统分析中国典型钢铁企业能源消费特征的基础上,本研究接下来将依据《中国钢铁生产企业温室气体排放核算方法与报告指南(试行)》,估算 2012~2019 年中国 18 家典型钢铁企业的二氧化碳排放数据;在此基础上,通过构建钢铁二氧化碳排放绩效指数,研究企业间二氧化碳排放绩效的差异;最后,为提高钢铁企业减排的效率和积极性,分析了钢铁企业实施碳交易的经济收益,以期为钢铁企业碳交易市场的建立提供实证依据。

二 中国典型钢铁企业二氧化碳排放绩效指数研究

各钢铁企业的减排潜力对节能减排策略的制定具有重要参考价值。一般而言,一个企业的吨钢二氧化碳排放量越高,则其二氧化碳排放绩效相对越低,相应地,其减排潜力也相对越大。但吨钢二氧化碳排放量这一指标存在一定的局限性,它仅考虑了钢产量和二氧化碳排放量两个指标。事实上,影响吨钢二氧化碳排放量的因素还包括能源消费、资本、劳动力等。为此,本部分将构建综合考虑钢铁企业能源消费、资本、劳动力、钢材产量以及二氧化碳排放量等多个指标的全要素的二氧化碳排放绩效指数,系统研究各企业的相对减排潜力,以期为企业节能减排目标的制定提供参考。

(一)中国钢铁企业二氧化碳排放量计算及吨钢二氧化碳排放分析

在对中国 18 家典型钢铁企业的吨钢二氧化碳排放量展开研究之前,本部分将首先对钢铁企业的二氧化碳排放量进行估计。估计方法参照《中国钢铁生产企业温室气体排放核算方法与报告指南(试行)》。该报告中明确给出了中国钢铁生产企业二氧化碳排放量的核算公式及相关参数的设定。[①]一般而言,一个钢铁企业总的二氧化碳排放量的核算公式可以简单表示为:

[①] 国家发展和改革委员会:《中国钢铁生产企业温室气体排放核算方法与报告指南(试行)》,国家发展和改革委员会官网,2013 年 10 月 15 日,https://www.ndrc.gov.cn/xxgk/zcfb/tz/201311/t20131101_963960.html?code=&state=123。

$$E_{总} = E_{燃烧} + E_{过程} + E_{电和热} - E_{固碳} \tag{1}$$

一个钢铁生产企业的总的二氧化碳排放量由燃料燃烧产生的二氧化碳排放量、生产过程中的二氧化碳排放量及电和热的二氧化碳排放量的总和再减掉固碳产品抵消的二氧化碳排放量。本研究中，考虑到数据的可获得性，我们假设每个企业都具有相同的能源结构。根据何坤和王立的研究结果，我们假设在每个钢铁企业的能源消耗总量中，煤炭的占比为 76%，电力的占比为 20%，天然气的占比为 4%[①]，并以此粗略地计算出燃料燃烧产生的二氧化碳排放量。对于生产过程中产生的二氧化碳排放量，本研究仅考虑生铁的过程排放，而对于固碳产品抵消的二氧化碳排放量，本研究仅考虑粗钢的固碳效应。

图 4 给出了 2012~2019 年中国 18 家典型钢铁企业的总的二氧化碳排放量及吨钢二氧化碳排放量的数据。我们发现，2012 年中国 18 家典型钢铁企业二氧化碳总排放量为 5.05 亿吨，而 2019 年的总排放量达到了 5.38 亿吨，增长率为 6.5%。因此，本研究选定的 18 家典型钢铁企业离实现碳达峰和碳中和还有较长的路要走。与此同时，我们发现，2012~2019 年这 18 家典型钢铁企业整体的吨钢二氧化碳排放量为 1.76~2.09 吨，这与大多数的研究结果一致。[②] 从变化趋势上看，中国 18 家典型钢铁企业的吨钢二氧化碳排放量在 2012~2018 年呈现持续下降的趋势，而在 2019 年呈现显著的增长趋势。

图 4 的结果表明，中国 18 家典型钢铁企业在降低吨钢二氧化碳排放量方面已经取得了明显的成果。尽管吨钢二氧化碳排放量在 2012~2018 年呈现持续下降的趋势，但并没有维持在较低水平，仍有反弹的可能性，尤其是 2019 年，其吨钢二氧化碳排放量有了显著的增加。要进一步降低吨钢二氧化碳排放量，提高碳排放绩效，需要各钢铁企业付出更多的努力。为了制定

---

① 何坤、王立：《中国钢铁工业生产能耗的发展与现状》，《中国冶金》2021 年第 9 期。
② 高春艳、牛建广、王斐然：《钢材生产阶段碳排放核算方法和碳排放因子研究综述》，《当代经济管理》2021 年第 8 期。

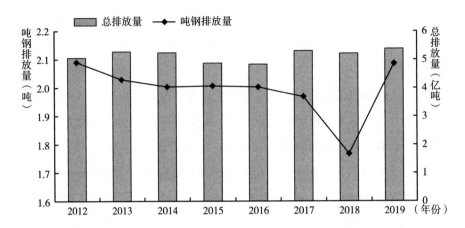

图4 2012~2019年中国18家典型钢铁企业的二氧化碳总排放量及吨钢排放量

更加科学合理的钢铁企业节能减排策略，本研究接下来将以中国18家典型钢铁企业为研究对象，系统研究二氧化碳排放绩效、碳减排潜力以及碳交易的收益。

（二）中国典型钢铁企业二氧化碳排放绩效指数分析

为构建各钢铁企业的碳排放绩效指数，首先需要对中国18家典型钢铁企业的生产技术水平进行刻画。在已有的研究文献中，学者常用参数和非参数的方法来刻画一个国家、行业或企业的技术水平。[1][2][3] 参数的方法需要预设生产技术的函数形式，并通过最优化理论或计量经济学理论来估计相关未知参数；非参数的方法则不需要提前设定生产技术的函数形式，而是通过观测数据的线性组合来刻画相关技术水平。鉴于非参数方法的便捷性，本研究

[1] Zhou, P., Ang, B. W., Wang, H., et al., "Energy and CO_2 Emission Performance in Electricity Generation: A Non-Radial Directional Distance Function Approach", *European Journal of Operational Research*, 2012, 221 (3): 625-635.

[2] Wang, X., Ding, H., Liu, L., "Eco-Efficiency Measurement of Industrial Sectors in China: A Hybrid Super-Efficiency DEA Analysis", *Journal of Cleaner Production*, 2019, 229: 53-64.

[3] Mavi, R. K., Mavi, N. K., "National Eco-Innovation Analysis with Big Data: A Common-Weights Model for Dynamic DEA", *Technological Forecasting and Social Change*, 2021, 162: 120-369.

将基于非参数的数据包络分析法来构建钢铁企业碳排放绩效指数。作为一种非参数的绩效测度方法，数据包络分析法在测度具有多个投入和多个产出的决策单元的绩效时，具有独特优势，因此被广泛应用于教育、医疗、能源与环境等多个领域的绩效评估中。

1. 二氧化碳排放绩效指数的构建方法

基于生产函数理论和已有的研究，本研究选择的钢铁企业的投入指标包括每个企业的能源消耗（记为 E）、总资产（记为 K）以及员工人数（记为 L）；选择的产出指标包括总的钢材产量（记为 Y）以及二氧化碳排放量（记为 C）。基于以上设定的五种投入产出指标，中国18家典型钢铁企业的生产技术可以表述为：[1]

$$P = \{(E, K, L, Y, C):$$

$$\sum_{k=1}^{n} \lambda_k E_k \leq E; \sum_{k=1}^{n} \lambda_k K_k \leq K; \sum_{k=1}^{n} \lambda_k L_k \leq L; \qquad (2)$$

$$\sum_{k=1}^{n} \lambda_k Y_k \geq Y; \sum_{k=1}^{n} \lambda_k C_k = C; \lambda_k \geq 0, k = 1, 2 \cdots, n\}$$

式（2）中，E_k、K_k、L_k、Y_k 和 C_k 分别表示第 k 个钢铁企业的投入产出数据。而 λ_k 表示第 k 个钢铁企业的强度变量，式（2）中，投入和产出指标通过强度变量的线性组合联系在一起。值得一提的是，式（2）中，关于投入指标和钢铁产量指标的约束为不等式约束，它刻画了这几种指标的强可处置性，表明投入增加或者产出减少后，生产计划仍然可行；而关于二氧化碳排放的约束为弱可处置性，表明二氧化碳排放量的减少也会导致钢铁产量的下降，也就是说碳减排会产生减排成本。与此同时，二氧化碳排放不能被完全消除，除非停止生产。

为了构建二氧化碳排放绩效指数，在已构建的生产技术式（2）的基础上，我们需要选择一个处于生产前沿上的标杆点作为被评估企业参考的标

---

[1] He, W., Yang, Y., Wang, Z., et al., "Estimation and Allocation of Cost Savings from Collaborative CO$_2$ Abatement in China", *Energy Economics*, 2018, 72：62−74.

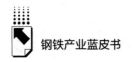

杆,然后通过计算评估企业与标杆点的距离来测度其排放绩效。如果该距离较远,则说明评估企业的二氧化碳排放绩效较低,反之则较高。本研究选择标杆点的依据是标杆点的各投入要素,即能源消费、劳动力和总资产与二氧化碳排放量尽可能地少,而产出,即钢材产量尽可能地多。

2. 典型钢铁企业二氧化碳排放绩效指数实证分析

基于以上标杆点的选择,本研究通过计算各钢铁企业与其标杆点的距离构建了钢铁企业二氧化碳排放相对绩效指数。图 5 给出了中国 18 家典型钢铁企业在不同年份的二氧化碳排放绩效指数。从图 5 中很容易发现,在不同年份各钢铁企业的二氧化碳排放相对绩效指数存在较大差异。2012 年,相对绩效指数最高的钢铁企业是鞍钢集团,其二氧化碳排放的相对绩效指数达到了最高值 1.0,其次是江苏的沙钢集团,其余 16 家典型钢铁企业的二氧化碳排放绩效指数则均低于 0.8。这也体现了各企业之间二氧化碳排放绩效指数的显著差异。同时,2012 年,中国 18 家典型钢铁企业的平均二氧化碳排放绩效指数约为 0.558。而在 2015 年,沙钢集团超过了鞍钢集团,是二氧化碳排放绩效指数最高的企业,排在第二的是福建三钢,而在 2012 年二氧化碳排放绩效指数最高的鞍钢集团排在第三,其二氧化碳排放绩效指数低于 0.8。2017 年,沙钢集团仍居首位,其二氧化碳排放绩效指数在中国 18 家典型钢铁企业中最高;排在第二的仍然是福建三钢;而鞍钢集团的二氧化碳排放绩效指数进一步跌至第六。值得一提的是,2019 年,中国 18 家典型钢铁企业的平均二氧化碳排放绩效指数约为 0.562,在 2012 年的基础上有了小幅的上升。同时,鞍钢集团的二氧化碳排放绩效在 2017 年的基础上有了显著的提升,居第三位。

同时,我们可以发现,包钢集团的二氧化碳排放绩效指数在多个年份中均较低。这与其吨钢能源消耗量较高有一定的关系。从前面的研究中我们发现,由于包钢集团位于煤炭资源十分丰富的内蒙古自治区,其 2019 年的吨钢能源消耗量在中国 18 家典型钢铁企业中排第一,达到了 651.35 千克标准煤。过高的吨钢能源消耗量导致其相对较高的二氧化碳排放量,从而使得其二氧化碳排放量相对于其他企业还有较大的下降空间,因而其二氧化碳排放

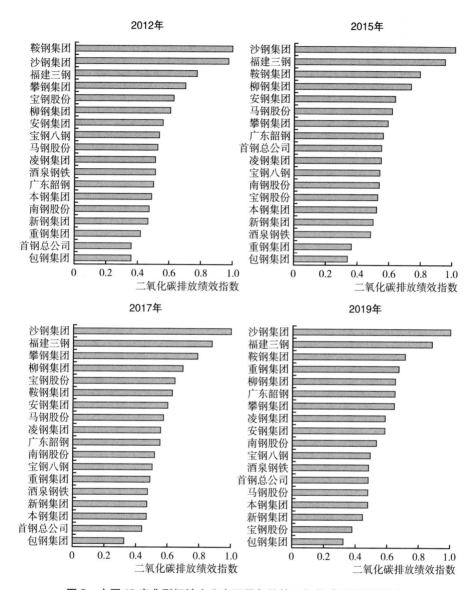

图5　中国18家典型钢铁企业在不同年份的二氧化碳排放绩效指数

绩效指数也相对较低。

通过以上的分析不难发现，由于生产规模和技术水平的差异，钢铁企业的二氧化碳排放绩效指数存在显著的个体差异性。总体而言，在本研究选定的18个研究样本中，沙钢集团和福建三钢相对于其他钢铁企业拥有较高的

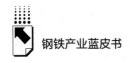
二氧化碳排放绩效指数,而内蒙古自治区的包钢集团的二氧化碳排放绩效指数相对较低,存在较大的减排潜力。

在分析了各企业之间的二氧化碳排放绩效指数的差异性后,接下来,我们将分析各钢铁企业的二氧化碳排放绩效指数在 2012～2019 年的变化情况。为此,图 6 展示了 2012～2019 年中国 18 家典型钢铁企业的二氧化碳排放绩效变化率。若该值为正数,则说明该企业的二氧化碳排放绩效在 2012～2019 年提升了,反之则下降了。

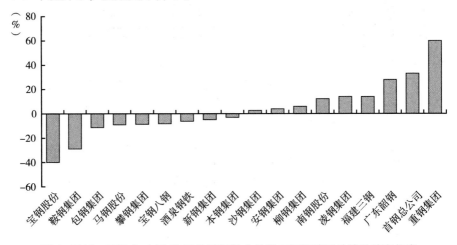

图 6 2012～2019 年中国 18 家典型钢铁企业的二氧化碳排放绩效的变化率

从图 6 中可以发现,2012～2019 年,有 9 家钢铁企业的二氧化碳排放绩效上升了,而其余 9 家钢铁企业的二氧化碳排放绩效下降了。其中,重钢集团的二氧化碳排放绩效上升的幅度最大;排在第二位的是首钢总公司;排在第三位的是广东韶钢;而沙钢集团的二氧化碳排放绩效在 2012～2019 年变化幅度较小,这是因为沙钢集团的二氧化碳排放绩效显著高于其他企业,在多个年份中排在第一位。因此,其二氧化碳排放绩效的上升空间相对较小。在二氧化碳排放绩效下降的 9 家钢铁企业中,本钢集团的下降幅度较小,而宝钢股份和鞍钢集团的二氧化碳排放绩效在 2012～2019 年下降幅度较大。

事实上,提高碳排放绩效的重要措施之一就是在不影响钢材产量的前提下，降低吨钢的二氧化碳排放量。然而相关理论研究表明，二氧化碳作为一种非期望产出，满足弱可处置性条件，即在降低二氧化碳排放量的时候，期望产出也会相应地减少。接下来，本部分将通过构建数据包络分析模型探究二氧化碳减排与钢材产量之间的关系。为此，本研究假设中国18家典型钢铁企业的二氧化碳排放量可以在当前的基础上降低相同的水平，在此假设基础上研究二氧化碳减排率与钢材产量变化率的关系。图7系统展示了2012～2019年，在不同的二氧化碳减排率水平下，中国18家典型钢铁企业消除技术无效后的最大钢材产量相对于减排率为0时的变化率。

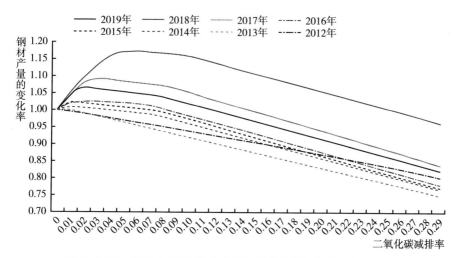

**图7　2012～2019年中国18家典型钢铁企业的钢材产量变化率与
二氧化碳减排率之间的关系**

从图7中很容易发现，在2012年、2013年，钢材产量变化率与二氧化碳减排率之间呈明显的负相关关系。这意味着，随着减排力度的加大，钢材产量会逐年减小。这也反映了二氧化碳减排会产生经济成本，直接影响钢材产量。而对于2014～2019年来说，钢材产量变化率与二氧化碳减排率之间呈"倒U"形关系。这意味着在二氧化碳减排率较小时，钢材产量变化率是大于1的，即在适当减排后，钢材的产量会略微地上升。以2019年为例，当中国18家典型钢铁企业的二氧化碳排放量在当前的基础上减少2%时，整体的消除技术无效后的钢材产量会增加6.3%，此后，随着二氧化碳减排率的增加，钢材产量逐渐减少。这一现象在 2018 年更为明显。事实上，这一现象可以用经济学中的拥堵现象来解释，即中国 18 家典型钢铁企业的二氧化碳排放存在一定的拥堵现象。所谓的拥堵是指一个投入要素或者非期望产出要素过大时会影响产出的现象。[1][2] 这是因为在实际生产过程中，一个企业的设备、劳动力等是有限的，当投入要素和二氧化碳排放量在合理的范围时，有利于提高生产率和排放绩效。但是，当投入要素与二氧化碳排放量超过最优水平时，若再继续增加，投入要素的生产率和二氧化碳排放绩效将会下降，从而影响整体的产出水平。因此，适当控制二氧化碳排放水平有利于生产率和二氧化碳排放绩效的提升。

三　中国典型钢铁企业二氧化碳交易的经济收益研究

二氧化碳减排必然会影响钢铁产量，产生相应地减排成本，这将大大降低排放主体减排的积极性。大量实践和研究表明，二氧化碳排放配额（以下简称碳配额）交易是降低碳减排成本、提高减排主体的减排效率的一种有效手段。2021 年 6 月，生态环境部应对气候变化司已向中国钢铁工业协会发出《关于委托中国钢铁工业协会开展钢铁行业碳排放权交易相关工作的函》，这意味着建立钢铁产业的碳交易市场已被正式提上议事日程。然而，目前国内对钢铁产业的碳配额交易究竟能够带来多少经济收益等一系列被决策者重点关注的话题还缺乏深入的研究。为此，本部分将基于数据包络分析法构建理论模型来模拟钢铁企业之间的碳配额交易，并系统地评估碳配额交易的经济收益以及碳配额的转移，并以中国 18 家典型钢铁企业为例展开系统地实证研究，以期为中国钢铁行业碳配额交易市场的建立提供理论工具和实证证据。

---

[1] Leleu, H., " Shadow Pricing of Undesirable Outputs in Nonparametric Analysis", *European Journal of Operational Research*, 2013, 231（2）：474 – 480.

[2] Sueyoshi, T., Sekitani, K., " DEA Congestion and Returns to Scale under an Occurrence of Multiple Optimal Projections", *European Journal of Operational Research*, 2009, 194（2）.

（一）钢铁企业碳交易经济收益评估建模方法

首先，我们构建模型评估在不发生碳交易的情景下，在当前的二氧化碳排放水平下，各钢铁企业的最大钢材产量的总和。为此，我们可以构建模型（3）来测度各钢铁企业在当前二氧化碳排放水平下的最大钢材产量。[1][2]

$$PoG^{NCT} = \{ \max \sum_{i=1}^{n} \tilde{Y}_j \mid (E_j, K_j, L_j, \tilde{Y}_j, C_j) \in P, j = 1, 2 \cdots, n \} \qquad (3)$$

模型（3）中，E_j、K_j、L_j、$\tilde{Y}_j$ 和 C_j 分别表示 j 个钢铁企业的投入产出数据。$\tilde{Y}_j$ 为未知参数，PoG^{NCT} 表示在不进行碳交易的前提下，各钢铁企业的最大钢材产量，旨在通过优化 $\tilde{Y}_j$，测度在当前二氧化碳排放水平下各钢铁企业的最大钢材产量。值得一提的是，最大钢材产量与实际钢材产量的差值 $PoG^{NCT} - \sum_{i=1}^{n} Y_j$ 是由技术无效导致的，只要技术效率达到1，则最大钢材产量就可以实现。

接下来，我们将通过如下模型来模拟各钢铁企业之间可以展开碳交易。该模型构建如下：

$$PoG^{CT} = \{ \max \sum_{i=1}^{n} \tilde{Y}_j \mid (E_j, K_j, L_j, \tilde{Y}_j, \tilde{C}_j) \in P \& \sum_{i=1}^{n} \tilde{C}_j \leq C_T, j = 1, 2 \cdots, n \} \qquad (4)$$

模型（4）中通过将各钢铁企业间的碳配额设定为未知变量，但其之和不能超过设定的阈值 C_T，本研究设定的阈值即为各企业当年的碳排放（C_j）的总和。其他变量的经济含义与模型（3）中的一致。显然，模型（4）和模型（3）的最优值的差 $PoG^{CT} - PoG^{NCT}$ 是由碳配额交易导致的。如

---

① Sueyoshi, T., Gobo, M., "Undesirable Congestion under Natural Disposability and DesirableCongestion under Managerial Disposability in U. S. Electric Power Industry Measured by DEA Environmental Assessment", *Energy Economics*, 2016, 55: 173 – 188.

② Wang, Z. H., Feng, C., "A Performance Evaluation of the Energy, Environmental, and Economic Efficiency and Productivity in China: An Application of Global Data Envelopment Analysis", *Applied Energy*, 2015, 147: 617 – 626.

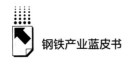

果 $PoG^{CT} - PoG^{NCT} > 0$ ，则说明碳交易确实能够带来经济收益，否则碳交易不能带来经济收益。

（二）钢铁企业碳交易的经济收益实证分析

图 8 详细地展示了 2012～2019 年中国 18 家典型钢铁企业实际钢材产量、消除技术无效后的钢材产量和实施碳交易后的钢材产量。从图 8 中我们很容易发现，2018 年中国 18 家典型钢铁企业的实际钢材产量最大，达到了 2.95 亿吨，而 2012 的产量相对最小，仅为 2.42 亿吨。同时，中国 18 家典型钢铁企业均存在技术无效，通过消除技术无效，在当前二氧化碳排放水平下，钢材产量能够有显著的增加。其中增长幅度最大的年份为 2012 年，中国 18 家典型钢铁企业通过消除技术无效，钢材产量可以增加 1.93 亿吨。而通过消除技术无效，钢材产量增加最少的年份为 2017 年。2017 年，中国 18 家典型钢铁企业通过消除技术无效增加的钢材产量为 0.75 亿吨，占该年实际钢材产量的 27.8%。2013 年，中国 18 家典型钢铁企业通过消除技术无效后增加的钢材产量为 1.06 亿吨；2014 年，中国 18 家典型钢铁企业通过消除技术无效后增加的钢材产量为 0.98 亿吨；2015 年，中国 18 家典型钢铁企业通过消除技术无效后的钢材产量增加了 0.80 亿吨。因此，通过以上分析可以发现，目前中国 18 家典型钢铁企业还存在不同程度的技术无效，通过消除技术无效，在不同年份钢材产量均能有显著的提升。提高技术效率也为各钢铁企业降低吨钢二氧化碳排放量提供了路径。

从图 8 中还可以观察到，2012～2019 年，中国 18 家典型钢铁企业如果实施碳交易，其总的钢材产量能够进一步提高，可以获得较大的经济收益。其中通过碳交易使得钢材产量增加最多的年份为 2018 年。相较于不实施碳交易政策，实施碳交易后，2018 年总的钢材产量可以增加 0.99 亿吨，占 2018 年消除技术无效后总产量的 24.6%；其次是 2019 年，通过碳交易，钢材产量可以增加 0.48 亿吨，占该年消除技术无效后总产量的比重为 11.8%；通过碳交易获得收益最少的年份是 2012 年，仅为 0.05 亿吨，但也占了该年消除技术无效后总产量的 1.1%。因此，总体上看，实施碳交易政

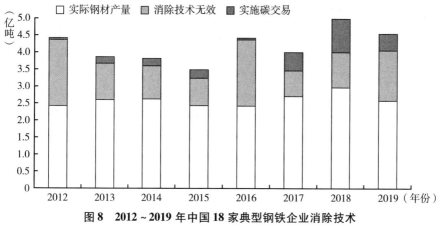

**图 8　2012～2019 年中国 18 家典型钢铁企业消除技术
无效及实施碳交易后的钢材产量**

策能够实现资源的更优配置，增加产量，降低减排成本。

为了研究消除技术无效和实施碳交易后，钢铁企业的吨钢二氧化碳排放量的变化，图 9 给出了在不同策略下中国 18 家典型钢铁企业的吨钢二氧化碳排放量的变化。正如前面的分析，2012～2018 年，中国 18 家典型钢铁企业的吨钢二氧化碳排放量整体呈现逐渐下降的趋势。尽管如此，其吨钢二氧化碳排放量仍然较高。我们发现当所有企业都消除技术无效后，中国 18 家典型钢铁企业整体的吨钢二氧化碳排放量明显下降，每生产 1 吨钢排放的二氧化碳低于 1.5 吨。而在此基础上，如果实施碳交易，则吨钢二氧化碳排放量可以进一步减少。这为

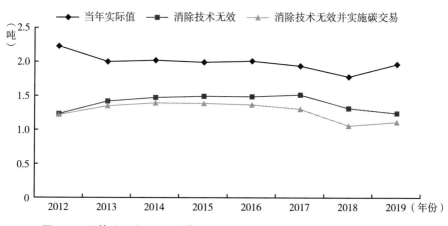

图 9　不同策略下中国 18 家典型钢铁企业的吨钢二氧化碳排放量的变化

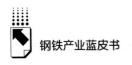
企业减少吨钢二氧化碳排放量、实现低碳可持续发展提供了思路。

前面的研究结果已经表明，钢铁企业实施碳交易可以获得收益，从而降低减排成本。在实施碳交易过程中，各企业的碳排放配额如何发生改变是相关决策者关心的问题，为此，图10给出了2012年、2015年、2017年和2019年18家典型钢铁企业在实施碳交易前后的二氧化碳排放量的差异。从图10中可以发现，大部分钢铁企业在实施碳交易前后的二氧化碳排放量差异较小，仅少部分钢铁企业的二氧化碳排放量在碳交易过程中出现了较大变

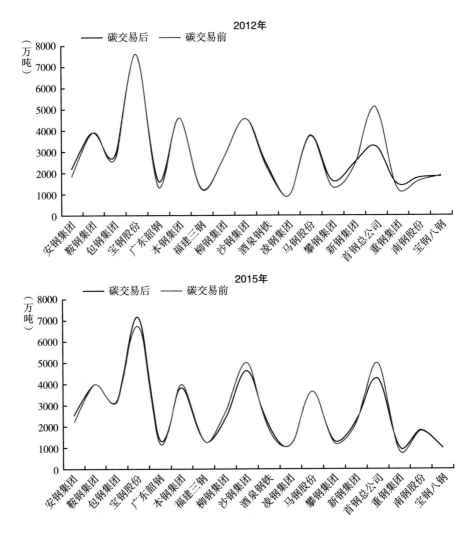

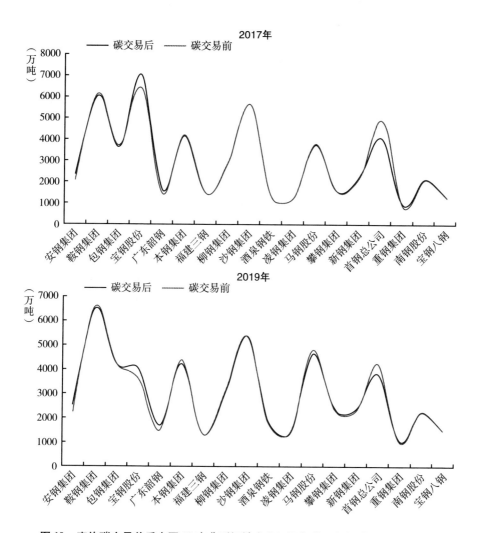

图 10　实施碳交易前后中国 18 家典型钢铁企业不同年份二氧化碳排放量的差异

化。比如在 2012 年，在实施碳交易后，首钢总公司的二氧化碳排放量明显减少；与之相反，重钢集团和攀钢集团在实施碳交易后二氧化碳排放量明显增加了，这意味着这两家钢铁企业从别的企业处额外获得了碳排放配额。2019 年，宝钢股份和广东韶钢的二氧化碳排放量在实施碳交易后有了明显的增加，而首钢总公司的二氧化碳排放量下降了。2015 年和 2017 年，各企业的二氧化碳排放量变化趋势较为相似，在实施碳交易后宝钢股份的二氧化

碳排放量增加了，而首钢总公司的二氧化碳排放量下降了。企业间正是由于像以上这样实施碳交易，才实现了资源的更优配置，从而获得了更多的收益。

图 10 表明了实施碳交易后各企业碳配额发生变化的绝对量，表 3 详细给出了实施碳交易后各企业的碳配额改变的相对量。

从表 3 中我们可以更详细地看到各个企业在实施碳交易后碳配额的变化率。从表 3 中可以发现，2012 年，实施碳交易后碳配额变化幅度最大的是首钢总公司，其次是攀钢集团，它们的碳配额在实施碳交易后的变化幅度分别为 -35.94% 和 21.32%。变化幅度最小的是鞍钢集团和沙钢集团，它们的碳配额在实施碳交易前后变化幅度均为 0，这意味着在实施碳交易前后，其二氧化碳排放量没有发生改变。而在 2015 年，各企业在实施碳交易前后的碳配额的变化幅度相比 2012 年较小。其中，碳配额变化幅度最大的企业是重钢集团，其碳配额在实施碳交易后增加了 17.37%，其次是广东韶钢，其碳配额增加了 15.95%。2017 年各钢铁企业的碳配额变化趋势和幅度与 2015 年较为接近，安钢集团和广东韶钢的碳配额的增长幅度最大，分别增加了 12.59% 和 11.49%，而首钢总公司的碳配额减少了 16.76%，下降幅度最大。而在 2019 年，广东韶钢在碳交易中获得了更多的二氧化碳排放权，相较于实施碳交易之前，其碳配额变化最大，增加了 15.33%。其次是安钢集团，其碳配额增加了 13.83%。2019 年，碳配额下降幅度最大的仍然是首钢总公司，下降幅度为 9.87%。

因此，总体上看尽管实施碳交易可以带来经济收益，但是每年进行碳交易的模式并非完全一致，具有较大的时间异质性。

表 3　实施碳交易后各钢铁企业碳配额的变化率

单位：%

企业	2012 年	2015 年	2017 年	2019 年
安钢集团	17.57	13.76	12.59	13.83
鞍钢集团	0.00	0.00	-1.74	-1.48
包钢集团	5.52	2.83	-1.77	-2.16

企业	2012 年	2015 年	2017 年	2019 年
宝钢股份	- 0. 62	6. 28	9. 53	10. 46
广东韶钢	19. 14	15. 95	11. 49	15. 33
本钢集团	0. 55	- 4. 11	- 2. 13	- 3. 61
福建三钢	3. 86	0. 00	0. 00	0. 00
柳钢集团	0. 16	- 11. 41	- 3. 08	- 5. 63
沙钢集团	0. 00	- 7. 82	0. 00	0. 00
酒泉钢铁	10. 30	7. 73	3. 74	4. 74
凌钢集团	2. 04	- 1. 18	- 2. 58	- 1. 87
马钢股份	1. 92	- 0. 57	- 3. 22	- 3. 23
攀钢集团	21. 32	9. 12	2. 96	0. 34
新钢集团	6. 10	4. 37	2. 76	3. 63
首钢总公司	- 35. 94	- 14. 36	- 16. 76	- 9. 87
重钢集团	17. 45	17. 37	10. 19	2. 33
南钢股份	10. 06	3. 93	2. 26	0. 55
宝钢八钢	- 2. 64	3. 90	0. 80	- 0. 45

四 研究结论与展望

（一）主要研究结论

为了研究中国钢铁工业低碳、可持续发展的现状及未来的发展策略，本报告以中国 18 家典型钢铁企业为例，通过构建相关理论模型，系统研究了钢铁企业的能源消费特征、二氧化碳排放绩效指数、二氧化碳减排对钢材产量的影响以及碳交易的经济收益。我们发现，中国 18 家典型钢铁企业的吨钢能源消耗量和吨钢二氧化碳排放量在 2012～2018 年整体上呈现下降的趋势，而在 2019 年出现了反弹的现象。通过对二氧化碳排放绩效指数进行研究发现，中国 18 家典型钢铁企业 2019 年的平均二氧化碳排放绩效指数约为 0. 562，在 2012 年的基础上有略微的上升。同时，各企业之间的二氧化碳排放绩效存在较大差异。在各年份中，沙钢集团和福建三钢的二氧化碳排放绩效相对较高。

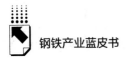

本研究还发现，除了2012年和2013年外，2014～2019年，中国18家典型钢铁企业存在二氧化碳排放拥堵的现象，适当地实施二氧化碳减排有助于提高资源的利用效率，实现产量的增长。此外，实施碳交易有利于在二氧化碳排放总量不变的前提下，提高总体的钢材产量。实施碳交易后，中国18家典型钢铁企业整体的吨钢二氧化碳排放量明显降低。研究进一步证实了钢铁企业之间实施碳交易有利于实现资源的最优配置，从而提升总体的生产效率。

（二）研究不足与展望

钢铁行业实现绿色低碳发展是一个长期、复杂的过程，也是中国应对全球气候变化、实现经济高质量发展的内在要求，它涉及产能的优化、能源的转型以及生产工艺的改进等多个方面。本报告以中国典型钢铁企业为研究对象，在系统分析其能源消费特征的基础上，构建了钢铁企业二氧化碳排放绩效指数，比较了企业间二氧化碳排放绩效指数的个体差异，分析了钢铁企业间实施碳交易带来的经济收益。本研究对中国钢铁企业节能减排策略的制定具有一定的参考价值。尽管如此，本研究仍存在一些局限性。一是吨钢二氧化碳排放量的测算需要进一步精确。受数据所限，本研究在测算各企业吨钢二氧化碳排放量时，假设各企业的能源结构一致。未来在收集各企业不同类型能源的消耗量的基础上，将进一步提高吨钢二氧化碳排放量估算的精确度。二是本研究没有详细研究钢铁行业的生产工艺。事实上，不同生产工艺将对钢铁企业的低碳发展策略产生重要影响。未来，本研究将关注不同钢铁生产工艺下企业低碳发展的路径。三是受数据所限，本研究选取的钢铁企业数量相对较少，未来需要将更多的典型钢铁企业纳入本研究的分析框架中。

参考文献

［1］国家发展和改革委员会：《中国钢铁生产企业温室气体排放核算方法与报告指

南（试行）》，国家发展和改革委员会官网，2013 年 10 月 15 日，https：//
www. ndrc. gov. cn/xxgk/zcfb/tz/201311/t20131101 _ 963960. html？code = &state
=123。

[2] 何坤、王立：《中国钢铁工业生产能耗的发展与现状》，《中国冶金》2021 年第
9 期。

[3] 高春艳、牛建广、王斐然：《钢材生产阶段碳排放核算方法和碳排放因子研究
综述》，《当代经济管理》2021 年第 8 期。

[4] Zhou, P. , Ang, B. W. , Wang, H. , et al. , "Energy and CO_2 Emission Performance
in Electricity Generation: A Non-Radial Directional Distance Function Approach",
European Journal of Operational Research, 2012, 221 (3): 625 – 635.

[5] Wang, X. , Ding, H. , Liu, L. , "Eco-Efficiency Measurement of Industrial Sectors
in China: A Hybrid Super-Efficiency DEA Analysis", *Journal of Cleaner Production*,
2019, 229: 53 – 64.

[6] Mavi, R. K. , Mavi, N. K. , "National Eco-Innovation Analysis with Big Data: A
Common-Weights Model for Dynamic DEA", *Technological Forecasting and Social
Change*, 2021, 162: 120 – 369.

[7] Wang, Y. , Wen, Z. , Cao, X. , Zheng, Z. , Xu, J. , "Environmental Efficiency
Evaluation of China's Iron and Steel Industry: A Process-Level Data Envelopment
Analysis", *Science of the Total Environment*, 2020, 707.

[8] Fang, K. , Zhang, Q. , Long, Y. , et al. , "How Can China Achieve Its Intended
Nationally Determined Contributions by 2030? A Multi-Criteria Allocation of China's
Carbon Emission Allowance", *Applied Energy*, 2019, 241 : 380 – 389.

[9] Wang, R. , Wang, Q. , Yao, S. , "Evaluation and Difference Analysis of Regional
Energy Efficiency in China under the Carbon Neutrality Targets: Insights from DEA
and Theil Models", *Journal of Environmental Management*, 2021, 293.

[10] He, W. , Yang, Y. , Wang, Z. , et al. , "Estimation and Allocation of Cost Savings
from Collaborative CO_2 Abatement in China", *Energy Economics*, 2018, 72 : 62 –
74.

[11] Zhou, P. , Poh, K. L. , Ang, B. W. , "A Non-Radial DEA Approach to Measuring
Environmental Performance", *European Journal of Operational Research*, 2007,
178: 1 – 9.

[12] Chung, Y. , Fare, R . , "Productivity and Undesirable Outputs: A Directional Distance
Function Approach", *Journal of Environmental Management*, 1997, 51 (3) .

[13] Leleu, H. , " Shadow Pricing of Undesirable Outputs in Nonparametric Analysis",
European Journal of Operational Research, 2013, 231 (2) : 474 – 480.

[14] Sueyoshi, T. , Sekitani, K. , "DEA Congestion and Returns to Scale under an

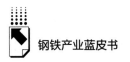
Occurrence of Multiple Optimal Projections", *European Journal of Operational Research*, 2009, 194 (2).

[15] Sueyoshi, T., Gobo, M., "Undesirable Congestion under Natural Disposability and DesirableCongestion under Managerial Disposability in U. S. Electric Power Industry Measured by DEA Environmental Assessment", *Energy Economics*, 2016, 55: 173 – 188.

[16] Wang, Z. H., Feng, C., "A Performance Evaluation of the Energy, Environmental, and Economic Efficiency and Productivity in China: An Application of Global Data Envelopment Analysis", *Applied Energy*, 2015, 147: 617 – 626.

[17] Wang, K., Wei, Y., Huang, Z., "Potential Gains from Carbon Emissions Trading in China: A DEA Based Estimation on Abatement Cost Savings", *Omega*, 2016, 63: 48 – 59.

技术创新篇
Technological Innovation

B.7
世界钢铁贸易与生产技术的区位差异

林 敏 张建良 曹嘉宁*

摘 要: 世界钢铁产业贸易的区位特征有何不同?世界钢铁产业的重心如何转移,钢铁产业在全球不同国家的技术发展历程以及技术创新特点有何不同?每次重大技术变革的主要推动因素是什么?回答以上问题才能更加完整地理解钢铁产业技术发展规律,把握钢铁产业技术创新的未来趋势,推进产业重大技术变革。本报告首先利用世界各国钢铁产品贸易数据来定量分析各国钢铁产业之间的区位差异、技术演进以及钢铁产业贸易的趋势等问题。研究发现:一个国家的钢铁产业起伏与其工业化进

* 林敏,北京科技大学经济管理学院副教授,研究方向为技术创新管理与知识管理等;张建良,北京科技大学教授、博士生导师,冶金与生态工程学院党委书记,研究方向为炼铁过程优化、氢冶金与低碳冶金、非高炉炼铁和资源综合利用等;曹嘉宁,北京科技大学经济管理学院硕士研究生,研究方向为产业经济和供应链管理。

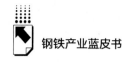

程以及国际经济形势紧密相关；但是钢铁国际市场规模缩小不一定意味着钢铁产业趋于势弱，因为它也与钢铁国际市场的不断细分紧密相关，如涂层技术创新使中国中高端产品的净出口贸易值呈不断增加趋势。其次，通过对德国、瑞典、日本、韩国、美国、中国这些代表性国家的钢铁产业发展历程和技术创新特点进行比较分析，得出"现在乃至未来很长一段时间内世界钢铁的生产中心都将会是中国"的结论并对各国不同发展路径中值得借鉴的经验进行总结分析。对上述问题的研究有利于理解钢铁生产技术在全球范围内的演进与区位差异，把握未来技术发展趋势。

关键词： 钢铁产业　产业转移　区位差异

一　世界钢铁贸易的区位差异

（一）世界代表性国家的钢铁进出口贸易分析

本报告选取世界代表性钢铁生产国家，考察其钢铁进出口贸易的发展趋势，分析各国钢铁产业进出口贸易和区位差异。图1显示了世界代表性国家1988～2020年的钢铁产业净出口贸易值变动趋势。

1. 亚洲代表性国家

亚洲主要选取中国、日本、韩国和印度四个代表性国家进行探讨，其进出口及净出口贸易值如图2所示。

（1）中国

中国钢铁产业进出口贸易整体上升，但波动剧烈。主要表现为：早期以进口为主，2005年开始出现出口贸易值大于进口贸易值的局面；但此种趋

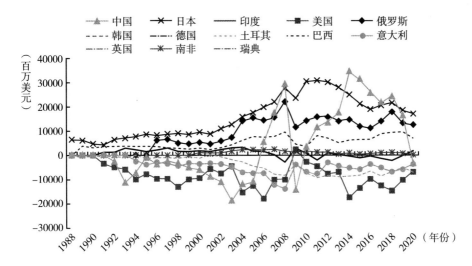

图1　1988～2020年世界代表性国家钢铁产业净出口贸易值变动趋势

资料来源：联合国商品贸易统计数据库，https：//comtrade. un. org/datal。

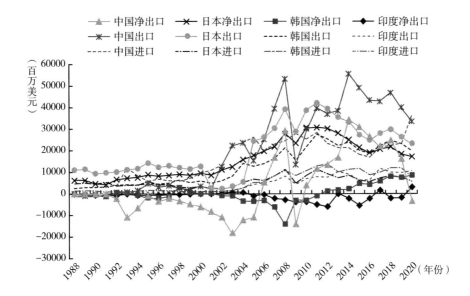

图2　1988～2020年亚洲代表性国家钢铁产业进出口及净出口贸易值

资料来源：联合国商品贸易统计数据库，https：//comtrade. un. org/datal。

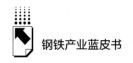

势仅维持 3 ~ 4 年时间，又退回以进口为主的状态；一年后又出现回暖，2010 ~ 2020 年的 10 年间净出口一直为正，但是净出口贸易值近几年出现下降的情况。这也印证了中国钢铁产业的进出口贸易历经多次重大调整，逐步由净进口转为净出口。具体而言，2014 年中国钢铁净出口达到峰值，并于此后下滑。自 2014 年以来中国钢铁出口贸易呈下降趋势，而钢铁进口贸易值则逐步增加，于 2020 年实现了净进口，这标志着中国正处在由以净出口为主向以净进口为主的转折之中。

从 2006 年起，中国钢铁产业逐步淘汰落后产能，持续研发生产技术，多种钢材不再依赖国外进口，开始转向出口（详见下文）。然而，2008 年的金融危机使得各国钢材需求量急剧下降，各国钢铁净出口贸易值均呈现不同程度的下降。这也直接导致失业率上升、钢材价格下降。中国的钢铁产业虽然未能置身事外，但总体而言受影响较小，并于一年后迅速回暖。

（2）日本

日本一直是钢材出口国。自 20 世纪 80 年代开始，日本获得出口优势，但在其后经历了先盛后衰的过程。1988 ~ 2007 年，日本的钢铁净出口贸易值一直领先于其他国家。同样，受 2008 年金融危机的影响，日本钢铁产品的出口开始出现萎缩。虽然在 2011 年和 2018 年经历短暂复苏，但总体仍呈下降趋势。一个直接结果是，日本钢铁出口贸易的丢失份额逐步被其他国家分走，如俄罗斯、中国等新兴经济体。2020 年，新冠肺炎疫情给日本钢铁产业带来了巨大影响，但钢材进口增加在一定程度上缓解了日本的出口下滑。根据联合国商品贸易统计数据库数据，2021 年日本钢铁净出口贸易值为 260.96 亿美元，较 2020 年同比增长 52.7%。

（3）印度

2004 年之前，印度的钢铁净出口贸易值一直在 0 左右浮动，即进出口贸易量基本持平。而且，无论进口还是出口，其总量都非常小。直到 2004 ~ 2008 年，钢铁的进口与出口贸易值才实现了跨越式增长。2020 年新冠肺炎疫情的出现使其经济遭受了损失，但对钢铁出口贸易的影响不大。钢铁净出口贸易值在 2020 年实现了顺差。类似于日本钢铁出口贸易，印度出口的主要买家也是中国。由于印度尚未形成规模经济和技术优势，其主要钢材产品仍然依赖进口（详见下文）。

（4）韩国

韩国的钢铁产业基本追随了日本的发展模式，这从其进出口贸易数据中可见端倪。如图 2 所示，就净出口贸易稳定上升阶段而言，韩国比日本晚了大概 10 年左右。20 世纪 90 年代之前，韩国政府限定仅由浦项制铁生产；90 年代后期，由于政府转向扶持大型技术创新项目，不再直接对钢铁产业进行干预，浦项制铁开始面对同行企业竞争。随之，韩国钢铁产业生产技术提高，产业结构逐步完善，其贸易逆差得以扭转，逐步由以进口为主转向以出口为主。自 2012 年实现贸易顺差后，进出口贸易值逐年增加。

2. 美洲代表性国家

美洲主要选取美国和巴西两个代表性国家，其进出口以及净出口贸易值如图 3 所示。

（1）美国

自 1989 年以来，美国的钢铁净出口贸易值基本为负。作为世界上主要的钢铁进口国之一，美国的钢铁进口量远远大于出口量，这是美国钢铁贸易逆差的主要表现。实际上，美国的钢铁生产自 20 世纪 60 年代走向式微，至今钢铁需求中仍有很大一部分依赖进口。如今，美国不仅未能解决其钢铁技术相对落后、生产能力不高的问题，而且相关贸易政策也阻碍了其钢铁产业的发展。

（2）巴西

巴西铁矿石资源丰富，是世界上重要的铁矿石出口国。从巴西钢铁进出口贸易数据可以看出，其进口贸易值远低于出口贸易值，从而使得钢铁贸易始终为顺差，且总量可观。2005 年以前，巴西的钢铁净出口贸易值曾在世界上排名第四。2005 年以来，虽然其净出口贸易值在 2010 年、2013 年有所下降，但总体趋势平稳。在 2020 年新冠肺炎疫情的冲击下，其净出口贸易

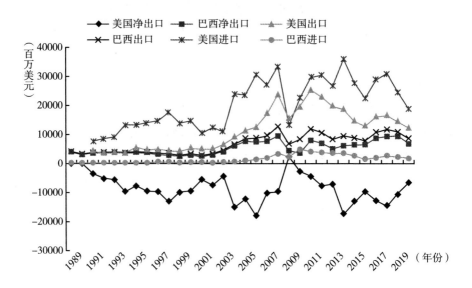

图3 1989~2020年美洲代表性国家钢铁产业进出口及净出口贸易值

资料来源：联合国商品贸易统计数据库，https：//comtrade. un. org/datal。

值出现了7年上升后的首次下降。

3. 欧洲代表性国家

本部分主要选取德国、英国、俄罗斯、土耳其、瑞典和意大利六个国家，其进出口以及净出口贸易值如图4所示。

（1）德国

作为欧盟最大的产钢国，德国占欧盟27国粗钢总产量的近1/4，位居世界前列。德国不仅是钢铁生产大国，也是钢铁贸易大国。德国的钢铁进口与出口大致持平。出口量一直保持在生产总量的50%左右；同时，近一半的钢铁需求通过进口满足，来源国主要是欧盟成员国。如图4所示，自2014年以来，德国的钢铁贸易连续六年呈现逆差，进口稍大于出口。尽管如此，德国钢铁产业生产技术先进、竞争力强，发展潜力仍不容低估，其所面临的主要问题是资源能源约束与节能环保压力等。

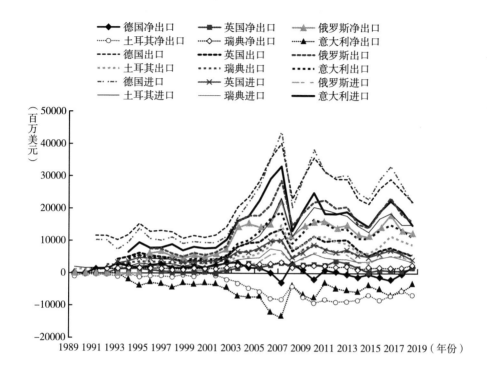

**图4　1989～2020年欧洲代表性国家钢铁产业
进出口及净出口贸易值**

资料来源：联合国商品贸易统计数据库，https：//comtrade. un. org/datal。

（2）英国

长期以来，英国是主要钢铁出口国之一，其钢铁贸易一直保持顺差，即
净出口贸易值为正。但自2013年以来其净出口贸易值呈逐年下降趋势。虽
然英国钢铁产业在早期具有技术领先优势，但是其生产技术没有得到迅速推
广，也未能有效刺激钢铁需求。20世纪70年代由于原材料短缺，其竞争力
不断下降，钢铁市场逐渐被美国、日本等国家挤占。因此，英国钢铁产业日
渐式微，以至于近三十年来表现平平。

（3）俄罗斯

自1995年以来，俄罗斯的钢铁贸易始终处于顺差状态，即净出口贸易

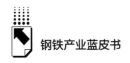
值始终为正。作为钢铁出口大国，俄罗斯每年的出口量约占总产量的一半，但是集中在低端钢材产品市场。近年来，俄罗斯的钢铁产业正在逐渐转型，从满足国内制成品需求转向满足全球高端钢材的进口需求。但是，俄乌冲突以及由此带来的经济制裁，使其钢铁产业发展形势严峻，不过仅通过数据观察难以准确预测其未来走向。

（4）土耳其

土耳其钢铁净出口贸易值长期为负，其原因在于土耳其地处欧亚连接处，用于钢铁生产的原材料主要依赖进口。虽然贸易总量不高，但是生产技术水平较高。自2005年开始，其钢铁进口总值在100亿至200亿美元，略高于俄罗斯的净出口值。作为全球主要的废钢进口国，充分利用成品钢材的价格优势开发西非和东南亚市场，是土耳其未来的机遇。

（5）瑞典

瑞典钢铁工业规模虽然不大，但产品具有特色、技术水平高、质量好，这是瑞典钢铁贸易长期处于顺差的主要原因。瑞典钢铁产业具有精料、精炼、精加工、节能降耗的特点，其钢铁产品化学成分稳定、波动范围小，因此在工具钢、高速钢、轴承钢、不锈钢、超高强度钢板等多个领域均处于世界领先地位。

（6）意大利

意大利的钢铁贸易长期处于逆差状态，净出口贸易值一直为负，但其钢铁产业的贸易值仍处于欧洲国家前列。作为钢铁贸易大国，意大利对废钢的依赖度极高。值得关注的是，意大利钢铁产业的生产规模在不断扩大，生产技术水平在不断提升，生产设备也不断更新，产量不断增长。

4.非洲代表性国家

非洲的钢铁生产总量不大，仅选取南非作为代表性国家，其进出口以及净出口贸易值如图5所示。

南非铁矿石资源极为丰富，其锰矿资源占全球的80%，加上国内多家企业从事废钢供应，因而南非的钢铁出口长期大于进口，净出口贸易值一直为正。但是，整体趋势却在下滑。如图5所示，净出口在2007年达到峰值后开始下降。虽然有2010年、2018年的短暂复苏，但是仍不改整体下滑的趋势。

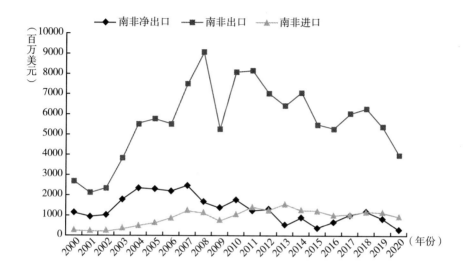

图5　2000～2020年非洲代表性国家钢铁产业进出口及净出口贸易值

资料来源：联合国商品贸易统计数据库，https：//comtrade. un. org/datal。

总体而言，俄罗斯、日本等国是具有代表性的钢铁净出口贸易大国，而美国则为典型的钢铁净进口贸易大国。就几大洲而言，世界钢铁进出口贸易主要集中于亚洲和欧洲这两个板块。

（二）世界主要钢铁出口国部分钢材出口贸易分析

表1呈现了来自OEC数据库前40个钢铁出口国1988～2020年的钢材（海关编码HS72）出口细分市场占比，其中各细分钢材出口贸易值由40个钢铁出口国之和得出，细分钢材出口贸易值占比由各细分钢材出口贸易值除以其贸易值之和得出。海关编码HS7201 – HS7229的含义如表2所示。

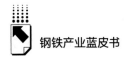

表1 1988～2020年海关编码HS7201－HS7229钢材出口贸易值占比变化趋势

单位：%

年份	HS7201	HS7202	HS7203	HS7204	HS7205	HS7206	HS7207	HS7208	HS7209	HS7210	HS7211	HS7212	HS7213	HS7214	HS7215
1988	0.04	1.43	0.00	1.47	0.11	0.04	1.55	19.88	17.85	17.58	1.52	2.52	3.13	2.42	0.34
1989	1.74	3.16	0.24	1.65	0.25	0.16	7.96	19.85	13.29	12.79	1.29	1.49	5.36	4.69	0.55
1990	2.01	3.12	0.40	1.96	0.32	0.18	6.44	18.64	11.35	15.05	1.17	1.36	5.15	5.69	0.54
1991	1.00	2.63	0.18	5.95	0.36	0.25	5.28	17.02	10.45	13.31	2.79	1.95	4.18	3.77	0.67
1992	1.05	3.05	0.16	5.94	0.58	0.27	5.70	15.40	10.41	14.19	2.53	1.88	4.10	4.61	0.70
1993	0.94	2.97	0.16	7.41	0.56	0.12	6.64	14.73	8.97	12.10	2.16	1.52	5.17	5.42	0.87
1994	1.27	2.94	0.15	6.45	0.59	0.11	6.21	13.41	8.71	12.80	2.42	1.65	4.55	5.67	1.03
1995	1.54	3.61	0.37	6.04	0.37	0.16	6.25	14.49	8.61	12.45	2.35	1.54	3.71	4.20	1.06
1996	2.02	3.98	0.28	5.73	0.36	0.11	8.28	14.39	8.19	12.14	2.05	1.48	4.28	4.37	0.92
1997	1.92	3.93	0.18	6.36	0.40	0.26	8.78	14.83	8.04	11.93	1.96	1.44	4.18	4.13	0.88
1998	1.85	3.75	0.13	5.84	0.45	0.24	7.19	15.25	7.37	12.82	2.17	1.59	3.73	4.05	0.99
1999	1.32	3.51	0.12	5.72	0.50	0.22	7.34	13.90	7.63	14.27	2.16	2.00	3.59	3.97	0.97
2000	1.46	4.59	0.11	6.01	0.48	0.27	7.50	14.49	7.76	13.31	2.02	1.81	3.28	3.33	0.91
2001	1.28	4.41	0.26	6.61	0.41	0.12	7.84	12.98	7.00	13.29	2.01	1.68	3.50	4.22	0.99
2002	1.22	4.31	0.26	7.06	0.41	0.15	8.13	13.98	6.66	13.29	2.01	1.49	3.63	3.80	0.83
2003	1.26	4.52	0.27	7.84	0.38	0.09	7.83	13.91	7.22	12.78	1.93	1.36	3.41	4.15	0.82

续表

年份	HS7201	HS7202	HS7203	HS7204	HS7205	HS7206	HS7207	HS7208	HS7209	HS7210	HS7211	HS7212	HS7213	HS7214	HS7215
2004	1.72	5.50	0.21	9.17	0.37	0.13	9.05	14.80	6.02	10.92	1.73	1.17	3.76	4.16	0.85
2005	1.90	6.05	0.14	8.40	0.35	0.24	8.65	15.82	6.08	10.66	1.81	1.17	3.52	4.04	0.87
2006	1.56	4.98	0.14	9.28	0.31	0.16	8.33	15.80	5.06	10.89	1.66	1.14	3.45	4.50	0.82
2007	1.49	5.53	0.14	9.52	0.28	0.16	7.98	15.66	4.24	10.27	1.55	1.04	3.06	5.00	0.80
2008	1.75	6.54	0.27	9.50	0.26	0.13	9.48	16.22	4.41	9.88	1.30	0.87	2.81	5.51	0.75
2009	1.55	5.59	0.21	10.89	0.31	0.10	8.25	15.60	5.22	12.00	1.38	1.23	2.93	4.88	0.61
2010	1.29	6.59	0.29	11.20	0.47	0.12	8.40	14.97	5.26	11.76	1.36	1.10	2.91	3.87	0.67
2011	1.57	6.32	0.32	11.26	0.45	0.13	8.03	13.67	5.04	11.57	1.22	1.00	2.92	4.18	0.74
2012	1.39	6.44	0.35	11.16	0.47	0.44	8.11	12.98	4.71	11.83	1.15	1.01	2.75	4.84	0.67
2013	1.41	5.81	0.37	10.32	0.52	0.42	7.24	13.18	4.71	12.85	1.22	1.08	2.68	4.88	0.67
2014	1.33	6.04	0.34	9.59	0.51	0.17	6.55	12.35	4.67	12.63	1.18	1.05	2.43	4.18	0.63
2015	1.24	5.91	0.22	7.96	0.56	0.15	5.60	12.17	4.43	13.27	1.20	1.12	2.31	3.79	0.63
2016	1.25	5.93	0.28	7.75	0.58	0.29	5.50	12.04	4.28	13.88	1.23	1.23	2.38	3.67	0.65
2017	1.27	6.67	0.46	8.64	0.56	0.41	6.50	12.97	4.61	13.82	1.24	1.14	2.46	3.31	0.62
2018	1.36	6.71	0.57	9.00	0.55	0.26	7.11	12.69	4.07	13.05	1.21	1.10	3.00	3.64	0.69
2019	1.25	7.00	0.63	8.67	0.57	0.27	7.06	12.80	3.84	13.60	1.12	1.17	3.01	3.52	0.64
2020	1.42	6.85	0.63	9.02	0.62	0.06	7.27	12.88	3.75	13.56	1.11	1.32	2.94	3.52	0.62

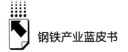

续表

年份	HS7216	HS7217	HS7218	HS7219	HS7220	HS7221	HS7222	HS7223	HS7224	HS7225	HS7226	HS7227	HS7228	HS7229
1988	4.39	1.50	0.11	9.46	1.63	1.22	1.35	0.58	0.13	5.38	1.09	0.87	1.80	0.60
1989	3.53	1.79	0.22	7.07	1.13	0.81	1.76	0.51	0.39	4.42	0.70	0.61	2.20	0.38
1990	3.64	1.79	0.35	7.74	1.26	0.88	1.73	0.54	0.45	4.16	0.75	0.60	2.35	0.41
1991	4.59	1.75	0.42	9.92	1.75	0.59	1.54	0.49	0.69	3.97	1.09	0.45	2.56	0.41
1992	4.20	1.84	0.61	8.98	1.78	0.60	1.42	0.64	0.51	3.84	1.17	0.66	2.68	0.48
1993	5.46	2.03	1.06	8.38	1.77	0.59	1.18	0.57	0.61	3.96	1.06	0.64	2.47	0.48
1994	5.14	2.35	1.28	8.64	1.85	0.78	1.61	0.65	0.73	3.75	1.30	0.72	2.69	0.54
1995	4.94	2.13	1.58	9.34	2.05	0.90	1.89	0.69	0.71	3.66	1.21	0.73	2.87	0.55
1996	4.73	1.97	1.42	8.10	1.78	0.69	1.81	0.67	0.72	3.60	1.17	0.63	3.60	0.53
1997	4.68	1.95	1.12	7.67	1.78	0.73	1.69	0.66	0.93	3.83	1.18	0.64	3.40	0.52
1998	5.22	2.03	0.70	7.61	1.77	0.66	1.75	0.70	1.01	4.57	1.36	0.73	3.87	0.59
1999	4.48	2.08	1.42	8.79	1.83	0.67	1.71	0.69	0.90	4.55	1.39	0.65	2.96	0.62
2000	4.46	1.85	1.26	9.39	1.86	0.75	1.77	0.68	1.04	4.55	1.26	0.63	2.62	0.53
2001	4.56	1.96	1.42	9.11	1.81	0.66	1.88	0.70	1.02	4.68	1.36	0.66	3.03	0.56
2002	4.17	1.95	1.71	9.59	1.73	0.65	1.61	0.63	0.80	4.99	1.23	0.64	2.56	0.51
2003	4.05	1.81	1.64	9.74	1.63	0.61	1.42	0.55	0.76	5.35	1.13	0.63	2.44	0.48
2004	4.18	1.73	1.51	9.29	1.45	0.60	1.42	0.50	0.71	4.65	0.95	0.62	2.36	0.46

续表

年份	HS7216	HS7217	HS7218	HS7219	HS7220	HS7221	HS7222	HS7223	HS7224	HS7225	HS7226	HS7227	HS7228	HS7229
2005	3.77	1.62	1.20	8.65	1.41	0.54	1.53	0.50	0.96	5.17	0.97	0.64	2.92	0.44
2006	4.13	1.57	0.97	9.99	1.44	0.59	1.58	0.54	0.91	5.45	0.95	0.63	2.76	0.41
2007	4.73	1.49	1.03	9.95	1.62	0.64	1.97	0.55	0.87	5.31	0.90	0.64	3.17	0.40
2008	4.61	1.53	0.65	6.82	1.15	0.46	1.48	0.41	0.97	5.85	0.81	1.27	3.86	0.46
2009	4.01	1.89	0.51	6.97	1.28	0.38	1.42	0.46	0.62	7.21	0.85	0.75	2.40	0.49
2010	3.57	1.77	0.55	7.45	1.28	0.54	1.47	0.52	0.77	6.48	0.79	1.07	2.97	0.54
2011	3.55	1.73	0.60	7.52	1.18	0.51	1.57	0.52	1.05	7.10	0.76	1.17	3.77	0.57
2012	3.64	1.73	0.57	7.04	1.13	0.44	1.53	0.50	0.95	7.18	0.74	1.58	4.09	0.57
2013	3.65	1.82	0.54	7.24	1.19	0.47	1.57	0.53	0.90	6.81	0.77	1.97	4.60	0.59
2014	3.37	1.82	0.49	7.84	1.21	0.51	1.53	0.54	1.05	8.53	0.78	2.26	5.81	0.60
2015	3.41	1.92	0.45	8.27	1.30	0.50	1.58	0.59	0.92	9.64	0.88	2.33	7.01	0.64
2016	3.33	1.90	0.42	8.23	1.41	0.51	1.50	0.59	0.95	9.73	0.96	2.18	6.62	0.71
2017	3.04	1.71	0.62	8.15	1.38	0.48	1.46	0.56	1.00	9.35	0.91	1.68	4.32	0.66
2018	3.28	1.86	0.68	8.06	1.33	0.46	1.52	0.56	1.07	8.98	0.91	1.50	4.15	0.64
2019	3.34	2.00	0.55	8.32	1.33	0.45	1.63	0.58	0.99	8.99	0.92	1.37	3.71	0.67
2020	3.40	2.24	0.54	8.44	1.42	0.46	1.61	0.61	1.07	8.40	0.93	1.25	3.36	0.69

资料来源：联合国商品贸易统计数据库，https：//comtrade. un. org/datal。

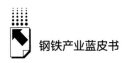

表2 钢材海关编码及编码描述

海关编码	编码描述
HS7201	生铁及镜铁,锭、块或其他初级形状
HS7202	铁合金
HS7203	通过直接还原铁矿石和其他海绵铁产品的一次性获得铁制品
HS7204	有色金属废碎料、废钢或铁锭重熔
HS7205	生铁、镜铁及钢铁的颗粒和粉末
HS7206	铁和非合金钢锭中的其他主要形式(除HS7203)
HS7207	铁及非合金钢的半制成品
HS7208	宽度≥600毫米的铁或非合金钢平板轧材,经热轧,但未经包覆、镀层或涂层
HS7209	宽度≥600毫米的铁或非合金钢平板轧材,经冷轧,但未经包覆、镀层或涂层
HS7210	宽度≥600毫米的铁或非合金钢平板轧材,经包覆、镀层或涂层
HS7211	宽度<600毫米的铁或非合金钢平板轧材,但未经包覆、镀层或涂层
HS7212	宽度<600毫米的铁或非合金钢平板轧材,经包覆、镀层或涂层
HS7213	不规则盘卷的铁及非合金钢的热轧条、杆
HS7214	铁或非合金钢的其他条、杆,除锻造、热轧、热拉杆或热挤压外未经进一步加工,包括压制后扭曲的
HS7215	铁及非合金钢的其他条、杆
HS7216	铁或非合金钢的角材、型材及异型材
HS7217	铁丝或非合金钢丝
HS7218	不锈钢,锭状或其他初级形状的不锈钢半成品
HS7219	不锈钢平板轧材,宽度≥600毫米
HS7220	不锈钢平板轧材,宽度<600毫米
HS7221	不规则盘卷的不锈钢热轧条、杆
HS7222	不锈钢其他条、杆,不锈钢角材、型材及异型材
HS7223	不锈钢丝
HS7224	其他合金钢锭或其他初级形状,其他合金钢制的半制成品
HS7225	其他合金钢平板轧材,宽度≥600毫米
HS7226	其他合金钢平板轧材,宽度<600毫米
HS7227	不规则盘卷的其他合金钢热轧条、杆
HS7228	其他合金钢条、杆,其他合金钢角材、型材及异型材,合金钢或非合金钢制的空心钻钢
HS7229	其他合金钢丝

1. 经热轧但未经处理的大尺寸铁或非合金钢平板轧材(HS7208)占比逐年增加,各国生产技术持续升级

1988年至今,经热轧,但未经包覆、镀层或涂层处理的宽度≥600

毫米的铁或非合金钢平板轧材占钢材出口总额的比例逐年扩大，至今已接近30%，成为出口比例最大的钢材。究其原因，这种现象是为了适应各轧材进口国的涂镀技术创新进程。换言之，进口国可采用热涂镀、电镀、有机或无机涂层以及多种后处理工艺来生产高附加值钢铁产品，因而要求原材料的加工工序越少越好。对进口国而言，高附加值激励企业对涂镀技术进行创新，而新涂镀技术在国内的应用将提高该国钢铁产业的产能利用率、作业效率和耐腐蚀强度，促进产品质量提升和技术创新（王国栋，2015）。而产品质量提升和技术创新对任何一国的钢铁生产和产品出口都增益极大，能够从根本上推动钢铁产业的发展。目前钢铁涂镀技术正朝着"高强化"、"耐腐蚀化"和"绿色智能化"等方向发展。

2. 其他类大尺寸合金钢平板轧材（HS7225）近年大量投入使用，占比不断扩大，更加符合物理、化学性能的需求

在钢材产品细分中，出口份额明显增长的还有其他类合金钢平板轧材（HS7225和HS7226）。随着钢铁产业的生产工艺革新与产品技术创新，传统碳钢已经不能满足高强度、高耐性（耐高温、耐低温、耐腐蚀等）、不易磨损以及物理、化学性能需求。合金轧材可促进钢铁新工艺和新技术的应用。

3. 有色金属废碎料、废钢或铁锭重熔（HS7204）出口贸易值占比呈上升趋势，世界越来越强调可持续发展

从整体上看，有色金属废碎料、废钢或铁锭重熔（HS7204）类钢材的出口贸易值占全部钢材出口贸易值的比例呈上升趋势。这主要是因为可持续发展使得铁矿石价格上涨，一些企业纷纷转向废料回收和重熔（贾康乐，2021）。而且，世界各国不断革新废钢破碎生产工艺、分拣和磁选技术，提取纯净优质黑色金属原料，从而实现可持续发展的目标。

4. 经处理的大尺寸铁或非合金钢平板轧材（HS7210）出口占比总体下降，市场趋于萎靡

经包覆、镀层或涂层处理的宽度≥600毫米的铁或非合金钢平板轧材，

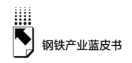

（HS7210）的出口贸易值占全部钢材出口贸易值的比例在不断下降。因HS7210可与HS7208互补，其出口贸易值占比下降是涂层技术创新所致。涂层技术创新使得出口钢铁制成品的价格不断提升，进一步使进口国的成本增加。因而，各主要进口国都在积极研发涂层新技术，导致经涂层处理的钢材贸易市场逐渐萎缩。

5. 大尺寸不锈钢平板轧材（HS7219）出口贸易值占比整体呈下降趋势，其优势逐渐被削弱

宽度≥600毫米的不锈钢平板轧材（HS7219）产量在增大，但年出口占比以微弱的幅度减小，而且在2008年世界金融危机爆发以后呈现锐减趋势。不锈钢产量的增大得益于近年来冷轧技术的迅速推广（董伟明和孟文华，2021）。而出口规模微弱削减的主要原因在于不锈钢所具有的低价优势经常遭遇反倾销。世界各国为化解产能过剩采取相应的削减措施，不锈钢的出口竞争优势逐步被削弱，其出口贸易自然受到一定影响。

（三）代表性国家部分钢材净出口贸易占比的变化趋势分析

表3至表15呈现了亚、非、欧、美四洲代表性国家的各种钢材（主要指半成品）净出口贸易值所占比例的变化趋势，其中各种钢材净出口贸易值所占比例仍是由各种钢材净出口贸易值除以其绝对值求和得出的，本部分将利用所得的变化趋势分析不同钢材出口的变动规律和技术转移路径的异质性。

1. 中国涂层技术、不锈钢工艺创新效果明显，铁合金技术虽有突破但与世界领先水平差距明显（见表3）

中国涂层技术，尤其是隐身涂层技术创新提升了钢材的质量。经包覆、镀层或涂层处理的宽度≥600毫米的铁或非合金钢平板轧材（HS7210）净出口贸易值经历了由负转正的过程。当前，中国的不锈钢在世界上处于非常重要的地位。随着不锈钢工艺的持续创新，宽度≥600毫米的不锈钢平板轧材（HS7219）的净出口贸易值也同样经历了由负转正的过程。尽管中国的铁合

表 3　1992~2020 年中国 HS7201~HS7229 细分钢材净出口额占比变化趋势

单位：%

年份	HS7201	HS7202	HS7203	HS7204	HS7205	HS7206	HS7207	HS7208	HS7209	HS7210	HS7211	HS7212	HS7213	HS7214	HS7215
1992	2.13	9.13	-0.16	-5.13	-0.06	-0.42	-6.53	-8.84	-13.07	-18.88	-1.12	-6.16	-3.86	-2.70	-0.70
1993	0.59	3.56	-0.13	-3.77	-0.08	-1.48	-10.13	-22.15	-8.61	-4.36	-0.82	-0.96	-10.83	-13.99	-1.12
1994	2.04	6.37	-0.08	-3.66	-0.14	-1.82	-3.26	-15.51	-11.67	-5.00	-0.92	-1.81	-13.68	-17.50	-0.86
1995	12.51	15.18	-0.10	-2.52	-0.04	-0.15	15.13	0.44	-13.17	-12.10	-1.02	-2.73	-1.76	-9.20	-0.33
1996	6.98	9.56	0.01	-2.26	-0.03	-0.07	7.75	-9.32	-21.27	-10.95	-1.22	-2.37	-8.84	-5.30	-0.51
1997	11.47	10.24	-0.05	-2.86	-0.09	1.53	10.90	-3.46	-16.98	-11.67	-1.25	-2.32	-4.93	-3.53	-0.46
1998	5.20	11.02	0.00	-3.33	-0.09	1.64	5.07	-5.10	-17.66	-13.49	-1.71	-2.69	-5.07	-3.81	-0.67
1999	2.60	8.65	0.05	-4.48	-0.37	1.44	-0.41	-5.08	-22.55	-15.96	-1.89	-2.51	-1.96	-1.23	-0.66
2000	4.48	8.55	-0.08	-5.72	-0.43	1.49	-0.81	-1.47	-23.04	-17.26	-1.78	-2.11	-0.69	1.05	-0.83
2001	0.25	6.25	-0.72	-10.27	-0.26	-0.24	-9.65	-5.23	-17.62	-14.78	-1.56	-1.53	-0.86	1.04	-0.70
2002	-0.20	5.50	-1.07	-7.17	-0.22	-0.05	-4.51	-8.42	-18.36	-18.02	-1.57	-1.80	0.18	0.40	-0.63
2003	0.23	4.59	-1.07	-6.56	-0.07	0.01	-5.22	-15.15	-19.19	-17.82	-1.19	-1.35	0.42	0.79	-0.31
2004	0.81	9.90	-1.34	-10.31	0.34	0.09	4.44	-4.54	-14.92	-14.11	-0.98	-1.48	3.09	2.13	-0.33
2005	2.31	7.70	-0.79	-10.06	0.27	0.17	8.35	1.00	-16.53	-12.70	0.45	-1.10	3.53	2.74	-0.21
2006	0.89	5.95	-0.23	-7.31	0.01	0.06	13.07	18.02	-5.59	-4.34	1.34	-0.22	7.54	6.14	-0.17
2007	0.05	5.02	-0.17	-7.80	-0.06	0.03	8.92	26.03	-4.40	0.89	1.77	0.26	7.58	9.63	-0.08
2008	-0.17	8.42	-0.39	-6.16	-0.16	0.00	3.07	29.72	0.04	7.23	0.09	-0.66	1.89	3.17	-0.26
2009	-5.27	-9.82	-2.26	-25.80	-0.39	-0.01	-8.39	2.65	-11.59	-0.86	-0.38	-0.71	-1.04	0.65	-0.45
2010	-0.26	-5.50	-1.71	-13.87	-0.64	-0.05	-0.80	20.32	-6.99	12.15	0.34	-0.57	-1.77	0.41	-0.60
2011	-0.17	-0.31	-1.42	-14.09	-0.38	-0.03	-0.95	-5.24	-0.63	23.54	-0.56	-0.38	-1.72	0.47	-0.45
2012	-0.38	-5.18	-0.82	-9.76	-0.38	-0.04	-0.38	-5.78	-0.61	20.45	-0.39	-0.21	-0.71	0.40	-0.36
2013	-0.02	-6.10	-0.18	-7.40	-0.37	-0.03	-0.55	-5.35	-1.33	18.89	-0.29	-0.15	-0.71	0.26	-0.34
2014	0.05	-5.09	-0.09	-3.35	-0.25	-0.01	-0.16	-4.18	1.71	18.24	-0.20	-0.11	-0.62	0.10	-0.25
2015	0.00	-8.08	-0.04	-2.57	-0.27	-0.01	-0.12	-3.26	1.67	18.16	-0.05	0.08	-0.50	0.14	-0.20
2016	-0.05	-9.48	-0.02	-2.38	-0.34	-0.01	-0.09	-3.78	0.41	19.89	-0.10	0.05	-0.59	0.10	-0.21
2017	-0.13	-12.96	0.01	-1.71	-0.43	-0.02	-0.17	-4.43	1.51	24.09	0.18	0.13	-0.49	0.13	-0.24
2018	-0.11	-10.04	-0.07	-0.27	-0.36	-0.01	-0.50	-4.46	1.46	27.39	0.45	0.21	1.39	0.50	-0.22
2019	-0.91	-18.07	-0.99	-0.27	-0.28	0.00	-2.85	-5.25	0.86	26.88	0.20	0.58	0.50	0.63	-0.12
2020	-4.11	-19.66	-2.08	-0.04	-0.26	0.00	-13.90	-8.44	-0.38	20.37	0.37	0.93	-0.66	-0.34	-0.08

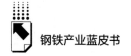

续表

年份	HS7216	HS7217	HS7218	HS7219	HS7220	HS7221	HS7222	HS7223	HS7224	HS7225	HS7226	HS7227	HS7228	HS7229
1992	1.86	1.05	-0.27	-8.54	-1.68	-0.03	-0.67	-0.39	-0.05	-4.90	-0.96	-0.09	-0.41	-0.21
1993	-10.05	-0.11	-0.11	-3.06	-0.57	-0.06	-0.20	-0.13	-0.05	-2.21	-0.30	-0.11	-0.31	-0.14
1994	-5.38	-0.68	-0.13	-3.83	-1.05	-0.07	-0.36	-0.29	-0.27	-2.08	-0.67	-0.19	-0.45	-0.23
1995	-1.09	0.38	0.30	-4.59	-1.56	-0.14	-0.47	-0.39	-0.23	-2.96	-1.08	-0.04	-0.07	-0.32
1996	-0.09	0.03	0.03	-6.32	-1.31	-0.19	-0.45	-0.31	-0.22	-3.32	-0.76	-0.09	0.01	-0.45
1997	-0.28	-0.41	-0.01	-8.90	-1.74	-0.29	-0.68	-0.37	-0.26	-3.78	-1.01	-0.08	-0.20	-0.27
1998	-1.59	-0.72	-0.05	-11.05	-2.22	-0.38	-0.78	-0.40	-0.38	-4.20	-0.91	-0.07	-0.24	-0.44
1999	-0.67	-0.58	-0.88	-16.14	-2.62	-0.60	-0.96	-0.33	-0.09	-5.32	-1.04	-0.14	-0.37	-0.43
2000	0.39	-0.94	-1.68	-15.65	-2.32	-0.54	-0.78	-0.34	-0.04	-5.77	-0.91	-0.08	-0.32	-0.41
2001	0.22	-0.75	-0.44	-17.06	-2.18	-0.54	-0.63	-0.34	-0.01	-5.47	-0.74	-0.07	-0.20	-0.37
2002	0.08	-0.66	-0.21	-20.74	-2.39	-0.63	-0.58	-0.33	0.00	-4.83	-0.94	-0.11	-0.10	-0.34
2003	-0.91	-0.25	-0.34	-15.38	-1.75	-0.32	-0.37	-0.19	-0.04	-5.26	-0.87	-0.12	0.02	-0.23
2004	-0.49	0.33	-0.54	-16.94	-2.57	-0.38	-0.35	-0.07	-0.09	-7.33	-1.15	-0.08	0.61	-0.29
2005	0.32	0.50	-0.71	-17.67	-2.55	-0.29	-0.22	0.04	-0.08	-7.29	-1.01	0.08	1.09	-0.22
2006	3.78	1.43	-1.82	-8.92	-2.74	-0.42	-0.11	0.16	-0.16	-6.74	-0.93	0.33	1.34	-0.23
2007	8.15	1.74	-1.72	0.54	-2.25	-0.45	0.03	0.18	-0.17	-5.36	-0.94	0.78	4.83	0.17
2008	6.79	2.46	-0.88	-0.55	-1.65	-0.43	-0.14	0.05	-0.08	1.10	-0.90	8.21	14.32	1.02
2009	2.57	2.57	-1.83	-4.65	-2.27	-0.62	-0.21	-0.03	-0.43	-8.07	-1.21	2.07	2.39	0.80
2010	3.80	3.42	-1.05	3.06	-2.14	-0.11	-0.29	0.22	-0.71	-2.65	-1.50	5.76	8.06	1.25
2011	1.60	3.59	-0.85	9.27	-1.40	0.44	0.14	0.29	-0.60	10.29	-1.16	6.37	12.52	1.12
2012	0.87	3.78	-0.55	6.36	-0.96	0.16	-0.05	0.27	-0.72	11.95	-0.85	10.04	16.62	0.97
2013	0.48	3.53	-0.26	8.55	-0.64	0.12	-0.13	0.26	-0.79	10.40	-0.72	11.91	19.48	0.76
2014	0.61	2.91	-0.15	10.17	-0.25	0.32	-0.13	0.23	-0.49	15.76	-0.50	10.77	22.75	0.55
2015	1.08	3.07	-0.11	7.29	-0.16	0.15	-0.19	0.20	-0.22	14.98	-0.61	9.29	27.00	0.48
2016	1.01	2.89	-0.12	8.31	-0.06	0.06	-0.01	0.15	-0.27	14.27	-0.57	8.36	26.03	0.51
2017	1.15	3.04	-0.98	9.24	-0.22	-0.05	-0.55	0.16	-0.28	16.31	-0.58	6.60	13.06	0.48
2018	1.58	3.74	-2.18	7.36	-0.01	0.21	-0.51	0.22	-0.27	17.04	-0.59	5.42	11.38	0.56
2019	1.59	4.25	-0.64	5.91	0.37	0.19	-0.35	0.25	-0.31	14.62	-0.46	3.86	8.28	0.56
2020	1.21	4.20	-2.65	4.34	0.47	0.08	-0.34	0.17	-0.32	7.60	-0.21	1.96	4.46	0.38

资料来源：联合国商品贸易统计数据库，https://comtrade.un.org/data/。

金（HS7202）技术取得显著成就，但是仍然存在电炉容量小、设备陈旧、原料质量欠佳、操作技术不稳定等问题，与发达国家的领先水平依然差距明显（杨馥羽，2020）。铁合金经历了净出口贸易值由正转负的过程，由贸易顺差转为贸易逆差，这主要是因为近年来中国的铁矿石原矿产量下降，铁合金逐渐依赖进口。

2. 韩国冷轧和镀层技术居世界前列（见表4）

韩国的冷轧和镀层技术独占鳌头。韩国的净出口钢材主要为经冷轧但未经包覆、镀层或涂层处理的宽度≥600毫米的铁或非合金钢平板轧材（HS7209），以及经包覆、镀层或涂层处理的宽度≥600毫米的铁和非合金钢平板轧材（HS7210）。经热轧，但未经包覆、镀层或涂层处理的宽度≥600毫米的铁或非合金钢平板轧材（HS7208）经历了净出口贸易值由负转正的过程，其净出口贸易值占比自2012年开始逐年上升。随着智能建筑与智慧绿色城市新技术的融合，韩国钢材消费下降，进而钢材进口规模逐年缩小，钢铁进口贸易值自2008年开始不断下降。韩国进口钢材主要为有色金属废碎料、废钢或铁锭重熔（HS7204）和铁及非合金钢的半制成品（HS7214）。

3. 日本高附加值钢材出口占比较高，其涂层市场在近年来遭到其他国家抢占（见表5）

经包覆、镀层或涂层处理的宽度≥600毫米的铁或非合金钢平板轧材（HS7210）进出口贸易值一直为顺差，但呈现占比逐年缩小的趋势。进一步，该类钢材的净出口贸易市场份额日趋萎缩，这主要是因为自2010年以来中国进行了更多的涂层技术创新，遂逐步抢占了日本的出口市场。日本合金钢技术一直处于世界领先地位。例如，宽度≥600毫米的其他合金钢平板轧材（HS7225）的净出口贸易占比一直处于较高水平。日本的高附加值钢材半成品在出口中占比一直很高，而且向外出口的主要为中高端产品，而进口却以中低端产品为主。

4. 巴西钢铁业发达，矿产资源丰富，以生产低附加值的钢铁半成品为主（见表6）

巴西矿产资源丰富，钢铁产业发达，是世界上主要的钢铁出口国之一。

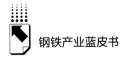

表4 1988~2020年韩国HS7201-HS7229钢材品种净出口额占比趋势

单位：%

年份	HS7201	HS7202	HS7203	HS7204	HS7205	HS7206	HS7207	HS7208	HS7209	HS7210	HS7211	HS7212	HS7213	HS7214	HS7215
1988	-3.48	-3.36	0.00	-18.17	-0.16	-0.05	-1.35	27.67	4.86	1.17	0.45	-0.73	-3.19	6.46	0.11
1989	-5.25	-7.16	0.05	-20.95	-0.21	-0.03	3.32	11.10	10.59	3.00	0.08	-0.60	1.73	3.92	0.34
1990	-4.95	-5.73	-0.42	-19.66	-0.29	-1.09	-5.33	6.91	13.02	17.01	-0.04	-0.52	0.03	-4.70	0.12
1991	-3.04	-5.92	-0.88	-15.26	-0.30	-0.19	-11.20	2.40	10.97	13.59	-0.30	-0.47	-3.40	-5.76	0.02
1992	-3.86	-6.70	-0.94	-11.87	-0.34	-0.35	-9.77	17.32	15.29	18.38	-0.11	-0.31	0.52	1.45	0.07
1993	-4.59	-6.16	-1.26	-16.04	-0.30	-0.03	-9.83	21.15	16.11	12.92	0.19	-0.16	-0.06	1.49	0.04
1994	-5.87	-6.56	-1.78	-17.79	-0.36	-0.13	-13.83	8.54	14.41	9.85	0.14	0.33	-2.37	3.28	-0.07
1995	-6.41	-8.24	-2.08	-17.49	-0.42	-0.37	-13.01	-2.29	14.66	9.01	0.03	1.10	-3.26	-0.78	-0.06
1996	-7.37	-10.22	-2.72	-17.42	-0.51	-0.36	-18.28	-1.01	11.97	9.07	-0.11	1.03	-3.55	1.46	-0.10
1997	-9.99	-9.48	-2.41	-18.38	-0.52	-0.22	-12.65	2.04	12.45	11.57	0.12	0.77	-2.80	1.15	-0.09
1998	-4.59	-6.28	-1.15	-10.53	-0.32	-0.12	-3.66	15.99	14.66	16.67	0.31	0.65	0.49	4.73	-0.02
1999	-5.62	-8.25	-1.22	-14.07	-0.68	-0.15	-7.49	-0.64	13.55	19.23	0.64	0.86	-2.17	2.93	-0.03
2000	-4.05	-7.95	-0.86	-14.62	-0.63	-0.27	-9.36	-7.36	15.21	15.69	0.63	0.76	-2.08	0.75	-0.03
2001	-2.91	-7.65	-0.97	-14.61	-0.67	-0.29	-8.09	-8.56	15.52	17.06	0.65	0.89	-1.87	0.77	-0.02
2002	-2.61	-7.87	-0.65	-13.38	-0.68	-0.23	-10.37	-14.14	12.40	15.91	0.59	0.91	-3.26	-1.20	-0.01
2003	-3.05	-9.09	-1.16	-12.36	-0.53	-0.21	-12.35	-8.85	12.81	14.37	0.69	0.98	-2.80	-3.47	-0.06

续表

年份	HS7201	HS7202	HS7203	HS7204	HS7205	HS7206	HS7207	HS7208	HS7209	HS7210	HS7211	HS7212	HS7213	HS7214	HS7215
2004	-3.37	-9.00	-1.48	-15.13	-0.31	-0.05	-11.01	-14.00	9.95	9.96	0.55	0.98	-2.47	-2.08	-0.08
2005	-2.75	-7.67	-1.52	-12.23	-0.37	-0.12	-11.70	-17.71	10.79	12.34	0.42	1.03	-2.42	-1.59	0.02
2006	-1.43	-7.59	-0.69	-11.13	-0.43	-0.26	-11.80	-18.18	9.36	15.59	0.07	0.86	-2.06	-2.44	-0.04
2007	-1.78	-6.55	-0.49	-13.59	-0.38	-0.12	-13.54	-20.13	8.28	15.22	-0.16	0.65	-1.74	-3.30	-0.11
2008	-2.08	-4.98	-0.55	-12.03	-0.29	-0.29	-12.70	-29.57	8.34	13.50	0.38	0.58	-1.49	-4.10	-0.17
2009	-1.67	-5.91	-0.45	-12.54	-0.44	-0.09	-13.33	-21.27	13.19	17.07	0.65	0.82	-0.12	-0.27	-0.25
2010	-2.00	-7.20	-1.13	-14.40	-0.57	-0.13	-12.77	-13.40	11.89	18.70	0.49	0.85	-1.62	-0.42	-0.09
2011	-2.32	-8.00	-0.93	-21.87	-0.76	-0.25	-8.52	-2.27	15.11	19.46	0.55	1.03	-2.24	-0.08	0.18
2012	-2.02	-8.12	-0.82	-24.12	-0.85	-0.03	-2.26	2.18	15.72	23.41	0.56	0.83	-1.89	-0.70	0.01
2013	-2.42	-7.57	-1.24	-20.99	-0.94	0.00	-3.05	3.62	14.99	25.22	0.58	0.85	-1.06	-0.48	-0.20
2014	-2.06	-8.25	-1.21	-17.05	-0.96	-0.09	-6.04	5.73	14.30	24.58	0.85	0.77	-0.28	-1.09	-0.17
2015	-0.84	-6.22	-0.56	-9.46	-0.86	-0.22	-4.87	11.18	12.07	25.14	0.94	0.57	0.07	-2.53	-0.37
2016	-0.60	-6.54	-0.54	-8.49	-0.84	-0.03	-5.61	10.86	10.66	27.27	0.88	0.45	0.06	-2.98	-0.37
2017	-0.46	-6.74	-0.74	-10.42	-0.79	0.00	-3.29	11.69	11.88	27.67	0.95	0.70	-0.21	-2.70	-0.27
2018	-0.28	-5.38	-0.85	-12.56	-0.76	0.00	-3.78	14.34	12.02	27.66	0.78	0.77	0.57	-0.84	-0.14
2019	-0.31	-4.48	-0.71	-12.54	-0.78	0.00	-4.96	15.17	11.85	26.48	0.73	0.81	0.77	-1.30	-0.12
2020	-0.28	-3.75	-0.37	-9.31	-0.77	0.01	-1.49	20.66	13.44	27.67	0.84	1.13	1.05	-0.70	-0.09

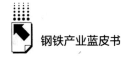
续表

年份	HS7216	HS7217	HS7218	HS7219	HS7220	HS7221	HS7222	HS7223	HS7224	HS7225	HS7226	HS7227	HS7228	HS7229
1988	2.81	2.08	-0.31	-15.07	-0.89	-1.36	0.64	0.30	-0.23	-2.39	-0.81	-0.54	-1.14	0.25
1989	1.92	2.40	-0.41	-16.66	-0.82	-1.65	0.91	0.38	-0.21	-3.48	-0.85	-0.43	-1.42	0.12
1990	-1.99	2.63	0.02	-7.75	-0.87	0.40	0.92	0.41	-0.21	-2.14	-0.90	-0.28	-1.48	0.21
1991	-8.74	2.18	-0.35	-6.15	-0.65	1.02	0.65	0.28	-0.21	-3.21	-0.94	-0.27	-1.41	0.23
1992	-1.98	1.91	-0.37	-0.08	-0.63	1.30	0.86	0.49	-0.36	-2.21	-0.88	-0.17	-1.19	0.27
1993	1.50	1.58	-1.12	-0.41	-0.42	0.76	0.58	0.55	-0.36	-0.33	-0.76	-0.13	-0.81	0.36
1994	-2.47	1.72	-1.43	-1.98	-0.45	0.66	0.85	0.84	-0.43	-0.86	-1.00	-0.33	-0.95	0.71
1995	-4.41	1.90	-2.25	-3.63	-0.70	0.34	1.30	1.19	-0.33	-2.03	-0.85	-0.25	-0.76	0.84
1996	-3.36	2.00	-1.07	0.53	-0.67	0.06	1.08	1.36	-0.38	-1.90	-0.61	-0.35	-0.76	0.71
1997	-0.37	1.95	-0.26	6.28	-0.31	-0.05	0.83	1.45	-0.34	-1.44	-0.59	-0.18	-0.64	0.67
1998	3.53	1.80	0.24	9.49	-0.03	0.43	0.87	1.20	0.05	-0.68	-0.49	-0.02	0.38	0.61
1999	3.65	2.22	0.00	10.39	0.03	0.47	0.80	1.54	-0.20	-0.52	-1.22	-0.33	-0.23	0.89
2000	2.93	1.79	-0.14	8.84	0.13	0.28	0.64	1.48	-0.08	-0.82	-1.06	-0.33	-0.60	0.64
2001	2.25	2.01	-0.08	9.05	0.16	0.17	0.38	1.75	-0.06	-1.15	-1.05	-0.26	-0.43	0.69
2002	0.99	2.31	-0.18	6.66	0.19	0.12	0.01	1.61	-0.44	-0.64	-1.22	-0.40	-0.40	0.63
2003	0.85	2.00	0.15	9.18	0.24	0.23	0.10	1.35	-0.40	0.29	-1.10	-0.38	-0.28	0.69
2004	2.52	1.45	0.04	11.07	0.24	0.36	0.05	0.86	-0.70	0.21	-0.98	-0.32	-0.21	0.58

续表

年份	HS7216	HS7217	HS7218	HS7219	HS7220	HS7221	HS7222	HS7223	HS7224	HS7225	HS7226	HS7227	HS7228	HS7229
2005	1.72	1.43	0.15	8.96	0.27	0.59	-0.04	0.74	-0.98	0.57	-0.83	-0.28	-0.17	0.61
2006	0.89	1.40	0.48	9.18	0.61	0.43	-0.35	0.80	-0.67	1.29	-0.85	-0.41	-0.18	0.56
2007	1.24	1.19	-0.08	3.97	0.58	0.64	-0.45	0.82	-0.45	2.28	-0.94	-0.38	-0.51	0.43
2008	-0.78	0.92	-0.20	1.43	0.34	0.12	-0.29	0.55	-0.38	2.02	-0.73	-0.40	-0.37	0.42
2009	0.93	1.61	-0.10	2.22	0.50	0.14	-0.48	0.55	-0.24	3.36	-0.69	-0.33	-0.29	0.49
2010	0.77	1.71	-0.17	4.14	0.60	0.01	-0.51	0.72	-0.48	2.46	-0.28	-0.97	-0.95	0.60
2011	1.15	2.23	-0.27	4.43	0.39	-0.09	-0.81	0.75	-0.48	1.64	-0.34	-1.66	-1.21	0.97
2012	0.77	1.80	-0.23	5.66	0.46	-0.22	-0.79	0.70	-0.28	1.20	-0.32	-1.60	-1.65	0.81
2013	0.69	1.93	-0.32	3.11	0.71	0.11	-0.83	0.74	-0.27	2.16	-0.51	-2.17	-2.35	0.87
2014	1.03	1.77	-0.26	1.28	0.85	0.03	-0.92	0.75	-0.87	2.91	-0.41	-1.75	-2.90	0.82
2015	1.24	1.80	-0.07	3.44	0.88	-0.56	-0.95	0.71	-1.19	6.87	-0.35	-1.40	-3.83	0.80
2016	1.17	1.62	-0.11	3.67	0.96	-0.22	-0.84	0.87	-1.53	5.85	-0.32	-1.32	-4.12	1.22
2017	1.13	1.44	0.09	2.78	2.44	-0.04	-0.78	0.92	-0.82	4.76	-0.38	-1.43	-3.18	1.30
2018	1.78	1.24	0.06	3.40	2.02	0.09	-0.78	0.82	-0.41	5.36	-0.40	-0.99	-0.59	1.34
2019	1.13	1.07	-0.09	3.33	1.35	-0.11	-0.40	0.75	-0.48	6.76	-0.10	-1.08	-0.92	1.43
2020	0.97	1.09	-0.19	1.85	1.47	-0.22	-0.31	0.90	-0.36	8.32	-0.38	-0.35	-0.58	1.45

资料来源：联合国商品贸易统计数据库，https：//comtrade. un. org/datal。

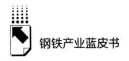

表 5　1988～2021 日本 HS7201－HS7229 钢材品种净出口额占比趋势

单位：%

年份	HS7201	HS7202	HS7203	HS7204	HS7205	HS7206	HS7207	HS7208	HS7209	HS7210	HS7211	HS7212	HS7213	HS7214	HS7215
1988	-3.50	-10.09	0.00	-3.30	-0.14	-0.01	-0.99	-1.74	19.59	20.71	1.43	3.22	2.70	0.52	0.30
1989	-3.23	-11.05	-0.01	-2.61	-0.21	-0.01	-1.62	-2.35	19.37	18.01	1.41	2.76	2.21	1.13	0.26
1990	-5.30	-9.47	-0.04	-2.70	-0.27	0.00	-2.80	-4.19	15.79	19.29	1.52	2.51	1.87	0.52	0.28
1991	-4.67	-9.53	-0.03	-2.23	-0.31	0.00	-3.41	-8.83	14.07	18.09	1.46	2.58	0.33	0.15	0.26
1992	-1.56	-8.37	-0.07	0.30	-0.40	-0.01	-1.04	-3.50	15.21	22.33	1.46	3.12	1.61	0.88	0.25
1993	-1.72	-9.28	-0.12	-0.65	-0.42	-0.01	-0.02	2.23	15.16	17.49	1.52	2.28	3.26	1.54	0.27
1994	-0.76	-8.80	-0.10	-1.12	-0.44	0.00	2.23	0.57	15.36	17.73	1.56	2.20	2.80	0.97	0.27
1995	-2.78	-10.82	-0.06	-1.84	-0.51	-0.01	0.01	1.59	14.94	16.88	1.40	2.11	1.52	0.68	0.26
1996	0.12	-11.52	-0.05	0.98	-0.57	0.00	0.34	1.83	16.11	18.42	1.37	2.07	2.43	0.75	0.36
1997	-1.22	-9.72	-0.11	1.29	-0.53	0.02	0.62	5.31	13.16	18.70	1.24	2.18	2.74	0.80	0.37
1998	2.27	-8.20	-0.04	3.37	-0.46	-0.01	1.98	11.55	7.67	17.21	1.04	1.81	2.97	1.18	0.36
1999	1.51	-6.92	-0.02	3.47	-0.39	-0.01	3.54	10.04	9.23	18.62	1.10	1.96	3.29	1.28	0.46
2000	-0.79	-6.83	0.00	1.96	-0.34	0.00	2.52	15.52	8.80	17.46	0.95	1.75	2.57	1.12	0.41
2001	0.35	-7.37	-0.07	5.80	-0.17	0.00	4.85	16.19	9.13	15.78	0.78	1.35	2.64	2.03	0.37
2002	0.42	-5.97	-0.01	4.95	-0.15	0.00	5.60	18.29	7.98	15.44	0.87	1.40	2.73	1.72	0.31
2003	-0.58	-7.07	0.00	5.68	-0.14	0.00	4.58	17.16	8.46	16.16	0.92	1.13	2.09	2.39	0.29

续表

年份	HS7201	HS7202	HS7203	HS7204	HS7205	HS7206	HS7207	HS7208	HS7209	HS7210	HS7211	HS7212	HS7213	HS7214	HS7215
2004	-0.83	-8.90	0.00	7.97	-0.15	0.00	4.41	17.33	8.42	15.25	0.82	1.07	2.26	2.18	0.30
2005	-1.41	-9.23	-0.01	8.54	-0.08	0.00	6.03	18.48	7.08	14.85	0.64	1.08	2.10	1.92	0.27
2006	-1.95	-6.79	0.01	9.44	-0.04	-0.01	6.32	19.05	5.87	14.11	0.53	0.82	1.60	1.70	0.22
2007	-1.84	-8.43	-0.16	7.95	-0.01	0.05	6.95	18.59	5.56	13.78	0.39	0.90	1.39	1.68	0.18
2008	-1.28	-12.61	-0.08	6.61	-0.07	0.04	7.62	19.34	5.25	12.94	0.32	0.63	1.22	2.34	0.14
2009	0.23	-5.35	-0.13	11.52	0.12	-0.04	8.54	23.14	5.81	11.74	0.29	0.67	1.24	1.72	0.14
2010	-0.42	-7.32	-0.24	7.42	0.11	-0.05	6.94	20.97	7.33	12.84	0.27	0.64	1.85	1.85	0.16
2011	-0.41	-7.78	-0.27	7.08	0.05	-0.43	7.54	20.86	6.51	11.31	0.25	0.63	1.97	1.67	0.16
2012	0.29	-6.30	-0.07	11.24	0.08	-0.06	7.61	22.55	5.20	10.90	0.22	0.77	1.60	1.85	0.15
2013	0.14	-6.56	-0.06	10.96	0.03	0.01	8.03	24.18	5.50	10.45	0.18	0.60	2.26	1.67	0.11
2014	-0.17	-7.94	-0.11	9.59	-0.14	0.03	7.29	23.38	4.69	8.96	0.17	0.66	2.66	1.77	0.13
2015	-0.07	-7.18	-0.01	8.88	-0.07	0.01	5.72	24.70	4.82	8.72	0.17	0.70	2.76	2.20	0.15
2016	-0.08	-7.47	-0.02	9.74	0.29	0.00	5.04	23.95	4.31	8.16	0.18	0.82	2.95	2.23	0.21
2017	-0.10	-9.24	0.01	10.80	0.19	0.00	5.92	24.27	3.99	7.04	0.19	0.76	2.60	2.05	0.19
2018	-0.08	-10.12	-0.01	10.57	0.17	0.00	5.81	25.22	4.02	6.84	0.15	0.70	2.01	2.06	0.20
2019	-0.22	-9.05	-0.01	10.48	0.22	0.00	5.29	26.92	3.33	6.27	0.15	0.71	1.75	1.89	0.20
2020	0.75	-6.83	-0.05	12.89	0.32	0.00	6.62	28.25	3.07	6.58	0.10	0.64	1.35	1.51	0.16
2021	-0.16	-7.85	0.01	11.01	0.06	0.00	5.82	30.34	3.41	6.11	0.09	0.60	1.53	2.28	0.15

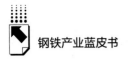

续表

年份	HS7216	HS7217	HS7218	HS7219	HS7220	HS7221	HS7222	HS7223	HS7224	HS7225	HS7226	HS7227	HS7228	HS7229
1988	3.69	1.04	0.05	8.96	2.01	1.73	1.38	0.59	0.13	7.41	1.41	0.97	2.04	0.35
1989	2.86	1.13	0.14	8.49	2.07	1.78	1.77	0.67	0.08	9.87	1.46	0.99	2.09	0.35
1990	1.95	1.06	0.07	8.70	2.51	1.56	1.88	0.65	0.05	9.63	1.70	1.03	2.29	0.40
1991	3.32	0.70	0.24	8.70	2.49	1.12	1.65	0.52	0.05	10.15	1.64	1.05	2.08	0.34
1992	3.96	1.10	0.25	10.41	2.92	1.20	1.84	0.61	0.14	12.05	1.65	1.18	2.13	0.45
1993	6.16	1.11	0.04	9.95	3.03	1.40	1.81	0.56	0.18	13.81	1.78	1.28	2.34	0.58
1994	5.00	1.18	0.17	10.98	3.12	1.44	1.62	0.52	0.64	14.24	1.96	1.35	2.23	0.65
1995	4.14	0.69	0.10	13.61	3.16	1.58	1.35	0.45	0.11	14.14	1.74	1.08	1.87	0.57
1996	4.30	0.26	0.14	12.27	3.13	1.39	1.53	0.42	0.15	13.92	1.77	1.20	1.89	0.70
1997	4.95	0.40	0.03	9.81	2.90	1.35	1.60	0.37	0.16	14.87	1.84	1.23	1.81	0.64
1998	6.38	0.30	0.06	8.45	2.69	0.96	1.32	0.44	0.16	13.79	1.79	1.30	1.57	0.66
1999	2.93	0.40	0.00	8.44	2.90	1.02	1.52	0.44	0.25	14.22	2.02	1.32	2.03	0.66
2000	2.84	0.24	-0.04	8.19	2.99	1.08	1.54	0.35	0.25	15.16	2.31	1.19	2.07	0.74
2001	2.17	0.17	-0.05	6.89	2.60	0.81	1.34	0.24	0.32	13.39	1.62	1.09	1.93	0.49
2002	2.23	0.25	-0.01	8.78	2.29	0.96	1.32	0.23	0.13	12.73	1.84	1.18	1.69	0.51
2003	2.23	0.10	-0.01	7.87	2.20	0.90	0.97	0.15	0.18	13.41	1.74	1.31	1.85	0.42
2004	1.99	0.04	-0.03	5.66	2.05	1.05	0.77	0.14	0.33	13.03	1.67	1.23	1.76	0.36

续表

年份	HS7216	HS7217	HS7218	HS7219	HS7220	HS7221	HS7222	HS7223	HS7224	HS7225	HS7226	HS7227	HS7228	HS7229
2005	1.58	-0.02	-0.03	5.54	1.90	0.96	0.75	0.16	0.35	11.96	1.54	1.22	1.95	0.33
2006	1.76	0.05	-0.05	6.91	1.91	1.09	0.79	0.16	0.23	13.56	1.64	1.12	1.87	0.40
2007	2.40	0.14	-0.09	5.97	2.11	1.15	0.92	0.14	0.33	13.59	1.71	1.13	2.05	0.41
2008	2.58	0.12	-0.02	6.01	1.48	0.98	0.79	0.13	0.16	12.44	1.28	1.09	2.08	0.34
2009	1.87	0.19	-0.04	4.84	1.57	0.59	0.55	0.14	0.23	15.02	1.24	1.01	1.65	0.41
2010	1.62	0.50	-0.03	4.56	1.57	0.76	0.68	0.16	0.34	15.96	1.09	1.50	2.31	0.51
2011	1.67	0.20	-0.01	4.42	1.52	0.82	0.73	0.16	-1.08	16.79	0.93	1.66	2.60	0.50
2012	1.85	0.08	-0.03	3.91	1.39	0.72	0.57	0.20	-0.95	15.96	0.83	1.60	2.50	0.51
2013	1.92	0.03	-0.07	3.48	1.19	0.69	0.58	0.19	0.21	15.13	0.87	1.77	2.53	0.58
2014	1.80	-0.03	-0.03	3.76	1.34	0.76	0.65	0.17	0.41	17.16	0.92	1.83	2.72	0.72
2015	2.14	0.03	-0.04	3.99	1.49	0.88	0.69	0.16	0.35	17.23	1.06	2.10	2.87	0.81
2016	1.42	0.01	-0.08	3.57	1.75	0.79	0.79	0.19	0.40	18.21	1.18	2.15	3.12	0.90
2017	1.12	-0.01	-0.03	2.78	1.61	0.92	0.82	0.23	0.46	17.69	1.10	1.99	3.14	0.77
2018	1.11	-0.03	-0.02	2.42	1.51	0.79	0.79	0.16	0.58	17.25	1.15	2.29	3.21	0.73
2019	1.35	-0.28	0.00	2.79	1.72	0.94	0.76	0.12	0.50	17.16	1.20	2.57	3.46	0.66
2020	1.49	-0.25	0.01	2.28	1.73	0.93	0.85	0.19	0.47	1.02	16.17	2.09	2.72	0.64
2021	1.27	-0.14	0.00	1.50	1.29	0.77	0.84	0.15	0.53	17.82	0.85	1.98	2.87	0.54

资料来源：联合国商品贸易统计数据库，https：//comtrade. un. org/datal。

243

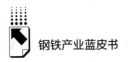

表6　1989~2020年巴西HS7201-HS7229钢材品种净出口额占比趋势

单位：%

年份	HS7201	HS7202	HS7203	HS7204	HS7205	HS7206	HS7207	HS7208	HS7209	HS7210	HS7211	HS7212	HS7213	HS7214	HS7215
1989	8.87	10.51	0.00	-1.38	-0.09	0.90	33.20	20.61	3.85	2.96	1.50	-0.11	4.86	5.47	0.11
1990	12.87	10.87	0.00	-0.54	-0.05	1.13	23.17	25.33	1.93	3.24	0.23	-0.05	6.09	8.37	0.10
1991	8.14	8.98	0.00	-0.23	-0.01	0.00	25.60	30.73	3.85	4.37	0.36	-0.08	5.59	5.95	0.17
1992	7.58	9.57	0.00	-0.62	-0.06	0.00	25.12	26.96	6.53	4.56	0.49	-0.04	6.50	6.50	0.21
1993	6.20	9.63	0.00	-0.38	-0.08	0.00	29.10	24.99	3.82	4.57	0.38	-0.19	6.64	7.78	0.29
1994	9.59	9.28	0.00	-0.78	-0.11	0.01	28.34	20.56	5.98	6.36	0.55	-0.08	6.11	6.61	0.16
1995	11.05	9.55	0.00	0.00	-0.18	0.00	35.36	18.77	5.03	7.22	0.36	-0.06	4.21	2.57	0.14
1996	10.60	12.25	-0.03	0.06	-0.15	0.00	35.16	19.22	5.54	7.43	0.27	-0.05	3.42	1.20	0.03
1997	11.70	13.87	-0.05	0.19	-0.17	-0.35	41.32	17.55	0.90	4.07	-0.28	-0.08	2.33	2.13	-0.06
1998	15.09	12.80	0.00	0.31	-0.23	0.00	40.01	14.73	1.71	5.55	-0.04	-0.11	1.32	1.97	-0.06
1999	12.17	14.30	0.00	0.07	-0.15	0.01	38.00	10.78	3.99	5.04	0.26	-0.15	3.33	1.51	-0.05
2000	14.63	13.92	-0.06	0.03	-0.15	0.00	33.10	8.71	3.92	0.72	0.34	-0.19	3.05	1.45	-0.05
2001	17.37	14.26	1.06	0.17	-0.23	0.05	33.38	3.67	2.17	2.63	0.52	-0.13	3.70	1.84	-0.08
2002	14.74	12.45	0.06	0.14	-0.17	0.00	36.64	6.41	2.92	5.91	0.72	-0.08	3.44	2.31	0.00
2003	12.96	9.88	0.00	-0.02	-0.16	0.00	32.08	9.55	4.80	7.22	0.63	-0.04	4.48	4.38	-0.06

续表

年份	HS7201	HS7202	HS7203	HS7204	HS7205	HS7206	HS7207	HS7208	HS7209	HS7210	HS7211	HS7212	HS7213	HS7214	HS7215
2004	18.70	7.89	-0.01	0.00	-0.19	0.14	30.09	11.97	3.71	6.56	0.63	-0.06	4.37	2.91	-0.09
2005	22.96	6.47	-0.01	-0.06	-0.23	0.34	23.81	9.29	4.65	5.84	0.37	-0.13	6.78	4.17	-0.04
2006	21.41	8.45	0.02	0.40	-0.34	0.00	22.09	12.68	4.43	5.24	0.43	-0.18	5.31	3.80	-0.03
2007	22.95	14.72	0.00	0.40	-0.39	0.01	24.25	5.63	2.29	5.36	0.26	-0.22	4.62	3.51	-0.06
2008	29.92	18.33	0.03	0.26	-0.27	0.00	34.70	0.94	-0.20	-1.02	0.22	-0.20	2.52	3.28	-0.16
2009	20.04	23.95	0.01	0.84	-0.26	0.00	30.30	6.24	-0.05	-3.10	-0.04	-0.38	3.19	3.67	-0.08
2010	12.77	23.51	-0.01	0.41	-0.32	0.00	31.72	-2.38	-6.99	-9.91	-0.11	-0.50	0.92	1.44	-0.20
2011	15.86	21.71	0.00	1.06	-0.30	0.23	39.00	2.03	-1.56	-3.26	-0.09	-0.33	0.78	1.98	-0.15
2012	14.23	27.03	0.00	2.08	-0.20	0.00	32.74	2.98	-2.48	-3.31	-0.06	-0.34	-0.63	0.31	-0.06
2013	13.64	27.51	0.00	2.10	-0.13	0.00	27.34	3.93	-1.80	-4.70	-0.20	-0.44	0.60	0.52	-0.11
2014	11.03	26.89	0.00	2.64	-0.12	0.00	23.92	7.36	-2.02	-6.50	-0.10	-0.33	0.62	0.50	-0.08
2015	10.22	26.68	0.00	2.31	-0.13	0.00	30.55	8.89	-0.46	-1.48	-0.11	-0.32	1.51	1.78	-0.01
2016	7.43	28.09	0.00	1.91	-0.10	0.00	26.09	8.00	0.51	2.77	-0.03	-0.20	2.51	3.62	-0.02
2017	8.17	24.60	-0.01	1.87	-0.10	0.14	34.03	7.61	0.62	1.29	-0.03	-0.24	2.54	2.79	-0.04
2018	7.12	25.87	-0.01	0.56	-0.09	0.00	35.84	6.52	0.47	-2.53	-0.02	-0.23	2.20	2.51	0.00
2019	9.04	27.85	-0.01	1.35	-0.11	0.00	28.16	5.77	0.15	-2.18	-0.02	-0.27	1.90	2.05	-0.05
2020	13.40	29.96	-0.01	1.57	-0.05	0.16	31.79	3.77	-0.33	-3.38	-0.05	-0.31	1.80	1.94	-0.05

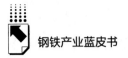
续表

年份	HS7216	HS7217	HS7218	HS7219	HS7220	HS7221	HS7222	HS7223	HS7224	HS7225	HS7226	HS7227	HS7228	HS7229
1989	0.26	0.38	-0.01	-0.67	-0.12	0.15	1.13	0.03	1.05	0.30	-0.08	0.19	1.15	-0.06
1990	0.25	0.44	0.00	-0.29	-0.27	0.16	0.92	0.00	1.43	0.71	-0.21	0.16	1.10	-0.09
1991	0.34	0.49	0.00	0.67	-0.18	0.08	1.08	-0.01	1.10	0.58	-0.19	0.06	1.09	-0.09
1992	0.30	0.53	0.00	0.67	-0.19	0.15	0.97	0.02	0.75	0.40	-0.12	0.10	1.01	-0.07
1993	0.91	0.69	0.00	0.61	-0.22	0.04	0.91	0.03	0.36	0.62	-0.03	0.12	1.38	-0.05
1994	0.65	0.69	0.00	0.03	-0.31	0.02	0.86	0.03	0.77	0.75	-0.08	0.09	1.18	-0.03
1995	0.37	0.31	0.04	-0.98	-0.55	-0.07	1.01	-0.03	0.54	0.26	-0.04	0.11	1.14	-0.06
1996	0.21	0.32	0.02	0.48	-0.50	-0.19	0.78	0.01	0.69	0.39	-0.02	0.18	0.63	-0.15
1997	-0.04	0.25	0.01	-0.75	-0.56	-0.23	0.90	-0.01	0.69	0.33	0.07	0.14	0.82	-0.15
1998	0.40	0.01	-0.02	-0.73	-0.52	-0.25	0.65	-0.09	1.06	1.36	-0.28	0.11	0.44	-0.17
1999	1.34	0.45	0.51	1.53	-0.28	-0.14	0.79	-0.18	2.71	0.90	-0.49	0.02	0.69	-0.18
2000	0.95	0.44	0.27	4.13	-0.06	-0.16	0.68	-0.27	10.18	1.20	-0.09	0.01	1.02	-0.25
2001	1.60	0.05	0.05	2.90	-0.41	-0.26	0.44	-0.23	10.10	0.91	-0.04	-0.06	1.32	-0.35
2002	0.75	0.10	0.59	3.49	-0.28	-0.11	0.42	-0.14	6.73	0.17	-0.11	-0.03	0.82	-0.26
2003	1.56	0.32	0.33	5.36	-0.20	-0.15	0.37	-0.08	4.12	0.28	-0.10	0.09	0.53	-0.23
2004	1.57	0.51	0.36	4.46	-0.14	-0.17	0.20	-0.08	2.99	1.24	-0.06	0.26	0.41	-0.22
2005	1.59	0.37	0.14	4.23	-0.21	-0.12	0.32	-0.09	4.70	1.83	-0.04	0.29	0.67	-0.23

续表

年份	HS7216	HS7217	HS7218	HS7219	HS7220	HS7221	HS7222	HS7223	HS7224	HS7225	HS7226	HS7227	HS7228	HS7229
2006	2.41	-0.07	-0.14	4.23	-0.24	-0.21	0.36	-0.11	3.53	2.53	-0.03	0.62	0.50	-0.22
2007	2.07	-0.48	0.03	4.05	-0.57	-0.27	0.24	-0.16	3.53	2.18	-0.08	0.99	0.39	-0.28
2008	0.94	-0.83	-0.10	0.42	-0.86	-0.28	0.05	-0.16	1.87	0.36	-0.22	1.47	0.01	-0.40
2009	0.38	-1.29	-0.08	0.93	-0.82	-0.29	-0.17	-0.27	0.70	0.04	-0.21	1.40	-0.73	-0.54
2010	-0.28	-1.80	-0.01	-0.26	-1.01	-0.30	-0.14	-0.35	1.76	0.61	-0.29	0.98	-0.43	-0.60
2011	-0.10	-1.39	-0.06	0.32	-0.89	-0.24	-0.26	-0.28	6.21	-0.14	-0.28	0.69	-0.29	-0.50
2012	-0.78	-1.67	-0.03	-0.70	-0.74	-0.21	-0.10	-0.25	7.37	-0.24	-0.29	0.36	-0.27	-0.54
2013	0.05	-2.13	-0.08	-0.78	-0.92	-0.35	-0.10	-0.30	7.02	-2.85	-0.46	-0.86	-0.34	-0.71
2014	0.04	-2.16	-0.06	-0.44	-0.68	-0.26	-0.22	-0.19	10.01	-1.75	-0.36	-0.90	0.27	-0.56
2015	0.30	-1.83	-0.03	1.38	-0.78	-0.27	-0.10	-0.19	8.64	-0.78	-0.19	-0.10	0.40	-0.54
2016	1.00	-1.39	0.00	1.96	-0.88	-0.17	-0.08	-0.17	10.80	0.67	-0.15	0.50	0.47	-0.48
2017	0.85	-0.70	0.02	0.80	-0.61	-0.24	-0.16	-0.16	9.90	0.92	-0.14	0.42	0.62	-0.38
2018	0.64	-0.83	0.00	-0.09	-0.57	-0.22	-0.25	-0.15	11.02	0.53	-0.14	0.51	0.67	-0.42
2019	0.41	-0.75	-0.02	-0.62	-0.33	-0.17	-0.33	-0.15	17.06	-0.23	-0.04	0.38	0.08	-0.53
2020	0.47	-0.78	-0.01	-1.35	0.47	-0.17	-0.38	-0.24	5.48	-1.13	-0.16	0.37	-0.01	-0.42

资料来源：联合国商品贸易统计数据库，https：//comtrade. un. org/data1。

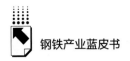

因此，巴西的细分钢材以出口为主。巴西的出口钢材主要为铁及非合金钢半成品（HS7207）、初级形态的生铁和镜铁（HS7201）、铁合金（HS7202）和经热轧，但未经包覆、镀层或涂层处理的宽度≥600毫米的铁或非合金钢平板轧材（HS7208）。2017年以后铁合金（HS7202）的出口贸易值逐渐增大。经包覆、镀层或涂层处理的宽度≥600毫米的铁或非合金钢平板轧材（HS7210），与经冷轧，但未经包覆、镀层或涂层处理的宽度≥600毫米的铁或非合金钢平板轧材（HS7209）净出口贸易值都经历了由正转负再转正的过程。

5. 瑞典重视能源与环境问题，着力研发高性能、低能耗的钢铁生产技术（见表7）

宽度≥600毫米的不锈钢平板轧材（HS7219）、宽度≥600毫米的其他合金钢平板轧材（HS7225）、非常规合金钢和异型材等（HS7228）常年出口且在瑞典全部钢材净出口贸易值中占有较大份额。相反，经包覆、镀层或涂层处理的宽度≥600毫米的铁或非合金钢平板轧材（HS7210）；铁合金（HS7202）却常年依赖进口。有色金属废碎料、废钢或铁锭重熔（HS7204）在2006年由进口转向出口，而铁或非合金钢的角材、型材及异型材（HS7216）以及铁或非合金钢（HS7217）则经历了由出口转向进口的过程。值得注意的是，虽然瑞典钢材年产量不高，贸易总量也不高，但钢材质量和生产技术却世界领先，其合金产品占比高达55%。瑞典极其重视能源和环境问题，其环保政策也是世界上最苛刻的，所以瑞典在积极研发高性能新产品的同时，能够不断降低能源消耗。

6. 南非铁矿石资源丰富，出口产品主要为低附加值的钢铁原材料（见表8）

南非的出口钢材主要为铁合金（HS7202），有色金属废碎料、废钢或铁锭重熔（HS7204），经热轧，但未经包覆、镀层或涂层处理的宽度≥600毫米的铁或非合金钢平板轧材（HS7208）和宽度≥600毫米的不锈钢平板轧材（HS7219）等。南非铁合金净出口贸易值长期为正，且净出口贸易值占总净出口贸易值的比重不断加大，这主要是由于其铁矿石资源丰富。

表 7 1992～2020 年瑞典 HS7201－HS7229 钢材品种净出口额占比趋势

单位：%

年份	HS7201	HS7202	HS7203	HS7204	HS7205	HS7206	HS7207	HS7208	HS7209	HS7210	HS7211	HS7212	HS7213	HS7214	HS7215
1992	-0.02	-2.92	0.16	-6.47	6.26	0.00	1.80	12.75	2.21	-0.81	0.72	0.63	-3.84	3.99	1.09
1993	-0.03	-4.15	0.19	-6.06	6.21	0.01	1.58	10.69	2.71	-0.43	1.58	1.01	-3.79	3.70	0.99
1994	-0.19	-4.62	0.16	-5.71	5.75	-0.02	-0.33	9.69	2.42	-1.46	1.45	0.83	-3.51	2.64	0.99
1995	-0.23	-9.08	0.21	-6.03	-0.04	0.00	-1.07	8.70	2.34	-4.52	1.66	0.38	-4.27	1.11	0.79
1996	-0.02	-6.41	0.21	-4.24	0.03	0.00	-0.03	7.37	2.58	-3.33	1.16	-0.08	-3.01	1.57	0.50
1997	-0.10	-6.71	0.21	-5.35	-0.13	0.00	0.44	5.33	1.51	-2.69	1.12	0.08	-3.19	2.13	0.53
1998	-0.31	-7.50	0.20	-5.58	-0.12	0.00	1.28	2.13	1.04	-3.15	1.23	0.11	-3.93	1.24	0.47
1999	-0.26	-5.52	0.16	-4.47	-0.13	-0.05	0.06	4.13	1.45	-2.67	1.25	0.26	-3.51	0.80	0.52
2000	-0.29	-5.91	0.17	-6.11	-0.36	-0.02	-1.04	4.23	1.81	-4.46	1.68	0.39	-2.76	0.44	0.45
2001	-0.08	-6.53	0.12	-4.74	0.01	-0.01	0.64	6.22	2.22	-1.77	1.98	0.51	-2.89	-0.04	0.42
2002	-0.02	-5.24	0.08	-3.59	0.15	0.00	1.07	5.54	-0.65	-5.56	1.62	0.49	-2.47	-0.45	0.25
2003	0.18	-5.50	0.03	-2.08	0.09	-0.02	0.30	4.16	-0.24	-7.23	1.09	0.51	-2.56	-0.49	0.15
2004	0.30	-5.93	0.03	-0.83	0.12	-0.01	1.97	3.44	-0.24	-7.81	1.06	0.45	-2.73	-0.38	0.08
2005	0.11	-9.94	0.03	0.12	0.15	-0.04	0.72	2.71	-0.42	-11.36	0.71	0.46	-2.63	-1.00	0.05
2006	0.30	-9.59	0.08	-1.27	0.17	-0.11	-0.86	0.17	-0.27	-12.74	0.91	0.47	-2.80	-1.36	-0.06
2007	0.33	-9.43	0.09	0.53	-0.14	0.12	-0.69	-2.15	0.02	-13.37	0.37	0.31	-2.70	-1.98	-0.17
2008	-0.27	-11.34	0.09	4.85	0.24	0.10	-0.94	-0.48	0.78	-11.27	0.69	0.33	-2.75	-1.94	-0.15
2009	0.24	-7.11	0.11	7.29	0.00	-0.09	-0.11	0.27	0.64	-13.84	0.69	0.84	-2.83	-1.92	-0.05
2010	0.26	-7.88	0.11	4.80	7.93	0.11	0.61	0.58	1.31	-11.32	0.55	0.50	-3.02	-1.56	-0.26
2011	0.10	-7.02	0.00	6.35	7.62	0.16	0.34	-1.17	1.36	-12.05	0.43	0.42	-2.76	-1.78	-0.26
2012	0.01	-4.97	-0.21	6.86	8.24	0.22	2.79	-1.39	0.62	-13.41	0.34	0.58	-2.90	-1.86	-0.09
2013	-0.29	-5.46	-0.24	4.87	8.94	0.24	2.65	1.13	1.17	-14.39	0.08	0.39	-3.13	-2.19	-0.28
2014	-0.12	-6.07	-0.17	5.40	9.49	0.15	0.90	3.33	1.48	-8.78	0.09	0.44	-3.31	-2.58	-0.34
2015	-0.29	-6.99	-0.20	1.15	8.93	0.24	-0.26	1.34	1.21	-12.14	-0.04	0.17	-3.95	-3.20	-0.47
2016	0.05	-3.86	-0.12	2.04	9.48	0.32	0.18	5.16	3.24	-12.19	0.51	1.01	-2.90	-2.24	-0.16
2017	0.08	-3.60	-0.17	2.15	9.10	0.51	-0.02	6.59	3.20	-13.37	0.62	0.50	-3.03	-2.27	-0.51
2018	-0.53	-4.71	-0.16	2.51	8.55	0.78	-0.85	4.14	3.07	-13.06	0.72	0.58	-3.37	-2.37	-0.87
2019	-0.43	-5.38	-0.10	5.41	7.82	0.85	1.63	3.90	2.95	-12.51	0.81	0.69	-2.90	-1.97	-0.66
2020	-0.31	-3.44	-0.09	5.04	7.91	0.85	1.74	4.62	3.23	-9.90	0.98	0.82	-2.81	-1.83	-0.40

续表

年份	HS7216	HS7217	HS7218	HS7219	HS7220	HS7221	HS7222	HS7223	HS7224	HS7225	HS7226	HS7227	HS7228	HS7229
1992	0.58	0.16	6.98	11.04	4.32	2.62	1.90	4.22	-0.38	7.17	4.16	1.66	9.76	1.38
1993	0.68	0.33	3.43	17.98	5.41	3.31	1.31	4.02	-0.14	6.77	3.79	0.90	7.34	1.50
1994	1.08	0.29	-3.67	21.42	4.98	3.30	1.35	3.77	-0.71	6.95	3.16	1.02	7.17	1.31
1995	0.51	0.53	-2.02	18.06	5.58	5.35	1.35	4.87	-0.91	7.31	2.62	1.37	7.74	1.34
1996	-0.79	0.44	-8.79	23.45	5.60	3.98	1.72	4.32	-0.60	6.92	2.37	1.02	8.18	1.30
1997	0.01	0.22	-11.39	24.07	5.67	4.14	1.53	4.01	-0.44	6.27	2.14	0.67	8.47	1.47
1998	0.78	0.21	-10.22	24.84	5.91	3.73	0.94	4.06	-0.48	6.89	2.04	1.15	8.62	1.83
1999	0.11	0.25	-13.71	25.04	5.57	3.20	1.36	3.95	-0.67	8.07	2.06	0.94	7.99	1.85
2000	0.25	0.22	-8.52	25.84	6.14	3.21	1.58	3.96	-0.57	7.44	1.96	0.74	7.80	1.66
2001	-0.25	0.27	-11.29	24.93	5.51	2.92	1.40	3.61	-0.43	8.59	2.12	0.59	8.16	1.76
2002	-0.01	0.27	-11.27	25.65	5.55	2.25	1.07	2.62	-0.40	13.59	1.92	0.20	6.57	1.46
2003	0.05	0.23	-13.91	27.04	4.96	1.89	1.20	2.25	-0.56	13.93	1.49	-0.06	6.33	1.44
2004	-0.11	0.18	-14.92	28.83	4.28	1.75	0.47	1.88	-0.45	13.59	1.02	0.26	5.73	1.15
2005	-0.20	0.17	-7.02	26.57	4.28	1.76	1.08	1.97	-0.41	17.07	1.06	0.44	6.22	1.31
2006	-0.53	0.08	4.89	23.60	4.20	2.41	0.97	1.96	-0.82	19.68	0.97	0.86	6.66	1.21
2007	-0.75	-0.12	-1.17	24.40	3.68	2.79	0.06	2.32	-1.93	20.75	0.62	0.62	7.23	1.16
2008	-0.88	-0.08	-0.46	19.50	4.22	2.12	1.12	1.86	-1.36	22.43	0.64	0.55	7.52	1.02
2009	-0.85	-0.15	-1.59	18.67	5.50	1.83	1.78	2.57	-0.62	21.65	0.49	0.15	7.09	1.02
2010	-0.76	0.05	-1.54	15.29	4.80	2.77	1.23	2.38	-0.65	19.93	0.72	0.08	7.90	1.10
2011	-0.69	-0.19	-3.09	15.12	4.47	2.51	0.93	1.85	-0.56	18.67	0.55	0.01	8.52	1.02
2012	-0.66	-0.15	-0.52	12.80	5.32	2.49	1.10	1.66	-1.04	19.43	0.61	0.06	8.65	1.02
2013	-0.78	-0.39	0.81	10.00	5.21	2.29	1.40	1.98	-1.23	19.76	0.85	-0.60	8.06	1.21
2014	-0.68	-0.14	-0.91	11.48	5.41	2.69	1.63	2.31	-1.56	18.34	0.76	-0.54	9.42	1.49
2015	-1.20	-0.38	-3.64	16.56	4.04	2.23	0.85	1.80	-1.78	17.28	-0.03	-0.32	7.94	1.37
2016	-1.05	-0.13	-1.73	18.33	4.38	2.35	1.50	1.86	-2.42	13.18	0.10	0.20	7.89	1.41
2017	-0.95	-0.23	-2.79	18.85	3.94	2.54	1.58	1.79	-1.35	8.67	0.10	0.22	9.79	1.48
2018	-1.09	-0.35	-3.19	19.25	3.66	2.47	1.62	1.68	-2.17	7.37	-0.34	0.37	8.86	1.32
2019	-0.82	-0.33	-1.88	20.93	3.78	2.16	1.41	1.28	-1.35	9.73	-0.78	0.57	5.90	1.11
2020	-0.65	-0.25	0.05	22.32	3.91	2.26	1.68	1.30	-0.22	14.75	-0.07	0.63	6.74	1.22

资料来源：联合国商品贸易统计数据库，https：//comtrade. un. org/datal。

表8 2000~2020年南非非HS7201-HS7229钢材品种净出口额占比趋势

单位：%

年份	HS7201	HS7202	HS7203	HS7204	HS7205	HS7206	HS7207	HS7208	HS7209	HS7210	HS7211	HS7212	HS7213	HS7214	HS7215
2000	2.88	46.04	-0.87	1.01	0.20	0.85	2.39	9.44	1.58	3.74	-0.15	-0.10	3.75	0.31	0.41
2001	4.89	38.21	-0.84	1.53	0.37	0.98	4.17	11.81	3.18	4.42	-0.13	-0.17	4.16	0.49	0.39
2002	2.77	43.69	-0.85	2.09	0.39	0.49	4.93	9.18	2.78	3.25	-0.06	-0.09	3.39	0.98	0.42
2003	2.01	42.84	-0.57	1.31	0.28	0.01	6.84	11.67	4.91	2.17	-0.04	-0.06	3.17	0.65	0.48
2004	1.93	48.13	-0.41	1.43	0.29	0.01	4.69	8.67	5.06	1.73	-0.02	-0.07	3.31	0.54	0.37
2005	2.79	47.45	-0.62	1.99	0.32	0.01	4.82	11.13	4.53	2.58	0.00	-0.13	3.09	0.43	0.64
2006	3.12	42.90	-0.36	2.24	0.24	-0.42	1.34	8.33	3.35	0.59	0.17	-0.15	2.47	0.22	0.21
2007	2.69	48.02	-0.28	3.91	0.36	0.04	0.07	7.97	1.53	1.97	0.64	-0.13	1.90	0.74	0.32
2008	2.84	63.88	-0.01	5.59	0.54	0.11	0.29	4.22	0.94	1.55	0.08	-0.03	0.39	0.80	0.01
2009	4.36	50.81	0.00	6.45	0.58	0.00	2.87	4.46	0.75	1.25	0.01	-0.16	2.00	1.77	0.53
2010	3.63	60.18	-0.01	5.59	0.37	0.03	1.36	6.88	1.39	0.75	-0.04	0.07	2.11	1.13	0.37
2011	4.37	61.48	0.01	8.14	0.22	0.03	0.66	7.77	1.39	0.94	-0.20	-0.20	-0.09	0.23	0.07
2012	4.66	53.39	0.01	10.79	0.24	0.02	0.88	6.71	3.36	-0.75	-0.10	-0.53	1.53	1.12	0.12
2013	4.38	57.50	0.01	8.99	0.36	0.06	-0.76	4.38	0.23	-1.99	-0.12	-0.68	1.26	1.15	0.16
2014	4.66	61.57	0.17	7.89	0.24	0.05	-0.46	6.41	0.60	-0.21	-0.11	-0.62	0.40	1.15	0.22
2015	3.06	65.63	0.14	5.80	0.24	0.02	0.63	3.94	-0.01	-0.95	-0.11	-0.68	0.60	1.20	0.15
2016	1.95	68.75	0.06	2.29	0.26	-0.02	0.74	3.56	0.55	1.00	-0.09	-0.55	0.54	1.19	0.24
2017	3.36	64.33	0.01	1.71	1.17	0.01	2.62	3.59	0.64	0.76	-0.10	-0.45	1.17	1.14	0.12
2018	4.11	60.59	0.13	1.72	0.25	0.07	2.41	7.43	0.78	-0.26	-0.10	-0.21	1.19	2.01	0.14
2019	3.37	60.55	0.18	1.33	0.25	0.00	3.25	4.79	0.22	-1.82	-0.07	-0.25	2.20	2.32	0.09
2020	3.32	68.86	0.07	0.50	0.13	0.01	2.04	-1.27	0.06	-1.88	-0.05	-0.20	1.33	1.73	0.12

续表

年份	HS7216	HS7217	HS7218	HS7219	HS7220	HS7221	HS7222	HS7223	HS7224	HS7225	HS7226	HS7227	HS7228	HS7229
2000	4.92	1.42	0.76	15.96	-0.12	-0.11	-0.33	-0.32	1.16	-0.65	-0.40	0.00	-0.09	-0.04
2001	4.62	1.26	-0.30	14.02	-0.11	-0.15	-0.44	-0.45	0.41	-1.14	-0.48	0.01	-0.45	0.40
2002	4.00	1.98	-0.01	15.72	0.09	-0.15	-0.40	-0.45	0.14	-0.83	-0.39	0.04	-0.36	-0.07
2003	3.02	1.62	0.10	16.22	-0.09	-0.10	-0.25	-0.38	-0.04	-0.72	-0.26	0.03	-0.09	-0.07
2004	2.47	1.36	0.63	16.96	0.41	-0.07	-0.29	-0.31	-0.04	-0.51	-0.19	0.02	0.01	-0.07
2005	2.97	1.20	0.55	12.10	0.30	-0.10	-0.43	-0.38	-0.06	-0.85	-0.39	0.01	0.04	-0.08
2006	1.85	0.91	0.63	26.94	-0.23	-0.12	-0.40	-0.44	-0.04	-1.47	-0.53	0.02	-0.17	-0.15
2007	1.71	0.96	0.69	21.78	-0.32	-0.15	-0.56	-0.52	0.03	-1.78	-0.39	-0.02	-0.34	-0.18
2008	1.22	1.04	0.39	12.15	-0.13	-0.09	-0.43	-0.31	0.01	-1.85	-0.38	0.00	-0.55	-0.17
2009	2.01	0.89	0.14	15.68	-0.06	-0.12	-0.22	-0.25	0.00	-3.84	-0.47	-0.01	-0.15	-0.14
2010	2.05	0.67	0.20	9.51	-0.18	-0.16	-0.24	-0.31	0.00	-2.06	-0.26	0.01	0.33	-0.08
2011	0.60	0.39	0.04	9.22	-0.34	-0.14	-0.31	-0.34	-0.06	-2.28	-0.24	0.00	-0.08	-0.14
2012	1.37	0.27	0.03	10.08	-0.20	-0.11	-0.33	-0.46	-0.04	-2.25	-0.22	-0.01	-0.25	-0.16
2013	1.11	0.48	0.02	9.49	0.07	-0.06	-0.33	-0.51	-0.02	-4.95	-0.28	-0.04	-0.45	-0.13
2014	1.01	0.61	0.02	9.00	0.05	-0.07	-0.34	-0.27	0.01	-3.21	-0.19	-0.01	-0.36	-0.10
2015	0.70	0.36	0.02	8.65	-0.02	-0.05	-0.38	-0.36	-0.01	-5.03	-0.24	-0.03	-0.81	-0.17
2016	-0.21	0.54	0.02	11.79	0.12	-0.04	-0.30	-0.37	-0.03	-4.00	-0.26	-0.03	-0.39	-0.11
2017	0.40	0.62	0.01	12.67	0.27	-0.04	-0.31	-0.25	-0.05	-3.35	-0.23	0.01	-0.44	-0.16
2018	1.20	0.81	0.01	10.59	0.23	-0.05	-0.30	-0.30	-0.13	-3.97	-0.21	0.01	-0.57	-0.23
2019	1.16	1.48	0.03	9.42	0.38	-0.05	-0.36	-0.33	-0.12	-4.84	-0.17	0.01	-0.67	-0.30
2020	1.17	1.07	0.01	9.51	0.30	-0.05	-0.27	-0.35	-0.07	-4.46	-0.16	0.00	-0.74	-0.28

资料来源：联合国商品贸易统计数据库，https：//comtrade. un. org/datal。

7. 其他国家的生产技术现状

美国、印度、土耳其和意大利等国的有色金属废料回收技术位居前沿，主要进口钢材为有色金属废碎料、废钢或铁锭重熔（HS7204）等（见表9至表12）；而 HS7204 正是德国和英国的主要出口产品。此外，印度的涂层技术较为落后，其经热轧，但未经包覆、镀层或涂层处理的宽度≥600毫米的铁或非合金钢平板轧材（HS7208）一直处于贸易逆差状态，长期依赖进口。而俄罗斯、巴西和南非则依赖本地丰富的矿产资源成为铁及非合金钢半制成品的主要出口国，其中铁及非合金钢的半制成品（HS7207）的净出口贸易值占较大比重。

比较世界代表性国家的钢铁材料（半成品）细分市场中出口贸易占比的变化趋势，可知当前技术转移现状大致如下。

第一，一些国家因生产技术持续创新而出口中高端产品。如中国由于涂层技术有所突破，HS7210 经历了由进口转向出口的过程；而韩国因拥有先进的冷轧和镀锌技术，HS7209 成为其主要出口钢材品类。

第二，一些国家则得益于矿产资源禀赋而出口低附加值的非合金原材料。如南非因其矿产资源丰富而出口铁合金（HS7202）类产品。同样，俄罗斯和巴西的出口钢材主要为铁及非合金钢的半制成品（HS7207）。

第三，一些国家因技术领先而从外国进口产品进行生产加工。如美国、印度、土耳其和意大利等国因拥有先进的有色金属废料回收技术而进口有色金属废碎料、废钢或铁锭重熔（HS7204）等。

二 世界钢铁生产技术的区位差异分析

本部分聚焦具有代表性的国家，主要包括欧洲国家、日本、韩国、美国、中国等，并对其钢铁生产技术发展历史与特征进行梳理，从而分析这些国家钢铁生产技术创新的特点。

总体而言，代表性国家的钢铁生产技术具有如下差异性特点。欧洲国家的高炉能量利用率很高，为保证高炉的稳定运行，欧洲国家会执行较为严格

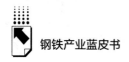

表 9　1991~2020 年美国 HS7201－HS7229 钢材品种净出口额占比趋势

单位：%

年份	HS7201	HS7202	HS7203	HS7204	HS7205	HS7206	HS7207	HS7208	HS7209	HS7210	HS7211	HS7212	HS7213	HS7214	HS7215
1991	-1.38	-13.14	-1.04	18.27	-0.17	1.14	-6.61	-7.60	-9.63	-16.21	-0.60	0.01	-4.95	-0.53	-0.37
1992	-1.12	-10.25	-0.84	13.52	-0.21	0.35	-5.74	-14.24	-9.00	-17.29	-1.11	-0.14	-5.75	-0.89	-0.41
1993	-1.62	-8.99	-1.33	14.34	-0.53	0.33	-12.17	-10.51	-5.61	-9.21	-0.84	0.27	-6.61	-0.94	-0.96
1994	-3.19	-6.24	-1.01	8.76	-0.34	-0.12	-14.98	-15.96	-9.42	-9.77	-0.35	0.05	-5.30	-1.68	-0.66
1995	-4.14	-11.07	-1.59	13.30	-0.46	0.09	-12.61	-7.07	-6.45	-7.63	0.05	0.11	-6.64	-2.10	-0.75
1996	-3.79	-9.65	-1.34	8.47	-0.34	0.18	-15.01	-15.74	-5.94	-6.19	-0.04	0.31	-5.82	-1.98	-0.58
1997	-4.28	-7.88	-1.32	8.03	-0.18	0.21	-12.28	-17.04	-8.85	-5.60	-0.05	0.29	-6.50	-1.78	-0.61
1998	-5.55	-6.81	-1.04	2.65	-0.21	-0.04	-9.78	-23.94	-7.91	-4.47	0.00	0.16	-5.58	-2.97	-0.61
1999	-5.39	-8.58	-1.22	2.98	-0.37	-0.06	-12.48	-13.54	-6.59	-7.50	0.20	0.53	-7.36	-4.22	-0.73
2000	-5.21	-8.67	-1.37	5.67	-0.09	0.05	-12.95	-14.03	-4.29	-4.00	0.90	0.73	-7.22	-3.52	-0.69
2001	-6.15	-7.43	-2.01	11.03	-0.41	0.22	-11.22	-6.84	-6.29	-4.84	1.17	0.55	-9.68	-5.13	-0.63
2002	-5.78	-7.09	-2.29	9.31	-0.55	0.19	-14.70	-11.09	-3.31	-7.34	0.88	0.15	-10.42	-3.69	-0.53
2003	-7.91	-11.27	-3.43	17.95	-0.61	0.51	-10.87	-0.41	-0.01	-7.38	1.10	0.22	-8.49	-4.55	-0.38
2004	-7.74	-9.59	-3.00	8.75	-0.16	0.19	-12.56	-9.32	-5.03	-10.03	0.73	0.12	-9.40	-5.19	-0.33
2005	-9.26	-9.18	-2.65	13.88	-0.25	0.20	-13.07	-4.68	-2.69	-7.71	0.98	0.29	-7.15	-3.59	-0.51

续表

年份	HS7201	HS7202	HS7203	HS7204	HS7205	HS7206	HS7207	HS7208	HS7209	HS7210	HS7211	HS7212	HS7213	HS7214	HS7215
2006	-7.40	-7.22	-2.03	11.74	-0.23	0.21	-14.51	-10.56	-5.58	-10.12	0.95	0.04	-6.10	-4.32	-0.27
2007	-7.81	-11.31	-2.70	25.55	-0.12	0.33	-11.05	-2.74	-1.74	-6.09	0.99	0.05	-3.73	-3.65	-0.17
2008	-9.75	-13.73	-3.71	30.02	-0.04	0.85	-12.27	-3.06	-1.15	-4.20	0.82	0.28	-3.20	-1.30	-0.05
2009	-7.79	-7.95	-2.75	54.19	0.13	0.73	-4.30	-1.00	-1.61	-3.40	1.63	0.67	-3.09	-0.27	-0.06
2010	-8.54	-13.35	-3.45	37.16	0.05	0.58	-11.31	-2.39	-0.33	-2.97	1.72	0.65	-4.33	0.20	-0.33
2011	-8.12	-10.71	-3.15	36.72	-0.21	0.84	-13.44	-4.45	-0.51	-2.44	1.26	0.38	-2.67	-0.22	-0.33
2012	-7.57	-10.56	-4.27	30.02	-0.03	0.71	-14.06	-5.73	-0.60	-4.92	1.01	0.45	-2.89	-0.65	-0.36
2013	-7.85	-10.90	-4.10	28.27	0.06	0.63	-13.72	-4.69	-0.57	-7.06	1.43	0.60	-2.50	-1.54	-0.30
2014	-6.79	-11.02	-3.25	15.85	0.11	0.38	-16.22	-10.56	-3.54	-10.53	0.87	0.43	-2.73	-2.11	-0.34
2015	-6.48	-10.03	-2.53	14.55	0.07	0.30	-10.74	-10.33	-3.13	-13.96	0.74	0.37	-4.11	-3.80	-0.46
2016	-6.25	-10.52	-2.05	16.22	0.02	0.25	-10.46	-6.78	-3.62	-15.11	0.99	0.50	-4.57	-4.06	-0.49
2017	-8.79	-13.57	-1.43	15.88	0.00	0.16	-12.75	-2.43	-4.44	-14.77	0.44	0.31	-3.90	-2.59	-0.43
2018	-10.32	-14.09	-1.26	16.81	0.03	0.07	-13.03	-5.96	-3.19	-11.42	0.56	0.43	-3.01	-2.08	-0.28
2019	-9.52	-12.71	-1.58	20.47	-0.09	0.06	-12.59	-3.16	-2.74	-11.11	0.83	0.65	-3.03	-2.37	-0.21
2020	-10.95	-11.81	-1.00	23.89	-0.05	0.12	-10.33	-0.99	-2.24	-15.01	0.65	0.54	-2.42	-2.70	-0.06
2021	-14.42	-13.15	-2.58	9.83	-0.11	0.09	-17.62	-11.75	-4.26	0.00	0.41	0.08	-3.47	-2.88	-0.04

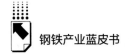

续表

年份	HS7216	HS7217	HS7218	HS7219	HS7220	HS7221	HS7222	HS7223	HS7224	HS7225	HS7226	HS7227	HS7228	HS7229
1991	-0.10	-3.22	-0.49	-3.49	0.78	-0.87	-1.64	-0.94	0.45	-3.21	-0.23	-1.34	-1.22	-0.37
1992	-0.65	-3.11	-0.37	-4.07	0.49	-1.17	-1.44	-0.87	0.27	-4.09	-0.14	-1.46	-0.67	-0.36
1993	-0.70	-3.29	-1.33	-6.56	0.04	-1.00	-1.62	-0.81	0.15	-6.49	-0.55	-1.62	-1.29	-0.30
1994	-0.74	-2.42	-1.19	-5.07	-0.19	-0.84	-1.15	-0.70	-0.31	-6.18	-0.62	-1.16	-1.31	-0.29
1995	-0.40	-2.80	-1.66	-5.57	0.17	-1.18	-1.56	-0.92	-0.16	-7.03	-0.85	-1.57	-1.76	-0.31
1996	-1.51	-2.30	-1.15	-5.77	0.08	-1.16	-1.63	-0.70	-0.04	-6.30	-0.65	-1.47	-1.63	-0.24
1997	-1.26	-2.59	-0.73	-5.14	0.45	-1.31	-1.91	-0.61	-0.30	-6.74	-0.63	-1.44	-1.94	-0.06
1998	-6.09	-2.37	-1.09	-4.26	0.35	-0.78	-1.37	-0.54	-0.38	-7.02	-0.46	-1.36	-2.13	0.06
1999	-2.85	-3.18	-2.74	-3.93	0.66	-0.95	-1.41	-0.43	-0.59	-6.86	-0.11	-1.60	-2.74	0.21
2000	-4.23	-2.36	-3.42	-4.49	1.11	-1.21	-1.90	-0.40	-1.14	-5.89	-0.24	-1.53	-2.36	-0.33
2001	-1.27	-2.96	-3.27	-2.37	1.33	-1.25	-2.08	-0.33	-1.56	-4.40	-0.02	-1.98	-3.14	-0.42
2002	-1.28	-2.84	-2.59	-2.31	0.92	-0.87	-1.37	-0.26	-2.11	-3.43	0.37	-1.96	-1.69	-0.64
2003	-0.55	-3.53	-2.75	-1.78	1.62	-0.63	-1.16	-0.57	-2.28	-3.29	0.82	-2.16	-3.06	-0.70
2004	-0.31	-2.60	-1.80	-3.06	0.80	-0.49	-0.88	-0.45	-1.41	-2.48	0.33	-1.14	-2.06	-0.06
2005	-0.10	-2.62	-2.01	-3.16	1.29	-0.52	-1.74	-0.71	-2.68	-3.27	0.25	-1.35	-3.73	-0.47
2006	-0.80	-2.08	-1.43	-4.13	0.89	-0.19	-1.25	-0.64	-1.01	-2.64	0.09	-1.04	-2.19	-0.33

续表

年份	HS7216	HS7217	HS7218	HS7219	HS7220	HS7221	HS7222	HS7223	HS7224	HS7225	HS7226	HS7227	HS7228	HS7229
2007	0.23	-1.95	-2.33	-5.70	1.20	-0.45	-1.77	-0.92	-1.45	-2.82	-0.14	-1.07	-1.62	-0.34
2008	0.81	-1.63	-1.38	-2.77	0.87	-0.29	-1.40	-0.59	-0.96	-1.36	-0.03	-1.74	-1.46	-0.31
2009	0.87	-2.34	-0.90	0.36	1.43	-0.15	-1.28	-0.56	0.00	0.13	-0.07	-1.38	-0.64	-0.32
2010	1.70	-1.78	-1.39	-0.80	0.70	-0.22	-1.40	-0.62	-0.59	-0.54	-0.20	-1.71	-0.51	-0.49
2011	2.12	-1.44	-1.33	-1.79	0.57	-0.10	-1.63	-0.52	-0.35	-1.01	-0.11	-1.50	-1.69	-0.40
2012	2.33	-1.57	-1.29	-2.21	0.70	-0.32	-1.29	-0.50	-0.22	-1.33	0.05	-1.90	-1.82	-0.64
2013	1.72	-1.90	-0.85	-0.17	0.85	-0.32	-1.23	-0.57	-1.16	-1.75	-0.06	-3.29	-1.26	-0.64
2014	-0.33	-1.68	-0.86	0.36	0.66	-0.33	-1.37	-0.47	-2.31	-1.98	0.09	-2.26	-2.07	-0.48
2015	-1.32	-2.55	-0.51	1.14	0.53	-0.52	-1.72	-0.53	-2.66	-1.66	0.23	-2.15	-2.18	-0.68
2016	-1.46	-2.90	-0.34	1.01	0.89	-0.23	-1.10	-0.36	-3.45	-1.55	0.14	-2.52	-1.32	-0.87
2017	-1.25	-2.29	-0.95	2.05	0.87	-0.34	-1.31	-0.44	-3.47	-0.71	-0.34	-1.98	-1.54	-0.58
2018	-0.53	-2.03	-1.21	1.01	0.68	-0.46	-1.17	-0.34	-4.90	-1.62	0.07	-1.79	-1.04	-0.63
2019	-1.11	-2.07	-0.64	0.78	0.69	-0.51	-1.03	-0.33	-7.27	-0.18	0.30	-2.05	-1.03	-0.89
2020	-0.96	-2.58	-0.63	0.39	1.18	-0.58	-0.89	-0.23	-5.07	-0.61	0.35	-2.08	-0.54	-1.14
2021	-1.52	-2.53	-0.60	-1.58	0.58	-0.67	-0.98	-0.30	-5.73	-1.31	0.06	-1.94	-0.39	-1.12

资料来源：联合国商品贸易统计数据库，https：//comtrade. un. org/data1。

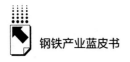

表10 1988~2020年印度 HS7201－HS7229 钢材品种净出口额占比趋势

单位：%

年份	HS7201	HS7202	HS7203	HS7204	HS7205	HS7206	HS7207	HS7208	HS7209	HS7210	HS7211	HS7212	HS7213	HS7214	HS7215
1988	-2.03	0.72	-1.82	-28.56	-0.38	-0.04	-0.40	-14.83	-22.56	-4.42	-1.30	-0.49	-1.08	-0.34	-0.22
1989	-5.72	-0.59	-0.77	-32.89	-0.29	-0.24	0.16	-12.36	-15.81	-4.57	-1.15	-0.35	-0.72	-0.05	0.07
1990	-3.44	-1.46	-0.90	-43.15	-0.24	-0.25	-0.08	-17.68	-9.61	-3.11	-0.95	-0.61	-0.26	-0.15	0.42
1991	-4.22	2.11	-0.03	-36.86	-0.50	-0.20	0.42	-15.74	-8.54	-5.67	-0.60	-0.49	-0.37	-0.07	0.39
1992	-1.42	3.78	0.00	-45.95	-0.32	0.18	0.37	-15.00	-5.01	-1.81	-0.03	-0.19	0.09	4.19	1.02
1993	9.22	4.57	-0.02	-24.28	-0.29	-0.76	0.23	-12.26	-5.05	5.55	0.52	-0.02	0.78	0.67	2.26
1994	5.57	2.27	0.60	-32.49	-0.44	0.28	-3.42	-22.98	-5.94	0.70	-0.08	0.78	0.96	0.04	0.84
1995	4.50	3.32	1.55	-25.70	-0.36	0.12	-3.54	-21.46	-4.19	1.73	-0.76	-0.74	0.96	0.91	1.21
1996	3.64	1.80	0.50	-27.66	0.03	0.55	-5.22	-16.01	-5.72	4.90	0.54	1.03	1.68	1.66	2.38
1997	5.17	3.00	0.53	-23.26	-0.36	-0.12	-2.65	-16.26	-4.37	13.37	-0.28	0.76	2.08	0.31	1.07
1998	3.19	5.09	0.32	-28.64	-0.54	0.10	-12.31	-6.86	-6.84	7.86	-0.89	0.53	2.36	0.21	0.40
1999	1.85	-0.23	0.04	-32.07	-0.50	-0.04	-8.25	5.51	-9.81	11.57	0.84	-0.01	2.06	-0.09	1.04
2000	2.40	4.34	-0.55	-28.32	-0.44	2.33	-6.62	3.33	3.51	17.88	0.71	0.43	1.44	0.31	1.79
2001	5.38	0.33	0.09	-39.67	-0.58	0.27	-0.71	-10.10	-1.83	17.08	0.27	0.02	2.03	1.13	1.83
2002	4.35	0.05	0.42	-30.62	-0.55	0.12	-0.20	-0.15	1.68	27.19	-0.17	-0.61	0.90	1.61	0.52
2003	4.05	-0.48	0.05	-24.77	-0.43	0.20	5.28	0.06	6.27	13.72	0.83	-0.87	1.62	0.90	0.57

续表

年份	HS7201	HS7202	HS7203	HS7204	HS7205	HS7206	HS7207	HS7208	HS7209	HS7210	HS7211	HS7212	HS7213	HS7214	HS7215
2004	1.65	2.09	-0.31	-29.14	-0.33	0.13	-0.58	-0.83	6.03	30.26	0.36	-1.61	0.22	-0.11	0.55
2005	3.42	3.05	0.18	-33.01	-0.42	0.44	-3.83	-13.64	2.90	19.84	0.14	-0.22	0.23	-0.48	-0.01
2006	3.44	1.29	-0.73	-23.15	-0.47	0.11	3.30	-13.62	-1.10	24.57	-0.23	-0.25	-0.01	-0.09	0.19
2007	3.15	5.58	0.21	-22.24	-0.34	0.07	2.71	-23.63	-2.02	12.25	-0.38	-0.34	-1.36	-0.12	0.03
2008	3.23	11.28	0.14	-22.60	-0.41	-0.04	2.46	-17.76	-1.24	10.77	-0.02	-0.27	-0.55	-0.14	0.17
2009	2.45	5.76	-0.08	-24.77	-0.43	0.04	1.12	-26.65	-1.87	8.12	-0.08	-0.55	-0.94	-0.19	-0.05
2010	2.79	15.51	0.09	-22.18	-0.45	-0.04	0.06	-18.30	-2.22	6.38	0.18	-0.55	-0.80	-0.29	0.01
2011	4.97	9.79	-1.46	-30.59	-0.54	-0.06	-0.65	-9.54	-5.69	4.76	0.13	-0.49	-0.61	-0.10	0.05
2012	1.40	10.22	-3.23	-36.65	-0.47	-0.71	-0.31	-7.26	-5.91	6.19	0.16	-0.29	-0.84	0.12	0.23
2013	3.74	12.28	-1.75	-28.34	-0.56	-0.01	4.48	5.96	-2.59	12.92	0.18	-0.07	0.67	-0.06	0.17
2014	2.82	9.04	0.21	-29.61	-0.61	-0.01	5.75	2.00	-3.81	10.18	0.17	0.09	0.64	-0.02	0.09
2015	1.24	6.50	0.32	-31.11	-0.53	0.00	0.62	-12.58	-3.53	3.70	0.09	-0.13	0.13	-0.82	0.20
2016	0.87	5.70	0.88	-30.53	-0.69	0.46	5.64	-4.43	1.84	7.68	-0.06	-0.12	0.65	-0.18	0.31
2017	1.78	11.55	1.17	-22.50	-0.48	0.11	8.50	12.32	5.90	4.99	0.09	-0.23	1.11	2.08	0.16
2018	1.10	10.60	1.98	-33.00	-0.60	-0.13	9.66	2.78	0.94	-0.44	0.13	-0.55	1.20	0.74	0.48
2019	0.74	7.63	2.01	-31.69	-0.12	-0.16	9.35	10.28	0.00	-1.15	0.11	-0.39	1.01	0.33	0.44
2020	1.13	7.97	1.30	-23.53	0.71	-0.11	20.15	20.27	0.88	-0.40	0.19	-0.26	1.44	0.98	0.44

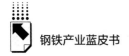

续表

年份	HS7216	HS7217	HS7218	HS7219	HS7220	HS7221	HS7222	HS7223	HS7224	HS7225	HS7226	HS7227	HS7228	HS7229
1988	-1.33	0.03	-0.44	-6.06	-1.03	-0.03	0.57	-0.24	-0.02	-8.42	-0.41	-0.87	-1.09	-0.27
1989	-1.49	0.52	-0.04	-6.29	-0.96	-0.20	1.14	-0.01	-0.20	-10.22	-0.58	-1.22	-1.25	0.13
1990	-1.14	0.40	0.74	-4.87	-1.07	0.01	0.86	0.10	0.48	-6.16	-0.45	-1.05	0.28	-0.08
1991	-0.92	0.72	1.01	-5.06	-0.82	1.13	2.53	1.01	-0.48	-4.98	-0.66	-1.55	2.35	-0.60
1992	0.46	0.92	1.06	-1.33	-0.56	0.81	2.54	0.66	-0.02	-7.51	-0.63	-0.49	3.26	-0.37
1993	1.98	2.00	-0.38	-3.37	-0.97	0.93	1.61	0.12	8.36	-5.82	-0.98	0.91	5.68	-0.41
1994	-0.85	1.20	0.83	-4.94	-1.27	0.62	2.04	0.39	1.43	-4.39	-0.69	-0.93	2.57	-0.47
1995	-2.07	1.26	-0.45	-5.60	-1.32	1.48	3.02	1.01	1.45	-7.35	-0.85	-1.03	1.59	0.46
1996	-1.68	1.82	-1.56	-2.51	-1.28	0.54	1.96	0.49	1.67	-7.45	-0.98	-1.28	2.87	0.60
1997	-1.50	1.58	-4.50	-2.56	-0.93	1.01	2.58	0.68	0.71	-6.13	-0.47	-1.08	2.50	-0.19
1998	-2.00	-0.14	-0.14	-4.98	-1.37	0.43	2.03	2.34	0.34	-4.53	1.47	-1.66	2.07	-0.35
1999	-1.56	0.06	-0.78	-4.59	-0.42	0.66	2.54	1.90	0.45	2.17	7.74	-1.22	1.24	-0.75
2000	-0.97	0.75	-0.94	-2.58	0.07	2.40	4.38	3.29	0.43	2.68	4.58	-0.90	1.12	-0.52
2001	-0.93	0.88	0.59	-2.54	0.08	2.32	5.63	2.31	0.00	1.93	0.34	-0.71	0.24	0.19
2002	-0.60	1.49	3.82	5.06	-0.23	2.35	6.57	2.77	0.68	4.39	-1.09	-1.29	0.33	0.18
2003	0.69	0.77	0.13	6.58	0.06	2.20	4.84	2.44	0.46	19.74	-0.33	-0.90	-0.48	0.30
2004	0.00	0.53	-0.22	4.18	1.07	1.81	6.04	2.39	0.18	6.34	-1.20	-1.07	-0.64	-0.10

续表

年份	HS7216	HS7217	HS7218	HS7219	HS7220	HS7221	HS7222	HS7223	HS7224	HS7225	HS7226	HS7227	HS7228	HS7229
2005	-1.91	0.03	-0.28	2.80	0.38	-0.10	4.96	1.74	-0.06	-1.80	-1.33	-1.28	-1.38	-0.16
2006	-0.73	-0.18	1.60	1.34	0.92	1.25	6.10	2.50	-0.11	-7.28	-2.08	-1.44	-1.58	-0.33
2007	-0.18	-0.52	0.10	-1.97	0.26	1.26	6.91	2.99	-0.12	-7.08	-1.31	-1.49	-1.17	-0.22
2008	0.14	-0.74	-0.60	-2.98	-0.18	0.74	6.07	1.72	1.82	-8.03	-2.25	-1.51	-1.84	-0.29
2009	-0.32	-0.70	-0.08	-1.66	-0.74	0.49	3.84	1.01	-0.74	-11.90	-2.71	-0.94	-1.35	-0.42
2010	-0.48	-1.01	-0.02	-3.61	-0.59	0.95	4.02	1.95	-0.46	-11.95	-1.47	-1.29	-1.78	-0.58
2011	0.08	-0.95	-0.05	-3.16	-0.23	0.61	5.37	2.42	0.24	-13.87	-0.52	-0.84	-2.03	-0.21
2012	-0.26	-0.85	0.05	-1.44	-0.19	0.38	4.50	1.99	-0.10	-11.44	-0.89	-1.38	-1.91	-0.63
2013	-0.15	-0.71	0.01	1.00	0.03	0.65	5.48	2.29	0.53	-10.56	-0.97	-1.27	-2.01	-0.56
2014	0.02	-1.12	0.05	-1.04	-0.97	0.57	5.58	2.36	-0.03	-15.27	-0.46	-3.45	-3.51	-0.50
2015	0.10	-1.37	0.03	-1.71	-1.46	0.47	6.10	2.28	-0.79	-15.73	-0.47	-4.24	-3.26	-0.49
2016	0.22	-1.83	0.24	-0.83	-2.82	0.62	6.03	2.56	-0.52	-16.40	-0.79	-2.21	-4.04	-0.84
2017	0.30	-1.18	0.14	0.32	-0.97	0.30	5.05	2.16	-0.35	-12.01	-0.68	-0.51	-2.45	-0.60
2018	0.59	-1.75	-0.29	-1.42	-1.25	0.02	7.26	2.63	-0.72	-13.49	-1.03	-1.15	-3.13	-0.96
2019	0.41	-1.02	-0.28	-4.82	-1.67	0.04	6.52	2.23	-0.92	-12.62	-0.69	-0.26	-2.50	-0.61
2020	0.40	-0.59	-0.13	-0.62	-1.07	0.48	4.97	2.11	-0.02	-7.49	-0.43	-0.04	-1.49	-0.38

资料来源：联合国商品贸易统计数据库，https：//comtrade.un.org/data1。

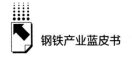

表11 1989~2020年土耳其 HS7201－HS7229 钢材品种净出口额占比趋势

单位：%

年份	HS7201	HS7202	HS7203	HS7204	HS7205	HS7206	HS7207	HS7208	HS7209	HS7210	HS7211	HS7212	HS7213	HS7214	HS7215
1989	-2.07	-3.13	-0.24	-46.29	-0.08	0.07	1.05	1.06	-17.61	4.86	-0.24	-0.26	1.20	11.08	0.25
1990	-0.06	-1.78	-0.16	-26.63	-0.12	0.05	9.87	-2.77	-13.64	0.81	-0.36	-0.31	5.32	25.19	-0.07
1991	-0.69	-1.08	-0.30	-31.77	-0.10	-0.01	4.44	-5.76	-10.83	-1.16	-0.29	-0.21	3.73	25.78	-0.06
1992	-2.11	-1.21	-0.29	-26.79	-0.10	0.39	7.48	-3.25	-11.20	-4.77	-0.29	-0.15	4.02	26.77	-0.06
1993	-2.58	-0.92	-0.01	-27.27	-0.08	0.00	-3.29	-7.48	-11.42	-3.07	-0.22	-0.21	4.02	27.84	-0.17
1994	-2.46	-1.03	-0.01	-31.10	-0.06	0.06	4.87	0.27	-5.24	-1.88	-0.24	-0.21	6.27	37.79	-0.05
1995	-2.73	-0.54	0.00	-29.13	-0.08	-0.01	5.75	-11.62	-9.80	-3.97	0.02	-0.20	3.29	20.86	-0.06
1996	-1.64	-1.53	0.00	-30.39	-0.11	0.00	1.72	-7.97	-5.86	-6.01	-0.50	-0.31	5.48	27.24	-0.10
1997	-0.67	-1.45	-0.01	-30.48	-0.16	0.01	-0.32	-10.22	-5.22	-5.55	-0.35	-0.28	4.86	28.00	0.03
1998	-0.99	-1.60	-0.04	-25.13	-0.14	0.00	-5.42	-15.22	-3.08	-6.25	-0.20	-0.12	3.94	24.98	0.03
1999	-0.41	-1.37	-0.02	-24.65	-0.16	0.00	-5.45	-10.10	-1.87	-5.49	-0.36	-0.18	5.60	31.07	-0.11
2000	-0.76	-2.47	-0.05	-22.36	-0.14	0.00	-5.13	-18.73	-1.36	-6.35	-1.04	-0.22	5.21	21.89	-0.29
2001	-0.40	-2.93	-0.07	-17.76	-0.11	0.00	8.09	-8.82	2.31	-5.16	-0.82	-0.07	7.70	32.71	-0.27
2002	-1.06	-3.11	-0.21	-27.44	-0.09	0.00	10.56	-12.49	-1.16	-4.15	-0.97	-0.19	4.88	23.23	-0.24
2003	-0.88	-2.45	-0.16	-32.91	-0.09	0.00	6.39	-13.56	-2.03	-3.96	-1.48	-0.09	4.29	21.07	-0.30

续表

年份	HS7201	HS7202	HS7203	HS7204	HS7205	HS7206	HS7207	HS7208	HS7209	HS7210	HS7211	HS7212	HS7213	HS7214	HS7215
2004	-0.74	-3.25	-0.03	-30.55	-0.11	0.00	6.95	-14.64	-4.27	-1.84	-0.99	-0.06	4.17	21.86	-0.26
2005	-1.16	-2.96	-0.17	-30.60	-0.12	0.00	-0.10	-21.14	-2.20	-2.71	-1.21	0.01	2.31	23.01	-0.25
2006	-0.84	-2.36	-0.08	-28.55	-0.11	0.00	-4.44	-17.99	-2.63	-2.56	-0.96	-0.17	2.05	25.43	-0.25
2007	-1.63	-2.88	-0.20	-29.03	-0.07	0.00	-5.17	-17.19	-2.19	-2.09	-0.78	-0.50	1.00	24.78	-0.21
2008	-1.60	-2.93	-0.12	-30.47	-0.02	-0.03	-4.22	-13.41	-1.82	-2.07	-0.85	-0.14	1.49	30.20	-0.08
2009	-1.62	-2.63	-0.14	-30.07	0.02	0.00	-3.53	-11.01	-1.42	-2.51	-0.94	-0.22	2.48	28.24	-0.16
2010	-1.40	-2.99	-0.56	-38.94	0.01	0.00	3.76	-10.34	-1.95	-2.69	-1.13	-0.25	2.06	18.73	-0.18
2011	-2.70	-2.58	-0.33	-43.56	0.00	0.00	0.40	-6.05	-2.02	-1.83	-1.02	-0.11	2.48	21.27	-0.18
2012	-2.83	-2.21	-0.64	-42.41	0.00	0.00	-0.98	-6.96	-1.82	-0.44	-0.98	-0.05	1.84	24.53	-0.08
2013	-1.97	-1.99	-0.83	-35.54	-0.02	0.00	-9.92	-7.50	-2.30	-1.64	-0.50	-0.05	1.24	22.95	-0.02
2014	-1.91	-2.08	-0.39	-34.87	-0.03	0.00	-11.25	-5.33	-2.17	-2.67	-0.22	-0.08	1.08	21.56	-0.04
2015	-2.13	-2.09	-0.82	-26.01	-0.05	0.00	-17.43	-6.89	-1.88	-3.19	-0.19	-0.16	0.74	19.01	-0.04
2016	-2.05	-1.28	-0.57	-28.73	-0.04	0.00	-14.26	-5.68	-1.67	-3.49	-0.25	-0.22	1.45	19.81	0.02
2017	-2.25	-2.71	-1.06	-37.36	0.00	0.00	-10.66	-6.14	-1.68	-0.17	-0.09	-0.13	2.48	15.82	0.10
2018	-2.77	-2.55	-0.53	-37.76	0.00	0.00	-11.20	0.26	-1.05	1.94	-0.06	0.09	4.42	18.10	0.18
2019	-2.92	-2.49	-0.95	-35.67	-0.03	0.00	-6.18	-3.79	-1.28	2.96	-0.06	0.28	4.53	17.41	0.28
2020	-6.74	-2.22	-0.74	-36.34	-0.06	0.00	-7.85	-3.84	-0.93	3.77	0.06	0.13	2.45	15.18	0.25

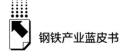

续表

年份	HS7216	HS7217	HS7218	HS7219	HS7220	HS7221	HS7222	HS7223	HS7224	HS7225	HS7226	HS7227	HS7228	HS7229
1989	-1.40	0.63	-0.01	-4.25	-1.01	0.00	-0.24	-0.20	0.95	-1.22	-0.16	-0.16	0.17	-0.08
1990	0.89	0.32	-0.01	-6.26	-0.63	0.00	-0.41	-0.25	0.22	-2.31	-0.26	-0.36	-0.78	-0.16
1991	2.37	0.34	0.00	-6.72	-0.74	0.00	-0.38	-0.20	0.13	-1.77	-0.20	-0.37	-0.45	-0.12
1992	-0.29	0.44	-0.01	-6.25	-0.67	-0.01	-0.28	-0.24	0.10	-1.38	-0.30	-0.35	-0.72	-0.08
1993	2.15	0.04	-0.01	-5.08	-0.69	0.00	-0.27	-0.20	-0.02	-1.65	-0.33	-0.37	-0.54	-0.09
1994	1.06	-0.08	0.00	-3.76	-0.69	0.00	-0.19	-0.15	0.36	-1.50	-0.25	-0.33	-0.02	-0.06
1995	2.23	0.07	-0.01	-4.62	-0.91	0.00	-0.31	-0.21	-0.54	-1.95	-0.25	-0.53	0.25	-0.04
1996	0.89	-0.08	-0.02	-5.32	-0.99	0.00	-0.53	-0.24	0.06	-2.05	-0.31	-0.62	0.01	-0.02
1997	1.31	-0.24	-0.03	-5.23	-1.17	-0.01	-0.50	-0.23	0.56	-2.16	-0.28	-0.63	-0.07	0.00
1998	1.69	-0.42	0.00	-5.24	-1.11	-0.01	-0.42	-0.19	0.34	-1.91	-0.33	-0.75	-0.29	0.17
1999	2.93	-0.31	-0.01	-4.63	-1.03	-0.02	-0.39	-0.18	0.32	-1.61	-0.35	-0.68	-0.42	0.28
2000	3.28	-0.37	0.00	-5.14	-0.87	-0.01	-0.46	-0.22	0.34	-1.86	-0.32	-0.58	-0.36	0.18
2001	3.63	-0.31	0.00	-3.86	-0.85	-0.01	-0.46	-0.21	0.46	-1.90	-0.30	-0.44	0.08	0.24
2002	1.76	-0.14	0.00	-4.36	-0.85	-0.01	-0.45	-0.24	0.24	-1.22	-0.26	-0.51	-0.10	0.09
2003	1.82	-0.14	0.00	-4.21	-0.86	-0.01	-0.43	-0.21	0.25	-1.14	-0.28	-0.43	-0.47	0.09
2004	2.45	-0.03	0.00	-3.46	-0.78	-0.01	-0.36	-0.15	0.30	-1.47	-0.19	-0.48	-0.43	0.18

续表

年份	HS7216	HS7217	HS7218	HS7219	HS7220	HS7221	HS7222	HS7223	HS7224	HS7225	HS7226	HS7227	HS7228	HS7229
2005	1.90	-0.04	0.00	-4.15	-0.91	-0.01	-0.48	-0.18	0.32	-2.46	-0.29	-0.40	-0.78	0.14
2006	2.21	-0.05	0.00	-3.66	-0.80	0.00	-0.37	-0.16	0.31	-2.72	-0.27	-0.27	-0.67	0.09
2007	2.89	0.01	0.00	-4.03	-0.67	0.00	-0.44	-0.19	0.28	-2.61	-0.22	-0.24	-0.59	0.09
2008	3.74	0.08	0.00	-2.39	-0.40	0.00	-0.29	-0.11	0.26	-2.29	-0.24	-0.29	-0.40	0.05
2009	5.45	0.34	0.00	-3.37	-0.58	0.00	-0.37	-0.11	0.01	-3.55	-0.30	-0.19	-0.71	0.02
2010	4.33	0.27	0.00	-4.07	-0.64	0.00	-0.35	-0.16	0.16	-3.86	-0.34	-0.26	-0.55	0.02
2011	4.35	0.22	0.00	-3.87	-0.57	0.00	-0.45	-0.17	0.27	-4.24	-0.42	-0.30	-0.53	0.04
2012	3.99	0.28	0.00	-3.39	-0.49	0.00	-0.42	-0.15	0.30	-4.07	-0.33	-0.26	-0.50	0.06
2013	3.65	0.39	-0.01	-4.29	-0.48	-0.02	-0.39	-0.17	0.29	-2.68	-0.44	-0.28	-0.43	0.03
2014	4.63	0.58	-0.01	-4.58	-0.61	-0.02	-0.44	-0.19	0.27	-3.71	-0.33	-0.61	-0.30	0.07
2015	3.41	0.33	0.00	-3.91	-0.63	-0.03	-0.57	-0.23	0.23	-8.29	-0.27	-0.68	-0.54	0.26
2016	3.22	0.32	0.00	-4.67	-0.71	-0.03	-0.60	-0.23	0.11	-8.84	-0.07	-0.87	-0.50	0.30
2017	3.82	0.66	0.00	-5.16	-0.71	0.00	-0.54	-0.23	-0.01	-7.13	-0.21	-0.38	-0.15	0.31
2018	4.77	1.18	0.00	-4.28	-0.66	0.00	-0.63	-0.22	0.32	-6.25	-0.15	-0.31	-0.18	0.09
2019	6.28	1.23	-0.08	-4.55	-0.63	0.00	-0.75	-0.27	0.20	-6.22	0.01	-0.37	-0.24	0.34
2020	5.33	0.76	-0.15	-4.49	-0.62	0.00	-0.66	-0.29	-0.03	-5.76	-0.10	0.22	-0.33	0.69

资料来源：联合国商品贸易统计数据库，https：//comtrade. un. org/data1。

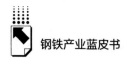
表12 1994~2020年意大利HS7201-HS7229 钢材品种净出口额占比趋势

单位：%

年份	HS7201	HS7202	HS7203	HS7204	HS7205	HS7206	HS7207	HS7208	HS7209	HS7210	HS7211	HS7212	HS7213	HS7214	HS7215
1994	-3.82	-7.64	-0.52	-18.43	-0.65	0.12	-3.21	-15.89	-5.77	-4.04	0.67	0.07	-0.94	12.32	3.53
1995	-4.13	-6.37	-0.26	-15.17	-0.57	0.50	-5.24	-17.57	-6.83	-6.14	-1.28	-0.33	-2.66	8.64	2.72
1996	-4.11	-8.65	-0.07	-12.87	-1.20	-0.02	-2.76	-15.09	-6.43	-6.23	-1.84	-0.63	-1.62	8.97	2.93
1997	-3.61	-8.24	-0.08	-10.39	-1.15	-0.05	-5.60	-18.25	-8.02	-6.55	-2.11	-0.67	-1.53	6.75	3.04
1998	-3.64	-6.97	-0.26	-10.02	-0.88	-0.08	-6.49	-18.80	-8.30	-6.35	-1.81	-0.67	-2.62	4.69	2.95
1999	-2.66	-7.46	-0.14	-6.84	-1.01	0.13	-7.68	-16.93	-6.21	-9.89	-1.28	-1.07	-2.83	5.10	3.11
2000	-2.47	-6.80	-0.31	-6.94	-0.92	0.34	-4.34	-18.84	-10.46	-7.82	-1.62	-0.95	-3.34	5.10	2.55
2001	-2.76	-7.28	-0.32	-7.84	-1.04	-0.08	-5.00	-15.84	-8.07	-10.43	-0.92	-0.29	-3.53	5.41	2.95
2002	-2.27	-8.92	-0.44	-7.96	-1.00	-0.05	-4.70	-18.14	-5.51	-11.30	-0.88	-0.44	-3.39	4.95	2.45
2003	-2.63	-8.87	-0.52	-9.07	-0.89	-0.09	-7.15	-18.40	-3.87	-8.64	-1.04	-0.45	-4.47	4.91	2.75
2004	-3.60	-11.53	-0.39	-12.51	-0.76	-0.07	-12.86	-9.56	-3.07	-6.12	-1.38	-0.32	-3.54	3.71	2.96
2005	-4.52	-15.27	-0.88	-11.59	-0.75	-0.05	-12.73	-8.21	-2.41	-5.76	-0.11	-0.21	-4.42	3.51	3.03
2006	-4.52	-15.27	-0.88	-11.59	-0.75	-0.05	-12.73	-8.21	-2.41	-5.76	-0.11	-0.21	-4.42	3.51	3.03
2007	-3.79	-11.54	-0.66	-8.87	-0.78	-0.08	-12.15	-6.03	-1.39	-4.11	0.48	-0.10	-3.06	4.27	2.51
2008	-4.89	-11.13	-0.69	-10.74	-0.69	-0.04	-12.49	-9.04	-1.13	-3.24	0.89	-0.04	-1.08	6.84	2.51
2009	-2.91	-11.92	-0.38	-8.06	-1.09	0.04	-10.67	-6.32	-1.90	-9.64	2.09	0.13	-1.22	6.74	3.40
2010	-3.51	-14.68	-0.67	-12.62	-1.00	0.00	-11.89	-6.10	-0.45	-3.85	1.75	0.16	-2.05	4.09	3.61
2011	-4.12	-14.01	-1.35	-15.98	-0.95	0.02	-12.03	-5.58	-0.50	-0.88	1.80	0.18	-1.95	5.09	3.77
2012	-3.58	-14.67	-1.49	-16.36	-1.01	0.02	-11.33	1.67	1.76	3.90	2.09	0.27	-0.33	8.41	3.63
2013	-4.51	-12.44	-1.71	-13.67	-1.00	-0.06	-10.51	-8.48	-0.83	2.91	1.82	0.50	-0.58	9.33	3.26
2014	-4.58	-11.48	-1.55	-12.40	-0.90	0.00	-9.53	-9.11	-0.76	3.51	1.94	0.61	0.38	7.84	3.06
2015	-3.53	-10.53	-2.04	-9.40	-0.86	0.02	-10.19	-13.45	-1.72	2.55	1.67	0.42	-0.52	6.86	2.91
2016	-3.24	-9.79	-1.91	-8.14	-0.94	0.01	-10.36	-12.90	0.00	4.36	2.02	0.77	0.49	8.51	3.17
2017	-3.94	-7.05	-2.19	-9.92	-0.81	0.10	-10.96	-14.72	-1.12	4.20	2.27	0.82	0.47	6.90	2.82
2018	-3.87	-6.84	-2.36	-11.21	-0.79	0.11	-11.40	-15.39	-1.54	2.20	2.29	0.75	0.19	6.70	2.87
2019	-3.17	-6.19	-1.94	-10.71	-0.84	0.09	-14.02	-15.48	-1.75	1.15	2.26	0.92	1.82	7.22	2.67
2020	-3.11	-5.86	-2.09	-11.34	-0.96	0.14	-11.35	-12.98	-2.23	0.62	2.50	1.27	2.05	8.16	2.61

续表

年份	HS7216	HS7217	HS7218	HS7219	HS7220	HS7221	HS7222	HS7223	HS7224	HS7225	HS7226	HS7227	HS7228	HS7229
1994	4.35	3.58	-0.17	-4.88	-1.13	-0.09	3.65	0.31	-0.47	-1.22	0.16	-0.29	-1.72	0.34
1995	3.94	2.13	-0.11	-5.59	-1.00	-0.04	3.70	0.32	-0.23	-1.97	-0.19	-0.41	-1.63	0.34
1996	5.70	2.15	-0.58	-6.17	-0.88	-0.19	3.68	0.15	-0.57	-3.13	-0.23	-0.31	-2.58	0.28
1997	5.26	1.62	-0.58	-6.35	-0.61	-0.31	3.94	0.01	-0.39	-2.54	-0.10	-0.54	-1.43	0.28
1998	4.07	1.48	0.15	-8.37	-0.95	-0.57	3.46	0.06	-0.53	-3.79	-0.13	-0.79	-0.82	0.29
1999	4.45	1.36	-0.17	-8.06	-0.81	-0.47	4.18	0.24	-0.55	-4.99	-0.06	-0.78	-1.23	0.32
2000	4.98	1.24	-0.33	-8.24	-0.53	-0.52	4.67	0.09	-0.30	-3.88	-0.73	-0.77	-0.67	0.25
2001	5.00	1.37	0.12	-7.36	-0.38	-0.26	5.04	0.06	-0.43	-5.23	-1.37	-0.87	-0.42	0.32
2002	4.72	1.46	0.25	-7.26	-0.01	-0.66	4.42	0.05	-0.31	-5.71	-0.83	-0.67	-0.83	0.41
2003	3.60	1.25	0.21	-7.59	0.06	-0.52	4.07	0.08	-0.41	-6.28	-0.72	-0.70	-0.47	0.29
2004	4.07	1.14	0.66	-7.44	0.30	-0.53	5.03	0.09	-0.84	-5.63	-0.49	-0.80	-0.10	0.50
2005	3.74	1.12	1.28	-5.17	0.32	-0.44	5.16	0.05	-1.21	-6.27	-0.15	-0.66	-0.53	0.44
2006	3.74	1.12	1.28	-5.17	0.32	-0.44	5.16	0.05	-1.21	-6.27	-0.15	-0.66	-0.53	0.44
2007	4.28	0.73	0.94	-12.10	0.33	-0.91	6.05	0.00	-2.21	-10.08	-0.41	-0.87	-0.95	0.30
2008	5.13	0.72	0.91	-9.03	0.44	-0.47	3.81	-0.04	-2.26	-9.10	-0.26	-1.30	-0.82	0.27
2009	5.10	1.70	0.92	-6.32	1.57	-0.84	5.52	-0.15	-1.18	-8.00	-0.27	-0.91	0.50	0.51
2010	3.03	1.27	0.88	-9.57	1.38	-1.06	5.58	0.00	0.42	-7.95	-0.21	-1.42	0.19	0.60
2011	3.27	1.37	0.83	-7.54	1.36	-1.24	5.52	-0.04	0.61	-7.47	-0.19	-1.41	-0.36	0.59
2012	4.12	1.86	1.29	-3.43	1.60	-0.50	5.78	-0.04	1.20	-7.38	-0.32	-1.17	-0.06	0.76
2013	3.43	1.66	0.97	-5.46	1.27	-0.52	5.25	-0.19	1.26	-5.76	-0.50	-0.98	-0.47	0.66
2014	3.14	1.50	0.77	-8.94	1.29	-0.63	5.25	-0.30	0.89	-6.59	-0.54	-1.28	-0.48	0.75
2015	2.16	1.54	0.48	-8.69	1.45	-0.29	5.14	-0.34	-0.25	-10.05	-0.53	-1.53	-0.22	0.67
2016	2.95	1.76	0.29	-8.79	1.91	-0.43	5.04	-0.38	0.54	-8.67	-0.70	-1.12	-0.12	0.70
2017	2.48	1.70	0.38	-8.88	1.78	-0.37	5.15	-0.37	0.72	-7.40	-0.61	-0.82	0.43	0.60
2018	2.59	2.15	0.16	-8.88	1.80	-0.37	4.98	-0.59	0.94	-6.68	-0.68	-1.14	-0.03	0.49
2019	2.28	2.69	-0.47	-8.40	1.54	-0.07	5.25	-0.26	0.50	-6.14	-0.45	-0.60	0.64	0.51
2020	2.74	3.60	-0.61	-7.59	1.87	-0.38	5.85	-0.33	0.46	-6.71	-0.66	-0.46	0.86	0.60

资料来源：联合国商品贸易统计数据库，https：//comtrade. un. org/data。

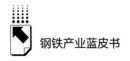
表 13 1991~2020 年德国 HS7201－HS7229 钢材品种净出口额占比趋势

单位：%

年份	HS7201	HS7202	HS7203	HS7204	HS7205	HS7206	HS7207	HS7208	HS7209	HS7210	HS7211	HS7212	HS7213	HS7214	HS7215
1991	0.24	-9.70	-0.02	11.23	-0.31	0.33	1.78	3.50	6.41	5.02	4.40	3.08	2.61	-7.76	-0.44
1992	0.10	-9.20	-0.04	12.94	-0.39	0.23	2.92	3.54	7.38	2.23	5.11	3.24	2.48	-8.31	-0.50
1993	-0.06	-6.29	0.00	13.82	-0.24	0.13	5.67	8.75	7.67	4.44	4.43	2.05	3.58	-7.48	-0.26
1994	-0.63	-10.89	-0.01	15.39	-0.42	-0.08	3.26	3.85	5.49	7.81	3.72	2.14	2.26	-8.19	-0.51
1995	-0.74	-13.24	-0.01	13.15	-0.79	-0.16	2.76	2.83	3.82	7.01	3.77	2.04	2.36	-8.76	-0.84
1996	-0.49	-11.93	-0.01	12.64	-0.33	-0.24	6.81	6.52	2.53	9.69	4.44	1.35	5.31	-5.77	-0.19
1997	-0.45	-11.64	0.00	14.11	-0.29	-0.31	5.91	7.30	4.10	7.67	4.74	1.02	6.21	-4.84	-0.28
1998	-1.03	-13.11	-0.01	10.37	-0.65	-0.24	1.71	4.88	6.65	3.66	4.96	1.61	6.79	-5.43	-0.75
1999	-0.70	-10.57	-0.01	11.35	-0.75	-0.09	3.84	1.60	5.04	3.31	4.82	0.42	7.12	-6.49	-0.66
2000	-0.53	-11.83	-0.21	10.51	-0.54	-0.06	4.20	4.13	4.60	1.29	5.35	1.08	7.42	-4.83	-0.22
2001	-0.84	-13.34	-0.39	10.82	-0.50	-0.05	2.81	3.38	5.27	3.36	5.41	2.53	5.58	-4.57	-0.43
2002	-0.49	-12.76	0.11	11.03	-0.60	-0.04	4.01	2.86	5.35	6.25	6.24	3.43	7.12	-2.50	-0.22
2003	-0.54	-13.45	0.01	9.83	-0.39	0.00	6.71	1.66	3.83	9.59	7.05	3.81	6.17	-3.37	-0.49
2004	-0.90	-18.04	0.08	9.59	-0.34	-0.10	0.47	5.05	1.61	6.25	5.98	3.68	10.28	-2.93	0.12
2005	-0.92	-24.35	0.15	10.66	-0.51	-0.09	-2.76	-0.96	0.06	6.78	4.95	2.87	7.92	-1.41	-1.39

续表

年份	HS7201	HS7202	HS7203	HS7204	HS7205	HS7206	HS7207	HS7208	HS7209	HS7210	HS7211	HS7212	HS7213	HS7214	HS7215
2006	-0.81	-20.13	0.13	12.06	-0.43	-0.05	-1.80	-1.18	-0.23	8.12	4.73	3.35	6.62	-2.77	-1.51
2007	-1.32	-21.99	-0.01	14.34	-0.45	-0.14	-1.93	-1.49	-0.98	3.51	3.20	2.46	4.72	-1.41	-1.93
2008	-1.72	-21.59	0.11	12.48	-0.41	-0.20	-3.99	-6.68	-1.82	0.93	3.03	2.16	5.47	-2.53	-2.35
2009	-1.83	-17.06	-0.76	16.38	-0.36	-0.19	4.91	-1.73	-1.44	5.33	5.02	3.58	5.32	-1.89	-1.03
2010	-0.93	-21.03	-0.85	18.19	-0.55	-0.13	3.74	-6.24	-1.22	0.90	4.46	2.81	4.96	-2.50	-1.06
2011	-1.54	-19.47	-0.67	16.18	-0.69	-0.21	0.23	-7.32	-1.60	-3.92	3.86	2.04	4.84	-4.95	-1.45
2012	-1.95	-17.33	-0.40	21.30	-0.74	-0.54	1.29	0.79	-1.98	-3.63	4.43	1.49	5.67	-3.51	-1.33
2013	-1.41	-15.60	-0.74	17.85	-0.85	-0.30	3.37	-2.36	-1.69	-4.83	4.26	1.69	4.65	-2.46	-1.40
2014	-1.37	-13.09	-0.62	19.90	-0.82	-0.31	0.58	-2.38	-1.01	-3.79	4.14	1.70	4.59	-2.83	-1.49
2015	-1.65	-12.13	-0.62	16.15	-0.69	-0.23	0.36	-1.15	-1.64	-6.21	3.80	1.78	4.37	-2.08	-1.41
2016	-1.22	-10.50	-0.48	16.80	-0.71	-0.16	0.84	-3.46	-0.88	-3.46	4.82	2.43	3.84	-2.85	-1.49
2017	-0.62	-11.87	-1.08	16.48	-0.68	-0.25	-0.93	-3.78	-0.50	-5.04	4.26	2.30	2.93	-2.88	-1.34
2018	-0.86	-12.02	-0.79	16.54	-0.57	-0.10	0.09	-4.61	-0.86	-6.54	3.54	1.83	3.64	-3.46	-1.66
2019	-0.84	-11.23	-0.96	16.94	-0.29	-0.09	2.38	-1.03	0.11	-4.66	3.97	1.76	4.19	-3.52	-1.49
2020	0.09	-9.69	-1.00	19.39	-0.27	-0.08	4.30	2.02	1.47	-0.50	4.35	2.53	4.45	-3.02	-1.20

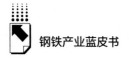
续表

年份	HS7216	HS7217	HS7218	HS7219	HS7220	HS7221	HS7222	HS7223	HS7224	HS7225	HS7226	HS7227	HS7228	HS7229
1991	-1.13	-0.54	-16.08	13.82	1.44	-0.78	-0.56	-0.48	0.88	2.65	1.78	-0.85	1.74	-0.43
1992	-4.09	-0.57	-11.12	11.82	1.27	-0.96	-0.48	-0.62	0.57	3.33	2.39	-1.19	2.37	-0.61
1993	-2.37	-0.67	-4.68	15.59	3.11	-0.66	-0.29	-0.19	0.22	3.48	2.07	0.06	1.33	-0.44
1994	-0.84	-1.03	-6.39	15.77	2.02	-0.79	0.07	-0.32	0.20	4.59	2.30	0.22	0.14	-0.67
1995	0.22	-1.31	-8.28	12.30	1.35	-1.25	-1.16	-0.82	0.26	6.01	2.65	-0.15	-1.37	-0.60
1996	0.39	-1.66	-8.07	8.28	0.72	-1.08	-0.93	-0.58	0.52	5.95	2.33	-0.07	0.30	-0.86
1997	2.68	-1.52	-5.12	9.18	1.12	-0.73	-0.29	-0.41	0.64	5.65	2.76	0.27	-0.20	-0.57
1998	3.60	-0.97	-6.58	8.81	0.31	-1.25	-1.39	-0.90	1.16	7.39	3.55	-0.32	-1.02	-0.92
1999	4.14	-0.97	-6.87	10.24	1.83	-1.16	-1.26	-0.66	1.35	8.98	4.24	-0.32	-0.31	-0.91
2000	6.92	-0.25	-6.60	7.42	0.80	-1.07	-1.22	-0.77	1.64	10.72	4.34	-0.50	-0.35	-0.60
2001	7.28	-0.26	-3.73	5.93	1.15	-1.26	-2.56	-0.56	1.09	9.16	4.89	-0.58	-1.38	-0.90
2002	7.66	-0.23	-3.28	5.72	1.58	-0.85	-1.50	-0.39	-0.33	9.52	4.25	-0.33	-0.64	-0.71
2003	8.64	0.18	-1.65	2.59	1.29	-1.01	-1.61	-0.29	-0.08	10.35	4.52	0.00	0.18	-0.70
2004	9.28	0.15	-1.03	2.54	1.15	-1.14	-1.73	-0.26	-1.06	10.94	4.73	0.09	-0.11	-0.38
2005	7.69	0.28	-0.82	0.85	1.24	-1.20	-1.42	-0.51	-1.43	11.65	4.11	-0.83	-1.59	-0.60
2006	6.70	0.44	-0.03	-6.70	0.78	-1.43	-1.87	-0.66	-1.39	10.34	3.70	-0.18	-1.33	-0.55

续表

年份	HS7216	HS7217	HS7218	HS7219	HS7220	HS7221	HS7222	HS7223	HS7224	HS7225	HS7226	HS7227	HS7228	HS7229
2007	5.65	0.88	-0.69	-6.54	1.54	-1.97	-2.83	-1.05	-2.06	10.90	3.54	0.03	-1.79	-0.65
2008	3.72	0.30	-0.74	-4.67	0.48	-1.30	-1.60	-0.71	-3.85	10.65	3.10	-0.33	-2.31	-0.74
2009	4.75	-0.43	-1.01	-0.06	1.43	-1.23	-0.79	-0.48	-2.22	12.77	3.86	-0.17	3.03	-0.92
2010	3.57	-0.28	-0.46	-4.87	0.51	-1.90	-1.54	-0.69	-1.42	9.20	3.58	-0.23	1.09	-1.11
2011	4.47	-0.46	-0.61	-5.45	-0.16	-1.73	-1.41	-0.71	-1.29	8.47	3.69	-0.42	-0.93	-1.21
2012	5.26	0.14	-0.16	-7.52	-0.23	-2.50	-0.94	-0.64	-1.18	9.22	4.27	-0.27	0.18	-1.10
2013	5.01	-0.20	-0.47	-10.07	0.30	-2.72	-0.70	-0.55	-1.38	8.47	4.33	-0.37	1.10	-0.85
2014	4.37	-0.42	-0.46	-17.26	0.37	-2.53	-0.66	-0.67	-0.84	7.42	4.57	-0.07	0.86	-0.88
2015	4.18	-0.09	-0.46	-21.88	0.56	-2.05	-0.74	-0.62	-0.44	8.37	4.12	0.86	0.42	-0.94
2016	4.37	0.24	-0.21	-21.75	0.24	-1.69	-0.39	-0.56	-1.04	7.51	4.70	0.98	1.49	-0.93
2017	3.66	0.08	-0.16	-21.11	0.11	-1.49	-0.75	-0.54	-1.48	7.64	4.60	0.73	1.83	-0.85
2018	3.70	-0.09	-0.14	-19.61	-0.04	-1.54	-1.52	-0.43	-1.42	7.49	4.18	0.71	0.88	-1.15
2019	3.84	-0.52	-0.16	-21.14	0.03	-1.64	-0.77	-0.40	-1.34	10.24	3.78	0.26	1.70	-0.72
2020	4.34	-0.50	-0.23	-21.19	-0.25	-1.72	0.03	-0.48	0.26	8.05	3.87	0.67	3.33	-0.74

资料来源：联合国商品贸易统计数据库，https：//comtrade.un.org/data1。

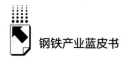

表14 1993～2021年英国HS7201－HS7229钢材品种净出口额占比趋势

单位：%

年份	HS7201	HS7202	HS7203	HS7204	HS7205	HS7206	HS7207	HS7208	HS7209	HS7210	HS7211	HS7212	HS7213	HS7214	HS7215
1993	-0.54	-6.54	0.00	17.39	0.41	-0.20	7.78	-0.19	-4.06	1.30	0.88	0.32	7.21	4.20	2.32
1994	-1.11	-9.48	0.02	16.94	0.52	0.25	5.70	0.00	-5.57	-0.04	0.44	0.74	8.95	4.99	2.75
1995	-1.04	-7.63	0.00	13.28	0.40	0.41	-0.23	-1.55	-2.97	2.45	1.21	1.66	9.52	4.91	2.62
1996	-1.30	-8.49	0.03	11.49	0.52	0.32	3.74	-1.20	-2.48	-0.25	1.41	1.45	7.39	3.63	1.96
1997	-1.62	-7.78	0.00	15.58	0.56	0.34	1.81	0.43	-5.01	-1.93	0.89	0.60	7.85	3.04	1.48
1998	-1.86	-5.79	-0.07	15.14	0.59	0.38	1.03	-3.76	-9.63	-6.28	2.29	1.42	9.16	4.68	1.80
1999	-1.65	-8.22	0.04	19.04	0.60	-0.27	0.33	-1.42	-9.69	-6.79	2.70	0.39	10.06	0.93	1.85
2000	-1.16	-9.06	0.02	21.43	0.52	0.00	-0.65	-2.50	-8.62	-4.78	2.27	2.54	7.94	-1.58	2.76
2001	-0.79	-5.39	-0.03	24.36	0.57	-0.02	2.22	-11.13	-8.79	-12.96	1.04	-1.39	6.65	1.97	1.55
2002	-0.59	-3.10	0.02	24.69	0.46	-0.02	-9.20	-5.36	-4.95	-13.47	0.70	0.82	5.76	-0.02	1.34
2003	-0.60	-1.24	-0.04	34.30	0.38	0.08	2.33	-2.95	-1.77	-11.14	0.24	0.75	3.32	-2.28	1.11
2004	-0.65	-0.14	0.00	33.62	0.17	0.14	3.32	-1.42	-1.32	-11.87	-0.17	0.81	5.07	-0.01	0.95
2005	-0.65	8.37	-0.07	29.90	0.08	0.30	5.64	1.83	-0.58	-9.48	0.08	1.14	7.20	0.52	0.95
2006	-0.39	3.85	-0.01	30.50	0.28	0.41	6.26	-1.26	-0.51	-11.62	0.13	1.03	4.72	0.31	0.65
2007	-0.30	1.35	-0.05	26.25	0.34	0.30	9.57	-4.07	-1.13	-10.55	-0.13	1.14	5.14	0.58	0.70
2008	-0.37	-1.86	-0.01	32.71	0.34	0.07	9.98	-1.19	0.20	-10.76	-0.01	0.68	5.07	1.92	1.30
2009	-0.03	-1.81	0.01	35.98	0.50	0.16	16.23	-0.52	0.73	-9.67	0.18	1.21	5.52	1.26	0.74
2010	-0.23	0.60	-0.20	43.11	0.48	-0.24	-0.58	2.18	0.40	-10.62	-0.16	1.17	7.11	1.40	0.54
2011	-0.54	-0.28	-0.29	42.46	0.44	-0.89	-3.51	-0.34	0.88	-9.15	-0.42	1.26	5.99	0.98	0.62
2012	-0.43	0.65	-0.82	38.94	0.64	0.01	7.44	-3.32	-1.21	-10.15	-0.58	1.20	4.82	-0.27	1.06
2013	-0.26	0.14	-0.12	35.45	0.62	1.45	19.18	1.80	1.11	-8.00	-0.49	1.41	4.50	-0.63	0.69
2014	-0.33	-0.02	-0.04	32.65	0.50	0.53	18.47	0.94	0.84	-7.79	-0.84	0.64	3.82	-1.84	0.53
2015	-0.51	-0.46	-0.18	34.84	0.29	0.62	13.30	0.00	0.30	-8.73	-0.85	0.43	4.45	-1.91	0.65
2016	-0.24	-0.05	0.01	38.30	0.42	0.10	1.47	-4.40	-2.02	-14.43	-1.08	0.75	3.32	-1.74	0.27
2017	-0.38	0.06	0.06	39.14	0.37	0.07	0.75	-3.84	-3.26	-13.83	-0.91	0.58	3.01	-2.38	0.35
2018	-0.19	0.28	0.08	39.69	0.36	0.01	-2.16	-6.41	-2.79	-12.29	-0.82	0.38	3.89	-2.65	0.77
2019	-0.31	1.00	0.12	41.64	0.30	-0.04	0.42	-5.70	-2.44	-13.69	-0.58	0.40	3.27	-2.73	0.48
2020	-0.13	-0.25	0.12	48.21	0.70	0.02	2.04	-1.19	-2.41	-9.32	-0.45	0.81	4.52	-2.61	1.07
2021	-0.26	0.28	0.03	51.65	0.21	0.01	-1.52	-4.21	-1.96	0.00	-0.82	0.69	2.18	-4.05	-0.09

续表

年份	HS7216	HS7217	HS7218	HS7219	HS7220	HS7221	HS7222	HS7223	HS7224	HS7225	HS7226	HS7227	HS7228	HS7229
1993	15.68	4.03	10.56	-9.17	-1.91	-0.01	-1.96	-0.19	1.53	-0.72	0.01	-0.63	-0.18	-0.08
1994	14.16	3.66	13.11	-3.30	-1.54	0.26	-2.57	-0.15	1.81	-0.53	0.03	-0.80	0.41	0.14
1995	12.36	3.25	16.20	-7.48	-0.78	0.95	-3.67	-0.16	1.70	-1.60	-0.14	-1.03	0.71	0.09
1996	12.93	2.19	15.85	-9.55	-0.96	0.29	-3.67	-0.47	2.24	-4.06	0.35	-0.75	-0.86	0.17
1997	9.12	3.13	15.48	-7.58	-0.95	0.74	-4.48	-0.58	1.82	-4.12	0.46	-1.57	-0.97	-0.10
1998	10.25	3.62	3.15	-2.31	-1.24	1.17	-4.30	-1.14	2.87	-3.29	0.83	-1.35	-0.55	-0.07
1999	9.03	4.46	5.41	-0.44	-0.80	1.43	-4.92	-1.25	1.79	-3.33	0.42	-2.04	-0.40	0.28
2000	4.44	3.82	5.64	1.11	0.05	2.39	-5.14	-1.68	0.36	-3.17	0.77	-1.98	0.37	0.31
2001	3.56	1.96	3.37	1.63	1.48	1.56	-2.23	-0.99	0.84	-3.44	1.04	-1.19	0.51	0.27
2002	1.57	1.09	10.46	-4.44	-0.01	1.37	-1.74	-0.60	0.81	-4.88	1.11	-0.75	0.55	0.13
2003	1.20	0.83	12.90	-10.35	0.51	1.42	-1.82	-0.57	0.88	-4.41	0.69	-0.64	1.26	0.02
2004	-1.56	0.66	15.13	-10.60	0.58	1.63	-1.49	-0.71	0.41	-4.77	0.61	-0.48	1.51	0.17
2005	0.32	0.23	17.62	-3.13	0.18	1.38	-1.90	-0.98	0.81	-4.40	0.83	-0.60	0.80	-0.02
2006	-1.27	0.02	12.12	-14.70	-0.57	1.39	-1.70	-0.69	0.45	-2.76	1.36	-0.45	-0.46	0.16
2007	-4.88	-0.10	13.79	-10.37	-0.56	1.08	-1.18	-0.83	1.04	-2.09	1.09	-0.10	1.15	0.14
2008	-4.35	-0.28	9.33	-8.92	-0.76	0.95	-1.32	-0.60	1.15	-2.16	1.15	-0.42	2.13	-0.01
2009	0.13	0.08	8.53	-8.89	-1.40	0.69	-0.59	-0.59	0.27	-2.63	0.83	-0.26	0.43	-0.11
2010	-1.76	-0.34	9.96	-8.42	-1.78	0.96	-1.03	-0.73	-0.23	-3.94	0.45	-0.39	0.88	0.13
2011	-2.95	-0.43	10.20	-6.88	-1.37	0.84	-0.83	-0.68	-0.57	-4.33	0.35	-0.65	1.83	0.06
2012	-3.12	-0.21	6.92	-6.71	-1.18	0.54	-1.17	-0.62	-0.68	-4.72	0.39	-0.45	1.63	-0.12
2013	-3.80	-0.43	5.76	-6.18	-1.27	0.73	-0.60	-0.58	-0.32	-2.41	0.19	-0.35	1.37	-0.15
2014	-3.63	-0.70	7.18	-6.95	-1.54	0.78	-1.27	-0.64	0.06	-5.15	0.22	-0.24	1.50	-0.41
2015	-3.37	-1.18	6.74	-7.44	-1.81	0.83	-1.02	-0.77	0.39	-6.90	0.42	-0.21	0.97	-0.49
2016	-2.61	-1.84	7.23	-6.47	-2.16	0.82	-0.87	-0.75	0.20	-7.21	0.21	-0.44	0.03	-0.56
2017	-2.81	-1.62	7.75	-6.09	-1.94	0.62	-1.39	-0.66	0.41	-2.66	0.38	0.09	-0.03	-0.34
2018	-3.33	-1.47	8.05	-6.23	-1.62	0.64	-1.62	-0.60	0.23	-2.32	0.47	0.17	-0.11	-0.39
2019	-3.76	-1.24	6.60	-7.15	-1.92	0.62	-1.80	-0.89	0.08	-1.51	0.57	0.20	-0.02	-0.49
2020	-0.14	-1.59	7.15	-8.21	-2.12	0.62	-2.00	-0.90	0.64	-1.14	0.33	0.52	-0.22	-0.54
2021	-5.19	-1.71	8.42	-7.56	-1.74	0.13	-1.41	-0.83	0.52	2.13	0.29	0.49	-1.06	-0.55

资料来源：联合国商品贸易统计数据库，https://comtrade.un.org/data/。

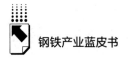

表15 1996~2020年俄罗斯HS7201-HS7229钢材品种净出口额占比趋势

单位：%

年份	HS7201	HS7202	HS7203	HS7204	HS7205	HS7206	HS7207	HS7208	HS7209	HS7210	HS7211	HS7212	HS7213	HS7214	HS7215
1996	3.98	0.52	-2.02	5.46	-0.03	0.14	33.45	22.34	8.01	2.29	1.08	-0.16	6.95	4.81	0.10
1997	4.38	1.08	0.29	8.44	-0.02	0.40	30.83	22.15	8.25	3.06	1.51	-0.10	6.42	4.92	0.05
1998	4.75	1.50	0.62	15.68	-0.01	0.27	21.24	27.90	7.09	3.56	1.28	0.01	4.27	2.85	0.33
1999	4.09	1.93	0.56	13.24	-0.06	0.21	30.73	21.23	9.48	2.81	1.32	-0.07	3.81	2.05	0.51
2000	5.21	1.25	0.48	8.92	-0.05	0.37	32.12	24.19	9.28	0.82	1.93	0.15	2.80	1.59	0.63
2001	6.31	1.22	0.71	8.51	-0.06	0.40	36.59	15.76	8.03	-1.24	1.40	-0.09	3.12	3.17	0.76
2002	6.37	1.54	1.24	8.38	-0.05	0.06	32.34	21.78	9.45	0.18	1.93	-0.12	2.90	2.36	0.90
2003	8.17	1.83	0.83	10.96	-0.05	0.04	28.94	19.74	11.09	0.03	2.09	-0.23	2.53	3.41	1.14
2004	9.44	2.68	0.81	14.44	-0.03	0.03	32.28	18.41	7.24	-0.10	2.26	-0.11	1.88	1.84	1.00
2005	8.39	6.23	1.06	13.91	-0.04	0.01	29.56	16.72	7.34	-1.08	1.49	-0.11	1.72	0.95	1.32
2006	9.41	4.89	1.19	12.99	-0.05	0.00	33.95	12.70	5.84	-2.40	1.58	-0.23	1.56	0.26	1.69
2007	9.74	4.27	1.54	11.32	-0.09	0.00	36.57	12.93	4.04	-3.94	1.69	-0.25	1.01	-0.23	2.18
2008	9.76	3.68	3.51	8.30	-0.10	0.00	41.15	11.37	3.41	-4.80	1.15	-0.04	1.20	0.65	1.47
2009	9.19	6.47	2.56	4.24	-0.10	0.00	35.38	16.92	5.93	-3.56	0.91	-0.11	2.69	3.09	0.54
2010	7.95	6.11	3.19	6.07	-0.09	0.03	39.12	14.20	4.79	-4.85	0.73	-0.18	1.91	0.74	0.96
2011	9.46	6.12	4.00	6.70	-0.06	0.04	36.36	13.05	2.70	-6.10	0.52	-0.15	2.34	-0.14	1.23
2012	8.14	7.22	3.51	6.69	-0.06	0.00	37.31	11.89	3.35	-7.48	0.56	-0.12	1.73	0.44	0.78
2013	8.57	7.17	3.92	7.32	-0.04	0.00	34.58	11.76	4.18	-6.62	0.70	-0.11	1.35	-0.86	0.88
2014	9.15	5.47	3.73	8.93	0.00	0.00	35.59	12.65	4.29	-6.38	0.61	-0.09	1.45	0.57	0.84
2015	9.75	5.73	3.19	8.47	0.05	0.01	32.71	13.13	4.03	-4.34	0.60	-0.02	1.46	2.96	0.69
2016	8.72	6.66	2.81	7.60	0.04	0.01	33.34	15.63	2.82	-4.52	0.37	0.01	2.32	2.83	0.55
2017	9.70	5.19	4.08	6.94	0.02	0.01	36.17	14.80	3.69	-3.35	0.27	0.01	2.37	2.63	0.45
2018	9.84	4.33	5.13	7.10	0.03	0.03	38.58	13.34	2.52	-1.50	0.28	0.05	2.55	2.93	0.38
2019	9.47	5.28	7.10	6.30	0.05	0.01	39.40	11.11	1.47	-1.55	0.33	-0.03	2.58	2.71	0.38
2020	9.27	3.81	6.59	8.29	0.05	0.00	34.41	14.52	1.68	-1.05	0.36	0.01	2.77	4.62	0.24

续表

年份	HS7216	HS7217	HS7218	HS7219	HS7220	HS7221	HS7222	HS7223	HS7224	HS7225	HS7226	HS7227	HS7228	HS7229
1996	1.05	0.22	0.07	-0.10	-0.12	0.03	0.18	0.06	0.77	2.56	0.30	-0.08	3.11	-0.03
1997	1.08	0.13	0.05	-0.28	-0.19	0.02	0.06	0.03	2.09	2.16	0.22	-0.04	1.71	-0.04
1998	-0.51	0.40	-0.02	-0.27	-0.22	0.01	0.02	0.03	2.44	1.95	0.21	0.00	2.54	-0.01
1999	0.35	0.34	-0.09	-0.25	-0.25	0.00	0.03	0.01	2.71	1.50	0.39	0.02	1.95	-0.01
2000	1.30	0.72	-0.04	-0.19	-0.16	-0.01	-0.44	0.00	1.98	2.69	0.75	0.07	1.80	-0.03
2001	1.84	0.82	-0.03	-0.43	-0.09	-0.02	-0.62	0.01	1.91	2.79	2.09	0.10	1.80	-0.07
2002	1.67	0.77	0.06	-0.25	-0.12	0.00	-0.28	-0.01	1.08	3.80	0.79	0.11	1.43	-0.06
2003	1.65	0.80	0.07	-0.14	-0.12	0.00	-0.18	0.00	1.02	2.18	0.78	0.19	1.78	-0.06
2004	0.73	0.69	0.06	-0.18	-0.07	0.00	-0.21	-0.01	0.60	2.23	0.78	0.11	1.72	-0.05
2005	0.24	0.72	0.00	-0.61	-0.09	0.00	-0.23	-0.01	1.20	3.27	0.71	0.09	2.85	-0.05
2006	0.39	0.90	-0.02	-0.73	-0.17	0.00	-0.20	-0.02	1.02	4.15	0.74	0.01	2.80	-0.09
2007	-1.28	0.81	-0.03	-0.94	-0.21	0.00	-0.45	-0.06	0.67	1.60	0.93	-0.04	3.05	-0.12
2008	-0.52	0.42	-0.02	-1.16	-0.20	0.00	-0.29	-0.06	0.60	3.10	0.71	-0.05	2.16	-0.13
2009	0.39	0.45	-0.06	-1.03	-0.16	0.00	-0.27	-0.05	0.75	-2.57	0.54	0.05	1.86	-0.15
2010	-1.90	0.07	-0.03	-1.54	-0.30	0.00	-0.47	-0.11	1.00	0.67	0.75	0.00	1.98	-0.26
2011	-2.52	-0.02	-0.02	-1.87	-0.41	0.00	-0.60	-0.10	1.28	-0.63	0.75	-0.03	2.47	-0.34
2012	-1.09	0.27	-0.01	-1.60	-0.39	0.00	-0.38	-0.09	1.19	1.91	0.87	0.06	2.53	-0.32
2013	-1.39	0.35	0.50	-1.75	-0.47	0.00	-0.37	-0.09	1.52	1.37	0.78	0.12	2.86	-0.37
2014	-0.08	0.47	-0.02	-1.96	-0.40	0.00	-0.42	-0.09	2.03	1.14	0.64	0.14	2.44	-0.41
2015	0.33	0.58	-0.02	-2.15	-0.43	0.00	-0.44	-0.20	1.84	2.98	0.58	0.12	2.89	-0.33
2016	0.27	0.44	-0.03	-2.77	-0.41	0.00	-0.42	-0.20	1.71	2.24	0.44	0.11	2.40	-0.32
2017	-0.28	0.39	-0.04	-3.08	-0.36	0.00	-0.44	-0.18	2.21	0.03	0.43	0.12	2.43	-0.34
2018	0.46	0.59	-0.06	-2.93	-0.34	0.00	-0.35	-0.17	2.11	1.04	0.47	0.07	2.47	-0.33
2019	0.68	0.81	-0.04	-3.18	-0.40	-0.01	-0.48	-0.23	1.94	0.97	0.38	0.14	2.48	-0.45
2020	0.90	0.60	-0.07	-3.63	-0.43	-0.02	-0.54	-0.21	1.29	1.62	0.34	0.15	2.48	0.04

资料来源：联合国商品贸易统计数据库，https：//comtrade.un.org/datal。

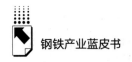

的环境政策，如限制有害粉尘排放；为实现高效低耗，日本企业不断研发污染排放控制技术；韩国主要的钢铁企业为浦项制铁和现代钢铁，其钢铁企业具有高炉大型化及不断改善 Finex 装置生产指标等特征；美国主要以球团矿为炉料，高炉煤和天然气混喷成为其技术趋势；中国炼铁工业在 21 世纪进入自主研发阶段，管理模式不断创新，炼铁技术装备的大型化和现代化是这一时期炼铁产业的特点，走出了一条从引进学习到积累创新的道路，并逐渐从注重产品创新转变为注重技术创新。

（一）欧洲钢铁生产技术的特点

钢铁产业的脱碳对于欧盟实现 2050 年温室气体减排目标至关重要，而促进钢铁产业的脱碳必然需要识别、开发和推广钢铁产业的突破性技术。

相比欧洲其他国家而言，德国和瑞典两个国家因在欧盟钢铁产业中有着特殊的地位而备受关注。前者是欧盟中规模较大的钢铁生产国，拥有传统的高科技文化，后者拥有高端的钢铁产业，非常注重提高能源效率（Skoczkowski et al.，2020；Arens et al.，2017）。

1. 德国钢铁技术创新特点

（1）德国钢铁产业的发展历程与发展特点

德国钢铁产业经历了从无到有、从有到强的发展过程，本部分将介绍德国钢铁产业的发展历程与发展特点。

自 1871 年俾斯麦成功统一德意志帝国以来，德国钢铁工业的发展可分为五个阶段。

第一阶段（1871～1914 年）：第一次世界大战前快速发展时期。德国钢铁产业发展较早，1871 年德国的钢铁产量就达到 25.1 万吨，而美国为 7.4 万吨，法国为 8.6 万吨，英国为 33.4 万吨。这主要是因为 Friedrich Siemens 和 Wilhelm Siemens 及法国人 Pierre Martin 合力发明了平炉炼钢法。

第二阶段（1915～1945 年）：钢铁产业趋于全面军事化。两次世界大战均由德国开启，并使德国钢铁工业飞速发展，钢铁工业的大规模军事化成为这一时期德国钢铁工业发展的最大特点。1942 年，德国钢铁产量达到 2848

万吨的峰值。但 1945 年德国战败后，其钢铁厂被摧毁，钢铁年产量也降至 30 万吨。

第三阶段（1946～1969 年）：二战后的快速复苏。二战后，东部地区的一些钢铁生产设施被转移到苏联，但是美国马歇尔计划使得西部开始恢复。1969 年，联邦德国钢铁年产量超过 5000 万吨，成为德国经济复苏的重要标志。

第四阶段（1970～1997 年）：调整和重组阶段。1973 年的石油危机和 20 世纪 90 年代初欧洲经济的衰退导致德国钢铁行业产能严重过剩，环境污染严重。德国钢铁行业启动了一系列重组计划，关闭了一些高炉、热轧中板和其他工厂，以降低产能；21 个大型钢铁联合企业被重组成了 8 个。

第五阶段（1998 年至今）：转型发展时期。自 1999 年蒂森克虏伯集团成立以来，德国钢铁年产量一直保持在 4000 万吨左右。德国优质钢和特钢产量的比例不断增加标志着其开始进入高端发展时代。

（2）技术创新特点

德国钢铁业不断向自动化和智能化方向积极推进。德国企业长期以来一直是工业自动化和智能化领域的世界领先者。在钢铁行业，蒂森克虏伯的战略是：用无缝整合自动化通信的方式、系统控制等实现智能制造，实施产品生命周期管理，建立系统反馈，优化需求，进行身份验证。

德国钢铁业钢铁技术创新能力强劲。德国钢铁企业主要在两个方面强化自身竞争力：进行钢铁技术创新和发展非钢产业。德国钢铁公司与高校合作紧密。例如，亚琛工业大学和蒂森克虏伯联合开发了双辊薄带钢技术。克劳斯塔尔工业大学、萨尔兹吉特集团和西马克集团联合开发了水平薄带连铸技术；除此之外，在过去几十年中一直举世闻名的铸铁技术也是由德国高校和企业共同研发的。

德国钢铁业对环境保护也十分重视。为了符合德国日益严格的环境标准并节约成本，德国钢铁企业积极投资于环境保护。德国钢铁企业采取的行动主要有建造绿化隔离绳带、持续监测废气和粉尘排放及联合废水处理厂处理废水等（王小松等，2017）。

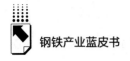

2. 瑞典钢铁技术创新特点

高额研发投入和高素质员工是瑞典在国际竞争中立足、成为钢铁强国的保证（倪伟明等，2007）。本部分简要介绍瑞典钢铁产业的发展历程、发展现状和发展策略。

（1）发展历程

瑞典钢铁产业的历史可追溯到 12 世纪。当时炼钢技术还不成熟，熟铁是可锻铸铁最常见的形式。1746～1747 年，瑞典成立了一个名为 Jernkontoret（瑞典钢铁生产商协会）的机构，但瑞典议会（Riksdag）对锻造生产进行了限制，并对钢铁市场采取监管措施。至此，瑞典钢铁开始向条钢过渡，Jernkontoret 和 Riksdag 在其中扮演着关键角色，影响着钢铁产业的发展。

到 19 世纪中叶，瑞典的铁条都是通过平炉在锻造厂生产的。然而，与廉价的英国铁矿石相比，利用这种方法并不具有竞争力。1831 年，一位铁厂老板 Gustav Ekman 访问了英国，观察学习了坎布里亚（当时为兰开夏郡，Lancashire）的不同工艺。回到瑞典后，他将兰开夏炉应用在瑞典，使瑞典的生产规模不断扩大。在 Riksdag 取消了锻造限制后，这种新方法迅速取代了瑞典的平炉精炼法并使其获得了更大的利润。总的来说，这种转变也影响了瑞典钢铁厂的规模与数量。

其他部门的发展和其他技术的进步也加快了这一进程（Erik Dahmén，1988）。2016 年，瑞典粗钢产量约为 460 万吨（占世界产量的 0.02%），其中 2/3 来自铁矿石钢铁生产（见表 16）。2016 年，钢材从瑞典出口到全球 140 个国家，约占瑞典总出口量的 3.4%。钢铁产业在瑞典的工业竞争力中发挥着关键作用（Ketels，2009；Nuur et al.，2018）。

（2）发展现状

瑞典的钢铁产业拥有多样化的制造商、供应商和服务网络。在瑞典，铁矿石主要在诺尔博顿矿区开采，国有矿业公司 LKAB 从 19 世纪末就在这里经营。来自 LKAB 矿山的矿石被制成球团，运输到纳维克港和卢勒港，尤其是卢勒港和奥克塞洛松的 SSAB 钢铁生产厂。

表 16   2016 年瑞典两种主要钢铁产量的全国产量份额

生产类型	原材料	熔炉	全国生产份额
铁矿石基	铁矿石	高炉，碱性氧	2/3
废料	废钢	电弧炉	1/3

注：铁矿石经过破碎、磨碎、选矿等加工工序处理成矿粉，这种矿粉称为铁精粉，或称铁矿石基。铁矿石基可分为干基与湿基。

资料来源：https：//search. mysteel. com/so. html？kw=％E7％91％9E％E5％85％B8。

除生产工厂外，瑞典钢铁产业还与其他行动者合作：民间社会（如萨米人、瑞典北部的芬兰－乌戈尔人）、设备生产商（如 ABB、Sandvik、Atlas）、大学（如卢勒理工大学），以及区域和国家决策者。

瑞典环境目标（Olsson et al.，2017）和无化石瑞典倡议在 2015 年 COP21 气候变化大会前启动，推动了可持续转型。这些政治背景符合关键行动者的愿景，从而为氢基直接还原工艺的发展提供了一个培育环境。

（3）发展策略

瑞典钢铁产业拥有新兴的技术创新体系，主要特点是低碳，并且拥有扩大氢基直接还原技术。瑞典实现了电网与无化石电力生产的组合，为钢铁生产提供电力支撑。

瑞典钢铁产业第一个打造了无化石燃料钢铁制造价值链，并提出到 2045 年，完全按照无化石能源路线，通过直接还原铁、制氢单元、无化石燃料球团、储氢等实现低碳发展。

（二）日韩钢铁生产技术的特点

1. 日本钢铁技术创新特点

（1）发展历程

在日本经济发展的不同阶段，政府实施的产业政策对日本钢铁产业的发展规模、发展方向及产量均产生了不同程度的影响。日本钢铁产业发展历程主要包括 5 个时期。

战后经济恢复时期（1946～1954 年）：1945 年战败后，日本钢铁生产产量锐减。为了遏制恶性通货膨胀，恢复生产，扩大供给，日本将增产的煤炭和电力优先用于钢铁生产，在此基础上逐步推动其他重点物资的增产。到1947 年时，"倾斜生产方式"初见成效，钢铁产业 1949 年逐步恢复至二战前的生产水平。

19 世纪 50 年代，钢铁产业在日本制造业中一直保持着竞争优势。主要原因在于 1950 年日本政府对重点产业进行了设备投资。1951～1955 年，引进了 432 项甲种技术，如轧钢部门引进轧钢设备作为钢铁产业的技术改造重点。钢材产品的质量因大量引进先进设备而得到大幅提高，成本降低，竞争能力增强。

经济快速增长时期（1955～1973 年）：在日本经济快速增长时期，作为日本产业的重要支柱，钢铁产业得到了迅速发展。20 世纪 70 年代，日本成为世界上最大的钢铁出口国，其国际竞争力显著提高。在经济快速增长时期，日本特殊的产业政策确保了日本钢铁产业的繁荣。1958 年，通产省制定了钢铁生产管制和"公开销售"政策以促进萧条钢材市场趋于稳定。1962 年日本政府颁发了《特殊钢业的合理化对策》，要求重点提高钢铁产品的产量和质量，以增强企业的核心竞争力和综合能力。同时，以特殊钢行业为重点，提出了关键性的产业发展建议，帮助钢铁企业渡过结构性经济萧条等难关。从 1951 年到 1965 年，日本政府实施了三次合理化计划（见表17），显著提高了日本钢铁公司的核心竞争力。

表 17　1951～1965 年日本钢铁产业合理化计划投资及投资占比情况

单位：亿日元，%

项目	第一次合理化计划 （1951～1955 年）	第二次合理化计划 （1956～1960 年）	第三次合理化计划 （1961～1965 年）
生铁	162(12.6)	973(17.8)	1373(16.0)
制钢	137(10.7)	535(9.8)	790(9.2)
轧钢	641(50.0)	2631(48.2)	3555(41.4)
维修等	343(26.7)	1320(24.2)	2873(33.4)
合计	1283(100.0)	5459(100.0)	8591(100.0)

资料来源：杨栋梁《日本近现代经济政策史论》，江苏人民出版社，2019。

日本政府在引进技术的过程中注重对相关产业的保护，不断消化、吸收和改进引进的技术，从而实现国产化的目标。日本政府采取了非常严格的保障措施，实行严格的外汇配额制，增加进口关税。这一时期，钢铁工业作为日本重要的基础产业受到特别保护（孙毅，2013）。

经济低速增长时期（1974~1990年）：日本钢铁工业实施了一系列具体有效的环保节能措施，包括采用干熄焦、高炉炉顶余压发电（TRT）、废热回收、连续铸钢、热装炉轧制和连续退火等技术，改善了生产结构。钢产工业实现了生产集中化、规模化，能耗大幅度降低。

在经济低速增长时期，日本钢铁行业不断出台具有先进理念的革新计划，逐步采取淘汰落后技术、节约能源的措施。积极推进简化工程、改善能源结构、注重提高能源效率的节能技术的应用和推广。为了降低成本，日本钢铁企业对廉价原燃料的使用技术进行了开发，由高炉操作向喷煤操作转变。这一时期，日本钢铁产业发展相对稳定，显现出了以降低能耗和减少环境污染为特征的低碳发展趋势。

长期经济停滞（1991~2001年）：在此期间，日本钢铁生产极不稳定。为提升行业竞争力，转变经济停滞的局面，20世纪以来，日本钢铁工业不断研发节能环保技术和成本节约技术。在炼铁方面，引进了各种炼铁工序的控制系统和自动控制技术，推广了喷煤技术，改善了煤的燃烧性和炉料分配控制。利用SIO_2烧结和高炉评价技术，研究了转炉下部的粉体和流体现象。

经济增长缓慢时期（2002年至今）：日本政府指导钢铁行业充分发挥其能动性，向低碳化方向迈进。日本钢铁工业在普及信息科学的基础上，促进企业实现"扁平化"管理，使整个行业的效率得到了提高。日本政府在保证国家经济安全的基础上，增加知识资本投资份额，确保经济可持续增长；加强科技、商贸等领域的国际交流与合作，更好地利用国际市场资源。21世纪初，日本钢铁企业实施了兼并重组和资源共享的制度创新举措，在国际竞争中取得了良好业绩。

钢铁产业结构的合理化和人力资本素质的提高，显著提高了日本钢铁产业的竞争力，为钢铁产业的低碳发展奠定了坚实的内外环境基础（红光，2012）。

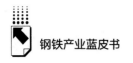

（2）技术创新特点

日本作为钢铁生产大国和技术创新强国，通过引进、学习、模仿、再创新等形式，创立了一套具有鲜明特色的钢铁产业创新体系，技术创新水平处于世界前列。

日本钢铁技术创新组织方式趋于合理化：在推进技术不断创新的过程中，日本形成了三种组织形式，分别为协同创新、合作创新和共同创新；在对这三种组织方式合理运用的基础上，不断共享资源，进行优势互补，协同推进技术创新。日本钢铁企业与下游企业合作研发的模式主要体现在先期介入和产品前瞻性研发方面。

日本钢铁技术创新模式趋于完善：日本钢铁产业在技术创新中形成了多种模式，主要包括引进消化吸收再创新、原始创新以及集成创新，并且它们在发展中不断得到补充，不断相互渗透。由于发展阶段不同，技术创新原则也不同。

日本钢铁产业对于自主创新和专利申请都极为重视，体现在很多方面，如钢铁新材料处于全球尖端。日本的特殊钢的专利申请量始终处于世界第一，占据了相当比例的全球特殊钢技术市场。在发展的不同阶段，日本钢铁产业同时存在各种各样的技术创新模式，不同的发展阶段侧重点不同，一般来说，在产业发展的初期阶段，日本钢铁产业常常采用引进吸收技术再创新的模式，而等到产业发展成熟，则开始注重集成化和原始创新。

2. 韩国钢铁技术创新特点研究

（1）发展历程

韩国钢铁产业经历了从生产低端产品到生产高端产品的发展过程。从20世纪80年代末到1998年的金融危机前，型材、钢筋和线材等低附加值钢铁产品产量迅速增长。1991~1997年，钢筋年均增长11%以上，线材产量年均增长5.5%以上。到21世纪，上述低附加值产品的产量呈下降趋势，甚至出现了负增长，而船用钢板和汽车钢板等高附加值产品则加速增长。金融危机后，韩国钢铁公司不得不研发新技术。自20世纪90年代初以来，浦项制铁一直专注于研发一种新的 Finex 熔融还原铁制造工艺，并于2007年5

月成功实现工业化生产。此外，韩国钢铁公司开始致力于汽车薄钢板相关技术的研发，如液压成形和 TWB。为了应对新的环境政策，韩国钢铁公司正在加大力度研发各种环保产品，如无铅和无铬钢板。

钢铁产业产业链较长，上游产业包括煤矿、铁矿石、焦化厂，甚至物流。韩国既没有铁矿石，也没有焦煤，生产钢铁所需的所有原材料依赖进口。目前，原材料价格在逐步上涨。韩国的电子产品、汽车和造船等下游产业高度发达，这在很大程度上推动了对钢材的需求，随之而来的是高品质电工钢板、汽车工业和 TMCP 钢的发展加速。以浦项制铁为代表的韩国钢铁公司也在积极向海外扩张，并利用其先进的技术和产品建立生产设施（Hong Sang-Bok，2005）。

（2）技术创新特点

韩国钢铁企业认为，积极的创新才是技术发展的重要因素。浦项制铁作为韩国最具有代表性的钢铁企业，经过 30 多年的迅速发展，已迈入世界一流的钢铁企业行列，近 5 年来 3 次在世界著名钢铁权威机构 WSD 最具竞争力钢铁企业排名中位居榜首。浦项制铁的发展历程代表了韩国钢铁业的发展历程（金相勋，2006）。

20 世纪 70 年代，浦项制铁主要通过海外培训来获得建设和运作钢铁厂所需的技术和经验并将成熟技术用于生产；80 年代，浦项则以自主研发和建设光阳钢铁厂为目标。在国内市场高需求的支撑下，浦项不断提高生产率并不断提高产品附加值，此外，浦项钢铁厂（POSCO）、浦项工业大学（POSTECH）以及浦项工业科学研究院（RIST）联合建立了合作系统。

（三）美国钢铁生产技术的特点

美国钢铁产业一直是其经济的三大支柱产业之一，在国民经济发展的各个阶段都发挥着重要作用。本部分具体分析美国钢铁产业的兴衰历程，揭示其发展的规律性。

1. 美国钢铁产业的发展历程

美国钢铁产业在发展的初期阶段，主要使用平炉炼钢技术，其原因在于

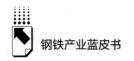

平炉相对于空气转炉炼钢法来说，并没有严格要求铁水的成分，冶炼的钢种相对于转炉而言种类多、质量好。一直到1952年，由于氧气顶吹转炉技术的发明和推广，平炉的主体地位逐渐丧失，最终于20世纪90年代逐渐被取代。由于氧气转炉对原料的要求相比于空气转炉效率更高，20世纪下半叶，氧气顶吹转炉技术成为美国炼钢的主要方法。

进入20世纪下半叶，美国涌现了大批的钢铁产业技术创新成果，钢铁产量增长也主要得益于几项重大的技术创新成果所起到的积极促进作用，比如1923年研发的连续热轧技术、1950年研发的氧气炼钢技术及1952年研发的连续浇铸技术。正是美国快速运用这些技术成果，才使得其在20世纪成为拥有钢铁先进生产技术的国家。

21世纪后，美国钢铁协会推动的技术创新项目主要包括减少钢铁生产过程中的CO_2排放和可持续、循环利用CO_2储存技术。氢技术是实现CO_2减排的关键技术之一。该工艺的关键是利用氢作为燃料，有效减少生产过程中的碳排放。此外，麻省理工学院研究的熔融氧化物电解炼铁法（MOE）炼钢技术以及熔融电解技术，可以使金属氧化物在转化为液态和氧气的过程中不产生CO和CO_2，即这两项技术均能减少炼钢过程中的碳排放。

由此可见，早期美国钢铁产业通过引进突破性的转炉平炉炼钢技术，大幅提升了钢铁产量和生产效率。随后，美国不断进行钢铁产业技术创新，使钢铁生产实现规模化，并使钢铁产业成为国民经济的重要组成部分。进入稳定期后，美国将钢铁产业技术创新研发重点放在了节能减排技术上，积极响应全球对于保护环境、减少废物排放的呼吁。

2. 美国钢铁技术特点

（1）生产技术优良

美国钢铁企业装备水平处于中端，但是却生产出了大量的高质量产品，要知道在美国仅有肯司科茨维尔和格里这两家公司能生产出特厚5米以上的钢板轧机，虽然在美国有近十家宽4米以上轧机，但这些轧机全为1962年前投产。仅靠这样的装备，却能确保十个航空母舰战斗群与多艘核潜艇等艇舰的制造以及维修所需的特厚钢板得到供应。不仅如此，其尖端工业如美国航空航天公司所需的钢和合金也多选择在中小型钢厂生产。

（2）创新能力强

美国联合碳化物公司以及西北钢线材公司首先提出超高功率电弧炉的概念，并在全球首建两台重达 135 吨的超高功率电弧炉。此后，该技术在全球普及，而电炉短流程钢厂也在美国领先发展。美国纽柯公司研制出了世界上第一条薄板坯连铸连轧生产线。美国的阿姆科公司曼斯费尔德厂也成功建立了世界首条中等厚度的板坯连铸连轧生产线，而美国纽克公司的两家工厂首先对薄带连铸进行了商业化生产（贾根良、杨威，2012）。

（四）中国钢铁生产技术的特点

回顾新中国成立以来钢铁产业的发展，大体分为三个阶段：一是从1949 年到 2000 年，处于探索起步阶段，经历了波折起伏；二是 2001 年到2010 年，处于布局加速阶段，形势逐渐趋好；三是 2011 年至今，处于减量创新阶段，呈现内涵发展的态势（李新创，2018）。

1. 中国钢铁产业发展历程

（1）起步阶段（1949~2000 年）

新中国成立前，中国虽然有一定的冶金技术积累，但与同时期的工业化国家相比，钢铁产业仍然十分落后。党的十一届三中全会后，中国实行改革开放政策，吸引了较多的国外资金、技术以及资源，促进了钢铁业的发展。一些大型的现代化钢铁企业，如上海宝钢、天津无缝钢管厂等在此阶段建立起来，而一些历史悠久的大型老牌钢铁厂，如鞍钢、包钢、武钢、首钢等也实现了技术的改造和升级。

这一阶段的发展特点主要有两个：一是轧钢技术的国产化虽有进展但仍不够，重复引进现象大量存在；二是国内自主创新不足，因而高附加值产品的进口有增无减，技术出口很少（周传典，2003）。高效的调控机制未能形成，有效的组织工作跟不上去，产品输出困难，技术受制于人。

（2）布局阶段（2001~2010 年）

这一阶段是一个承前启后的过渡阶段。

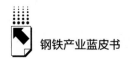

进入 21 世纪，中国钢铁产业技术进步的重要标志是自主设计建设、自主运营管理了新一代沿海钢厂，特别是首钢京唐钢铁公司和宝钢湛江钢厂等。这是中国钢铁产业技术进步、自主集成创新的综合体现，特别是薄板坯连铸—连轧这一先进工艺流程在中国得到创新运用（殷瑞钰，2019）。在产品研发方面，汽车用钢、桥梁用钢、船舶用钢、高铁钢轨、油气管线钢、各类电工用硅钢等高端产品实现国产化并出口国际市场。此外，某些优秀特殊钢厂生产的轴承钢也达到了国际一流水平（徐匡迪，2008）。

总体上说，钢铁企业的技术创新水平普遍有所提高，企业的创新能力、发展水平和发展速度呈现出差异性。

（3）规范阶段（2011 年至今）

2011 年以来，4~5 米的中厚板轧机、薄板坯热带连铸连轧生产技术与装备，以及 2 米以上的宽带生产技术和大量的棒线材、管材生产技术与装备得到应用。冷轧热处理与涂镀生产线以及热带无头轧制技术和薄带连铸技术被大量引进。总的来说，这一阶段以集成的自主化以及定制引进为主，并在此基础上建立了国际一流的先进生产线（庞无忌，2020）。在高质量发展的道路上，技术创新正在发挥着越来越重要的作用。

各类钢材产品的热轧新一代 TMCP 技术、连铸工序也实现扩展，板坯与方坯重压技术得以形成，连铸坯的芯部质量得到大幅度改善。但是从行业整体来讲，中国钢铁产业在高端产品数量、产业集中度、原材料保障等方面仍与世界一流水平有一定的差距，行业利润率较低（李新创，2020；高雨萌，2020）。同时，自主创新能力与世界钢铁强企相比仍然偏低，钢铁生产的关键技术有待突破。

2. 中国钢铁产业技术创新特点

根据中国钢铁产业的历史条件和现状，中国企业走出了与日本、韩国相似的从模仿创新到自主创新的路径，但是中国的钢铁产业发展与技术进步又呈现了自身的特点。

第一，技术发展较慢。中国钢铁产业技术进步在 20 世纪相当缓慢，既有行业的也有企业内部的问题。

第二，从设备引进到技术引进、从以产品创新为主到以工艺创新为主的关键技术转变。中国是钢铁产业现代生产技术的后来者，在前两个阶段主要是借鉴国外技术，重在对先进技术进行引进、借鉴、消化和吸收。改革开放之后经过全国布局，形成了以工艺创新为主的技术发展模式，并逐步完成了国产化与自主创新之举。

综合上述四个国家的生产技术特点，东北亚，特别是中国正在逐渐成为世界钢铁产业重心并且会持续很长一段时间。根据世界钢铁技术创新发展的客观规律，在新旧钢铁产业技术体系的竞争中如何走在世界前列，如何合理布局使钢铁产业持续提升竞争力，将是研究者关注的焦点问题和需要破解的重大课题。

参考文献

[1] Hong Sang-Bok：《韩国钢铁工业的技术发展战略》，《2005 中国钢铁年会论文集（第 1 卷）》，冶金工业出版社，2005。

[2]《鉴往知来，跟着总书记学历史：共和国钢铁工业的成长》，《人民日报》2020年 5 月 13 日。

[3] 董伟明、孟文华：《不锈钢冷轧装备的发展趋势分析》，《一重技术》2021 年第 1 期，第 1～4、22 页。

[4] 高雨萌：《2020 年世界钢铁企业竞争力简析》，《冶金管理》2020 年第 22 期，第 28～35 页。

[5] 工业和信息化部：《钢铁工业调整升级规划（2016～2020 年）》，https：//www. ndrc. gov. cn/fggz/fzzlgh/gjjzxgh/201706/t20170621_ 1196816. html.

[6] 红光：《日本钢铁产业低碳化发展研究》，吉林大学博士学位论文，2012。

[7] 贾根良、杨威：《战略性新兴产业与美国经济的崛起——19 世纪下半叶美国钢铁业发展的历史经验及对中国的启示》，《经济理论与经济管理》2012 年第 1 期，第 97～110 页。

[8] 贾康乐：《浅析有色冶金废渣中的有价金属回收技术》，《中国金属报》2021 年第 12 期，第 19～20 页。

[9] 金相勋：《中韩钢铁贸易的比较优势研究》，对外经济贸易大学说是学位论文，2006。

[10] 李法森：《美国钢铁工业发展趋势》，《河南科技》1995 年第 9 期，第 38～

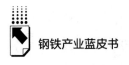
38 页。

[11] 李新创：《钢铁关键技术和装备国产化势在必行》，http：//www. csteelnews. com/sjzx/hyyj/202009/t20200911_ 39903. html。

[12] 李新创：《中国钢铁未来发展之路——减量，创新，转型》，机械工业出版社，2018。

[13] 刘杏杏：《国有钢铁企业技术创新能力评价体系研究》，《产业与科技论坛》2016 年第 8 期，第 247 ~ 248 页。

[14] 倪伟明、陈其安、刘长新：《他山之石，可以攻玉——第 9 届国际轧钢大会归来》，《中国冶金》2007 年第 2 期，第 60 ~ 62 页。

[15] 潘贻芳、齐二石、仇圣桃等：《钢铁企业技术创新的模式与策略》，《钢铁》2004 年第 1 期，第 72 ~ 75 页。

[16] 庞无忌：《当了 20 多年全球老大，为何中国钢铁业利润依然"薄如刀刃"》，http：//www. chinanews. com/cj/2020/10 - 15/9314041. shtml。

[17] 孙毅：《日本钢铁产业国际竞争力研究》，吉林大学博士学位论文，2013。

[18] 王国栋：《钢铁行业技术创新和发展方向》，《钢铁》2015 年第 9 期，第 1 ~ 10 页。

[19] 王小松、李丹、王兴艳：《德国钢铁工业发展策略分析》，《冶金经济与管理》2017 年第 4 期，第 22 ~ 26 页。

[20] 徐岱、陈溪：《韩国钢铁产业技术创新的案例分析》，《对外经贸实务》2009 年第 3 期，第 66 ~ 69 页。

[21] 徐匡迪：《中国钢铁工业的发展和技术创新》，《钢铁》2008 年第 2 期，第 1 ~ 13 页。

[22] 闫军印、侯孟阳：《中国钢铁企业技术创新能力分布及演变态势研究》，《工业技术经济》2015 年第 6 期，第 82 ~ 89 页。

[23] 杨馥羽：《中国铁合金工业发展的现状与前景可行性分析》，《中国金属通报》2020 年第 3 期，第 2 ~ 3 页。

[24] 殷瑞钰：《新中国钢铁工业 70 年技术进步的成就》，《中国钢铁业》2019 年第 9 期，第 6 ~ 8 页。

[25] 周传典：《中国钢铁技术创新为什么这样难？》，《冶金管理》2003 年第 8 期，第 27 ~ 29 页。

[26] 周文涛、胡俊鸽、毛艳丽：《韩国钢铁工业的现状及发展趋势》，《冶金丛刊》2008 年第 3 期，第 66 ~ 69 页。

[27] 贾康乐：《浅析有色冶金废渣中的有价金属回收技术》，《中国金属报》2021 年第 12 刊，第 19 ~ 20 页。

[28] Arens , M., Worrell, E., Eichhammer, W., et al. , "Pathways to a Low-carbon Iron and Steel Industry in the Medium-term：The Case of Germany ", *Journal of*

Cleaner Production, 2017, 163: 84 – 98.

[29] Arens, M., Worrell, E., "Diffusion of Energy Efficient Technologies in the German Steel Industry and Their Impact on Energy Consumption", *Energy*, 2014, 73: 968 – 977.

[30] Brunke, J. C., Johansson, M., Thollander, P., "Empirical Investigation of Barriers and Drivers to the Adoption of Energy Conservation Measures, Energy Management Practices and Energy Services in the Swedish Iron and Steel Industry", *Journal of Cleaner Production*, 2014, 84: 509 – 525.

[31] Erik Dahmén, "Development Blocks' in Industrial Economics", *Scandinavian Economic History Review*, 1988, 36: 3 – 14.

[32] Godden, D., "The Impact of the European Steel Industry on the EU Economy", *Oxford Economics*, 2018.

[33] Holappa Lauri, "A General Vision for Reduction of Energy Consumption and CO2 Emissions from the Steel Industry", *Challenges and Prospects of Steelmaking Towards the Year 2050*, 2020, 10 (9).

[34] Johansson, M. T., "Improved Energy Efficiency Within the Swedish Steel Industry—The Importance of Energy Management and Networking", *Energy Efficiency*, 2015, 8: 713 – 744.

[35] Ketels, C., Clusters, Cluster Policy, and Swedish Competitiveness in the Global Economy, Globalisation Council, 2009.

[36] Kushnir, D., Hansen, T., V. Vogl, et al., "Adopting Hydrogen Direct Reduction for the Swedish Steel Industry: A Technological Innovation System (TIS) Study", *Journal of Cleaner Production*, 2019, 242: 118185.

[37] Nuur, C., Gustavsson, L., Laestadius, S., "Capability Creation in the Natural Resource Based Sector: Experiences from Swedish Mining", *Innovation and Development*, 2018, 8: 103 – 123.

[38] Olsson, J., Bergström, L, Lehikoinen, A., et al., Statusklassning inom MSFD i Östersjön-kustfiskexemplet. Naturvårdsverkets rapport 6786, Sweden, 2017.

[39] Ryden, G., "Skill and Technical Change in the Swedish Iron Industry, 1750 – 1860", *Technology & Culture*, 1998, 39: 383 – 407.

[40] Skoczkowski, T., Verdolini, E., Bielecki, S., et al., "Technology Innovation System Analysis of Decarbonisation Options in the EU Steel Industry", *Energy*, 2020, 212, 118688.

B.8
世界钢铁企业技术创新效率

葛泽慧　孙小杰　张运环*

摘　要： 面对行业竞争与环境监管要求，世界代表性钢铁企业坚持以技术创新的软实力引领全行业技术发展。对代表性钢铁企业进行研究有利于为世界钢铁企业技术创新绩效的提高提供分析框架和政策参考。本报告基于 2015～2020 年世界 29 家代表性钢铁企业的面板数据进行技术创新效率研究。构建钢铁企业技术创新效率的投入和产出评价指标体系，并利用依据主成分分析法计算的投入和产出得分衡量钢铁企业技术创新的投入与产出；采用 DEA-Malmquist 指数法和 Super-SBM 模型，描述钢铁企业技术创新效率的动态变化趋势和静态特征；利用依据 Super-SBM 模型得出的技术创新效率值衡量技术创新水平并进行排名，构建面板 Tobit 回归模型探究影响钢铁企业技术创新效率的主要因素。研究发现，82.8% 的钢铁企业技术创新投入呈上升趋势。样本企业的技术创新效率均在 0.9 以上，89.7% 的钢铁企业技术创新效率在研究期间表现平稳，10.3% 呈下降趋势。各企业的技术创新效率差距不大。当期毛利润、专利数量等对企业技术创新效率具有正向影响，而研发投入占比、资产规模存在显著的负向影响。基于理论分析的结论，建议各国政府积极构建钢铁科技创新中心，企业积极引进先进技术并不断改革

---

* 葛泽慧，北京科技大学经济管理学院副教授，博士生导师，研究方向为物流与供应链、生产运营管理、技术创新与战略联盟等；孙小杰，北京科技大学经济管理学院博士研究生，研究方向为技术创新管理；张运环，北京科技大学经济管理学院硕士研究生，研究方向为供应链管理、技术创新等。

深化，注重专利质量的改进，从而提高钢铁企业的技术创新效率。

关键词： 钢铁企业　技术创新效率　创新绩效

技术创新是钢铁产业发展的内生动力。本报告以企业为样本，主要对以下两方面内容进行研究：一是构建钢铁企业技术创新效率评价体系并进行技术创新效率评估；二是以技术创新效率为因变量建立面板 Tobit 回归模型，探究影响技术创新的因素，旨在为钢铁企业技术创新效率指标评价体系的构建和测度提供科学依据。

世界钢铁企业的技术创新水平用"技术创新效率"来衡量。[1] 技术创新效率（Technological Innovation Efficiency）指技术创新资源的投入产出比，即技术创新资源的配置效率。在本报告中，钢铁企业的技术创新效率是指各钢铁企业的技术创新资源投入产出比，即钢铁企业技术创新资源的全要素生产率。

一　世界钢铁企业技术创新投入评价

为全面、客观地判断影响钢铁企业技术创新效率的因素，根据数据的可获得性选取 6 个变量作为影响因子，如表 1 所示。可以将企业年末总资产作为衡量企业规模的指标，[2] 用营业收入、利润等反映企业的经营状况，而研发投入占比则可以衡量企业研发投入的强度。

---

[1] 刘伟、李星星：《中国高新技术产业技术创新效率的区域差异分析——基于三阶段 DEA 模型与 Bootstrap 方法》，《财经问题研究》2013 年第 8 期，第 20~28 页。

[2] 刘凤朝、王元地、潘雄锋：《科技成果及其产业化的经济学分析——从市场有效供需角度看科技成果转化率》，《科技进步与对策》2004 年第 9 期，第 158~160 页。

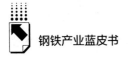

表 1　技术创新投入评价指标体系及含义

主成分	主要影响因子	具体指标内容
经营状况	企业资产规模	企业资产(百万元)
	营业利润	营业利润(百万元)
	研发投入金额	研发投入(百万元)
	营业收入	营业收入(百万元)
	人均国民生产总值	人均GDP(美元)
研发投入规模	研发投入占营业收入的比重	研发投入占营业收入的比重(%)

从 2020 年 Metal Bulletin 发布的粗钢产量世界排名前 60 的企业中，剔除数据大部分缺失的样本，最终选取其中 29 家代表性钢铁企业为样本，具体如表 2 所示。

表 2　2020 年 29 家代表性钢铁企业粗钢产量

排名	企业名称	国家和地区	粗钢产量(万吨)
1	宝武集团	中国	11529
2	安赛乐米塔尔	卢森堡	7846
3	河钢集团	中国	4376
4	沙钢集团	中国	4159
5	日本制铁株式会社	日本	4158
6	浦项制铁	韩国	4058
7	鞍钢集团	中国	3819
8	首钢集团	中国	3400
9	山东钢铁集团	中国	3111
10	塔塔钢铁集团	印度	2807
11	华菱钢铁集团	中国	2678
12	JFE 钢铁	日本	2436
13	现代制铁	韩国	1981
14	方大集团	中国	1960
15	本溪钢铁	中国	1736
16	柳钢集团	中国	1691
17	包钢集团	中国	1561
18	中钢集团	中国台湾	1411
19	中信泰富特钢集团	中国	1409
20	南京钢铁集团	中国	1158

续表

排名	企业名称	国家和地区	粗钢产量(万吨)
21	福建三钢集团	中国	1137
22	安阳钢铁集团	中国	1120
23	蒂森克虏伯	德国	1073
24	太原钢铁集团	中国	1068
25	攀钢集团	中国	1018
26	新余钢铁集团	中国	989
27	酒钢集团	中国	875
28	埃雷利钢铁集团	土耳其	853
29	瑞典钢铁公司	瑞典	754

资料来源：Metal Bulletin。

从图 1 样本企业所属国家和地区的分布可以看出，在 29 家样本企业中，有 19 家来自中国，日本和韩国各 2 家，英国、印度、土耳其、瑞典、卢森堡和德国各 1 家。

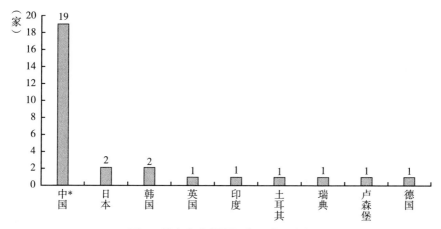

图1　样本企业所属国家和地区分布

注：＊包括中国台湾。

2015～2020 年 29 家钢铁企业技术创新①投入如表 3 所示。

————————

① 除特别说明外，本报告所涉的 2015～2020 年指标均为均值。

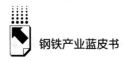

表3   2015～2020年29家钢铁企业技术创新投入

企业名称	企业资产规模 （百万元）	营业利润 （百万元）	研发投入 金额 （百万元）	营业收入 （百万元）	人均GDP （美元）
宝武集团	330235.86	16604.64	5852.82	263462.07	9268.11
安赛乐米塔尔	526287.15	14206.17	1668.09	403993.30	111432.50
日本制铁株式会社	405678.80	7168.04	3916.90	312516.49	38545.35
河钢集团	204672.71	2765.05	2228.25	101123.91	9268.11
浦项制铁	438379.07	13521.16	2962.48	17031.36	31089.68
沙钢集团	10044.69	1338.70	345.11	11661.85	9268.11
鞍钢集团	89797.83	3087.83	1388.67	85662.00	9268.11
塔塔钢铁集团	849851.49	12392.50	1645.73	493557.74	1892.05
JFE钢铁	135085.07	1699.72	1802.61	58886.32	9268.11
首钢集团	133228.64	1483.97	1508.89	54673.35	9066.54
山东钢铁集团	62479.46	915.81	422.55	58756.06	9268.11
华菱钢铁集团	80059.86	4294.82	1164.89	83353.37	9268.11
现代制铁	977775.37	21571.36	6781.86	519877.42	31089.68
本溪钢铁	57837.89	231.36	1447.21	41815.92	9268.11
方大集团	8795.36	1042.11	124.70	3122.59	9268.11
包钢集团	145520.71	-161.98	1160.29	49510.69	9268.11
柳钢集团	33825.71	1991.80	560.82	40797.41	9268.11
中信泰富特钢集团	39625.45	4007.75	1114.79	40392.48	9268.11
福建三钢集团	24895.43	4294.23	790.84	31456.60	9268.11
蒂森克虏伯	254577.43	-2326.01	2297.35	114280.78	44701.81
南京钢铁集团	40183.08	2623.32	407.43	38127.44	9268.11
太原钢铁集团	71545.32	1831.54	2099.70	67215.02	9268.11
安阳钢铁集团	36263.37	278.67	643.06	27390.30	9268.11
攀钢集团	18764.96	-450.12	360.14	11727.49	9268.11
中钢集团	105301.52	547.35	11.35	44113.61	12040.45
新余钢铁集团	38292.25	3113.79	417.48	48846.41	9268.11
埃雷利钢铁集团	16753.65	2028.69	8.13	9933.16	9935.20
酒钢集团	39547.98	715.03	684.57	43341.04	9268.11
瑞典钢铁公司	60279.77	1274.06	212.19	44218.16	52630.04

资料来源：世界钢铁协会、相关企业年度报告、Wind数据库等。

图 2 提供了 2015～2020 年 29 家钢铁企业研发投入金额与占比的情况，从中可以看出：现代制铁研发投入金额最高，但仅占营业收入的 1.3%，宝武集团研发投入金额位列第二，占营业收入的 2.2%。蒂森克虏伯、本溪钢铁和方大集团研发投入金额占营业收入的比重较高，均在 3.5% 以上。

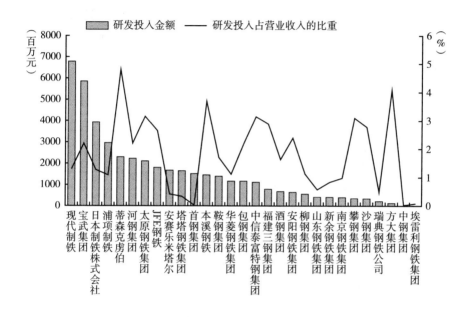

图 2　2015～2019 年 29 家钢铁企业研发投入金额与占比

通过主成分分析模型计算出 29 家钢铁企业的技术创新投入得分，并将这 29 家钢铁企业的得分进行排序，结果如图 3 所示。

从图 3 中的综合得分排名来看，现代制铁、宝武集团、塔塔钢铁集团、安赛乐米塔尔、日本制铁株式会社位居前五；埃雷利钢铁集团、中钢集团、山东钢铁集团、南京钢铁集团、新余钢铁集团、瑞典钢铁集团为倒数五名（新余钢铁集团和瑞典钢铁集团为并列倒数第五名）。主要原因是各国各企业对钢铁技术创新的重视程度不同，因此差距也逐渐凸显。进一步分析，这与各国钢铁产业政策有关，如少数几个国家计划率先实现"碳中和"，瑞典提出 2050 年实现"脱碳化"钢铁生产的倡议；中国提出在 2030 年实现碳达

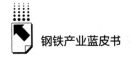

峰、2060 年实现碳中和的"双碳"目标①；德国提出筹集 50 亿欧元用于 2022～2024 年钢铁绿色转型计划等。

从变动趋势来看，除塔塔钢铁集团、日本制铁株式会社、蒂森克虏伯、JFE 钢铁、酒钢集团，其他 24 家钢铁企业的综合得分均呈现不同程度的上升趋势，综合得分的含义为各钢铁企业的技术创新投入值，说明 82.8% 的钢铁企业的技术创新投入呈现上升趋势（见图 4）。主要原因是大部分国家对技术创新的引导和钢铁产业自身发展的需要，使钢铁企业对技术创新的重视程度不断增强。

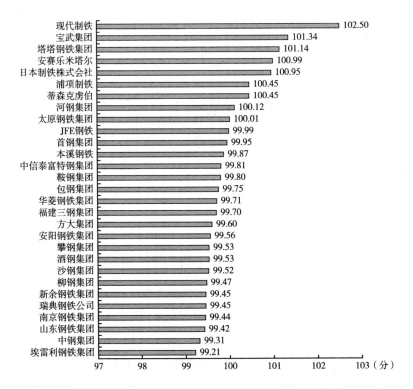

图 3　2015～2020 年 29 家钢铁企业技术创新投入得分

注：投入得分为利用主成分分析法分析得到的钢铁企业技术创新投入综合得分加 100。

---

① Lyu, X., Yang, K., Fang, J., "Utilization of Resources in Abandoned Coal Mines for Carbon Neutrality", *Science of The Total Environment*, 2022：153646.

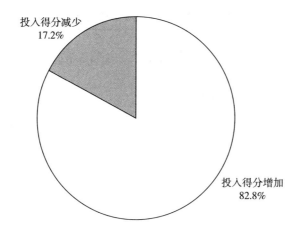

图 4 2015～2020 年 29 家钢铁企业技术创新投入变动占比

二 世界钢铁企业技术创新产出评价

钢铁企业技术创新产出评价指标体系由毛利润、专利数量、奖项与排名这三个维度构成。三个维度的主要指标含义如表 4 所示。

表 4 钢铁企业技术创新产出评价指标体系及含义

变量	变量含义及单位
毛利润	毛利润(百万元)
专利数量	专利申请数量(个)
奖项与排名	用专家打分法获得赋权后的分数

本部分在以上研究的基础上，为全面、客观地呈现影响钢铁企业技术创新效率的因素，在参考国内外文献和咨询业内专家意见的基础上，将技术竞争力排名、"Steelie"奖项、国家级奖项三个变量作为钢铁企业奖项与排名的衡量指标（见表 5）。

表5 钢铁企业奖项与排名指标具体变量及其含义

变量	变量含义及单位	符号
技术竞争力排名	依据排名赋分,1~10=5,11~20=4,21~30=3,31~40=2,41~50=1,未上榜=0	rank
"Steelie"奖项	该年份获得为1,未获得为0	steelie
国家级奖项	每年获得的国家级奖项个数	prize

注:国家级奖项包括中国国家技术奖励大会技术进步获奖(通用项目),德国设计大奖,国际不锈钢论坛公布的2021年度最佳技术奖、最佳市场开发奖、安全奖、可持续奖等。

利用专家打分法确定上述指标的权重系数。在钢铁领域,尤其是在对技术创新的评价中,专家投票打分是经常被采用的评价方法。因此,基于"专家打分法"得出的钢铁产业技术创新产出评价中的"奖项与排名"数据非常重要。为了增强打分结果的客观性和合理性,聘请了来自钢铁产业及相关领域共4个领域的10位专家。对每一个指标的专家打分权重进行算术平均,得到各指标权重,如图5所示,技术竞争力排名占比30%、"Steelie"奖项占比35%,国家级奖项占比35%。

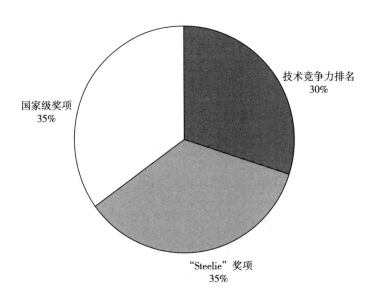

图5 钢铁企业技术创新投入指标体系权重分布

2015～2020 年 29 家钢铁企业技术创新产出指标毛利润、专利数量、奖项与排名得分如表 6 所示。

表 6　2015～2020 年 29 家钢铁企业技术创新产出

企业名称	毛利润（百万元）	专利数量（个）	奖项与排名得分（分）
宝武集团	31928.16	819.17	102.08
安赛乐米塔尔	80821.89	100.67	101.66
日本制铁株式会社	38217.67	1593.00	101.93
河钢集团	13293.76	90.00	101.57
浦项制铁	37396.78	1716.83	102.01
沙钢集团	1669.26	6.83	101.05
鞍钢集团	9882.36	450.50	101.98
塔塔钢铁集团	40096.76	106.33	101.36
JFE 钢铁	24485.80	1064.83	101.81
首钢集团	13468.78	822.17	101.63
山东钢铁集团	3801.77	362.67	101.23
华菱钢铁集团	10792.41	76.00	101.58
现代制铁	92576.39	291.83	101.75
本溪钢铁	3126.33	87.33	100.70
方大集团	716.12	28.00	100.35
包钢集团	5372.17	143.33	101.11
柳钢集团	3625.95	49.33	100.41
中信泰富特钢集团	6780.51	68.83	101.23
福建三钢集团	5525.49	28.00	100.41
蒂森克虏伯	40093.81	376.83	102.15
南京钢铁集团	4933.16	183.83	101.52
太原钢铁集团	8174.70	145.67	101.52
安阳钢铁集团	2758.28	18.67	100.76
攀钢集团	1988.40	36.17	100.06
中钢集团	3775.94	167.67	100.00
新余钢铁集团	4325.78	35.17	100.82
埃雷利钢铁集团	2238.80	20.33	100.00
酒钢集团	4186.72	145.33	100.35
瑞典钢铁公司	4092.57	4.50	101.40

资料来源：2020 年新材指数技术竞争力排名、德温特专利数据库、相关企业年度报告等。

从毛利润来看，2015～2020 年，29 家钢铁企业中现代制铁毛利润最高，其次是安赛乐米塔尔，而且这两家企业的毛利润明显高于其他企业，约为第三名塔塔钢铁集团的两倍（见图 6）。

从专利数量来看，在 29 家钢铁企业中，前 5 名企业浦项制铁、日本制

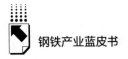

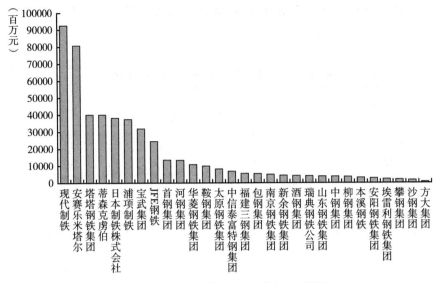

图 6　2015～2020 年 29 家钢铁企业毛利润

铁株式会社、JFE 钢铁、首钢集团和宝武集团专利数量在 800 个以上，约占 29 家钢铁企业专利数量总和的 2/3（见图 7）。

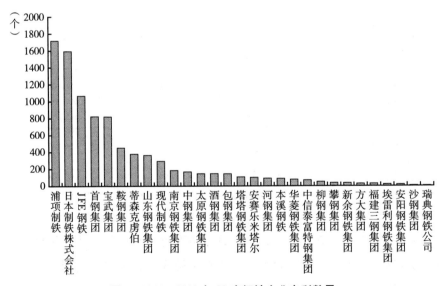

图 7　2015～2020 年 29 家钢铁企业专利数量

根据专家打分法得出的 29 家钢铁企业奖项与排名得分，蒂森克虏伯公司得分最高，埃雷利钢铁集团得分最低（见图 8）。

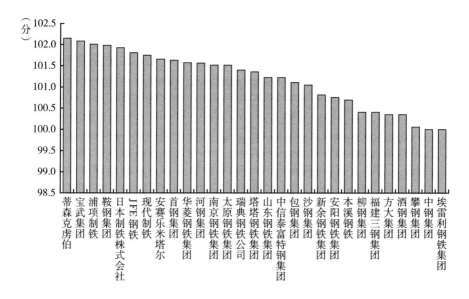

图 8　2015～2020 年 29 家钢铁企业奖项与排名得分

利用主成分分析法得到技术创新产出得分，其中，浦项制铁、日本制铁株式会社、宝武集团、安赛乐米塔尔和蒂森克虏伯得分排名前五，埃雷利钢铁集团、攀钢集团、方大集团、中钢集团、柳钢集团和福建三钢集团得分排倒数五名（柳钢集团和福建三钢集团并列倒数第五名）（见图 9）。

三　世界钢铁企业技术创新效率测度

本部分投入指标为根据主成分分析法获得的 29 家钢铁企业技术创新投入的综合得分，产出指标则是利用专家打分法和主成分分析法得到的技术创新产出得分，据此确定各钢铁企业的投入和产出指标，具体如表 7 所示。

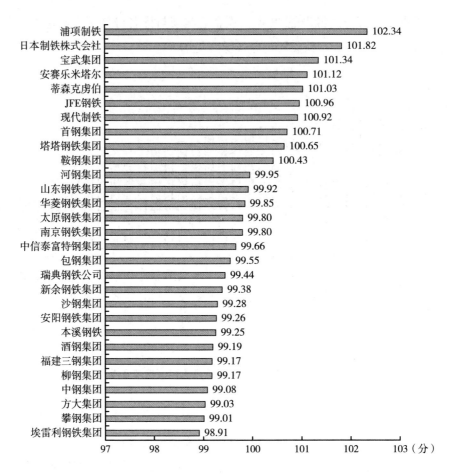

图9　2015~2020年29家钢铁企业技术创新产出得分

注：产出得分为利用专家打分法得到的钢铁企业技术创新产出综合得分加100。

表7　技术创新效率评价指标体系

指标性质	一级指标	二级指标	具体指标内容
投入指标	技术创新投入	技术创新投入综合得分	由主成分分析法计算得到的各企业技术创新投入的综合得分
产出指标	技术创新产出	技术创新产出综合得分	由主成分分析法、专家打分法计算得到的技术创新产出的综合得分

为了探究 29 家钢铁企业在不同年份技术创新效率的动态变化，利用 Deap 2.1 计算出产出导向的企业技术创新效率指数（Malmquist 指数，即全要素生产率变化）（Tfpch）、技术进步指数（Techch）、纯技术效率指数（Pech）、规模效率指数（Sech）以及技术效率指数（Effch）（相对于可变规模报酬生产技术）。

由钢铁企业技术创新效率 Malmquist 指数和分解项可见，29 家钢铁企业技术创新效率指数均呈正向增长趋势（即全要素生产率指数大于 1）（见图 10）。

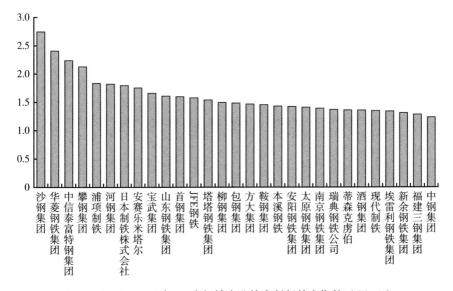

图 10　2015～2020 年 29 家钢铁企业技术创新效率指数（Tfpch）

从各企业的技术进步指数看，所有企业的技术进步指数年均值均为 1.42，说明 29 家企业的技术水平都呈现上升趋势，进而促使整个钢铁企业进入技术高速发展期（见图 11）。这是 29 家钢铁企业技术进步指数的年均值，未关注影响企业技术进步的具体要素，因而各企业的技术进步呈现一致性。

从各企业纯技术效率指数看，有 5 家钢铁企业的纯技术效率指数等于 1，占企业总数的 17.2%，其余 24 家企业的纯技术效率指数均大于 1（见图 12），说明管理和技术的改善已成为推动钢铁企业技术创新的重要因素。

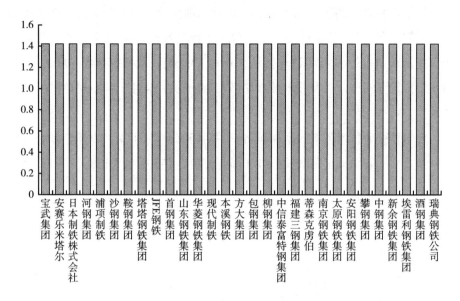

图11　2015～2020年29家钢铁企业技术进步指数（Techch）

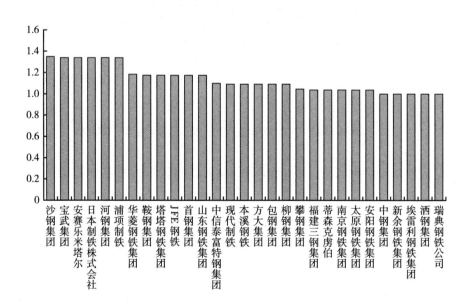

图12　2015～2020年29家钢铁企业纯技术效率指数（Pech）

规模效率指数（Sech）反映了受企业规模因素影响的生产效率。从各钢铁企业的规模效率指数来看，仅有 4 家企业的规模效率指数达到 1 以上，其余的样本企业规模效率指数均小于 1（见图 13）。这说明，一方面，少数企业规模达到较为合理的水平，可以继续加大生产要素投入，扩大生产规模以获得更多的报酬；另一方面，大多数企业处于规模报酬递减状态，各生产部门协调困难，这可能是由于企业过分追求市场占有率，导致生产规模过大，因此它们应该更加注重企业的数字化管理和高新技术的应用。

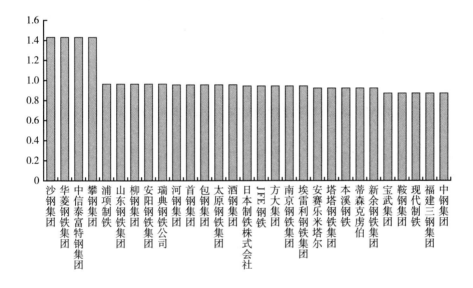

图 13　2015～2020 年 29 家钢铁企业规模效率指数（Sech）

技术效率指数（Effch）能够反映钢铁企业进行技术创新、引领科技进步或者降低技术创新的成本而带来的创新能力提升。技术效率在数值上等于纯技术效率和规模效率的乘积。从各企业技术效率指数来看，29 家钢铁企业中，有 19 家钢铁企业技术创新的技术效率指数大于 1，占 65.5%，说明一半以上的企业技术创新投入产出资源配置和使用效率达到了最优状态，然而，仍然有 10 家钢铁企业技术创新的技术效率指数小于 1，说明虽然纯技术效率十分理想，但规模效率变化对技术效率变动造成的负面影响更大（见图 14）。

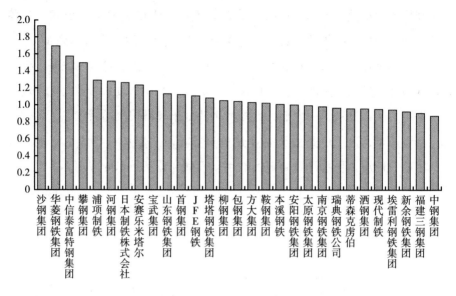

图 14　2015～2020 年 29 家钢铁企业技术效率指数（Effch）

图 15 是 29 家钢铁企业的 Malmquist 指数及其分解项的均值逐年变动情况，展示了技术创新效率均值的变动轨迹。从平均意义上讲，各年份 Malmquist 指数及其分解项均大于 1，但呈现逐年下降趋势。这也说明：虽然钢铁企业的技术创新效率在逐年提高，但是其提高速度在下降。或许，钢铁企业的技术创新活动正在由迅猛增长步入成熟稳定阶段。一方面，钢铁企业前些年积极投入研发的政策是有效的；另一方面，钢铁企业内部的技术创新政策趋于稳定，且碳减排等非营利性活动在一定程度上分散了企业的创新努力。

四　影响世界钢铁企业技术创新效率的因素

采用面板 Tobit 回归模型对技术创新效率的影响因素进行分析，根据回归结果，分析影响技术创新效率的因素。在指标设置中，以技术创新效率为因变量，自变量为研发投入金额、研发投入占营业收入的比重、营业收入、企业资产规模、毛利润、营业利润、经济增长水平、技术创新能力（见表 8）。

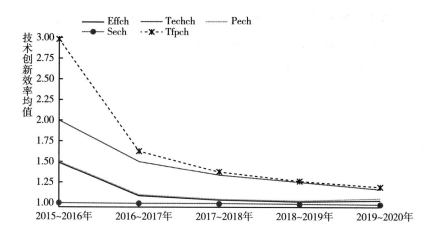

图 15　2015～2020 年 29 家钢铁企业技术创新效率变动轨迹

表 8　变量设置

变量类型	变量	符号	变量定义
因变量	技术创新效率	eff	由 Super-SBM 模型计算所得的效率值
自变量	研发投入金额	R&D	R&D 投入（百万元）
	研发投入占营业收入的比重	R&D ratio	R&D 占营业收入的比重（%）
	营业收入	operate income	营业收入（百万元）
	企业资产规模	asset	企业资产（百万元）
	毛利润	gross profit	毛利润（百万元）
	营业利润	operate profit	营业利润（百万元）
	经济增长水平	GDP	企业所在国 GDP（美元）
	技术创新能力	patent	专利数量（个）

　　图 16 为 29 家钢铁企业技术创新效率影响因素（当期回归系数）。从当期影响判断，研发投入占比、研发投入金额、营业利润和企业资产规模对技术创新效率有显著负向影响；毛利润和专利数量对技术创新效率有显著正向影响；而地区经济增长水平和营业收入对技术创新效率的提高无明显作用。由此可以得出以下几个特点。（1）首先，当期的经营成果技术转化率不高，表明知识形态未有效转化为现实生产力（刘凤朝等，2014），当期的技术创新投入与研发投入规模并不能有效促进技术创新效率的提高；其次，各企业

进行资本扩张的同时也暴露了钢铁技术创新体系中的问题，企业资产规模缩小，反而能够促进钢铁企业技术创新效率的提升。（2）毛利润和企业技术创新可以实现双向带动，专利数量的增加能够有效提升技术创新效率。（3）地区经济增长水平对钢铁企业技术创新效率的提升无显著的制约或推动作用。

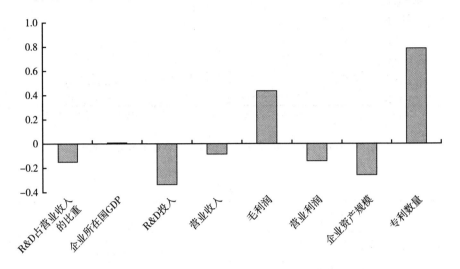

图16　2015～2020年29家钢铁企业技术创新效率影响因素

五　钢铁产业技术发展展望

利用高新技术推动钢铁产业内部技术创新，不仅是促进钢铁产业结构优化的要求，还是降低钢铁产业资源消耗、实现可持续发展的要求，更是国民经济对高端钢铁产品提出的迫切要求。对钢铁技术创新效率进行分析，不仅能为钢铁企业制定技术创新发展路径提供理论依据，同时对促进钢铁产业发展、去产能、实现全行业生态链可持续发展等也具有实践意义。结合世界钢铁产业发展趋势，本部分对钢铁产业技术发展提出如下展望。

（1）构建国家性、区域合作性科技创新中心

借鉴德国的技术组织模式，形成一个规模性的科技创新中心能够有效解决技术的投入产出比差、技术成果转化率低的问题，从而促进钢铁产业技术

创新效率的提升。从国家层面说，可以成立国家级、区域内部合作性科技创新中心、技术创新协同发展中心，研发战略性前沿技术，并应用于重点工程。从企业层面来说，钢铁企业应大力提高研发投入，加快核心、关键性技术的应用速度，构建技术创新优化与实施平台。

（2）强化知识学习与应用

为了降低成本，企业应加强知识学习与实现多学科交叉，同时对生态可循环性和本地区或国家的资源优势进行剖析，系统地将钢铁生产过程和低碳绿色理念紧密结合。运用科学冷却技术等对钢材的技术参数加以控制，不仅能降低钢铁能耗，还能延长钢铁产品的生命周期。因此，快速引进与消化各种技术，保持技术的优良性，既是炼铁技术发展的需要，又是提升现代冶炼竞争力的需要。

（3）加强企业技术信息网络建设

围绕任务链、资金链和人才链，建设关注基础前沿技术及共性技术深化、成果转化的企业技术信息网络。要加强政策激励，如健全产权制度、赋予企业技术应用长期使用权、推动企业上下游协同创新。依托数字化和共享经济模式，利用在线仿真技术实现钢铁产品生产可视化、产品使用检测化，为智能制造和智慧工业化的发展奠定基础。

（4）将提升技术创新效率作为企业发展重点

进行技术创新效率的测度可实现钢铁产业技术创新的量化与可视化，当下，应以加大创新驱动力度为主，以技术进出口贸易为辅，提升核心竞争力。摆脱粗放式生产方式，面对世界减量、脱碳化生产的大趋势，将提升钢铁技术创新效率作为重要议题。现阶段普遍存在钢铁产业技术创新配置效率低下的问题，应提升技术创新效率，推进钢铁产业全生态链协调发展。

参考文献

［1］刘伟、李星星：《中国高新技术产业技术创新效率的区域差异分析——基于三

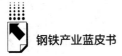

阶段 DEA 模型与 Bootstrap 方法》，《财经问题研究》2013 年第 8 期，第 20 ~ 28 页。

[2] 刘凤朝、王元地、潘雄峰：《科技成果及其产业化的经济学分析——从市场有效供需角度看科技成果转化率》，《科技进步与对策》2004 年第 9 期，第 158 ~ 160 页。

[3] Pahnke, E. C., Katila, R., Eisenhardt, K. M., "Who Takes You to the Dance? How Partners' Institutional Logics Influence Innovation in Young Firms", *Administrative Science Quarterly*, 2015, 60 (4): 596 – 633.

[4] Zhou, K. Z., Gao, G. Y., Zhao, H., "State Ownership and Firm Innovation in China: An Integrated View of Institutional and Efficiencylogics", *Administrative Science Quarterly*, 2017, 62 (2): 375 – 404.

[5] Lyu, X., Yang, K., Fang, J., "Utilization of Resources in Abandoned Coal Mines for Carbon Neutrality", *Science of The Total Environment*, 2022: 153646.

B.9
世界钢铁产业技术效率研究

葛泽慧　闫相斌　张运环*

摘　要：　技术创新对促进钢铁产业发展、去产能、实现全行业生态链可持续发展等具有重要意义。本报告从2020年世界钢铁协会粗钢产量排名前50的国家和地区中选取数据完整的36个国家为样本，进行钢铁产业技术效率的研究。利用熵值法从经济增长水平和中高技术规模两个角度出发进行技术创新投入测度，得到钢铁产业技术创新投入得分作为投入指标；以工业设计专利和专利申请数作为产出指标，基于Super-SBM模型评估各国钢铁产业技术效率，并通过Tobit模型对相关因素的影响进行分析。研究发现，61%的国家技术创新投入呈逐年上升趋势，且技术创新投入高低与各国工业化程度密切相关并呈现地区差异特征。就技术效率而言，各国钢铁产业技术效率值均小于1，说明近年来世界钢铁产业技术效率整体不高，技术创新成果转化不足。此外，钢铁产品进口贸易额、工业设计专利和专利申请数量对技术效率有正向影响，而GDP水平、技术出口占比对技术效率有负向影响。为提高钢铁产业技术效率，政府应该扩大高技术钢铁产品进口量，鼓励企业和个人积极申请专利。

---

* 葛泽慧，北京科技大学经济管理学院副教授，博士生导师，研究方向为物流与供应链、生产运营管理、技术创新与战略联盟等；闫相斌，北京科技大学副校长，教授、博士生导师，研究方向为电子商务与商务智能、商务数据分析等；张运环，北京科技大学经济管理学院硕士研究生，研究方向为供应链管理。

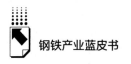

关键词：　钢铁产业　技术创新　技术效率

技术效率的概念最早是由 Farrell（1957）提出来的。他从投入角度给出了技术效率的定义，认为技术效率是在相同的产出水平下生产单元理想的最小可能性投入与实际投入的比。Leibenstein（1966）从产出角度出发，认为技术效率是在相同的投入水平下生产单元实际产出与理想的最大可能性产出的比。本报告中，各国的钢铁技术创新效率通过出口贸易技术效率来衡量。出口贸易技术效率是指：在不减少产出的情况下，相同投入水平下各国实际出口贸易技术产出与理想的最大可能性出口贸易技术产出的比。

本报告以国家为样本，主要从以下两方面进行研究：一是构建各国钢铁出口贸易技术效率评价体系并进行技术效率评估；二是以技术效率为因变量建立面板回归模型，探究影响技术效率的因素，旨在为各国钢铁出口贸易技术效率的指标评价体系构建和测度提供科学依据。

一　世界钢铁产业技术创新投入评价

出口贸易技术效率受诸多因素的影响。本部分基于系统科学的思想，在考虑实际情况的基础上，遵循指标选取的科学性、代表性、可比性和可获得性等原则，从国家和地区经济增长水平和中高技术规模两个维度出发，构建出口贸易技术投入的指标体系，并计算钢铁产业技术创新投入得分，以尽可能全面地反映各国钢铁技术创新的投入情况。地区经济增长水平通过 GDP 和人均 GDP 两个指标进行衡量；中高技术规模通过高技术出口额、高技术出口占成品出口的比重（简称高技术出口占比）、中高技术出口占成品出口的比重（简称中高技术出口占比）、中高新技术产业（含建筑业）占制造业增加值的比重（简称中高新技术产业占比）四个指标进行衡量，如表 1 所示。

表1　钢铁产业技术创新投入评价指标体系及含义

维度	指标及含义	单位
地区经济增长水平	GDP	十亿美元
	人均GDP	美元
中高技术规模	高技术出口占比	%
	高技术出口额	十亿美元
	中高技术出口占比	%
	中高新技术产业占比	%

　　本部分采用熵值法对各指标进行赋权,以区分各指标对国家钢铁产业技术创新投入评价影响的大小,权重越高的指标对钢铁产业技术创新投入的影响越大。图1为钢铁产业技术创新投入评价指标维度权重。从指标维度来看,地区经济增长水平对钢铁产业技术创新投入评价的权重低于相应中高技术规模的权重,分别为40%和60%。在地区经济增长水平维度中,人均GDP的比重约为GDP的两倍。在中高技术规模维度中,高技术出口占比、中高技术出口占比、中高新技术产业占比三个指标权重接近,均在20%~30%之间;高技术出口额权重最小,为18%。

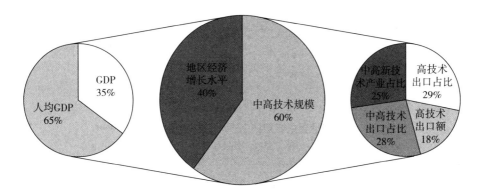

图1　钢铁产业技术创新投入评价指标维度权重

　　图2为技术创新投入评价指标细项权重。从指标细项来看,人均GDP的权重最高,接近26%。人均GDP是国家和地区发达程度的重要体现,一

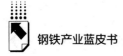
个国家或地区的发达程度会对钢铁产业技术创新投入产生较大影响。高技术出口额指标的权重最低，对技术创新投入评价的重要程度较小。因为高技术出口额反映的是各国的技术垄断或技术资源禀赋，不会对技术创新投入的评价产生显著影响。

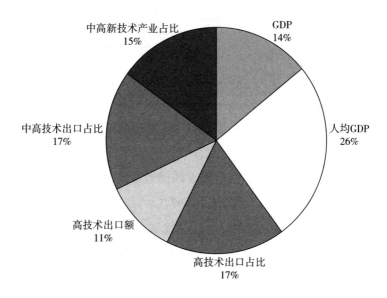

图2　技术创新投入评价指标细项权重

本次统计根据世界钢铁协会2020年的粗钢产量排名，在前50名的国家和地区中剔除数据缺失较多的样本，最后确定为表2所列的36个国家（标√），并对它们进行分析。

表2　2020年世界主要钢铁生产地粗钢产量排行榜TOP50
（标√的为选取的36个国家）

国家和地区	产量（百万吨）	同比增减（%）
√中国	1064.8	7.00
√印度	100.3	-10.00
√日本	83.2	-16.20
√美国	72.7	-17.20

国家和地区	产量(百万吨)	同比增减(%)
√俄罗斯	71.6	−0.10
√韩国	67.1	−6.00
√土耳其	35.8	6.20
√德国	35.7	−9.80
√巴西	31.0	−4.90
√伊朗	29.0	13.30
中国台湾	21.0	−4.50
√乌克兰	20.6	−1.00
√意大利	20.4	−12.10
√越南	19.5	11.40
√墨西哥	16.8	−8.70
法国	11.6	−19.40
√西班牙	11.0	−19.10
√加拿大	11.0	−14.70
√印度尼西亚	9.3	19.20
√埃及	8.2	12.30
波兰	7.9	−12.20
√沙特阿拉伯	7.8	−4.90
√马来西亚	7.1	4.40
√英国	7.1	−1.40
奥地利	6.8	−8.10
比利时	6.1	−21.80
荷兰	6.1	−9.00
孟加拉国	5.5	7.80
√澳大利亚	5.5	0.00
√捷克	4.5	2.30
√泰国	4.5	7.10
√瑞典	4.4	−6.40
阿尔及利亚	4.0	66.70
√哈萨克斯坦	3.9	−4.90
√南非	3.9	−37.10
√巴基斯坦	3.8	15.20
√阿根廷	3.7	−19.60
√芬兰	3.5	0.00
√斯洛伐克	3.4	−12.80
√罗马尼亚	2.8	−17.60

续表

国家和地区	产量(百万吨)	同比增减(%)
阿联酋	2.7	-18.20
√白俄罗斯	2.5	-3.80
√葡萄牙	2.2	10.00
阿曼	2.0	0.00
菲律宾	1.9	0.00
卢森堡	1.9	-9.50
√匈牙利	1.5	-16.70
塞尔维亚	1.5	-21.10
√希腊	1.4	0.00
科威特	1.3	0.00

资料来源：世界钢铁协会。

通过熵值法并运用 MATLAB 2020a 软件对 2013～2019 年各国的技术创新投入进行衡量（蔡伟等，2021），由于存在个别数据缺失的情况，通过线性插补法补齐缺失的属性值。2013～2019 年 36 个国家钢铁产业技术创新各投入指标①如表 3 所示。

表3　2013～2019 年 36 个国家钢铁产业技术创新各投入指标

国家	GDP （十亿美元）	人均 GDP （美元）	高技术 出口额 （十亿美元）	高技术出口 占比(%)	中高 技术出口 占比(%)	中高新技术 产业占比 （%）
中国	12026.00	8712.43	563.25	30.73	59.18	41.45
印度	2326.15	1778.45	17.73	8.65	33.16	40.82
日本	4898.37	38596.15	105.48	17.60	80.00	56.37
美国	18969.20	58758.72	167.53	20.40	63.52	47.90
俄罗斯	1703.32	11668.05	10.58	13.09	26.34	27.66
韩国	1545.21	30204.17	155.84	31.85	74.35	65.86
土耳其	861.36	10834.49	3.12	2.57	42.84	32.67
德国	3706.84	45228.19	206.62	16.95	73.68	61.83
巴西	2050.40	9965.79	9.86	13.16	40.83	34.67

① 除特别注明外，本报告所涉及的 2013～2019 年数据为均值。

国家	GDP (十亿美元)	人均 GDP (美元)	高技术 出口额 (十亿美元)	高技术出口 占比(%)	中高 技术出口 占比(%)	中高新技术 产业占比 (%)
伊朗	407.64	5135.14	0.26	1.40	25.58	44.38
乌克兰	128.32	2978.03	1.61	6.89	37.25	30.85
意大利	2010.06	33271.69	32.12	7.93	54.55	43.85
越南	212.41	2263.07	59.86	37.57	51.09	38.87
墨西哥	1212.90	9848.52	66.09	20.50	80.41	41.61
西班牙	1325.65	28410.43	15.16	7.06	56.23	40.57
加拿大	1691.83	46747.15	29.79	15.29	57.45	37.43
印度尼西亚	967.57	3696.65	6.16	8.66	29.43	35.51
埃及	292.05	3103.63	0.13	0.98	33.25	19.07
沙特阿拉伯	724.33	22441.86	0.29	0.76	46.21	36.18
马来西亚	329.49	10732.97	73.83	50.21	62.45	43.84
英国	2832.99	43340.54	76.03	23.11	68.39	47.53
澳大利亚	1394.69	57663.67	5.41	19.33	19.67	29.53
捷克	203.37	20591.58	29.23	18.24	69.48	51.16
泰国	449.92	6522.83	40.36	23.62	61.95	41.12
瑞典	545.33	54996.79	19.11	16.67	59.35	52.26
哈萨克斯坦	2128.32	10542.24	2.46	32.98	37.35	15.23
南非	343.00	6200.20	2.40	6.16	47.06	24.43
巴基斯坦	274.59	1345.78	0.33	1.94	9.97	24.59
阿根廷	548.19	12613.84	1.26	7.53	46.20	26.72
芬兰	260.14	47393.27	4.50	9.60	48.19	44.32
斯洛伐克	97.78	18002.85	8.18	10.91	70.59	49.29
罗马尼亚	208.50	10602.28	5.29	9.51	59.46	44.70
白俄罗斯	62.53	6599.71	0.69	4.40	38.82	39.51
葡萄牙	223.54	23046.44	2.63	5.53	40.91	26.32
匈牙利	142.37	14500.42	16.69	17.45	75.65	57.53
希腊	213.68	19758.22	1.42	12.02	25.99	22.21

资料来源：Wind 数据库、OEC 数据库和网络搜索。

图 3 为 2013～2019 年 36 个国家的经济增长水平变动趋势，其中横坐标为年份，左轴纵坐标为 GDP（十亿美元，柱状图），右轴纵坐标为人均 GDP（美元，折线图）。中国、印度、美国、越南、印度尼西亚、泰国、罗马尼

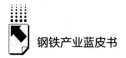

亚、匈牙利 GDP 和人均 GDP 总体呈上升趋势,经济发展状态良好。日本、俄罗斯、德国、乌克兰、意大利、西班牙、英国、瑞典、哈萨克斯坦、芬兰、斯洛伐克波动幅度较大,只有土耳其下降趋势较为明显,其余国家则大体趋于稳定。

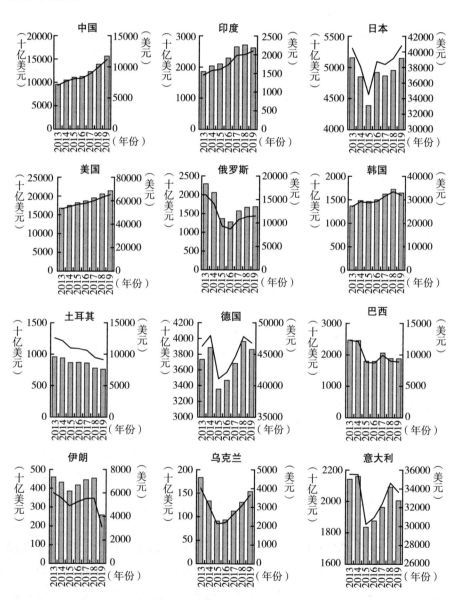

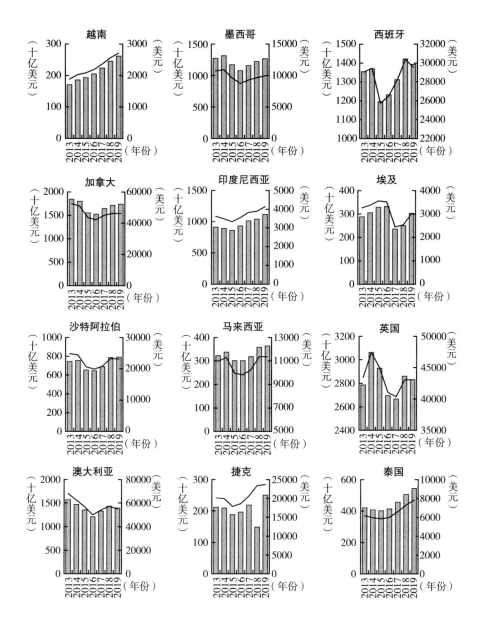

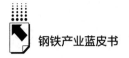

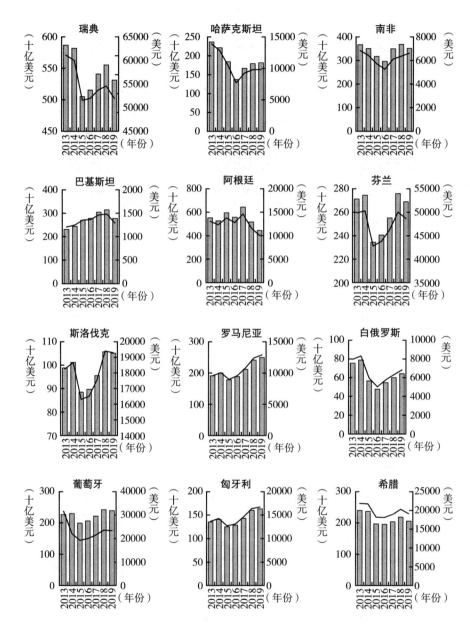

图3　2013～2019年36个国家经济增长水平指标变动趋势

资料来源：Wind数据库。

2013～2019 年 36 个国家的 GDP 如图 4 所示, 人均 GDP 如图 5 所示。
2013～2019 年, 36 个国家中, GDP 排名前 5 的国家分别为美国、中国、日本、德国、英国, 而且 GDP 呈现明显的两极分化趋势, 前 5 个国家的 GDP 总和约占 36 个国家 GDP 总和的 2/3。

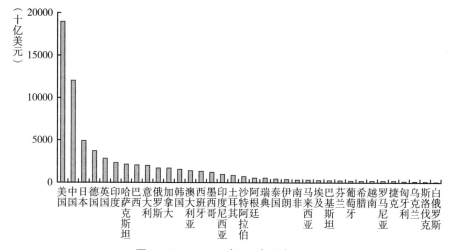

图 4 2013～2019 年 36 个国家 GDP

资料来源: Wind 数据库。

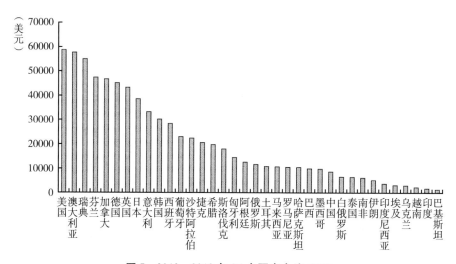

图 5 2013～2019 年 36 个国家人均 GDP

资料来源: Wind 数据库。

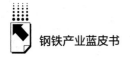

2013～2019 年，36 个国家中，人均 GDP 排名前 5 的国家分别为：美国、澳大利亚、瑞典、芬兰和加拿大，且差距不大。美国 GDP 和人均 GDP 均位列第一，也是唯一一个 GDP 和人均 GDP 排名均位于前 5 的国家。

图 6 为 2013～2019 年 36 个国家中高技术规模指标变动趋势。从高技术出口占比的变动趋势来看，除哈萨克斯坦波动幅度较大以外，其余国家大体趋于稳定或略有波动。从中高技术出口占比的变动趋势来看，除乌克兰和希腊呈明显下降趋势以外，其余国家大体趋于平缓。

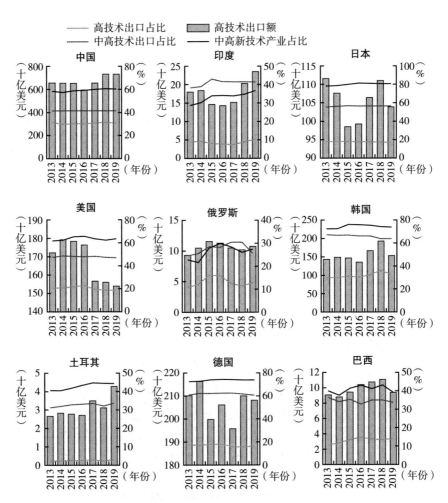

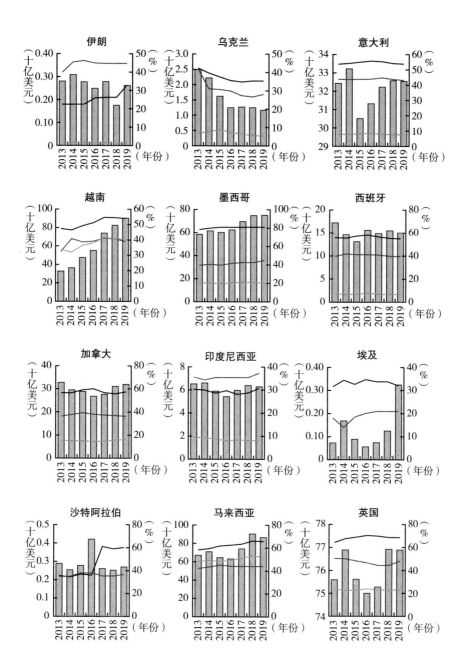

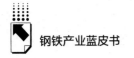

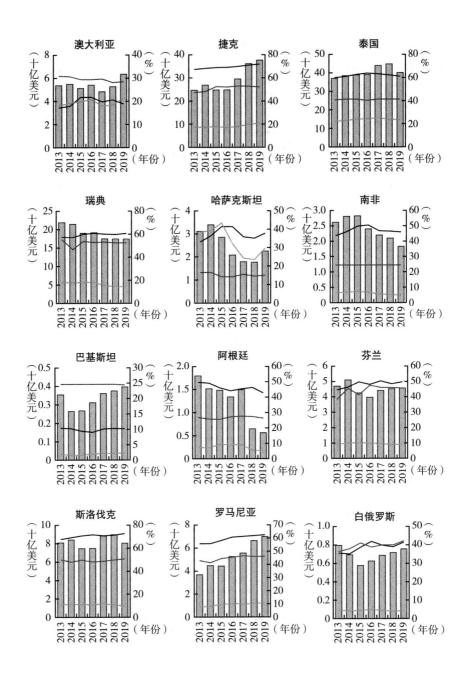

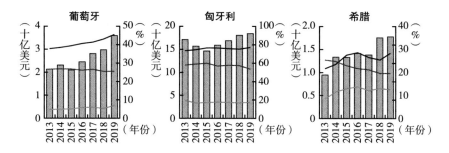

图6　2013～2019年36个国家中高技术规模指标变动趋势

资料来源：OEC数据库。

图7为2013～2019年36个国家高技术出口额。中国最高为6678亿美元，占36个国家总和的36%（见图8），这主要得益于中国政府对高新技术产业的重视，为高新技术企业的发展提供了良好的支撑。除中国外，还有4个国家超过1000亿美元，分别为：德国2066亿美元、美国1675亿美元、韩国1558亿美元、日本1055亿美元。

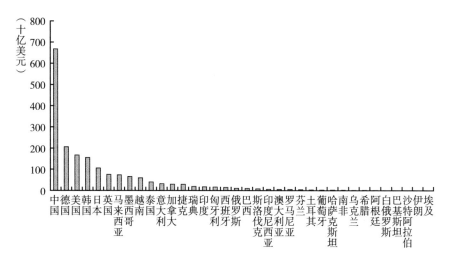

图7　2013～2019年36个国家高技术出口额

资料来源：OEC数据库。

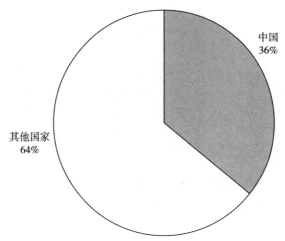

图8 中国高技术出口额占比分析

资料来源：OEC 数据库。

高技术出口占比反映了一个国家的高技术出口水平，是中高技术规模评价维度中最重要的一个指标。从 2013～2019 年数据来看，除马来西亚以外，其余国家均未达到 50%。马来西亚、越南、哈萨克斯坦、韩国、中国位列前 5 名，均在 30% 以上（见图9）。其中，中国和韩国高技术出口额和高技术出口占比排名均列前 5。

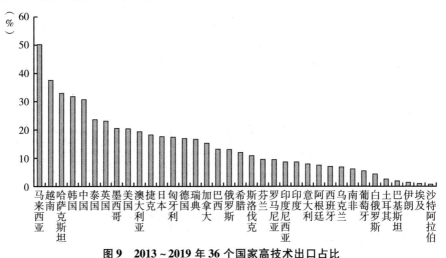

图9 2013～2019 年 36 个国家高技术出口占比

资料来源：OEC 数据库。

中高技术出口占比反映了一个国家的中高技术出口水平。36 个国家中有一半国家中高技术出口占比在 50% 以上，表明对于大部分国家来说，中高技术产品出口占有重要比重。墨西哥、日本、匈牙利、韩国、德国位列前 5 名，均在 70% 以上，且占比较为接近（见图 10）。

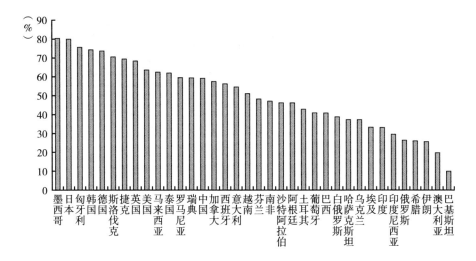

图 10 2013～2019 年 36 个国家中高技术出口占比

资料来源：OEC 数据库。

中高新技术产业占比也是衡量中高技术规模的一个重要指标。从图 11 可以看出，相比高技术出口占比和中高技术出口占比，各个国家的中高新技术产业占比差距较小，大部分国家在 30%～50%。韩国、德国、匈牙利、日本、瑞典排名前 5，除瑞典外，其余四个国家排名与中高技术出口占比的相应国家排名较为接近。

通过熵值法计算得出 2013～2019 年 36 个国家钢铁出口贸易技术效率投入综合得分。从变动趋势来看，印度、日本、美国、韩国、土耳其、德国、伊朗、越南、墨西哥、印度尼西亚、埃及、沙特阿拉伯、马来西亚、捷克、泰国、巴基斯坦、芬兰、斯洛伐克、罗马尼亚、白俄罗斯、匈牙利和希腊钢铁产业技术创新投入得分总体呈上升趋势，占总样本数的 61%；中国、俄罗斯、巴西、乌克兰、意大利、西班牙、加拿大、英国、澳大利亚、瑞

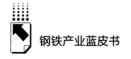

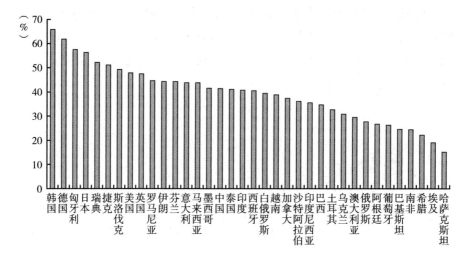

图 11　2013～2019 年 36 个国家中高新技术产业占比

资料来源：OEC 数据库。

典、哈萨克斯坦、南非、阿根廷、葡萄牙总体呈下降趋势，占总样本数的
39%（见图 12 和图 13）。

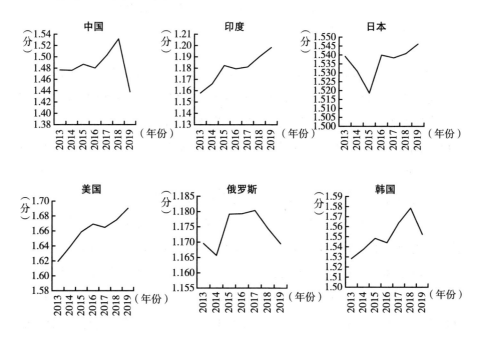

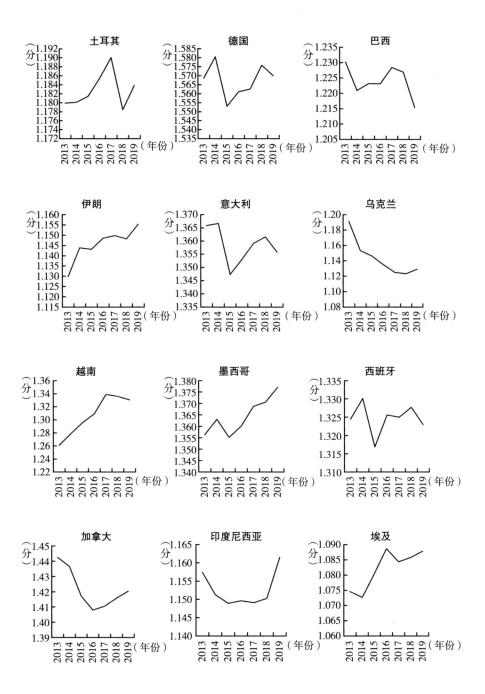

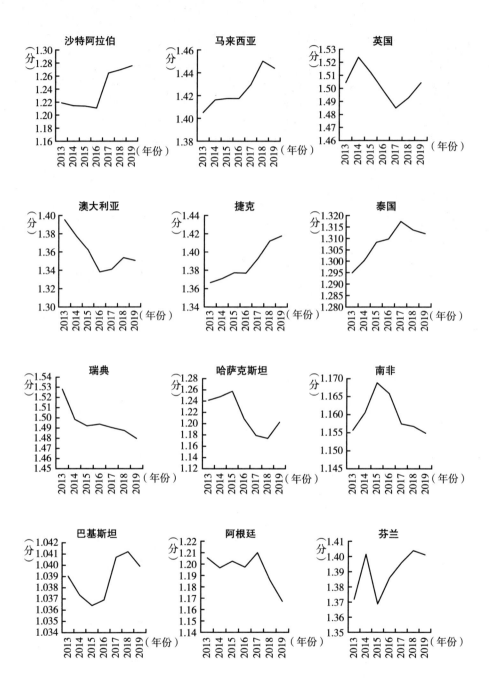

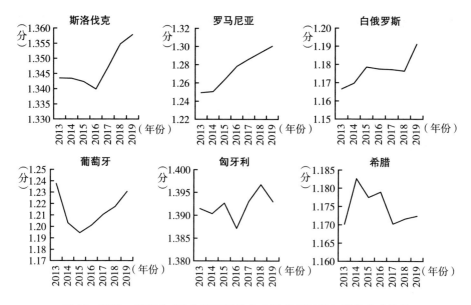

图12 2013～2019年36个国家钢铁产业技术创新投入得分变动趋势

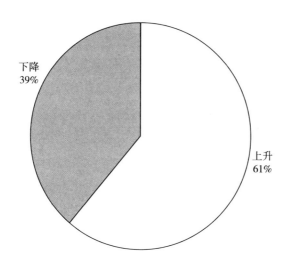

图13 2013～2019年36个国家钢铁产业技术创新投入得分变动趋势占比

图14为2013～2019年36个国家钢铁产业技术创新投入得分，得分最高的前5个国家分别为美国、德国、韩国、日本和英国；得分最低的5个国家分别为巴基斯坦、埃及、乌克兰、伊朗和印度尼西亚。美国创新投入得分

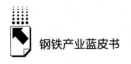

最高，为 82.97 分，巴基斯坦最低，仅为 51.94 分。排名趋势大体呈现发达国家位于前列、发展中国家位于后列，工业化程度高的国家位于前列、工业化程度低的国家位于后列的事实。

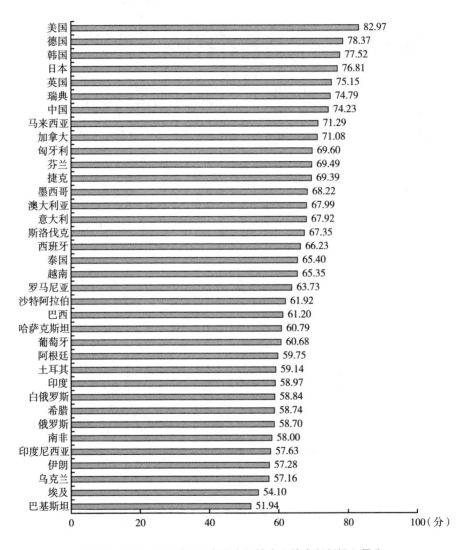

图 14　2013～2019 年 36 个国家钢铁产业技术创新投入得分

注：该图为原始得分换算为百分制后的得分。

从波动幅度来看，2013～2019年中国的钢铁产业技术创新投入得分波动幅度最大，主要表现在2018～2019年；巴基斯坦波动幅度最小，呈平缓上升趋势（见图15）。

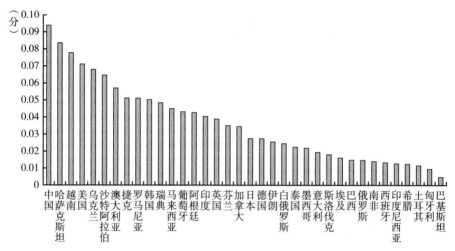

图15　2013～2019年36个国家钢铁产业技术创新投入得分波动

2013～2019年36个国家钢铁产业技术创新投入变动幅度在1%以内，虽然各国的投入变动幅度较大但世界整体投入还是趋于稳定（见图16）。

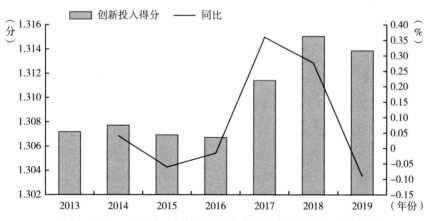

图16　2013～2019年36个国家钢铁产业技术创新投入变动趋势

注：创新投入得分为对应年份所有样本国家的创新投入得分平均值。

333

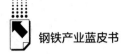

图 17 显示了钢铁产业技术创新投入得分前 10 名国家的地区分布。钢铁技术创新投入得分呈现明显的区域特征。技术创新投入较高的国家主要集中在北美地区（美国和加拿大）、欧洲地区（德国、英国、瑞典和匈牙利）以及东亚地区（韩国、日本和中国）。说明钢铁产业技术创新投入受地理因素，如资源、气候等的影响较为明显。

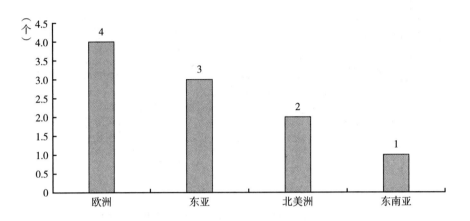

图 17　钢铁产业技术创新投入得分前 10 名国家的地区分布

二　世界各国钢铁产业技术创新产出评价

本节以数据的可获得性、合理性及针对性为原则，选取工业设计专利（非居民）、工业设计专利（居民）、专利申请数（非居民）、专利申请数（居民）四个指标作为钢铁产业技术创新产出评价的具体指标，如表 4 所示。2013～2019 年 36 个国家钢铁产业技术创新产出各指标如表 5 所示。

2013～2019 年 36 个国家钢铁产业技术创新产出变动趋势如图 18 所示。从工业设计专利（非居民）指标来看，除斯洛伐克波动幅度较大以外，其余国家总体趋于平缓或略有波动。从工业设计专利（居民）指标来看，伊朗、意大利和英国上升趋势较为明显，乌克兰、罗马尼亚、匈牙利和希腊下降趋势较为明显。从专利申请数（非居民）指标来看，越南、墨西哥和沙特阿拉伯逐年上升，其余国家变动不大。从专利申请数（居民）指标来看，中国、印度、德国、埃及、沙特阿拉伯、瑞典和芬兰处于上升趋势，哈萨克斯坦和白俄罗斯下降幅度较大，其余国家趋于稳定。

表4　36个国家钢铁技术创新产出评价指标

指标性质	指标名称	单位
产出指标	工业设计专利(非居民)	个
	工业设计专利(居民)	个
	专利申请数(非居民)	个
	专利申请数(居民)	个

表5　2013～2019年36个国家钢铁产业技术创新产出各指标

单位：个

国家	工业设计专利（非居民）	工业设计专利（居民）	专利申请数（非居民）	专利申请数（非居民）
中国	17808	623992	136506	1080342
印度	3638	7254	32525	14170
日本	6821	24496	59354	259438
美国	20522	22459	307178	288672
俄罗斯	4386	3341	14677	25767
韩国	6705	62705	46164	164000
土耳其	7337	39574	373	6344
德国	9333	45674	19223	51317
巴西	2627	3665	22855	5055
伊朗	149	13061	580	13281
乌克兰	3358	5371	2054	2329
意大利	900	31734	909	9391
越南	1313	1866	4807	576
墨西哥	2397	1645	5926	1332
西班牙	600	18565	189	2627
加拿大	5477	820	31406	4251
印度尼西亚	1268	2441	7787	1471
埃及	1123	1762	1295	869
沙特阿拉伯	514	323	1647	948
马来西亚	1176	636	6254	1184

335

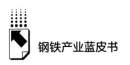

续表

国家	工业设计专利 （非居民）	工业设计专利 （居民）	专利申请数 （非居民）	专利申请数 （非居民）
英国	2506	13122	7995	14754
澳大利亚	4589	2897	26205	2551
捷克	119	1008	64	857
泰国	1265	3461	6865	1065
瑞典	65	886	354	2628
哈萨克斯坦	159	102	246	1279
南非	1117	928	6563	712
巴基斯坦	117	414	646	217
阿根廷	686	941	3480	549
芬兰	175	358	117	1624
斯洛伐克	133	302	22	213
罗马尼亚	391	866	65	1006
白俄罗斯	304	234	106	634
葡萄牙	128	1954	37	757
匈牙利	114	795	50	543
希腊	397	930	83	562

资料来源：OEC 数据库。

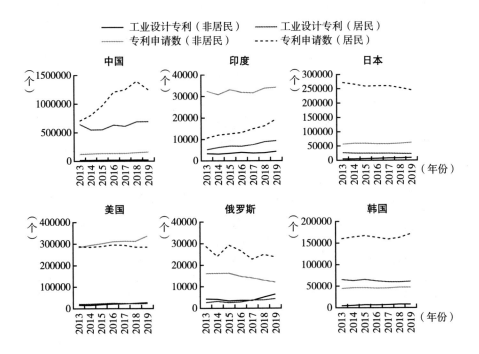

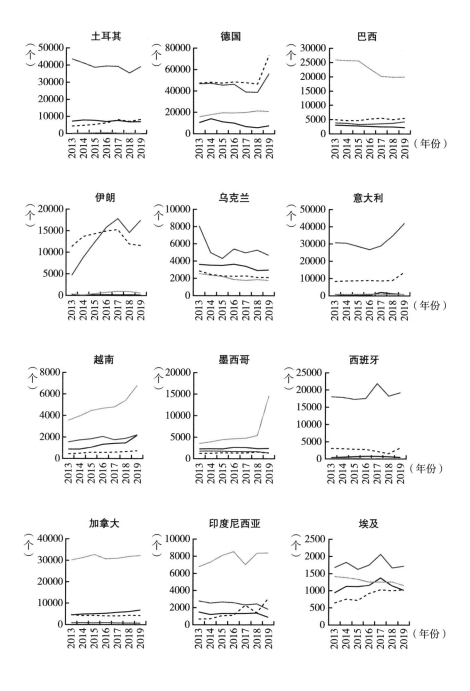

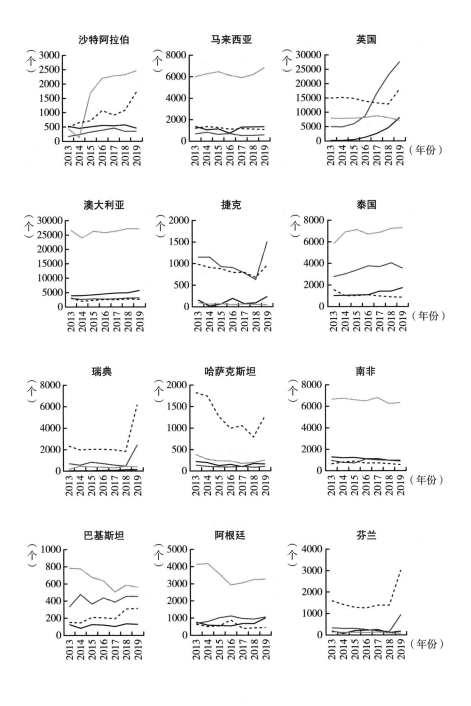

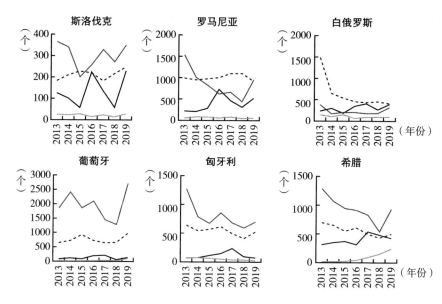

图 18 2013～2019 年 36 个国家钢铁产业技术创新产出变动趋势

资料来源：OEC 数据库。

图 19 和图 20 分别为 2013～2019 年 36 个国家工业设计专利（非居民和居民）数量。2013～2019 年，美国、中国、德国、土耳其和日本工业设计专利（非居民）数量位列前 5 名，主要原因是这些国家的政策吸引了

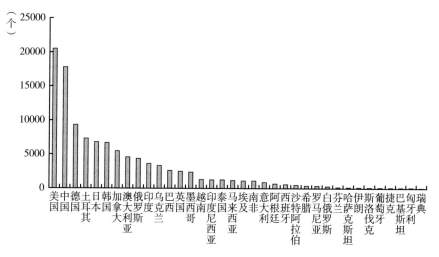

图 19 2013～2019 年 36 个国家工业设计专利（非居民）数量

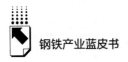

很多工业领域的外国企业和外来人才。工业设计专利（居民）数量方面，中国、韩国、德国、土耳其和意大利位列前 5 名，中国由于具有人口优势，数量远超其他国家，占 36 个国家工业设计专利总量的 60% 以上。

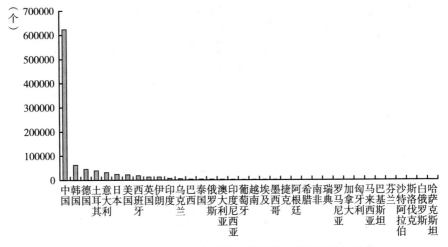

图 20　2013～2019 年 36 个国家工业设计专利（居民）数量

图 21 和图 22 为 2013～2019 年 36 个国家专利申请数（居民和非居民）。2013～2019 年，美国、中国、日本、韩国和印度专利申请数（非居民）位列前 5 名，主要原因也是这些国家的政策吸引了很多外国企业和外来人才。

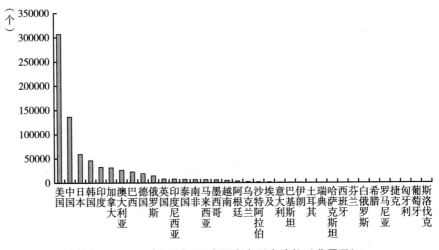

图 21　2013～2019 年 36 个国家专利申请数（非居民）

图22　2013～2019年36个国家专利申请数（居民）

专利申请数（居民）方面，中国、美国、日本、韩国和德国位列前5名，同样地，中国由于具有人口优势，数量远超其他国家，占36个国家专利申请总数的55%。

三　世界各国钢铁产业出口贸易技术效率

1978年，Charness、Cooper和Rhodes三人首创DEA模型，包括传统的CCR模型和BCC模型，用来测度决策单元达到生产前沿时，其投入（产出）需要等比例改进的程度。在当前状态与强有效目标值的差距中，除了等比例改进的部分外，未考虑要素的"松弛"影响，因此其效率测评可能产生偏误。Tone（2002）提出的SBM模型有效地解决了这一问题，但在计算过程中会出现多个有效单元的情况，即多个决策单元效率值均为1。为此，Tone（2002）在SBM模型的基础上又引入了超效率SBM模型，即Super-SBM模型，补足了SBM模型无法区分有效决策单元的短板。

根据世界各国钢铁产业技术创新投入和产出指标（见表6），基于无导向的Super-SBM模型、利用DEA-SOLVER PRO 5.0软件对2013～2019年36个国家的钢铁产业进行出口贸易技术效率的测度，得出排名和效率值如图23所示。

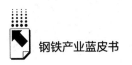

表6 各国钢铁产业出口贸易技术效率测度指标

指标性质	指标名称	单位
投入指标	各国钢铁产业技术创新投入得分	分
产出指标	工业设计专利(非居民)	个
	工业设计专利(居民)	个
	专利申请数(非居民)	个
	专利申请数(居民)	个

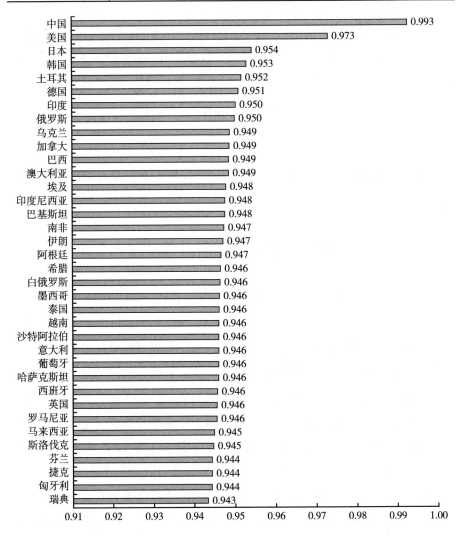

图23 2013~2019年36个国家钢铁产业出口贸易技术效率值

从各国钢铁产业出口贸易技术效率值来看，近年来世界钢铁产业出口贸易技术效率整体不高，效率值均小于 1，未达到出口贸易技术投入合理配置、技术创新成果有效转化的状态。此外，各国的效率值在 0.943 到 0.993 之间，最高和最低之间的差值为 0.050，说明各国的钢铁产业出口贸易技术效率值较为接近，差距不大。

表 7 为 36 个国家钢铁产业技术创新投入与钢铁产业出口贸易技术效率排名。技术创新投入排名前 10 的国家分别为：美国、德国、韩国、日本、英国、瑞典、中国、马来西亚、加拿大、匈牙利。技术效率排名前 10 的国家分别为：中国、美国、日本、韩国、土耳其、德国、印度、俄罗斯、乌克兰、加拿大。其中，中国、美国、日本、韩国、德国和加拿大钢铁产业技术创新投入与钢铁产业出口贸易技术效率排名均位于前 10，说明这几个国家不仅技术创新投入高而且转化效果良好，尤其是中国，技术创新投入和技术效率的排名分别为 7 和 1。英国、瑞典、马来西亚和匈牙利技术创新投入排名虽然靠前，但技术效率排名均位于后 10 名，英国技术创新投入和技术效率的排名分别为 5 和 29、瑞典为 6 和 36，马来西亚为 8 和 31，匈牙利为 10 和 35，可见这几个国家在有效转化上有所欠缺，造成了一定程度的资源浪费。值得注意的是，土耳其、印度、俄罗斯和乌克兰技术创新投入普遍不高，但技术效率排名十分靠前。土耳其技术创新投入和技术效率的排名分别为 26 和 5、印度为 27 和 7，俄罗斯为 30 和 8，乌克兰为 34 和 9，说明尽管全球贸易战、外汇汇率变动以及原材料成本上升等外部因素对钢铁产业产生了一定的影响，但这些并不是决定性因素，仍然有一些国家出口贸易技术效率发展态势较好。

表 7　36 个国家钢铁产业技术创新投入与钢铁产业出口贸易技术效率排名

国家	出口贸易技术效率排名	技术创新投入排名
中国	1	7
美国	2	1
日本	3	4
韩国	4	3

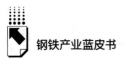
续表

国家	出口贸易技术效率排名	技术创新投入排名
土耳其	5	26
德国	6	2
印度	7	27
俄罗斯	8	30
乌克兰	9	34
加拿大	10	9
巴西	11	22
澳大利亚	12	14
埃及	13	35
印度尼西亚	14	32
巴基斯坦	15	36
南非	16	31
伊朗	17	33
阿根廷	18	25
希腊	19	29
白俄罗斯	20	28
墨西哥	21	13
泰国	22	18
越南	23	19
沙特阿拉伯	24	21
意大利	25	15
葡萄牙	26	24
哈萨克斯坦	27	23
西班牙	28	17
英国	29	5
罗马尼亚	30	20
马来西亚	31	8
斯洛伐克	32	16
芬兰	33	11
捷克	34	12
匈牙利	35	10
瑞典	36	6

从各国出口贸易技术效率波动幅度来看，波动幅度最大的国家为中国，其次为德国、乌克兰、加拿大和英国。波动幅度最小的国家为西班牙，其次为匈牙利、希腊、巴基斯坦和泰国（见图24）。

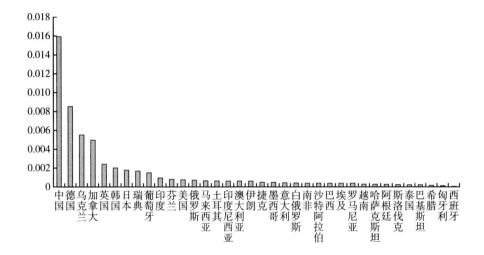

图24　2013～2019年36个国家出口贸易技术效率波动幅度

图25为2013～2019年36个国家钢铁产业出口贸易技术效率变动情况。2013～2019年，有21个国家的出口贸易技术效率呈上升趋势，占总数的

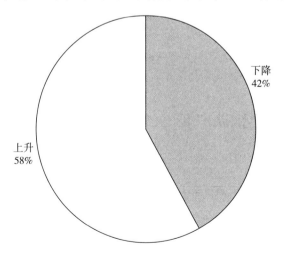

图25　2013～2019年36个国家钢铁产业出口贸易技术效率变动情况

58%，有 15 个国家的出口贸易技术效率呈下降趋势，占总数的 42%。对比图 13，2013～2019 年，有 22 个国家的钢铁产业技术创新投入呈上升趋势，占总数的 61%，有 14 个国家的钢铁产业技术创新投入呈下降趋势，占总数的 39%。可见，大部分国家在增加钢铁产业技术创新投入的同时取得了理想的效果，技术效率得到了同步提高。增加技术创新投入固然重要，但更重要的是提高投入产出比和资源利用率，实现投入的合理配置、技术创新成果的有效转化。

图 26 为 2013～2019 年 36 个国家钢铁产业出口贸易技术效率变动趋势。可以看出，虽然环境保护、脱碳化发展制约了钢铁产业出口贸易技术效率的提高，但 2013～2019 年世界钢铁产业出口贸易技术效率仍在稳步提升。

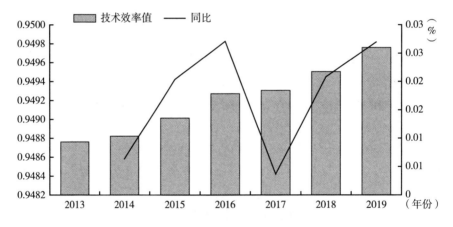

图 26 2013～2019 年 36 个国家钢铁产业出口贸易技术效率变动趋势

四 世界钢铁产业出口贸易技术效率影响因素

本部分选取钢铁产业出口贸易技术效率作为因变量，钢铁产品进出口指标作为自变量，影响钢铁产业出口贸易技术效率的因素作为控制变量。采用基于极大似然估计的 Tobit 模型，对钢铁产业出口贸易技术效率与钢铁产业出口贸易技术效率的影响因素和钢铁产品进出口价值的关系进行分析，具体指标及定义如表 8 所示。

表 8   指标及定义

指标性质	指标定义	单位
因变量	钢铁产业出口贸易技术效率	/
自变量	钢铁产品进口贸易价值	美元
	钢铁产品出口贸易价值	美元
控制变量	GDP	十亿美元
	人均 GDP	美元
	高技术出口占比	%
	高技术出口额	十亿美元
	中高技术出口占比	%
	中高新技术产业占比	%
	工业设计专利(非居民)	个
	工业设计专利(居民)	个
	专利申请数(非居民)	个
	专利申请数(居民)	个

表 9 为世界钢铁产业出口贸易技术效率影响因素 Tobit 模型的回归结果。结合图 27 可以看出,在自变量中,钢铁产品进口贸易价值对钢铁产业出口贸易技术效率有一定的正向影响,说明进口贸易价值增大会促进钢铁企业技术创新效率的提高;而钢铁产品出口贸易价值对钢铁产业出口贸易技术效率无显著影响,说明钢铁产品出口贸易价值不会对钢铁技术创新产生冲击,效率的提升路径也并非源于此。在控制变量中,GDP、人均 GDP、高技术出口占比、高技术出口额、中高技术出口占比和中高新技术产业占比均对钢铁出口贸易技术效率有负向影响,工业设计专利和专利申请数对钢铁出口贸易技术效率有促进作用,且影响十分显著。

因此,要提高国家层面的钢铁产业出口贸易技术效率,应该增加钢铁产品进口贸易价值,鼓励居民申请工业设计专利和其他专利,提高城镇化率、工业化程度以及 GDP 增速,同时降低高技术出口占比、中高技术出口占比和中高新技术产业占比。

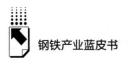
表9 Tobit 模型回归结果

变量	（1）	（2）	（3）
钢铁产品进口贸易价值	0.007 (1.43)	0.007 * (1.95)	0.007 (1.47)
钢铁产品出口贸易价值	-0.001 (-0.17)	-0.001 (-0.39)	-0.001 (-0.17)
GDP	-0.033 ** (-2.22)	-0.033 *** (-3.80)	-0.033 ** (-2.28)
人均GDP	-0.068 *** (-21.70)	-0.068 *** (-26.63)	-0.068 *** (-22.28)
高技术出口占比	-0.042 *** (-13.97)	-0.042 *** (-19.62)	-0.042 *** (-14.34)
高技术出口额	-0.012 ** (-2.00)	-0.012 *** (-5.40)	-0.012 ** (-2.06)
中高技术出口占比	-0.044 *** (-10.84)	-0.044 *** (-14.28)	-0.044 *** (-11.13)
中高新技术产业占比	-0.046 *** (-11.00)	-0.046 *** (-8.11)	-0.046 *** (-11.30)
工业设计专利(非居民)	0.314 *** (43.36)	0.314 *** (98.05)	0.314 *** (44.53)
工业设计专利(居民)	0.281 *** (26.31)	0.281 *** (69.99)	0.281 *** (27.01)
专利申请数(非居民)	0.283 *** (20.70)	0.283 *** (41.55)	0.283 *** (21.25)
专利申请数(居民)	0.343 *** (28.61)	0.343 *** (81.14)	0.343 *** (29.37)
_cons	0.000 (0.17)	0.000 (0.20)	0.000 (0.17)
Prob > = chibar^2	—	—	1
观测值	252	252	252

注：*** 表示在1%的水平下显著，** 表示在5%的水平下显著，* 表示在10%的水平下显著。列（1）、（2）括号中的值为T值，（3）中的值为Z值。

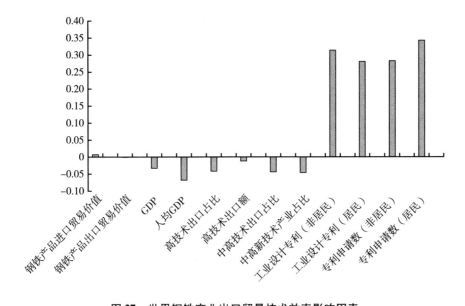

图 27　世界钢铁产业出口贸易技术效率影响因素

资料来源：OEC 数据、Wind 数据库。

参考文献

［1］蔡伟、赵西超、才凌慧等：《中国战略性新兴产业经济效率的统计测度》，《统计与决策》2021 年第 7 期，第 98～102 页。

［2］赖一飞、谢潘佳、叶丽婷等：《中国区域科技创新效率测评及影响因素研究——基于超效率 SBM-Malmquist-Tobit 模型》，《科技进步与对策》2021 年第 13 期，第 37～45 页。

［3］Farrell, M. J., "The Measurement of Productive Efficiency", *Journal of the Royal Statistical Society*, 1957, series A 120（part 3），253 – 290.

［4］Leibenstein, H., "Allocative Efficiency vs. X-Efficiency", *American Economic Review*, 1966.

［5］Tone, K. A., "Slacks-based Measure of Super-efficiency in Data Envelopment Analysis", *European Journal of Operational Research*, 2002（143）：32 – 41.

数字发展篇

Digital Development

B.10
世界钢铁产业数字化转型与发展

马建峰　俞　峰　刘　涛*

摘　要： 近年来，全球范围内的数字经济规模不断扩张，产业数字化和数字产业化两大支柱占比逐年提升，传统工业经济正向新兴的数字经济转型。钢铁产业作为国家工业产业链的重要环节，数字化转型全面推进。中国钢铁产业的数字化转型成效显著，通过自主研发和借助社会力量，实现线上交易规模和互联网物流规模的快速增长。世界各国积极筹备产业数字化转型，以美国、德国、日本、韩国、英国为代表的发达国家以工业智能化为导向，加大对新兴技术的资金投入，赋能传统产业提质增效；以印度为代表的发展中国家聚焦数字化新基建，完善数字化治理体系，数字化建设走上发展快车道。世界钢铁龙头企业将数字化转型规划深入到

---

* 马建峰，北京科技大学经济管理学院副教授，研究方向为资源配置效率评价理论与方法；俞峰，北京科技大学经济管理学院讲师，研究方向为国际贸易与企业创新；刘涛，北京科技大学经济管理学院硕士研究生，研究方向为国际贸易学。

实体运营方面，各部门有序发展，用户体验不断优化。在未来，钢铁产业将面临更强的数字化融合趋势，数字化贯穿生产经营等各个环节，联通上下游企业形成产业生态集群，从区域到全局逐步实现数智驱动。

关键词： 钢铁产业　数字化　智能化

全球数字经济发展"风起云涌"，数字化新基建赋能传统产业，在新冠肺炎疫情冲击下形成新动能，拉动经济增长，释放知识和信息价值，助力传统产业突破发展瓶颈，实现数字经济与传统经济的深度融合。钢铁产业结构和生产方式将呈现翻天覆地的变化，这种产业进化将不断激发创新增长能力，对于国家经济实力和国际影响力的提升都有极大助益。本报告将从四个方面对世界钢铁产业数字化转型与发展进行分析，从钢铁产业数字化转型背景开篇，介绍中国钢铁产业融合发展状况和世界钢铁产业数字化发展举措，并对钢铁产业数字化发展趋势进行研判。

一　钢铁产业数字化转型背景

数字经济是以数字化知识与信息技术为载体的，超越工业经济的新型、高效、高质量经济形态。在百年未有之大变局和新冠肺炎疫情叠加影响下，世界经济增速放缓，不确定性显著上升。面对恢复经济、产业转型升级等挑战，各主要国家加快数字经济网络创新，加强绿色智能数据基础设施建设，培育产业新业态，发展高效协同的融合信息化经济，深入推进实施数字化战略。第一部分将介绍全球范围内数字经济规模和产业数字化进程，分析钢铁产业传统发展的局限性和数字化应对之举。

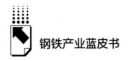

（一）全球数字经济发展概况

目前，以知识和信息技术为关键生产要素的数字经济成为经济发展的新动能，一系列新技术、新业态、新布局成为推动产业创新变革的新引擎，全球进入产业互联、创新融合、开放共享的新发展阶段。2020 年全球数字经济在逆势中实现平稳发展，并发挥更强的赋能作用，各国数字经济逐渐实现全面渗透。如图 1 所示，2018～2020 年，全球数字经济规模不断增长，由30.2 万亿美元增长至 32.6 万亿美元，数字经济规模占 GDP 比重由 40.3%上升到 43.7%，已然成为全球经济发展的新动能。

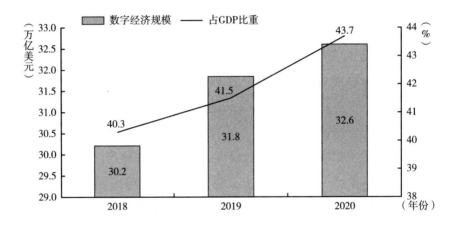

图 1 2018～2020 年世界数字经济规模

资料来源：中国信息通信研究院。

从不同发展程度国家的 GDP 增速来看，2020 年全球经济体都受到了新冠肺炎疫情不同程度的冲击，发达国家和发展中国家的 GDP 增速均为负值，分别为 -2.3% 和 -3.7%，可见发展中国家的经济形势更加严峻（见图 2）。数字经济维稳国民经济的作用明显，从 2020 年数字经济发展增速来看，发达国家为 3.0%，高于 GDP 增速 5.3 个百分点；发展中国家为 3.1%，高于GDP 增速 6.8 个百分点。由此可见，数字经济能够有效对抗新冠肺炎疫情冲击，为全球经济复苏提供强大支撑。

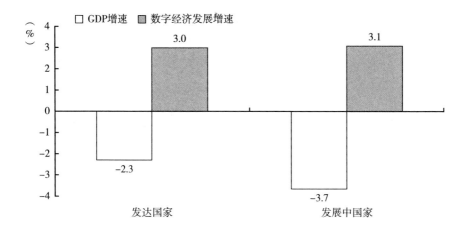

图 2 2020 年不同发展程度国家数字经济发展增速对比

资料来源：中国信息通信研究院。

（二）产业数字化发展现状

产业数字化是指数字技术与传统产业的融合，是工业经济向数字经济转变的重点方向，也是数字化转型成功的重要体现。全球数字经济发展动态表明，产业数字化转型正以价值释放为核心赋能传统经济，引领新冠肺炎疫情阴霾下全球经济的发展。如图 3 所示，产业数字化和数字产业化是数字经济发展的两大关键方向。2020 年全球产业数字化占数字经济比重达到 84.4%，占全球 GDP 比重为 36.9%；数字产业化占数字经济比重为 15.6%，占全球 GDP 比重为 6.8%。

不同分组国家的数字经济发展情况如图 4 所示，表现出收入水平越高，产业数字化占数字经济比重越高的规律。2020 年中低收入国家、中高收入国家和高收入国家产业数字化占数字经济比重分别为 70.1%、79.4% 和 86.1%，其中高收入国家比中高收入和中低收入国家分别高 6.7 个和 16 个百分点。高收入国家资金实力雄厚，数字技术设施完善，传统产业的数字化转型更加迅速；中高收入和中低收入国家虽然目前竞争力较弱，但发展潜力更大。

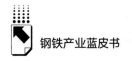

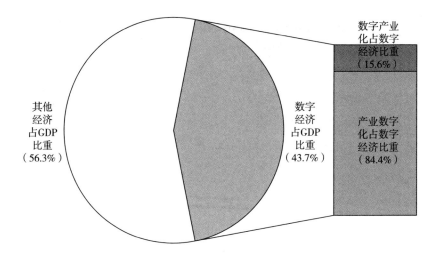

图 3　2020 年全球 GDP 内部结构

资料来源：中国信息通信研究院。

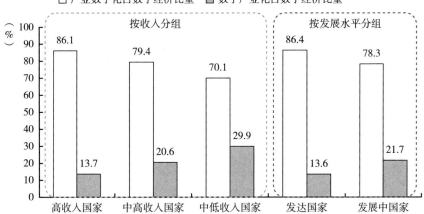

图 4　2020 年不同分组国家数字经济结构

资料来源：中国信息通信研究院。

此外，各国经济发展水平与其数字经济发展情况也密切相关。如图 4 所示，发达国家产业数字化占数字经济比重为 86.4%，发展中国家产业数字化占数字经济比重为 78.3%，低于发达国家 8.1 个百分点。这可能是由于发达国家数字化基础较为坚实、数字化治理水平较高。发达国家数字产业化占数字经济比重为 13.6%，发展中国家数字产业化占数字经济比重为 21.7%，高于发达国家 8.1 个百分点，发展中国家的数字经济转型处于活跃期，运用数字化手段的能力有了很大提升。

（三）钢铁产业的发展局限性

钢铁产业是经济发展的支柱产业，也是制造业产业链中的重要一环，受钢铁产品生产特性和市场供需的影响，长期面临产能过剩、生产流程复杂和统一数据标准缺乏的问题，高效、高质量发展受到制约。

1. 产能过剩

世界经济恢复动能减弱，供需两端增长放缓的全球性问题持续困扰世界钢铁业，作为制造业原料的生产和加工部门，钢铁产业产能过剩的压力长期存在。近年来，钢铁产业下游基础设施建设放缓，房地产开发市场投资增速下滑，钢材作为广泛应用的基建材料，市场供需状况难以实现平衡，进而导致全球钢铁产销矛盾。

如图 5 所示，尽管 2016～2020 年世界粗钢产量一直稳步提升，2020年粗钢产量达到 18.78 亿吨，但从消费量来看，始终处于供过于求状态，2020 年全球成品钢材表观消费量为 17.72 亿吨，较 2019 年减少 0.08 亿吨。原因可能有两方面：一方面，钢铁产业长期缺乏供需合理匹配的机制，依赖供销商渠道的营销模式导致钢铁厂商无法直接接触市场，供需失衡现象明显；另一方面，钢铁产品的生产周期长，库存周转慢，市场出清和优胜劣汰的机制并不完善，化解过剩产能的效率较低。

2. 生产流程复杂

钢材生产具有流程复杂、体系庞大的典型特征。生产流程主要包含炼铁、炼钢与轧钢三个环节，其中炼铁环节是基础，各环节存在多个生产工序，需要不同的控制系统和多层级部门保障生产，整体是一个庞大的供应链体系。钢铁产品的生产工序繁多，不同型号产品的生产周期不同，且空间跨度大，存在多个控制系统和执行系统，需要消耗大量的人力、物力进

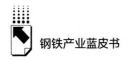

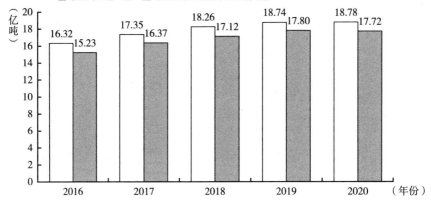

图5　2016～2020年世界粗钢产量及成品钢材表观消费量

资料来源：世界钢铁协会。

行控制。

以长流程炼钢为例，生产要按照严格的工序进行，其中包含焦化、烧结、球团、炼铁、炼钢、热轧、热处理等多个工序，能源消耗巨大。钢材生产中最为核心的工艺是炼铁，需要按照严格的工艺流程进行，炼铁工艺的完善和创新也能从根源上为炼钢技术的改进提供保证。生产中对各类配料在各工序车间的合理调配，以及对不同固体废料的回收和再利用，都是钢铁生产流程中的关键环节。

3. 统一数据标准缺乏

钢铁产业具备典型的多流程生产特征，各类设备和各种部门都具备不同的数据后台，如产品生产、设备管理、订单货运等流程产生的数据都需要进行统计分析，为后续生产做准备。数据格式差异大影响产品的信息化联动，制约产业发展。钢铁生产中零件参数数据、设备运行数据、经营管理数据等来自不同部门，不同部门的应用场景不同，设备种类不同，产生的数据难以匹配，无法对钢铁生产做出全面的分析，该数据也就无法作为有效资源促进效率提升。

（四）数字化融合助力钢铁产业突破局限

数字化融合推动企业生产集约化、管理模式简约化，新旧动能转化为钢铁产业增强竞争力创造了新的机会。因此，数字化转型不仅仅是技术应用水平的提升，而且在横向和纵向生产轨迹上都实现了生产流程的优化，促使传统的生产方式和管理方式发生巨大变革。数字化转型以"场景化、智能化、协同化"为引导，对症下药，实际解决钢铁产业转型升级的业务难题。

1. 数字化电商平台缓解产能过剩

面对产能过剩的发展困境，一方面，加强数字化平台在钢铁企业营销方面的创新应用，尝试以电商手段扩大客户覆盖面和销售群体。首先，通过 B2C 模式拓宽市场范围，匹配多样化用户。其次，结合传统销售渠道，新旧融合，精准实现订单匹配，以定制化服务提高企业竞争力，覆盖多元化需求。另一方面，调动、采集、打通更多数据。数据是信息化时代的生产资料，钢铁生产各个环节都可以多维度和精确的数据为支撑，这不仅可以减少供需波动带来的产能过剩，还能通过数据分析得出哪些产能过剩了，以及何时何地产生了过剩。

2. 数字化技术手段提升生产流程效率

生产过程中的可视化、自动化、数据化和智能化是传统钢铁企业高效、高质量发展的有效路径。可视化是指利用覆盖全轨迹的网络监控系统，实时收集生产运行数据，将生产环境与网络监控无缝对接，及时掌握现场情况，提升远程控制能力。自动化系统的引入，不仅实现了对工艺流程的检测与控制，而且提升了资源配置效率。钢铁生产作业场景有高温强光、危险系数高的特点，通过运用红外成像、高温防护等技术手段，可实现多维度感知，从而解决人工干预困难的问题，提高生产质量与效率。

3. 数字化工业平台统一数据标准

利用虚拟可视化技术，建立产品参数模型，进行仿真生产并优化产品性能，实现各工序流程的透明化，有助于生产者了解生产流程。利用传感器技术自动监控生产设备，能够及时发现设备能耗数据流的异常或峰值情形，以

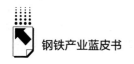

对设备误差进行精准的调控，在不阻碍生产进程的同时减少能源的消耗。此外，部分数据的类型、准确性、时效性与特定部门的要求保持一致，难以满足公司批量化数据管理的要求，无法适应跨部门应用需要，造成部门间信息数据的"孤岛"。通过数字化实现集成的工业平台，可以对不同场景的数据进行传输和整理，从而更高效地解决不同场景的数据兼容问题。

二 中国钢铁产业数字化融合程度

中国作为世界钢铁产能的主要贡献国，近年来高度重视产业数字化发展，政策导向助力以云计算、人工智能为代表的新一代信息技术拓宽数字化应用范围。智能制造蓬勃发展、数字化转型成效显著以及数字化治理体系逐步完善，助力钢铁产业制造效率和运营效率迅速提升，数字化发展成果得到国际社会的广泛认可。本部分将从中国钢铁产业数字化转型现状、转型方向、转型实现方式三个方面深入分析中国钢铁产业数字化融合程度，并以宝武钢铁为典型案例，具体分析中国钢铁企业的数字化转型成就。

（一）中国钢铁产业数字化转型现状

钢铁产业线上交易规模和互联网物流规模，能够清晰地反映出现阶段钢铁产业应用数字化技术在生产、营销和物流等方面所取得的丰硕成果，并可被用来表征钢铁产业数字化转型现状。

1. 中国钢铁产业线上交易规模

目前先进钢铁企业已经将信息技术广泛应用于研发、设计、生产、营销、物流等不同环节。先进钢铁企业通过可视化设备实现质量监控、设备运维，通过线上交易系统实现采购营销、客户维护、成本核算和财务管理。在线上交易环节，先进钢铁企业重点建设了制造执行系统、企业资源利用系统、产销系统和能源管理系统，基本实现了产销和运营集成一体化。先进钢铁企业以 IaaS（基础设施即服务）、PaaS（平台即服务）、SaaS（软件即服务）的架构建设了企业数字化平台，以及实施了基于 SaaS 模式的客户关系管理、供应链管理和物流管理，进一步提高了钢铁产业线上交易应用程序的完备程度。

中国钢铁产业线上交易规模如图6所示。2019年，中国钢铁线上交易规模为1.6亿吨，相比于2015年增长1.1亿吨。2019年线上渗透率达到7%，相比于2015年增长了4.6个百分点。无论是线上交易规模还是线上渗透率，钢铁产业一直保持平稳增长态势，主要是由于互联网技术不断发展，交易平台的操作运营流程不断优化，线上交易的配套设施不断完善，逐年来形成了完善的线上交易模式，使得线上交易稳定可靠，线上交易量趋于平稳增长态势。在这里，线上交易规模的衡量口径为钢铁线上交易平台钢铁品类的交易量，测算方法是：中国钢铁线上交易规模 = 中国钢材流通量×线上渗透率。

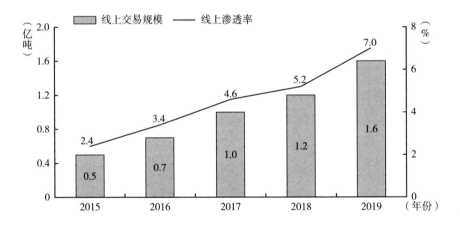

图6　2015～2019年中国钢铁线上交易规模及渗透率

资料来源：国家统计局，依据艾瑞统计模型核算。

2. 中国钢铁产业互联网物流规模

随着新一代信息技术的快速发展，数字化、智能化开放平台与传统产业相互融合，实现了业务增值。钢铁企业与产业链上下游企业之间加强协作，以信息技术为核心，打破生产商、贸易商、加工商、配送商等各主体间的数据壁垒，实现大宗商品的信息共享。钢铁企业构建大型网络货运物流平台，包括仓储、深加工、物流、金融、大数据等板块，灵活配置生产、货运资

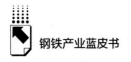
源，通过数据的互联互通，实现高效的物流管理和多式联运。

互联网物流的兴起为传统物流注入了强大的生命力。基于物流 SaaS 服务和 GIS、GPS、车载传感器技术的运输线上化管理，大大降低了物流成本，提高了运输效率。中国钢铁产业互联网物流规模的衡量口径主要包括利用互联网技术的网上运输业务和网上仓储加工业务。计算方法为：钢铁产业互联网物流规模 = 钢铁在线运输业务规模 + 仓储加工在线业务规模。

如图 7 所示，2015～2019 年中国钢铁产业互联网物流规模始终保持增长趋势，从 2015 年的 200 亿元增长到 2019 年的 418 亿元。未来，工业互联网带动钢铁物流的规模有望突破千亿元大关。钢铁企业通过"互联网 + 物流"的新型运输方式，为客户提供集运输、仓储和加工服务于一体的数字化解决方案。钢铁企业通过自主研发的第三方 SaaS 综合服务平台，协助大宗商品物流企业实现业务流程数字化，助力上下游运营商和承接商降低成本、提高效率。

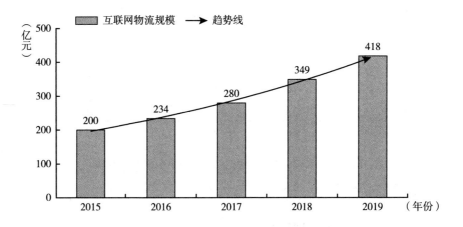

图 7　2015～2019 年中国钢铁产业互联网物流规模

资料来源：国家统计局，依据艾瑞统计模型核算。

（二）中国钢铁产业数字化转型方向

作为制造业、基建产业等重点民生产业发展的基础，钢铁产业的发展对国家产业结构和在世界的影响力都有着举足轻重的作用。为突破发展瓶颈，钢铁产业对数字化、智能化的需求日益强烈，钢铁产业数字化转型主要体现在以下三个重点方向。

1. 数字化、智能化生产

数字化、智能化生产聚焦在生产工艺优化、生产流程监控、产品质量控制三个方面。一是生产工艺优化，钢铁企业通过对工艺配方和工艺流程的逼真模拟，对产品参数进行最大限度的优化，减少生产过程中的余材量，提升产品性能，满足消费者需求。二是生产流程监控，钢铁企业将监控点与平台联通可以对生产过程中的各部门实施智能监控，实现基于经验的日常预防性设备维护，提升设备利用率，保证生产流程通畅。三是产品质量控制，钢铁企业通过数字化扫描技术采集和分析产品全周期质量数据，及时追踪淘汰不合格产品，保证对产品质量的精确控制。

例如，东方国信作为中国领先的技术企业，利用自身在机理模型和大数据分析领域的技术优势，开发了适用于炼铁的工业互联网平台，在生产工艺优化、生产流程监控和产品质量控制等环节为钢铁企业实现了提效降本的经济目标。根据赛迪智库信息化与软件产业研究所的数据，在建设并运行炼铁平台后，酒钢集团的铁水质量稳定性提高了20%，单座高炉年均成本降低了2400万元，冶炼效率提升了10%。

2. 经销数字化管理

钢铁产业有不同于其他消费品的经销特点，作为国家经济发展的基础性产业，其经销管理更加严密复杂，组织流程和合作规则更加多样。钢铁产业具有生产规模大、物流成本高的特性，且用户主要集中在机械、房地产等大型工程建设产业，目前仍有大部分钢铁企业通过经销商渠道进行交易，交易成本极高。随着电子商务的发展，各钢铁企业开发直供客户，作为原材料厂商直接与下游制造业厂商对接，取消中间商供货渠道，有效降低了交易过程中的中介费用。

钢铁产品的市场特性多样，且有特定的生产周期，生产商只能按照既定节奏生产，交货期长短不一，产品不能实时满足用户需求，因此钢铁销售部门的重要职能就是实现产能资源的全局最优配置，衔接和平衡各个生产环节，将产能与订单相匹配来应对市场需求的波动，缓解钢铁产业长期存在的产销矛盾。钢铁企业通过互联网平台整合原材料和产能信息，构建咨询、订购、交易、评价的闭环，有效地解决交易不确定性带来的效率低下问题。钢铁企业集团总部可通过数字化管理系统整合上下游资源，实现对在线订购、业务申请、客户投诉、产品推广、技术支持、业务交流等的在线整合管理，并实现在线支付控制和在线自动结算，以满足总部对多层级经销商的控制。

以德龙钢铁为例，其销售结算由原来的多部门完成变为销售部门独立完成，效率大大提升。德龙钢铁实现了 ERP 系统与 i-MES（可集成制造）系统的结合，让销售和售后环节更加人性化、智慧化。德龙钢铁建立专业的钢材经销商管理系统，搭建高效的合作平台，实现合作共赢。

3. 供应链协同系统

供应链管理是以数字化平台搭建为基础，上下游企业在生产和流通过程中共同计划、组织和协调，最终将产品或服务交付给用户的过程。钢铁产业的供应链辐射范围从内部向外部扩展，从部门向企业扩展，发展模式由面向库存的供给驱动到面向订单的需求拉动转变，通过各种信息化手段，钢铁产业的供应链管理将逐步实现信息化，从而提高企业的综合运营效率。

资金属性和物流属性是钢铁产业供应链的两个特有属性，钢铁供应链上下游的信息流需要多层传递，信息匹配难度大。对于供应商而言，全流程生产以及交易过程中的资金沉淀量巨大，以保障供应链畅通。产业供应链协作战略是指以上下游产业协作来提高供应链效率，实现不同业务的全线融合，打破传统企业边界，有效解决钢铁产业信息流层面存在的生产周期长、交易成本高、交易环节繁复的问题，以及资金流层面融资渠道不稳定、付款条件单一的问题。从企业内部向外部扩展的供应链协同系统结合下游厂商的实际需求和个性化要求，实现了以客户为中心的目标。

宝钢集团基于信息化和电子商务手段构建了集成化供应链协同系统，该系统包含了从订单接收到分销发货，从原材料厂商到消费者的全部环节，全方位支撑企业高效率运转。该系统降低了宝钢的存货损失风险，提高了采购和服务的效率。通过多方业务协作、信息共享，改变供应商与客户的互动方式，实现真正意义上的供应链协同。

（三）中国钢铁产业数字化转型实现方式

近年来，钢铁企业积极投身数字化浪潮，或通过自主研发技术实现智能化生产，或与社会专业技术力量合作，量身打造技术应用场景，这两种方式成为企业实现数字化转型的主要方式。

1. 自主研发

企业通过自主研发进行数字化转型耗时较长、成本较高，但是一旦实现技术上的突破，数字技术带来的红利将为企业提升竞争力创造更多机遇。例如，世界排名前列的中国宝武钢铁集团自主研发了智能工厂平台 iPlat 和智慧生态平台 ePlat，目前已经实现了技术推广。其中，智能工厂平台 iPlat 以数据采集治理、智能化监管控制为主要功能；智慧生态平台 ePlat 承载信息化技术，应用场景更加广泛，能够支撑钢铁集团全流程各场景的业务需求，基于大数据、平台共享赋能工业智能化生态圈建设。针对钢铁的设备远程运维，先进钢铁企业建立了工业互联网平台，把设备运维方式从被动处理调整为主动管控、从单一数据专项分析调整为大数据综合分析、从基于经验的预防性维修调整为基于数据的预测性维修。根据赛迪智库预测，对工业互联网平台的有效利用能够使设备运维成本降低 5% 以上、作业检修效率提升 10% 以上、设备整体效率提升 5% 以上、备件使用效率提升 10% 以上。

2. 借助社会专业技术力量

借助社会专业技术力量部署数字化转型的企业拥有更加专业的团队，在应用数字技术提升企业生产运行效率方面成效显著。例如，南京钢铁联合有限公司（以下简称"南钢"）与韩国 POSCOICT 举行智能制造合作签约仪式，双方签订了《一炼钢厂板坯库自动化项目合作框架协议》。该协议解构了南钢原始的仓库管理系统，重构了板坯库智能化仓库管理系统，智能化仓库管理系统与板材 MES 系统兼容，能够根据实时的作业需要，主动生成生产指令，对自动生产的板坯材料，根据生产车间的布局，选择合理的仓储区

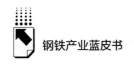

位,通过协同生产与库区存储,在提升生产效率的同时精细化库存管理,极大地提升了仓储管理效率。河钢集团原有的电商平台设备老旧,为快速完成云商平台的转型升级,河钢集团选择与信息技术顶尖企业华为合作,成立联合研发机构,将华为云与传统业务深度融合,共建融合互通的工业互联网平台,联手打造钢铁产业"5G+智能制造"标杆,形成良好的示范效应。

(四)中国钢铁企业数字化转型案例

中国宝武钢铁集团成立于2016年,由原宝钢集团有限公司和武汉钢铁(集团)公司联合重组而成,两家龙头企业的联合奠定了其在国际钢铁市场上的领先地位。作为钢铁产业领头羊,宝武钢铁集团致力于通过技术引领带动相关企业的数字化发展,包括新材料产业、智慧服务业、资源环境业、产业园区业、产业金融业等,实现规模效应和范围效应,形成绿色生态产业链。2020年,中国宝武钢铁集团继续保持产业领先地位,经营规模和赢利水平位居全球第一。

1.1580热轧智能工厂试点项目

中国宝武钢铁集团通过无人板坯仓库、智能点检、机器人应用、远程遥控等,将热轧生产线改造成智能化生产线,实现了以客户为中心的目标。中国宝武钢铁集团在工艺监控、能源协同化、财务精细化等多个领域实现智能调度和管控,实现对关键设备故障的预测、预警,保障生产的稳定性,降低制造成本,同时推动供应链深度协同。

2.高炉控制中心

2018年3月宝钢自主建造全球首个高炉控制中心,通过一体化操作平台实现了对宝山基地四座高炉的协同管理和集中控制。高炉控制中心以智能化生产为核心,通过铁前控制室对生产、物流数据进行实时收集,有效提高远程控制效率;通过智慧维检功能,做出预防性和预测性维护,实时保障设备正常运行。高炉控制中心推广理论计算与生产经验相结合的生产方式,以专家系统保障生产,以数字化手段提升效率。

3. 宝武韶关钢铁智慧钢厂

中国宝武钢铁集团旗下广东韶关钢铁有限公司聚焦产业数字化，结合先进的信息化技术建设智慧钢铁生产线，推动钢铁产业与5G技术和工业互联网深度融合。2019年5月，生产控制厂区完成一期建设投运，使用数据平台、智能计算模型、自动报表等技术，通过200多个数字屏幕呈现的数据结果对生产过程进行实时监控，采用"岛式布局"打造钢厂智慧生产"中枢"，实现了远距离、跨区域的管理创新。从多个控制部门到一个智慧集控中心，真正实现了高效、安全、智能的钢铁生产新目标。

中国宝武钢铁集团通过智能化生产线和工业互联网置换人工控制部门，公开数据显示，截至2020年，其计划效率提高了83%，设备寿命周期提高了30%，劳动效率提高了16%。数字化虚拟网络和实体服务网络的融合，为钢铁工业的结构性改革和创新发展带来巨大推动力。中国宝武钢铁集团在2020年作为唯一一家获得世界经济论坛"灯塔工厂"荣誉称号的中国钢铁企业，将通过"互联网+"和智慧制造实现其领军优势。

三 世界代表性国家钢铁产业的数字化举措

当今数字化技术与传统产业的渗透融合，激发数据价值在实体经济中的释放，数字化转型为传统重工业的发展带来希望，成为拉动世界经济稳定增长的新引擎。目前，世界各国的钢铁企业已经广泛进行数字化部署，抢占数字浪潮的制高点。钢铁龙头企业认识到数字化转型对于工业生产方式变革的意义，纷纷进行数字化变革，引领传统钢铁产业的全生命周期智能化。

（一）代表性国家的产业数字化发展举措

以人工智能（AI）、5G技术为代表的信息技术的发展，为世界经济注入强大的生命力，激发了传统制造业的发展活力。世界各经济体抓住数字发展机遇，更新数字化发展政策和导向，提升产业数字化竞争优势。本部分将具体以美国、德国、日本、韩国、英国以及印度为例进行介绍。

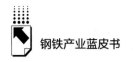
1. 美国

美国是率先布局数字化转型的国家，"信息高速公路"和"数字地球"概念的提出为美国产业数字化转型、引领全球数字化浪潮奠定了基础。2008年的金融危机暴露出美国经济发展的重大弊端，为了重振美国经济，奥巴马政府将重塑先进制造业摆在国家战略发展的关键地位，在2016年发布《智能制造业振兴计划》，把目光聚焦到制造业智能化领域，大力发展依托新一代信息技术和创新网络的先进制造业，推动美国制造业复兴。美国数字化战略的核心是应用前沿技术，打造高端制造业，并率先将大数据从商业概念上升至国家战略。美国先后发布《联邦大数据研发战略计划》（2016年5月）、《为人工智能的未来做好准备》（2016年10月）、《国家人工智能研究和发展战略计划》（2016年10月）、《人工智能、自动化与经济报告》（2016年12月）、《美国机器智能国家战略》（2018年3月），在2019年美国更新发布《国家人工智能研发战略计划：2019年更新版》，相比于2016年，美国对人工智能的重视程度大大提升，将AI技术应用到了国民生活的更多领域。

2020年7月，美国工业互联网联盟首次发布《工业数字化转型白皮书》，对工业企业的数字化转型提供指导性意见。从"再工业化"重振美国经济到"人工智能"深度融合数字化，再到"工业数字化"全面推广数字化转型战略，这是美国打造的以信息技术应用为核心的产业数字化链条。美国工业互联网平台基于强大的信息化设备基础，打通研发端和服务端、生产端和消费端，实现从端到端的数字化转型。2020年8月，白宫、美国国家科学基金会和美国能源部联合宣布，将在5年内投资超过10亿美元，在全美国范围内建立12个新的人工智能研究中心和量子信息科学研究中心，其中包括7个人工智能研究中心和5个量子信息科学研究中心。

2. 德国

德国积极践行"工业4.0"计划，以此为核心推动工业互联网平台的搭建和龙头企业的数字化转型。为了保持德国制造业的领军地位，德国提出基于虚拟—实体系统（Cyber – Physical Systems，CPS）的工业4.0计划，以

"智能＋网络化"为核心，主要聚焦制造业和信息与通信技术，逐步完善数字化价值网络的构建，提升其全球领先的制造技术核心竞争力。2016 年 3 月，德国政府正式发布《数字化战略 2025》，强调利用"工业 4.0"计划提升德国应对新经济调整的能力，确保德国在经济发展和数字化融合领域的领军地位。《数字化战略 2025》提出建设高效、有竞争力的数字基础设施，带动传统产业的数字化转型。此外，德国还实施了"中小型企业数字化改造计划"，通过企业资源专项基金补助和投资的方式帮扶中小企业更好地应用信息与通信技术，提高其创新力。德国工业和信息技术产业的龙头企业作为"工业 4.0"计划的积极倡导者和实践者，发挥自身优势为计划的落实和推广提供经验支持和资源保障。

2016 年 12 月，德国"智慧能源—能源转型数字化"展示计划（简称 SINTEG）正式启动。该计划的核心是完成发电端与用电端的智能互联，运用新型技术和理念，使创新技术与能源市场实现有效匹配。2018 年 11 月，德国政府发布了"建设数字化"战略，将"数字化能力、数字化基础设施、数字化转型创新、数字化转型社会和现代化国家"作为实现数字化发展目标的五大行动方向，目标是使改革福利惠及每一个公民。

3. 日本

日本的产业数字化举措主要以"互联工业"为突破口，培育工业发展新动能，实现信息技术革命。日本紧随数字化发展潮流，发布一系列技术创新计划和数字化转型行动指南。2016 年 1 月，日本政府发布《第五期科学技术基本计划（2016—2020 年度）》，首次提出"社会 5.0"的超智能社会概念，此概念被认为是继狩猎、农耕、工业、信息社会之后的新社会概念，超智能社会将支撑人类活动的不同需求，提高人类的生存质量。制造业是全球数字化转型的先导产业，日本也将在制造业领域最大限度地应用信息与通信技术，积极应对数字化革命所带来的结构调整，提升日本关键产业的竞争力。

日本在 2017 年 3 月提出了"互联工业"的概念，作为日本未来制造业的愿景和"社会 5.0"的重要组成部分，核心是通过人、设备、技术互联创

新生产，增加工业附加值以应对新型工业化挑战。《日本互联工业价值链战略实施框架》的发布为日本发展互联工业提供了指导性框架。随后日本在2018年6月发布的《日本制造业白皮书（2018）》中进一步明确"互联工业"的国家战略地位，从产品维度、服务维度和知识维度阐释智能制造，试图建立惠及工业各部门的互联系统。2020年5月，日本发布《2020版日本制造业白皮书》，旨在提高日本制造企业的动态适应能力。

4. 韩国

韩国的产业数字化举措以建造智能工厂为主线，发挥带动效应，为全局数字化奠定基础。韩国加快信息技术基础设施的布局，重新审视数字化发展路径，做出专业判断和长远规划，为实现"制造业复兴愿景"全面谋划。2018年2月，韩国政府发布《第四期科学技术基本计划（2018—2022）》，将其作为国家级科技中长期发展计划。此外，韩国政府特别强调中小企业是创新的支柱，采取一系列措施支持中小企业发展，具体包括简化业务申请流程、减免研发税收等，发展战略性和原创性技术以应对第四次工业革命。

2018年12月，韩国召开了"中小企业智能制造创新战略报告会"，会议提议加强智慧工厂和智能产业园区建设，预计到2022年建设3万个智能工厂及10个智能产业园，成立3000亿韩元（约合15.8亿元人民币）规模的智能工厂设计建设企业基金[①]。2019年6月，韩国公布了人工智能产业的发展目标和投资计划，提出到2030年建设2000家"人工智能工厂"，并建立数据中心促进关键软件、机器人、传感器等的发展，大幅增加智能工厂和智能产业园区的数量，以提升韩国制造业的数字化水平[②]。

5. 英国

英国作为工业大国积极加大数字转型投入，将前沿技术和产业数字化发展放在国家战略中心地位，打造世界领先的数字化强国。近年来英国逐渐完善数字化转型部署，其发布的《2015—2018年数字经济发展战略》，明确政

---

① 张朝：《钢铁：提高产能利用率 实现智能化生产》，《中国电子报》2020年第21期。
② 张朝：《钢铁：提高产能利用率 实现智能化生产》，《中国电子报》2020年第21期。

府每年将投资 3000 万英镑（约合 2.54 亿元人民币）用于数字业务和数字机构的发展。2017 年 3 月，英国政府发布《英国的数字化战略》，该战略对数字技术在网络空间、政府、国民经济等方面的发展做出了全面的规划。2017年 11 月，英国政府发布《产业战略：建立适应未来的英国》，将人工智能作为发展的重要方向，加大技术研发资金投入，实现人工智能应用场景的创新。2018 年 5 月，英国政府发布《产业战略：人工智能领域行动》，进一步强化以人工智能创新提升生产力和创造力的认知，注重先进技术的创新驱动作用。

2019 年，英国宣布投资 1300 万英镑（约合 1.1 亿元人民币）支持 40个人工智能及数据分析项目发展，稳定英国在人工智能领域的前沿地位。2021 年，英国从"产业战略挑战基金"中拨款 9300 万英镑（约合 7.8 亿元人民币），并投资 125 亿英镑（约合 1051.1 亿元人民币），用于机器人、AI技术研发与数据分析等项目①。英国以信息化技术为保障，聚焦整个人工智能产业发展动态，整合数据资源，提升数字化、智能化水平。

6. 印度

印度作为电子制造业大国和人口大国，数字化转型聚焦数字化新基建，广泛惠及民众和企业。印度政府积极顺应世界的数字化发展趋势，通过数字化转型提升自身在第四次工业革命中的核心竞争力。2014 年，印度总理莫迪宣布开启"数字印度"计划，通过普及宽带、建立大数据中心解决印度数字基础设施缺乏的问题，实现公共服务与社会管理数字化。2018 年 4 月，印度开启"自主研发 5G 试验基床"计划。该计划为印度实现 5G 技术的突破，弥合技术鸿沟，实现数字技术在国民生活各领域的广泛应用打下基础。2018 年 10 月，印度电信部发布《国家数字通信政策 2018》，提出要通过数字技术打造全民宽带，并将数据资源作为国家生产力发展重点，加快提升数字化竞争发展优势。印度实施阶段化更新的"Bharat Net 计划"，强化数字

① 清华大学人工智能研究院、清华 - 中国工程院知识智能联合研究中心：《人工智能发展报告 2020》，2021 年 4 月，第 161 页。

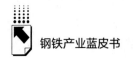

基础设施建设，缩小城乡互联网差距，扩大数字技术的覆盖领域，满足不同产业智能化应用场景的需求，提升数字化应用的灵活性。

印度是软件制造大国，同时在通信、能源等产业也有着强劲实力，为确保在数字化转型中的领先地位，印度聚焦数字化基础设施建设，不断提升综合数字化水平。目前信息技术已经广泛应用在印度的制造业企业中，管理者将数字化转型作为企业发展规划，解构传统经营管理模式，重塑数字化发展业态。

（二）钢铁龙头企业数字化转型案例

近年来，一些领先的钢铁企业在数字化、智能化转型方面进行了尝试，成效显著。随着数字化、智能化技术的全面应用，钢铁产业传统的生产方式逐渐被智能控制、远程操作等方式所替代，越来越多的钢铁企业制定数字化转型战略，在数字化转型浪潮中抢占先机。

1. 德国钢铁巨头蒂森克虏伯

蒂森克虏伯股份公司成立于 1999 年 3 月，由蒂森股份公司和克虏伯股份公司合并而成，两家企业均始建于 20 世纪初期，曾为欧洲钢铁工业和机器制造业的龙头企业，生产的工业制品享誉全球。蒂森克虏伯公司为德国重工业巨头，旗下有 670 家子公司，经营业务遍布世界各地。受全球经济放缓影响，蒂森克虏伯的钢铁业务急剧下滑，并在美洲陷入亏损状态。虽然其在欧洲市场有较强的赢利能力，但欧洲钢铁产业市场仍保有每年 2000 万 ~ 3000 万吨的过剩产能，市场的供需结构问题突出。

近年来，蒂森克虏伯公司正处于战略转型的关键时期，需要大量的运营资金，只有剥离资金密集的钢铁生产业务，才能将更多的资金投入有发展潜力的业务中。蒂森克虏伯公司探索多元化发展路径，推动业务结构调整，从一家钢铁企业转型为一家工业中间品和服务公司。在业务组合方面，沿钢铁产业链上下游布局，建立材料服务、机械零部件技术、电梯技术等业务单元，制定产业解决方案来服务全产业链。在企业品牌方面，利用自身在全球市场上的优秀品牌优势，统一不同业务单元的运营，为相关业务积累品牌号召力。在业务模式上，围绕客户所在行业的关键需求，实行全生命周期、一站式、长期服务外包，综合解决客户的业务难点，提升客户价值。在科技创新方面，坚持以客户为中心的研发战略，为不同业务单元制定不同的解决方案，提高服务质量和水平。

蒂森克虏伯跟随全球产业发展趋势，加快数字化转型。在生产方面，机器人被部署到制造端，以提升生产技术的敏捷性和有效性；在服务方面，使用数字化运维模型，以在服务过程中更精准、更高效地满足客户需求。

2. 美国钢铁公司

美国钢铁公司成立于 1901 年，由卡内基钢铁公司和联合钢铁公司等十几家企业合并而成，是美国最大的钢铁垄断跨国公司，鼎盛时期控制了美国钢产量的 65%，凭借雄厚的经济实力和巨大的钢铁产量垄断了美国的钢铁市场和原料来源。美国钢铁公司将数字化技术应用在不同领域以提高效率，并深入运营、反馈环节，从而真正了解消费者需求。

美国钢铁公司建立了大数据湖，在初期打造一个强大的业务案例，并通过大数据湖推广到全球范围。成功案例在不同场景下被个性化修改，不久各种场景的新案例数量呈爆炸式增长。数据科学家和工程师可以根据生成的运营报告开发出各种机器学习和 IT 模型，为数字化的多场景应用打下基础。

在汽车业务部门，机器人过程自动化（RPA）是美国钢铁公司应对季度供应链合作伙伴更换问题的主要技术抓手，以往这个过程需要销售团队手动完成，耗时长且成本高。因此，工程师团队开发了一套 RPA 解决方案，无须销售团队手动操作就可以在数天内完成这个流程，而以前则需要数月时间。美国钢铁公司还能通过 RPA 方案进行高级数据分析，可以了解到如何使供应链价值最大化。

3. 印度塔塔钢铁公司

印度塔塔钢铁公司成立于 1907 年，是世界排名前列的大型钢铁集团，同时也是印度最先进的钢铁企业，经营业务遍布全球各地。作为印度拥有"领航"能力的大型企业，塔塔钢铁公司在数字化转型方面进行了深入实践。塔塔钢铁公司建设智能工厂，实现生产流程数字化、智能化和数据联

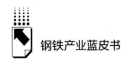

动。塔塔钢铁公司通过应用数字化管理平台、工业互联网等技术，对企业进行数字化改造，助力实现生产流程智能化、管理数字化以及成本可控化等目标。在产品供应方面，塔塔钢铁公司采用可追溯的条形码、二维码等标记，保障对原材料和产品的回收能力，以有效解决争议。在销售方面，塔塔钢铁公司使用 AR 和 AI 技术满足客户的动态需求，完善售后市场和评价体系，践行"以客户为中心"的销售导向，不断提升产品质量。

塔塔钢铁公司认为，数字化转型需要巨额投资，而钢铁产业本身具备资金密集投入的特征，因此在实现绿色节约发展的同时完成数字化转型是公司的重点战略目标，主要以提高制造过程中的设备使用效率和降低能源消耗率为实现路径。塔塔钢铁公司与韩国浦项制铁集团合作，通过自动化驱动与 AI 技术实现生产流程的规范化和智能化，实现对生产动态过程的操控，提高了生产效率和设备使用效率。

四　钢铁产业数字化发展趋势

目前，数字化已经成为钢铁产业重点转型路径，未来数字化应用将从区域向全局覆盖，从内部生产、物流部门向外部产业集群扩展。随着钢铁产业数字化融合程度不断加深，钢铁产业将从机械化、自动化向数字化、网络化方向发展，从计算机、互联网向大数据、云计算方向演进。

（一）将智能制造融入钢铁产业生产体系

生产体系的数字化改造是钢铁产业数字化改造最核心也是最困难的部分。目前，受到电力成本、废钢产量等因素影响，世界发达国家钢铁企业的炼钢方式以电炉炼钢为主，而发展中国家钢铁企业的炼钢方式主要是转炉炼钢，电炉炼钢占比较低。两种炼钢方式的生产管理方式都十分复杂，车间生产工序繁多，体系庞大，生产周期长。传统的炼钢过程需要不同工序之间有效协作，包括锤炼、合金、摇炉等工序，不仅工作节奏快，劳动强度也大。同时，由于钢铁产业全流程各工序均为"黑箱"操作，生产过程中不确定因素较多，容易出现突发状况。在这种情况下，只能依靠技术工人的经验进行解决，工业知识的隐性程度较高。因此，钢铁产业生产体系对智能化有强烈需求，亟须向数字化、智能化转变。

将智能制造融入钢铁产业生产体系可通过两种方式进行。一是用工业机器人代替人工，处理难度大、危险系数高的业务，解放人力，实现全面自动化、无人化生产，解决重复劳动问题，提高生产效率。二是针对需要人工决策的工序流程，挖掘并提炼各种突发状况下的决策数据，并封装显性化软件模型，使隐性的生产经验可视化。同时，引入人工智能、机器学习系统，全面整合生产流程各阶段的数据，进行实时数据分析和实时决策，实现知识数字化、决策智能化，以更有效地指导实际生产，提高生产效率和安全水平。

智能传感控温技术和数据传输共享技术对企业生产自动化做出了卓越贡献，企业可以实时采集和分析炼钢设备的温度、压力、流量表数据，进行横向和纵向对比，完成设备故障的自感知、自分析和自决策，实现对设备的预测性维护。同时，3D打印技术在设备维护方面扮演重要角色，运用3D打印技术可以降低物流和仓储费用，节约资金成本。

钢铁企业能够通过大数据分析，集中资源对某一重点生产环节进行工艺优化或设备升级，以此做到资源充分利用，促进企业由粗放型向清洁型发展。此外，随着5G网络的全面覆盖，钢铁企业将机器对机器（M2M）通信技术与5G技术相结合，实现远程控制"一键炼钢"。钢铁企业的生产端与控制端可以做到空间分离，从而缓解当地环境压力，改善工人的工作环境。将智能制造融入钢铁产业生产体系，能够实现生产流程从"黑箱"式操作向透明化操作转变，实现决策模式从基于经验的人工决策向基于数据的智能决策转变，实现设备管理从传统维护向智能维护转变，实现钢铁企业智能化生产，助力钢铁企业快速发展。

（二）数字化助力钢铁产业发展智慧物流

根据运送的产品形态，钢铁产业物流可以分为三种类型：一是向生产厂商提供生产资料的原料物流，二是在生产车间内部以半成品为主的车间生产

物流，三是向下游需求企业运输钢材产成品的产成品物流。钢铁物流运输具有吨位大、单向流动的特点，主要有水路、陆路和铁路三种运输渠道。在中国，由于钢铁产业地理区位跨度大，存在"北材南下"的现象，这增加了钢铁运输的难度。同时，以公路运输为主导的运输方式导致货车回程空载率较高，资产利用率低，物流成本居高不下。随着物联网、大数据、云计算等数字化技术的发展，钢铁企业将"互联网＋钢铁物流"引入钢铁流通中，重塑钢铁物流运输模式，由数字化网络运输模式取代传统运输模式，以此形成钢铁智慧物流运输。

数字化发展使共享数据得以实现，共享数据是实现共享仓储与共享运输的基础，而共享仓储与共享运输促进了智慧物流的形成。一方面，钢铁产业的上下游企业联合起来，共同建立钢铁产业物流平台，钢铁生产企业与原材料供应企业共享仓储，产业链上下游企业共享运输，使原材料和产品的流动和存储效率达到最高。借助数字化手段，钢铁企业能够实时获取生产端、需求端和运输端的数据，减少了由层层中间代理商、贸易商导致的信息滞留。基于此，生产端能够匹配产能，减少资源浪费；运输端能够合理安排运输时间，降低时间成本；需求端能够根据运输信息合理安排自身规划。

钢铁企业将车载 GPS、智能传感器、船舶 AIS 自动识别系统与 5G 技术相结合，从钢材装货步骤开始进行实时监控，实时跟踪运输货车或货船，并将运输途中运输路线的变化、车内或船内钢材数量的变化、何时何地卸下多少货物等情况以数据的方式输送回钢铁产业物流平台。钢铁企业能够利用在物流平台收集到的数据进行实时分析与决策，精准匹配货源与运力，优化运输路线，提高资产利用率，减少货物运输总里程，减少碳污染，同时还能够发现和预测问题，利用监测面板进行控制并做出预警，以更灵活地应对意外情况。

（三）构建全面的数字化平台系统

目前，许多中小型钢铁企业的数字化改造方向单一，仅仅停留在生产部分、流通部分或管理部分，生产组织方式仍旧是之前传统的模块化组织方式。虽有完整的钢铁产业体系，但并未建立起一个全面的、多维度的钢铁产业链体系。同时，由于各家企业经营状况不一，无法将一家企业成功的数字化管理经验照搬至其他企业。这就需要各家企业因地制宜，建立满足自身发展需求的个性化数字化平台，实现高质量发展。

钢铁企业可以通过内部自主转型方式或外部技术支持转型方式建立属于自己的数字化平台。前者以钢铁企业自主研发为主，企业搭建平台完成数字化升级。钢铁企业可根据自身组织架构、生产流程打造集数据采集、生产监控、产销管控、货运调控于一体的智能平台。钢铁企业也可以选择与第三方技术提供商进行合作，技术提供商按周期收取服务费，助力钢铁企业搭建基于工厂全流程的定制化数字平台，以提高其在下游渠道的竞争力与工厂管控能力。

通过数字化与智能化改造，钢铁企业可以实现工厂环境的可视化、生产流程的机械化、交通运输的可控化，降低各个流程中的不确定性。同时，数字化平台能够帮助钢铁企业向内实现数字化生产闭环与管理闭环，向外实现开放决策，建立供应链协同系统，实现从订单接收到款项结算的全流程信息化，协同上下游作业流程，开通全生命周期的数据通道，完成整条产业链的信息共享，未来钢铁企业的供应链将由封闭式协同走向全局式协同。

（四）建设智慧型钢铁产业绿色生态圈

面对资源紧张和生态环境压力，钢铁产业下一步的方向和重心必然是绿色和低碳发展。综观世界各国的钢铁产业发展史，美国、德国、日本、韩国等发达国家都经历了钢铁产业兼并重组的阶段，通过提高钢铁产业集中度，倒逼落后产能退出市场，以此缓解能源和环境压力，提高综合实力，应对新一轮数字竞争。所以，将钢铁产业放在全球背景下重新进行定位，促进钢铁产业绿色发展是钢铁产业发展的必然趋势。

作为推进绿色生态圈建设主体的钢铁企业，应以信息化技术为基础，以产业链上下游为支撑，围绕绿色制造业共同进行研发。同时，钢铁企业应进

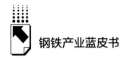

行科技创新，加大关键技术攻关力度，减少钢铁产业生产过程中的碳污染，实现钢铁产业的优化布局。钢铁企业应以提升产品和服务质量、构建高附加值的生态产业链为目标，构建智慧型钢铁产业绿色生态圈。

五　总结与展望

（一）主要结论

数字经济成为实现高度自动化社会的重要支撑，世界各国深刻认识到产业数字化转型的迫切性，纷纷加强对传统产业融合发展的规划布局、规则设立和投资激励。受益于信息技术的创新迭代，数字化展现出强大的破局之势，其能够突破时空边界，赋能钢铁产业强化提升竞争力。中国作为钢铁大国，紧跟时代潮流，迈出数字化转型的步伐，实现钢铁产业由大到强、由粗到精的转变。一方面，中国钢铁产业加快对数字技术的应用，实现智能制造；另一方面，钢铁产业也在积极探索低碳发展和循环发展路径，构建绿色生态产业集群。世界各国持续在智能化建设方面增加资源投入，主动适应数字经济发展新节奏，加快新旧动能转换，信息化与产业化融合水平不断提升。全面的智能化将成为钢铁产业的发展趋势，通过互联互通的工业平台，钢铁企业可以实现数据的实时采集、自动采集、深入采集，并最终生成可视化大数据，钢铁企业可激活其内在价值，并用于各类应用场景的实际运营，逐步提升全产业链附加值。钢铁产业将实现从"数字线"到"数字圈"的突破，形成全方位的发展体系。数字化将对钢铁产业的生产运营产生广泛而深远的影响，未来钢铁产业也会面临更强的数字化融合趋势。

（二）研究展望

当前数字化已然成为新一轮全球竞争的焦点，也是钢铁产业转型升级的"必备选项"。本报告对世界钢铁产业数字化转型现状进行分析，并对未来发展趋势进行研判，但是仍有一些局限性：首先，鉴于数据可得性，缺乏对世界钢铁产业数字化转型现状的数据支撑，仅用文字描述，直观性较差；其次，本报告并未深入探讨发达国家和发展中国家数字化转型举措的异同，未分析钢铁产业数字化转型不同阶段的特征，而这些研究对世界钢铁产业数字化转型具有重要的意义。数字经济在未来有着极大的发展空间，期待后续研究的进一步探索与完善。

参考文献

［1］吴天天：《2021 年中国钢铁行业数字化转型短报告》，头豹研究院，2021。

［2］薛亮：《日本第五期科学技术基本计划推动实现超智能社会"社会 5.0"》，《上海人大月刊》2017 年第 2 期。

［3］张朝：《钢铁：提高产能利用率 实现智能化生产》，《中国电子报》2020 年第 21 期。

［4］清华大学人工智能研究院、清华 - 中国工程院知识智能联合研究中心：《人工智能发展报告 2020》，2021 年 4 月。

［5］《智能宝钢路线图》，《国企管理》2018 年第 7 期。

［6］艾瑞市场咨询有限公司：《2020 年中国钢铁产业互联网行业研究报告》，2020 年 9 月。

［7］刘孟峦、冯思宇：《数字浪潮系列之钢铁行业数字化：智能制造重塑竞争力，IDC 打开成长空间》，国信证券经济研究所，2021 年 1 月。

［8］张先玲、孙小东、张大伟、李华军、谢皓：《新一代信息技术驱动钢铁企业智慧新物流》，《工业加热》2020 年第 6 期。

［9］杨婷：《全球钢铁产业发展现状及趋势》，《冶金管理》2020 年第 12 期。

B.11
数字经济对钢铁产业结构
与布局的影响和产业发展趋势

马建峰　李侨敏　李潇鸿*

摘　要： 技术和市场是影响钢铁产业结构与布局的两大决定因素，作为工业4.0的核心，数字经济引领第四次工业革命，为钢铁产业的转型升级与未来发展创造了前所未有的机遇。钢铁产业作为世界各国的工业脊梁，支撑推动了社会各行各业的发展。目前，基建、汽车、机械等制造业行业是世界各国钢铁需求的主要来源。然而，自国际金融危机以来，钢铁产业产能过剩一直持续，成为世界各国共同面临的长期性问题。世界钢铁产业布局在长期的经济发展中几经变化，形成了当前具有不同特征的生产、消费与贸易布局。而数字经济的快速发展将为钢铁产业带来颠覆性变革，对钢铁产业结构与布局产生深远影响。对此，本报告从世界和中国的钢铁产业结构与布局现状分析出发，研究数字经济对钢铁产业结构与布局的影响和钢铁产业未来发展趋势，发现数字经济能够通过赋能钢铁产业及其上下游产业，推动整条钢铁产业链进行数字化转型升级，并通过促进企业创新、提高资源配置效率、改善信息不对称等方式，提高钢铁企业的全要素生产率，进而实现钢铁产业结构与布局的优化与调整。

关键词： 数字经济　钢铁产业结构　钢铁产业布局

---

* 马建峰，北京科技大学经济管理学院副教授，研究方向为资源配置效率评价理论与方法；李侨敏，北京科技大学经济管理学院讲师，研究方向为国际贸易；李潇鸿，北京科技大学经济管理学院硕士研究生，研究方向为产业经济学。

自从 19 世纪进入钢铁产业时代以来，世界钢铁产业布局经历了数次巨大的转变。工业革命使英国成为世界最大的钢铁生产国，两次世界大战使美国成为世界钢铁生产大国。进入 21 世纪以来，中国成为世界第一大钢铁生产国，粗钢产量占世界粗钢总产量的一半以上。随着新一轮科技革命的兴起，数字经济为钢铁产业带来新的发展技术，注入新的动能与活力，世界钢铁产业结构与布局也将再次迎来新一轮的转变。本报告将从世界和中国钢铁产业结构与布局现状展开，分析数字经济对钢铁产业结构与布局的影响机制及其具体表现，探寻钢铁产业未来发展趋势，以期给数字经济时代下世界钢铁产业的发展带来新的思考与启迪。

一 世界钢铁产业结构与布局现状

对钢铁产业结构与布局的现状分析是本报告的研究基础。本部分将对世界各国钢铁产业的宏观数据进行整合对比，从世界钢铁产业需求结构与产能结构两个方面分析世界钢铁产业结构现状，从世界钢铁产业生产、消费与贸易布局三个方面分析世界钢铁产业布局现状，进而更好地认识与理解世界钢铁产业结构与布局的内在变化规律，为分析数字经济对钢铁产业结构与布局的影响打下基础。

（一）世界钢铁产业结构现状

1. 世界钢铁产业需求结构

钢铁产业是各国国民经济发展的重要支柱产业，支撑众多其他产业尤其是制造业的发展，属于重要的基础性产业。图 1 为 2019 年世界钢铁产业下游行业的需求结构图。2019 年，世界成品钢材总消费量约为 17.75 亿吨，钢铁产品的需求行业主要集中在基建、机械、汽车、金属制品等行业。从钢铁产业下游行业产出产品的使用寿命来看，钢铁产业下游行业可以分为长期使用寿命产品行业、中期使用寿命产品行业以及短期使用寿命产品行业。其中，长期使用寿命产品行业的成品钢材消费量占比最高，达到 57%，主要包括基建行业与其他运输业。其次为中期使用寿命产品行业，主要包括机械、汽车、电器设备、家用电器等行业及部分金属制品行业。短期使用寿命产品行业的成品钢材消费量占比最低，主要为制造铁锤、铁桶等的金属制品行业。在下游行业中，基建行业的成品钢材消费量占比最高，达到52%，是钢铁产品的最大需求来源。其次是机械行业，占比为16%，紧随其后的是汽车行业与金属制品行业，两个行业的成品钢材消费量占比相差不大，分别为12%和10%。其他运输业、电器设备行业与家用电器行业的成品钢材消费量占比较低，分别为5%、3%和2%。

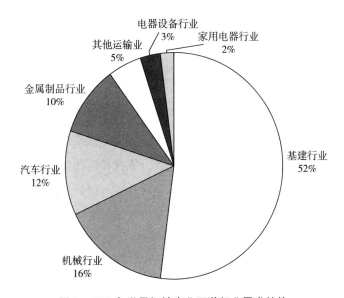

图1　2019年世界钢铁产业下游行业需求结构

资料来源：世界钢铁协会。

2.世界钢铁产业产能结构

与实际产量不同，产能衡量的是在现有技术水平、生产装备下的潜在最大产出，产能大于当前经济所需就会造成产能过剩。当前钢铁产业产能过剩的根本原因在于2008年的国际金融危机。2008年的国际金融危机导致全球经济衰退与钢铁需求下降，同时，为了应对金融危机，许多国家对内采取积极的财政和货币政策来刺激经济增长，使得钢铁产业在面临需求萎缩的同时，产量却迅速增加，导致了严重的产能过剩。在金融危机后，钢铁产业产能过剩的现象一直持续，主要表现为中低端钢铁产品产能过剩，高端钢铁产品产能不足，出现了结构性产能过剩。由此可见，产能过剩不仅是市场经济条件下的周期性现象，也是结构性问题。

目前，学术界对钢铁产业产能过剩的评判尚未形成统一标准，国际上对产能过剩的衡量主要基于产能利用率，即实际产出与潜在最大产出之比，以此定量反映产能过剩的程度。按照国际通行标准，产能利用率低于79%即为产能过剩，低于75%为严重产能过剩。图2展示了2014～2020年世界粗钢产能利用率的变化。可以发现，2014～2020年，世界钢铁产业一直处于产能过剩状态，且在2018年前，产能利用率一直低于75%，最低时仅有69.3%，为严重产能过剩。2020年世界钢铁产业粗钢产能利用率为74.7%，这可能是受到新冠肺炎疫情发生后停工停产的影响。

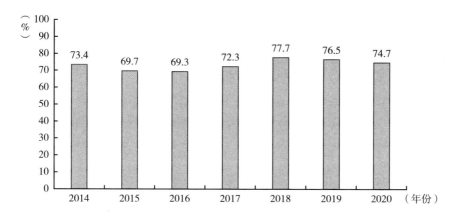

图2　2014～2020年世界粗钢产能利用率变化

资料来源：OECD数据库。

钢铁产业产能过剩不仅具有周期性、结构性、持续性特征，同时也具有普遍性特征。2020年，中国钢铁产业产能利用率为78.8%，处于产能过剩状态，美国钢铁产业产能利用率为68.1%，属于严重产能过剩。由此可见，钢铁产业产能过剩是世界各国面临的共性问题，没有哪个国家能够独善其

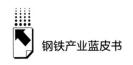

身。因此，化解世界钢铁产业产能过剩、优化世界钢铁产业产能结构需要世界各国加强沟通与合作，共同应对挑战。

（二）世界钢铁产业布局现状

1. 世界钢铁产业生产布局

2020年，世界粗钢产量总计为18.78亿吨，世界前十大钢铁生产国的粗钢产量总和占世界粗钢总产量的85.6%。其中，中国以10.65亿吨的产量位居世界第一，占世界粗钢总量的56.7%。在世界前十大钢铁生产大国中，亚洲有5个国家上榜，除中国外，印度、日本、韩国、伊朗也均为钢铁生产大国。印度位居世界第二，粗钢产量达到1亿吨，是继中国之后另一个粗钢产量过亿的国家。在美洲，美国和巴西分别是北美洲和南美洲的钢铁生产大国。2020年，美国的粗钢产量为0.73亿吨，位居世界第四；巴西的粗钢产量为0.31亿吨，位居世界第九。俄罗斯、土耳其、德国等欧洲国家也是世界钢铁的主要生产国，2020年，俄罗斯的粗钢产量为0.72亿吨，土耳其和德国的粗钢产量相差无几，分别为0.358亿吨和0.357亿吨。由此可见，亚洲为世界钢铁产业生产布局的重心。

图3展示了2000~2020年（以5年为间隔）世界主要钢铁生产国的粗钢产量变化。20年来，中国持续保持世界最大钢铁产量。2000年，中国的粗钢产量为1.28亿吨，与排名第二的日本（1.06亿吨）相差较少。2005年，中国与日本及其他国家的钢铁产量拉开差距，此后快速增长，每隔5年产量增加2亿至3亿吨。

除中国外，印度、韩国、土耳其、俄罗斯、伊朗等国的粗钢产量整体均表现出增长趋势，印度增长最为明显。2000年，印度的粗钢产量为0.27亿吨，2020年达到1亿吨，成为全球第二大钢铁生产国。韩国的增长趋势同样明显，由2000年的0.43亿吨增长至2020年的0.67亿吨。土耳其的钢铁产量规模较印度和韩国小，但是增长迅速，由2000年的0.14亿吨持续增长至2020年的0.36亿吨。俄罗斯增长较为缓慢，从2000年的0.59亿吨缓慢增长到2020年的0.72亿吨。伊朗在2000~2015年增长较为缓慢，由2000

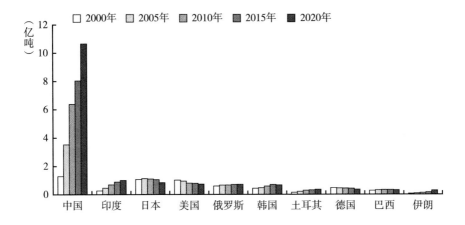

图3 世界主要钢铁生产国粗钢产量变化

资料来源：世界钢铁协会。

年的0.07亿吨缓慢增长至2015年的0.16亿吨，2015年后表现出了迅速增长的态势，到2020年，粗钢产量达到0.29亿吨，位居世界第十。

相对于中国和印度等新兴工业化国家粗钢产量的快速增长，美国、日本、德国等工业化国家的粗钢产量在整体上呈现下降趋势。美国和德国的粗钢产量呈现缓慢、持续下降趋势，美国的粗钢产量由2000年的1.02亿吨下降至2020年的0.73亿吨，德国则从2000年的0.46亿吨下降至2020年的0.36亿吨。日本的粗钢产量在2005年达到峰值1.12亿吨，此后开始缓慢下降，到2020年，粗钢产量为0.83亿吨。巴西的粗钢产量呈现波动增长的态势，2000~2020年的粗钢产量在0.26亿吨到0.35亿吨之间波动，基本保持在0.3亿吨的产量水平。

世界主要钢铁生产国的粗钢产量总和在世界粗钢总产量中的比重由2000年的66.7%增加至2020年的85.6%，在很大程度上决定了世界的粗钢产量规模，而其他国家粗钢产量的变化也会对世界钢铁产业的生产布局产生影响。近年来，东南亚国家大力发展钢铁工业，钢铁产能迅速增加。图4展示了2001~2020年东南亚地区主要国家的粗钢产量变化。由图4可知，越南、印度尼西亚和马来西亚的粗钢产量整体呈现上升趋势。在2015年之前，

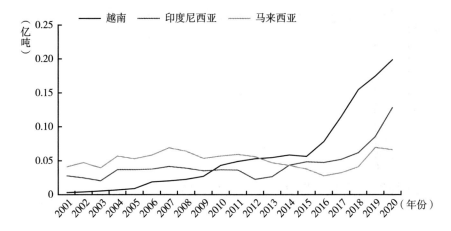

图4　2001～2020年东南亚地区主要国家的粗钢产量趋势

资料来源：世界钢铁协会。

越南的粗钢产量整体平稳上升，马来西亚和印度尼西亚的粗钢产量整体呈现缓慢波动上升的态势。而在2015年之后，越南和印度尼西亚的粗钢产量迅速增加，尤其是越南的粗钢产量增长明显。对比2019年和2020年数据可以发现，越南和印度尼西亚的粗钢产量都有所上升，并未因新冠肺炎疫情的出现而有所下降。这表明，在未来几年内，越南和印度尼西亚两国的粗钢产量仍会继续增加，东南亚地区的粗钢产量在世界粗钢总产量中的占比会越来越高，在世界钢铁产业生产布局中的作用亦会日益凸显。

2. 世界钢铁产业消费布局

我们用成品钢材表观消费量表示世界各国的成品钢材需求量。2020年，世界成品钢材表观消费量总计约为17.72亿吨。其中，中国是最大的成品钢材消费国，2020年消费了9.95亿吨钢材，占世界成品钢材表观消费量的56%。印度和美国分别排在第二和第三位，分别消费了0.89亿吨和0.8亿吨成品钢材。日本和韩国分别排在第四和第五位，分别消费了0.53亿吨和0.49亿吨。俄罗斯紧随其后，消费量为0.42亿吨。德国和土耳其的消费量较为接近，为0.3亿吨左右。越南、墨西哥、巴西和意大利等国的成品钢消费量为0.2亿至0.23亿吨。

各国的人均成品钢材表观消费量能够更加直观地表现出世界各国的钢材需求状况。2020年，世界成品钢材人均表观消费量为227.6千克。与表观消费量不同的是，韩国的人均表观消费量超过中国，位居世界第一，为995千克。而中国的人均表观消费量为691.3千克，位居世界第四。2020年，世界成品钢材人均表观消费量排名前十的国家和地区依次为：韩国、中国台湾、沙特阿拉伯、中国大陆、捷克、斯洛文尼亚、斯洛伐克、日本、奥地利和以色列。

钢铁产业是工业化的支撑产业，人均表观消费量在一定程度上与国家经济发展水平相关，2020年世界成品钢材人均表观消费量佐证了这一点。目前，由于制造业的空心化等原因，处于后工业化时期的发达国家的钢材需求量已趋于饱和，而对于尚处于工业化时期的发展中国家来说，其潜在钢材需求量巨大。这说明，受发展中国家巨大的潜在钢材需求量的影响，未来世界钢铁产业消费布局的重心将会向发展中国家偏移。

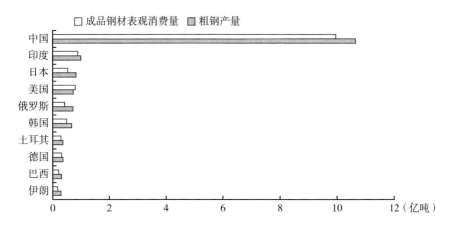

图5 2020年世界十大钢铁生产国的产量与消费量对比

资料来源：世界钢铁协会。

图5对比了2020年世界十大钢铁生产国的粗钢产量与成品钢材表观消费量。由图5可知，在世界前十位钢铁生产国中，印度、土耳其、德国的粗钢产量与成品钢材表观消费量非常接近，说明其粗钢产量主要是为了满足本

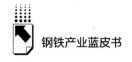

国需求。而其他大部分国家的粗钢产量则明显大于成品钢材表观消费量，比如中国、日本、俄罗斯、韩国、巴西、伊朗。2020 年，中国的粗钢产量与成品钢材表观消费量之差达到 0.7 亿吨，日本、俄罗斯的粗钢产量与成品钢材表观消费量之差为 0.3 亿吨，韩国的差额近 0.2 亿吨，巴西、伊朗两国的粗钢产量与成品钢材表观消费量之差也有 0.1 亿吨左右，说明大部分国家的成品钢材有大量盈余，出口海外。2020 年，美国的粗钢产量低于其成品钢材表观消费量 0.07 亿吨，属于钢铁进口国，需从其他国家进口以满足本国使用。

3. 世界钢铁产业贸易布局

在全球化的今天，各国钢铁产业虽然以满足本国需求为主，但同时也在进行着大量的钢铁贸易。由于各国资源禀赋和产业结构不同，钢铁主要进出口地区也有所不同。同时，基于庞大的钢铁产能，从各地区出口量来看，世界前十位钢铁出口国与世界主要钢铁生产国基本吻合，如中国、日本、俄罗斯、韩国、德国、土耳其、印度等国家。2020 年，大部分国家的钢材出口量大于进口量。同时，世界钢材出口国家数量较少且分布密集，主要集中在北半球的亚欧两个大洲，而世界钢材进口国家数量多且在世界各地广泛分布。

图 6 为 2001～2020 年世界十大钢铁出口国半成品与成品钢材出口份额变化图。由图 6 所知，2001～2020 年，世界前十位钢铁出口国的出口份额总量一直维持在 60% 左右，其中，中国、韩国、土耳其、印度 4 个国家的出口份额整体呈扩大趋势，另外 6 个国家则整体有所缩小。

2001～2020 年，中国、韩国和印度在世界钢材出口总额中的份额明显增加，中国表现得尤为突出。2001～2003 年，中国钢材出口占比只有 2%～2.5%。从 2004 年开始，中国的出口份额快速扩大，到 2007 年金融危机前出口份额扩大至 15.24%。金融危机后的 2009 年，中国的出口份额收缩为 7.26%，随后再次扩大，2015 年达到峰值 23.87%。2016～2020 年，中国的出口份额有所收缩，但仍然保持了第一出口大国的地位。韩国在世界钢材出口中的份额历经三个阶段：金融危机前保持在 4%～5% 的水平；金融危机

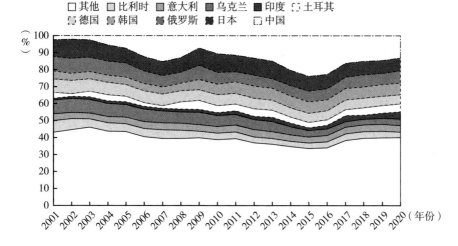

图6　世界十大钢铁出口国半成品与成品钢材出口份额变化

资料来源：世界钢铁协会。

后缓慢增长，2012年达到峰值7.27%；2013～2020年，维持在6%～7%，2020年，韩国钢材出口份额为6.97%，位居世界第四。印度的钢材出口份额在2010年之前一直在1%和2%之间波动，2011～2016年维持在2%左右，在2016年之后，其钢材出口份额迅速扩大，2020年达到4.32%，世界排名第七。

2001年，日本的钢材出口份额最大，达到9.82%，2003～2008年出口份额整体呈现波动缩小的态势，金融危机后扩大至10%以上，随后出口额有所波动，在2013年后缓慢缩小，到2020年缩减为7.53%。除日本外，德国、乌克兰、比利时三个国家钢材出口份额的缩小也较为明显。德国紧随日本，从2001年的7.95%逐渐缩小至2020年的5.36%。乌克兰和比利时相较于日本出口份额较小，在21世纪初出口份额最大时，两国出口份额分别为8.12%和6.83%。之后，两国的钢材出口份额明显缩小，2020年分别为3.84%和3.26%。意大利的出口份额最为稳定，一直保持在4%左右。

各国的钢铁出口主要流向邻近地区，亚洲、欧洲和美洲形成了世界钢铁产业的三大核心贸易市场。世界钢铁产业贸易布局中的亚洲贸易市场以中

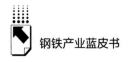

国、日本、韩国和东南亚地区为中心，相比于中国、日本、韩国之间互有往来的钢铁进出口，东南亚地区以钢铁进口为主；欧洲贸易市场以德国和俄罗斯为贸易中心，两国主要与邻近国家之间有大量的贸易往来；美洲贸易市场的贸易中心最初是美国，近年来则逐渐转变为美国和巴西，巴西与世界各地的贸易往来日益密切，逐渐成为南美洲的贸易中心。从 2005 年到 2019 年，世界钢铁贸易网络表现出密集化趋势，说明有越来越多的国家开展钢铁贸易，世界钢铁贸易的范围逐渐扩大。但是，世界钢铁贸易仍然集中于北半球，南半球仅有巴西等少数国家参与全球钢铁贸易。

在亚洲，中国、日本和韩国之间有大量的钢铁贸易，同时，三国又向东南亚国家出口钢铁。2019 年，中国向东南亚国家出口了 99.87 亿美元的钢铁产品，向韩国出口了 51.40 亿美元的钢铁产品，向日本和印度分别出口了 12.00 亿美元和 13.76 亿美元的钢铁产品。东南亚是中国钢铁产品最大的出口市场。同时，东南亚也是日本最大的钢铁出口市场，2019 年日本向东南亚出口了 89.84 亿美元的钢铁产品。韩国和中国分别为日本钢铁产品的第二和第三大出口市场，2019 年日本分别向两国出口了 49.4 亿美元和 41.29 亿美元的钢铁产品。2019 年，日本还向北美出口了 23.59 亿美元的钢铁产品。韩国钢铁产品的主要出口市场为东南亚、中国、日本、印度和北美。

在欧洲，钢铁贸易以德国和俄罗斯为中心，两国与其他欧洲国家有大量的贸易往来。2019 年，德国向法国、意大利、波兰、荷兰、比利时各出口了约 23 亿美元的钢铁产品，向奥地利、捷克、西班牙各出口了约 13 亿美元的钢铁产品。同年，德国从法国、意大利、比利时分别进口了 31.72 亿美元、28.78 亿美元和 46.24 亿美元的钢铁产品，为三国最大的钢铁贸易伙伴。土耳其是俄罗斯钢铁出口的主要市场，2019 年俄罗斯向土耳其出口了 23.8 亿美元的钢铁产品，占俄罗斯钢铁出口总额的 13%。除土耳其外，俄罗斯还向哈萨克斯坦等中亚国家、白俄罗斯等欧洲国家以及美国、墨西哥等北美国家出口钢铁。在德国与俄罗斯之外，法国、意大利、比利时、西班牙、荷兰等国之间也存在大量的钢铁贸易。

在北美，美国是主要的钢铁出口国。2019 年，美国向墨西哥出口了41.1 亿美元的钢铁产品，向加拿大出口了 36.33 亿美元的钢铁产品，对两国的出口额占美国钢铁总出口额的 54%。土耳其是美国钢铁出口的第三大市场，2019 年从美国进口了 10.96 亿美元的钢铁产品，占美国出口额的7.62%。土耳其基于优越的地理位置，既是钢铁进口大国又是出口大国。土耳其的出口市场既包括意大利、西班牙、罗马尼亚等欧洲国家，又包括以色列、也门等中东国家，还包括埃及、摩洛哥等北非国家。此外，新加坡也是土耳其钢铁出口的重要市场。

二 中国钢铁产业结构和布局现状

作为全球最大的钢铁生产国，中国钢铁产业是世界钢铁产业的重要组成部分，中国的钢铁产业结构与布局具有一定的典型性。因此，对中国钢铁产业结构与布局现状进行分析十分有必要。本部分将从钢铁产业需求结构与产能结构两个方面分析中国钢铁产业结构现状，从钢铁产业生产与消费布局两个方面分析中国钢铁产业布局现状，以期对中国钢铁产业结构与布局现状增加了解。

（一）中国钢铁产业结构现状

1. 中国钢铁产业需求结构

2020 年，中国的生铁产量占世界生铁总量的 67.3%，粗钢产量占世界粗钢总量的 56.7%，成品钢材消费量占世界总消费量的 56%。拉动中国钢铁消费迅猛增长的三大因素为基建、房地产和制造行业，其中基建和房地产行业的钢材需求为纯内需，而中国的制造业是一个高度依赖国际贸易的行业，对关键部件的进口以及产成品的出口是中国制造业发展的根本。图 7 展示了中国钢铁产业下游行业的需求结构，其中，建筑行业的成品钢材消费量占中国成品钢材总消费量的 53.3%。机械行业的成品钢材消费量占成品钢材消费总量的 19.2%。汽车行业是仅次于建筑和机械行业的第三大成品钢

材需求行业，成品钢材消费量占比为8.1%。另外，能源、造船、家电等行业的成品钢材消费量占比分别为4.7%、1.9%、1.6%。

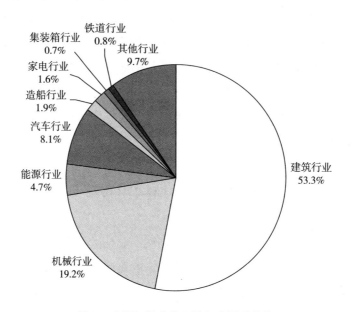

图7　中国钢铁产业下游行业需求结构

资料来源：根据公开资料整理。

第一，新型基础设施建设钢材需求更加多样化。2020年，数字经济展现出强大的驱动力，以城际高速铁路和城际轨道交通、5G基站、数据中心设施等为代表的新型基础设施的建设总量显著提升。相比于传统的基础设施建设，新基建将数字特征纳入其中，用钢强度稳增不降。城际高速铁路和城际轨道交通是新基建中用钢强度最大的产业，对钢材的消耗主要包括钢轨、螺纹钢、线材等。公开的政策数据显示，2020年，全国铁路投资8000亿元，与2019年7000亿元左右的投资相比略有增加。按照1亿元投资需要消耗钢材0.333万吨计算，8000亿元投资拉动钢材需求2664万吨。随着中国规划的高速铁路运营里程不断提升，钢材需求得到了强有力的支撑。中国信息通信研究院发布的数据显示，预计到2025年，中国5G建设投资额累计将达到1.2万亿元。作为近年来的投资热点，新型基础设施建设为中国钢铁产业带来了新的需求点，使钢材需求更加多样化，优化了中国钢铁产业的需求结构，推动钢铁企业提质增效。

第二，房地产行业的钢材需求保持较强韧性。房地产作为中国钢材消耗量最大的行业，2020年受新冠肺炎疫情影响，各项数据呈下降趋势。中国房地产行业基数大，增速虽有所下降，总量却不低。从实际情况来看，2020年房地产行业在一季度受到较大冲击，之后进入快速恢复期，全年投资增速超出预期。国家统计局公布的数据显示，2020年房地产开发投资完成额为141443亿元，同比增长7%。由此可见，在疫情防控阶段，国家政策着力于恢复经济、增加就业，建筑环节的投资保持了一定程度的增长，对用钢需求起到了较强支撑。2020年房地产行业用钢需求呈现"V"形态势，上半年疫情导致的停工停产使得用钢需求急剧下滑，下半年随着疫情平稳，复工复产带动了钢铁市场的回暖，建筑钢材库存快速消化。总体来看，建筑钢材市场稳中向好。

第三，制造业的用钢需求温和回升，保持平稳。制造业作为中国钢材需求的三大板块之一，其生产经营状况对中国用钢需求会产生重大影响。2020年初，新冠肺炎疫情导致传统制造业的生产扩张和投资力度明显减小，加上国内需求淡季的影响，产销大幅缩减，汽车制造业、通用设备制造业、专用设备制造业等传统制造业的用钢需求明显减弱。下半年，随着疫情防控与复工复产，供需两端回暖，以汽车制造业为代表的装备制造业实现了温和回升，用钢需求也逐步恢复平稳态势。相比于传统制造业，在新冠肺炎疫情影响下，医疗器械制造业保持高增长，电子设备制造业稳健增长，成为拉动中国钢材需求的有利抓手。2020年政府工作报告提出要发展工业互联网，推进智能制造，并全面推进"互联网+"，打造数字经济新优势，推动制造业升级和新兴产业发展。制造业稳中求进的发展基调将对中国钢材需求起到一定的支撑作用。

2. 中国钢铁产业产能结构

（1）产能利用率

钢铁产业产能过剩是中国一直以来有待解决的重点问题。近年来，中国钢铁产业坚决淘汰落后产能。一方面，通过信息化技术提高钢铁产品质量，使得具有高竞争力的钢铁产品占据主要市场，倒逼市场竞争力弱的钢铁产品退出市场，从而达到淘汰低效产能的目的；另一方面，大力推动钢铁产业重组，实施产能置换，实现区域钢铁产能分布合理化，优化钢铁产业产能结构，使中国钢铁产业产能利用率一直保持在较高水平。如图8所示，2017～2020年中国钢铁产业产能利用率始终在75%以上。2020年受新冠肺炎疫情影响，钢铁产业链下游行业复工延迟，钢材需求滞后，产能利用率为78.8%，较2019年同期下降1.2个百分点。随着钢铁产业链的上下游行业陆续复工复产，钢铁需求阶段性集中释放，钢铁生产经营有序恢复。从全年来看，新冠肺炎疫情对钢铁产业的影响有限，呈现短期波动、长期稳定的态势。

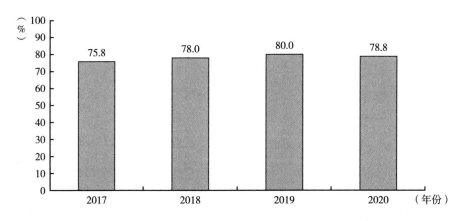

图8　2017～2020年中国钢铁产业产能利用率

资料来源：中国国家统计局。

（2）产能置换

产能置换是指通过市场化手段，淘汰落后产能，实现产业升级，进而控制行业产能，主要分为等量产能置换和减量产能置换。华泰期货钢矿专题统计得出，2018年至2019年11月，钢铁产业退出总产能3.43亿吨，新建总产能2.98亿吨，其中：炼铁产能退出1.71亿吨，新建1.47亿吨；炼钢产能退出1.73亿吨，新建1.51亿吨。80%以上的产能置换集中在华北及华东地区，尤其是河北、江苏等钢铁生产大省。通过产能置换，中小规模企业的旧生产线被置换，生产技术和设备都有了很大改进。2020年是"十三五"的收官之年，在供给侧改革背景下，钢铁产业出现大量产能置换项目。中国钢铁协会数据显示，2020年，钢铁产业去产能成效显著，全年共化解过剩产能5000万吨以上，处理了1.4亿吨"地条钢"，超额完成《中国钢铁工业调整升级规划（2016—2020年）》中提出的，到2020年中国钢铁产能要净减少1亿至1.5亿吨的要求。

通过化解钢铁产业过剩产能和实施减量产能置换政策，中国钢铁产业的产能规模得到了有效控制，钢铁企业的技术装备水平大幅提升，众多钢铁企业通过技术、管理等手段来提升钢铁产能利用率。2021年4月新版《钢铁行业产能置换实施办法》出台。随着产能置换取得明显成效，新版本的实施办法对钢铁产业产能置换的比例要求更高，强管控区域更广，监督更透明。为完成碳达峰目标和钢铁产量的压减任务，预计后续钢铁产业面临的环保标准将更严格。从政策导向来看，这有利于钢铁产业集中度的提升和环保炼钢技术的发展。

（二）中国钢铁产业布局现状

钢铁产业是工业化国家经济发展的基础产业，钢铁产业以铁、钢、钢材、工业纯铁和铁合金为主要产品，是一个国家的重工业基础，也是衡量一个国家综合国力和工业化水平的重要因素。在经济全球化和数字经济的时代背景下，世界钢铁产能正趋于饱和，中国是钢铁新增产能的主要贡献国家。如图9所示，2015～2020年中国粗钢产量呈逐年增加态势。2020年，中国粗钢产量为10.65亿吨，占全球的56.7%。从钢铁产量区域分布来看，排名前十的省区分别为河北、江苏、山东、辽宁、山西、安徽、湖北、河南、广东、内蒙古（见图10）。前5个省份的粗钢产量合计为5.94亿吨，占全国总产量的比例高达56%。由此可见，中国钢铁产业总体呈现北重南轻、东多西少的生产布局，生产力布局不平衡的问题较为突出。

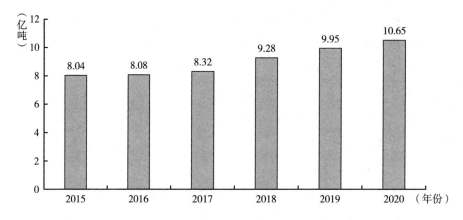

图9 2015～2020年中国粗钢产量变化

资料来源：中国国家统计局。

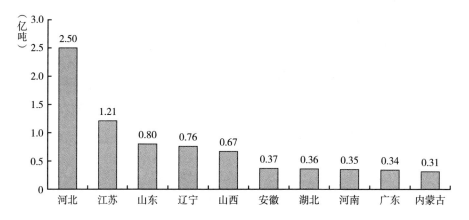

图10 2020年中国粗钢产量排名前十的省区

资料来源：中国国家统计局。

2000年和2020年中国各地区粗钢产量占比如图11所示。相比于2000年，2020年经济发达、钢铁供不应求的华东地区和中南地区的粗钢产量占比出现下降，严重供过于求的东北地区的粗钢产量占比虽出现下降，但钢材净流出量仍高达0.5亿吨，而同样严重供过于求的华北地区的粗钢产量占比却呈明显上升趋势，钢材净流出量超过1.6亿吨。2020年，华北和华东地区继续保持对钢铁产业的较大贡献，两地区的粗钢产量占比分别为34.7%

和 30.0%。中国钢铁产业长期保持北重南轻、东多西少的生产布局，同时，北方供给大于需求，形成了"北材南运"的供需结构。华东、华北地区钢铁企业数量多且竞争激烈，而西南、西北地区钢铁企业数量较少且燃料资源丰富，整体上后者的赢利状况要好于前者。中国钢铁生产布局主要是紧挨矿山建设钢厂，大部分钢铁企业分布在内陆地区，而中国的钢材消费市场主要集聚于经济较为发达的长三角、珠三角及环渤海区域，由此造成钢铁产地和消费市场的不完全匹配。

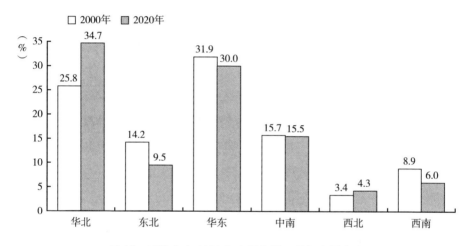

图 11　2000 年与 2020 年中国各地区粗钢产量占比

资料来源：中国钢铁工业协会编《中国钢铁工业发展报告（2021）》，冶金工业出版社，2021。

改革开放加快了中国东部特别是沿海地区经济的发展，对钢材的需求量持续大幅增加，钢铁产业布局也发生了较大的改变。比较突出的是，华北、东北地区的粗钢产量大于钢材消费量，而华东、中南、西南地区的粗钢产量小于钢材消费量，西北地区的粗钢产量则与钢材消费量相差不大。图 12 和图 13 分别展示了中国 2005 年与 2020 年各地区的粗钢产量与钢材消费量占全国比重。2020 年，中国粗钢产量最大的是华北地区，其粗钢产量占全国比重达到 34.7%，钢材消费量仅占 19.4%；华东地区钢材消费量占全国的 41.7%，粗钢产量占比仅为 30.0%；中南地区钢材消费量占全国的 20.6%，

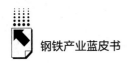
粗钢产量占比仅为 15.5%。与 2005 年相比，2020 年中国钢铁生产布局与消费布局不协调的局面没有发生根本性改变。

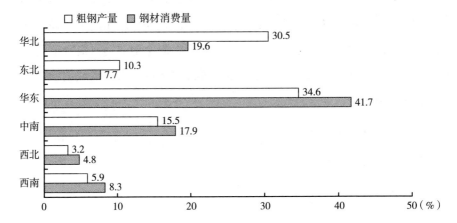

图 12　2005 年中国各地区粗钢产量和钢材消费量占全国比重

资料来源：中国钢铁工业协会编《中国钢铁工业发展报告（2021）》，冶金工业出版社，2021。

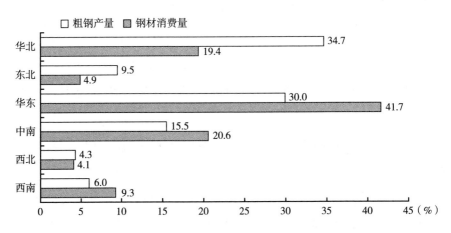

图 13　2020 年中国各地区粗钢产量和钢材消费量占全国比重

资料来源：中国钢铁工业协会编《中国钢铁工业发展报告（2021）》，冶金工业出版社，2021。

三 数字经济对钢铁产业结构与布局的影响

数字经济作为一种新的社会经济发展形态，将会对传统产业带来颠覆性变革。钢铁产业通过数字化转型，不仅能够改变自身的发展轨迹，而且能够对上下游行业产生涟漪效应，推动整条钢铁产业链进行数字化转型升级，进而对钢铁产业结构与布局产生影响。本部分将首先分析数字经济对钢铁产业结构与布局的影响机制，并据此分析数字经济带来的具体影响，进而判断世界钢铁产业未来的发展趋势。

（一）数字经济对钢铁产业结构与布局的影响机制

随着数字经济的发展，数字化技术不断地渗透到钢铁产业中，成为推动钢铁产业结构与布局优化调整，缓解钢铁产业发展困境，促进钢铁产业进一步发展的新引擎。数字经济以数字化的知识和信息为关键生产要素，以现代信息网络为重要载体，以对信息通信技术的有效使用为提升效率和优化结构的重要推动力，虽然无法独立、直接地对钢铁产业结构与布局产生影响，但可通过与传统生产要素、传统技术相融合，从数字化信息与知识、数字化技术两个方向出发，形成数字生产力，进而间接地影响钢铁产业结构与布局。

数字经济对世界钢铁产业结构与布局的具体影响机制如下。

第一，数字化信息与知识能够帮助企业进行创新，突破传统约束。数据是数字经济时代的核心，与其他传统要素的结合使数据变为信息，人们将信息进行归纳、演绎、挖掘，使数字化的信息转化为知识。能够转化为知识的信息具有意义与价值，能够提升企业的创新潜能。通过不断累积、转化与吸收数字化信息与知识，企业能够有效进行知识与技术创新，突破传统约束，实现数字化技术落地，产生效率变革，促进钢铁产业的发展，进而优化钢铁产业结构与布局。

第二，数字化技术能够帮助企业提高全要素生产率，壮大钢铁产业。作为数字经济的核心推动力，信息通信技术对要素投入产出率具有积极作用已

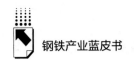

经成为共识。同时,信息通信技术对劳动生产率、工业技术创新效率等具有积极影响。全要素生产率是信息通信技术影响经济增长和产业布局的重要传导因素。由此,可以分析出数字化技术对钢铁产业结构与布局的影响机制,即数字化技术通过促进技术创新、提高资源配置效率等提升钢铁企业的全要素生产率,助力钢铁产业壮大。由于每个国家和地区的情况各异,数字化技术会对钢铁产业结构与布局产生不同影响。

第三,数字经济能够减缓人口老龄化对工业化国家钢铁产业的冲击。数字经济通过技术创新等方式提高了企业的全要素生产率,同时通过对劳动力的替代大大提升了劳动生产率。在钢铁产业,数字技术带来了智能料场、智慧码头、智能管控平台等先进系统,使劳动生产率提高了80%[①]。数字化技术在钢铁产业中对劳动力的替代能够有效减缓人口老龄化对工业化国家的冲击,使其保持钢铁产业规模,保持在世界钢铁产业布局中的重要地位。

第四,数字经济能够促进产业集聚,形成新的钢铁产业布局。大型钢铁企业具有规模化优势,相比于小型钢铁企业,数字化技术的引入能够为大型钢铁企业带来更大范围的效率提升。数字经济给钢铁产业带来的颠覆性技术变革将使与钢铁生产企业相配套的关联产业向大型钢铁企业集中,在大型钢铁企业周边形成一个拥有完整产业链的产业集群,同时带动资源、要素的集聚,进而形成新的钢铁产业布局。

第五,数字经济能够改善信息不对称,优化钢铁产业链网络。信息不对称一直是钢铁产业供需割裂、产能过剩的重要原因之一,而数字经济为改善信息不对称提供了技术条件。在数字经济时代,绝大部分信息将以数据的形式产生,同时,数据的高流动性能够使得这些信息在各主体之间快速流动。数字化技术有助于企业打造工业互联网平台,使得众多钢铁企业相互联通,形成一个巨大的钢铁工业互联网络。依托互联网络,数据在钢铁产业链上下游企业之间快速流动,优化钢铁产业链网络。

---

① 祁明明:《钢铁智能化与数字供应链》,《中国储运》2020年第6期。

第六，数字经济能够形成数字生产力，增强钢铁企业竞争力。钢铁产业一直是计算机与信息技术应用的先驱者，在数字经济时代，钢铁产业将继续推进数字化与工业化融合。通过增加数字化投入，钢铁企业能以更高效率运用数字化信息与知识进行技术创新，突破传统技术的阻碍，研发数字化技术。数字化技术的应用能够提升钢铁企业的灵活性、安全性、智慧性，增强企业的市场竞争力和抗风险能力。因此，数字生产力作为企业的新动力，能够显著提高企业生产率，增强钢铁企业竞争力，对钢铁产业结构与布局产生影响。

根据以上分析，数字经济影响钢铁产业结构与布局的微观机制是通过促进企业创新、提高资源配置效率、减缓人口老龄化的冲击、促进产业集聚、改善信息不对称等，为企业形成新的生产动力，最终促进钢铁产业发展，并对钢铁产业结构与布局产生影响。

（二）数字经济对世界钢铁产业结构的影响与产业结构未来发展趋势

数字经济主要是通过对钢铁产业链中需求端、流通端和供给端的经营主体的作用来影响钢铁产品的供给与需求，进而影响钢铁产业结构中的需求结构以及产能结构，最终实现对钢铁产业结构的优化。基于以上影响机制分析，数字经济对钢铁产业结构的具体影响如下。

1. 需求结构

第一，数字经济能够助推钢铁企业生产个性化、定制化产品，优化钢铁产业需求结构。在钢铁企业的传统生产模式下，个性化定制与规模化批量生产存在一定的矛盾。随着生活水平的提高，人们对各种产品的需求与以往大不相同，个性化与定制化成为目前的消费需求主流。在产品生产上，以往一家企业独揽所有生产制造流程的情形转变为产品分环节外包再拼接的过程。以造船业为例，现在造一条船所需要的钢材规格数量是以往所需要钢材规格数量的 3~4 倍，以往同一规格的钢材需求量能够达到上千吨，而现在同一规格的钢材需求量只有几吨。这表明对钢铁企业来说，过去对单一品种钢材的大量需求已经不存在，钢铁产业下游行业对钢铁产品的偏好向个性化、定

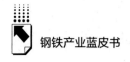
制化转变。

数字经济的出现顺应了钢铁产业的发展趋势。通过推进智能制造，一方面，钢铁企业可以利用数据，以较低成本获知用户的个性化需求，捕捉到用户的个性化偏好，实现精益化、柔性化生产，进而为需求方提供定制化产品；另一方面，数字化技术使得钢铁产业链上下游企业相互联通，帮助消费者降低搜寻成本。同时，钢铁企业可以应用数字化技术打造专业化的智能终端，智能终端能够迅速传递消费者需求信息，帮助钢铁企业快速对市场做出反应。因此，数字经济能够助推钢铁企业提供个性化、定制化产品，进而优化钢铁产业的需求结构。

第二，数字经济能够帮助钢铁企业进行关键品种创新与优化，改变钢铁产业需求结构。开发关键钢材品种和提高钢铁产品质量稳定性是钢铁产业发展必须解决的问题。一方面，钢铁企业可以通过用户数据信息的变化，及时察觉市场需求变化，并据此进行产品创新。创新有助于用新产品替代老产品，顺应市场需求变化的产品能够迅速在市场上获得一席之地，改变原本的钢铁产业需求结构。另一方面，钢铁企业可以通过收集消费者的反馈数据，运用数字化技术弥补已有产品的不足之处，优化已有产品，提高已有产品的性能，从而增加该产品的需求，优化需求结构。

第三，在数字经济时代，钢铁产业下游行业的创新发展能够带动钢铁产业需求。钢铁产业是重要的中游行业，以基建、机械、房地产、家电、轻工、汽车、船舶等制造行业为主的下游行业，是钢铁产业的重要需求行业。整个钢铁产业链条的传导作用是自下而上的，即下游行业影响钢铁产业，下游行业的创新发展将带动钢铁产业的需求。一方面，随着数字经济的迅速发展，各国增加大量的数字化投入。5G基站等新型基础设施的建设是拉动钢铁产业需求的重要因素。另一方面，数字经济与制造业深度融合成为各国数字经济发展的大趋势，制造业进行数字化转型，尤其是钢铁产业下游行业的数字化创新发展也能够拉动钢铁产业的需求。因此，在数字经济时代，不同品种钢材的需求量会产生差异，落后产品会逐渐被淘汰，留下顺应时代发展的新产品，钢铁产业的需求结构得到优化。

2. 产能结构

钢铁产业产能过剩是一个全球性的普遍问题，目前各国常用的化解产能过剩的方法是扩大内需、兼并重组、控制进口、放宽出口、实施环保政策、产能置换等。数字经济的发展为化解产能过剩提供了一个新的思路。

第一，数字经济影响钢铁企业的生产决策：帮助企业科学、精准决策。钢铁产业产能过剩的直观表现是钢铁产品产量过多，钢铁产业产能过剩的原因很复杂，其中最主要的一点是钢铁生产企业以及钢铁产业下游企业的生产决策不合理。作为钢铁产业的主要需求方，钢铁产业下游行业的产量在很大程度上决定了钢铁产品的需求量。在传统经济条件下，钢铁企业及其下游行业企业无法迅速准确地得到市场需求信息，生产决策往往是依靠人工经验判断做出的，而在数字经济时代，企业依靠数据流、信息流协调生产，能够做到科学、精准决策。因此，数字经济能够化解钢铁产业的产能过剩，优化钢铁产业的产能结构。

第二，数字经济影响钢铁企业的业务流程：对传统业务流程进行重组与再造，提高生产效率。钢铁产业的流程工序极其复杂，同时存在多个工业控制系统、生产执行系统、管理系统等，数据来源非常庞杂且分散。此外，钢铁产业供应链条长、层级多，导致生产效率低下，加剧了资源浪费。数字经济能够为钢铁企业带来技术变革，促使企业对原有的基础设施进行重构，实现对传统业务流程的重组与再造。例如，5G、人工智能等数字化技术能够打破传统网络困境，处理海量数据，提升通信能力，做到生产流程的无缝衔接以及可靠、精准的数据传输。数字化技术帮助钢铁企业实现智能终端作业，工人在总控室即可实现控制、操作与监督，进而提高钢铁产业的生产效率。同时，智能化生产与管理能够及时应对突发状况，调整产量，匹配市场需求，进而化解钢铁产业的产能过剩。

第三，数字经济影响钢铁企业的组织管理：出现新型组织结构，促进信息共享与交流。在传统经济条件下，钢铁企业内部的职能部门、业务部门之间都存在一定的隔阂，阻碍了信息的交流与共享，进而导致钢铁企业生产效率低下。而数字经济能够为钢铁企业带来组织变革与管理变革，促

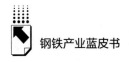

使其组织结构向扁平化、平台化转变，形成依托于互联网络，以信息流管理为核心的虚拟组织结构，打破了部门之间的边界分割。基于此，一方面，企业打通生产与管理全流程的数据链，减少生产与管理环节的脱节，使得生产环节的数据能够实时反映至管理环节，进而使得管理者能够依托实际更好地做出决策。另一方面，新型组织结构能够促进部门之间的信息交流与共享，加快钢铁企业对市场需求变化的反应速度，同时能在一定程度上简化业务流程，提高生产效率，进而化解产能过剩，优化钢铁产业的产能结构。

第四，数字经济影响钢铁企业的经营理念与模式：在互联网思维下，钢铁电商平台快速发展。过去，钢铁产业的供给端与需求端之间存在层层经销商，信息传递十分复杂与困难，信息无法快速有效地在产业链上下端进行传递，导致钢铁企业提供的产品与服务相对滞后，这是产能过剩产生的原因之一。在数字经济时代，钢铁企业的经营理念由过去的工业化思维向互联网思维转变。在工业化思维下，钢铁企业通过大规模生产实现成本的降低，但对市场的反应速度过慢。而在互联网思维下，钢铁企业运用数字化技术，对市场需求做出精准分析，根据分析结果为消费者提供定制化、个性化的产品，大大加快了对市场的反应速度。

基于此，在经营模式上，钢铁企业选择采用线上、线下共同经营的多元化模式。该模式充分整合了线上与线下渠道的资源和产业链上下游的合作伙伴，打破了传统经营模式的时空限制。因此，钢铁电商平台得到迅速发展。电商平台能够做到去中介化，使生产者与消费者面对面，信息能够直接在两个主体之间进行传递。一方面，电商平台能为生产企业提供精细化的需求信息；另一方面，电商平台能帮助需求企业降低搜寻成本。钢铁电商平台提供的精准需求信息能够使钢铁企业的生产决策更加合理，化解过剩产能，优化产能结构。

3. 钢铁产业结构未来发展趋势

基于以上影响机制，分析未来世界钢铁产业结构的变化。

第一，世界钢铁产业结构整体上将向服务型转变。在未来，世界钢铁产业的整体变化趋势是由生产型产业向服务型产业转变。如今，钢铁产品的需求偏好向个性化、定制化转变，需求的变化倒逼钢铁生产企业做出创新与改变。数字经济帮助钢铁企业实现了在传统经济条件下无法实现的"一户一策"的个性化、定制化服务。同时，数字化技术使得钢铁企业实现了对钢铁产品次终端与终端市场采购需求的精准衡量，应运而生的钢铁电商平台是对传统钢材采购与销售模式的一次全新改革，弥补了传统代理机制的不足，并得到了迅速发展。由此可见，数字经济影响了消费者的需求偏好以及钢铁企业的生产经营。在这样的大趋势下，未来钢铁生产企业的生产模式将更加灵活，表现出"大规模个性化定制"特征，从生产向服务的定位转变将促使钢铁企业介入用户前期的实际生产经营，充分了解用户的个性化需求，构建"产学研用检"的创新体系，最终按客户要求准时交付产品，实现生产的精益化、柔性化、智能化和交付的敏捷化、准时化、配送化。

第二，世界钢铁产业的产品需求结构将体现出阶段性变化特征。根据前文分析可知，钢铁产业的产品需求结构主要受到两个主体的影响：一是钢铁产业下游行业，其对钢铁产品的需求偏好向个性化、定制化转变，而数字经济带来的下游行业的创新发展会导致其对钢铁各品种产品的需求变化，进而影响钢铁产业的产品需求结构；二是钢铁产业的生产企业，在数字经济的发展机遇下，钢铁生产企业立足自主创新，积极开发高技术含量、高附加值的新型钢铁产品，实现关键品种的赶超，进而引起钢铁产业产品需求结构的改变。从中可知，由数字经济带来的这种变化更多的是对钢铁产品品种的调节或是对某一国家或地区区域性产品需求结构的调节。

近年来，各国都在大力发展数字经济，推进数字化转型。数字经济带来的这种悄然变化会反映在各行各业，细分行业、新兴行业的出现将是各行各业未来发展的大趋势，尤其是随着钢铁产业下游行业的变化，其对钢铁产品品种的消费需求也会因此而改变。由此可知，在未来，数字经济的发展会影响世界钢铁产业的产品需求结构，并体现出阶段性的变化特征。在短期内，数字经济对世界钢铁产业产品需求结构的影响体现为阶段性、区域性的调

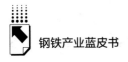

整，不足以撼动全局；在长期内，行业分化所带来的改变将会对钢铁产业的产品需求结构产生重大影响。

第三，世界钢铁产业的产能结构将向合理化、低碳化转变。钢铁产业作为最主要的原材料工业，最根本的任务是以最高的生产效率、最高的资源配置效率、最低的环境和生态负荷向社会提供足够数量且质量优良的钢铁产品，满足社会发展、国家安全和人民生活的需要。传统钢铁产业的焦点问题是产能过剩严重、能源消耗大、环境污染严重。近年来，在各国的努力下，钢铁产业产能过剩问题有所缓解。数字经济的发展为化解世界钢铁产业产能过剩、优化世界钢铁产业产能结构提供了技术条件。

与传统经济活动相比，数字经济对市场的反应速度快、边际成本低、资源消耗少、环境污染小，具有创新、绿色、共享等诸多优点。一方面，数字经济赋能钢铁产业发展，能够提高钢铁产业的生产效率，促进信息交流与共享，精准匹配市场需求，有效帮助化解钢铁产业的产能过剩，促使世界钢铁产业的产能结构向合理化方向转变。另一方面，绿色经济发展是大势所趋，未来钢铁产业的技术发展目标是既高效又环保，数字化技术的出现，能够帮助钢铁产业对原有生产技术进行改进，淘汰落后生产工艺，降低钢铁产业碳排放，形成绿色低碳产业体系，促使世界钢铁产业的产能结构向低碳化转变，实现对钢铁产业产能结构的优化。

（三）数字经济对世界钢铁产业布局的影响与未来趋势

世界钢铁产业布局的变化与各国钢铁产业的产量、消费需求以及由供需不平衡引发的地区间贸易直接相关，即与各国的钢铁产业发展水平息息相关。钢铁产业是各国工业化的支撑产业，属于强周期产业，与宏观经济周期相关，钢铁产业的发展与宏观经济基本呈现同步变动的趋势。这表明，世界钢铁产业布局的变化与各国的经济发展水平和所处的工业化时期密切相关。而数字经济是一种无法单独发挥作用，需要融入社会的各行各业，与传统生产要素、技术等相结合才能发挥作用的新型经济形态。因而，数字经济对世界钢铁产业布局无法产生直接影响。基于以上分析可以得出：在短期内，由于各国钢铁产业的产量、需求量等的影响因素十分复杂，数字经济的发展无法显著影响世界钢铁产业布局；在长期内，随着各国加大数字化投入，数字经济的迅速发展将会带动各国的经济发展水平，进而对世界钢铁产业布局产生影响。

基于现状分析以及影响机制分析，分析未来世界钢铁产业布局的变化。

1. 生产布局

第一，数字经济的发展将助力中国钢铁产业产品创新，提高钢铁企业的竞争力，维持其在世界钢铁产业生产布局中的领先地位。中国有着体量巨大的钢铁产业，当国内钢铁市场需求较大时，能够支撑巨大的产业规模，而当国内钢铁需求萎缩，需要向外寻求市场时，钢铁企业将面临与工业化国家和印度等新兴市场国家钢铁企业的激烈竞争。因此，中国钢铁产品竞争力的提升十分重要，而数字经济的发展能够帮助中国钢铁企业进行产品创新，提高钢铁企业的竞争力。中国钢铁产业兼并重组后形成了一批大型钢铁企业，而大型企业的数字化投入具有较高的生产转化能力。大型企业的数字化投入将会极大地提高全要素生产率，增强企业竞争力。同时，增加数字化投入将使钢铁产业向大企业集聚，在产业集聚中不断提升竞争力，维持在世界钢铁产业布局中的地位。

第二，数字经济有助于美国、德国和日本等工业化国家保持在世界钢铁产业生产布局中的领先地位。美国、德国和日本的工业基础雄厚，工业数字化水平较高，钢铁产业的数字化水平居世界领先地位。一方面，数字经济有助于提高劳动生产率，有助于这些国家应对来自新兴市场国家的竞争；另一方面，数字经济能够增强钢铁产业的产品创新能力。数字经济的发展使工业化国家能够保持钢铁产业规模，占领高端市场，在世界钢铁产业生产布局中保持领先地位。

第三，数字经济的发展将使东南亚地区在世界钢铁产业生产布局中的地位进一步提升。近几年，东南亚国家大力发展钢铁产业，钢铁产能迅速增加，尤其是越南、印度尼西亚的粗钢产量快速拉升。同时，数字经济在东南亚国家得到快速发展，中国与东南亚国家在数字经济领域的合作不断深化，各国

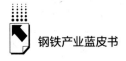
围绕数字防疫抗疫、5G发展、人工智能、产业数字化转型等多个议题展开合作交流活动，有力地促进了东南亚国家的数字化转型。在未来几年，数字经济的发展将会助力越南、印度尼西亚、马来西亚等东南亚国家的钢铁生产，其粗钢产量将继续增加，这表明，在未来的世界钢铁产业生产布局中，东南亚的粗钢产量占比会越来越高，其在世界钢铁产业布局中的地位会进一步提升。

2. 消费布局

第一，数字经济将促使世界钢铁产业消费布局的重心向发展中国家转移。由于钢铁产业发展与宏观经济周期强相关，各国的钢材表观消费量在一定程度上与各国所处的工业化时期相关。因此，正处于工业化进程中的发展中国家的钢铁潜在需求量巨大。随着数字经济的发展，发展中国家的经济规模逐渐扩大，其国内需求将快速增加，在世界钢铁产业消费布局中的地位将不断提高。以印度为例，印度已经成为继中国之后世界排名第二的钢铁生产大国。印度的数字化基础良好，工业数字化水平整体较高，在提升工业生产率上具有很大的潜力。未来随着数字经济的发展，印度钢铁产业的数字化投入会继续提高，数字经济将助力印度钢铁产业腾飞，使印度在世界钢铁产业消费布局中的重要性不断提高。因此，数字经济的发展将促使世界钢铁产业消费布局的重心向发展中国家转移。

第二，数字经济将缓和美国、日本等后工业化时期国家在消费布局中地位下降的趋势。目前，美国、日本等后工业化国家的钢材消费量已经趋于饱和，整体呈下降趋势。近年来，发达国家逐渐认识到钢铁产业等工业制造业对国家发展的重要性，新冠肺炎疫情的爆发更让人们意识到了制造业对一个国家的重要性，越来越多的发达国家宣布进行"中高端制造业回流"。发达国家的产业数字化发展水平较高，随着制造业回流，数字经济赋能制造业发展，发达国家的制造业发展将更加迅速，其国内对钢材的消费需求也会进一步上升。数字经济的影响体现在方方面面，在发达国家更容易产生创新，尤其是钢铁产品需求行业的创新发展将会带动国内对钢材的需求量，进而使得国内消费量提升。

3. 贸易布局

第一，数字经济的发展将加强以北美洲、欧洲和亚洲为核心的世界钢铁贸易格局。一方面，因地缘相近，在三个区域内存在大量的钢铁贸易；另一方面，三个区域之间也存在日益频繁的钢铁贸易往来。由于各国的数字经济发展状况不同，三个区域在钢铁产品创新上可能表现出一定的差异，从而对区域间的贸易格局产生影响。数字经济对钢铁产品创新具有显著作用，美国和德国更容易产生新型高端钢铁产品，而亚洲地区因工业数字化水平落后于欧美而难以生产同样高质量的产品，从而需要从欧美进口以满足本地市场对高端产品的需求。因此，亚洲与欧洲和北美洲之间的钢铁贸易将呈现更明显的互补性。而北美洲与欧洲之间由于数字经济发展水平相近，产品创新能力相似，两个区域间的贸易更多地呈现以高质量异质性产品为交易主体的产业内贸易特征。

第二，印度钢铁产业的数字化发展潜力对世界贸易格局造成一定的冲击。印度在钢铁产业数字化上具有巨大的发展潜力。2020 年，印度成品钢材出口量进入世界前十位，同时印度作为全球第二大钢铁生产国，未来在数字化的助推下极有可能成长为新的全球钢铁贸易网络的核心。一旦印度成长为新的钢铁贸易网络核心，对世界贸易格局的冲击将有两种可能。一是印度加入东亚钢铁贸易网络。印度出口钢铁产品到斯里兰卡、巴基斯坦、孟加拉国等周边国家，并与中国、日本、韩国争夺东南亚市场，使东亚钢铁贸易网络更加复杂。二是形成环印度洋钢铁贸易网络。一方面，印度出口南亚及东南亚市场；另一方面，辐射中东及非洲市场，形成跨区域钢铁贸易网络。目前，中东和北非市场主要由土耳其出口供应，但是土耳其钢铁产业数字化水平落后于印度，一旦印度的钢铁产业借助数字经济腾飞，将会动摇土耳其在中东和北非市场上的地位，印度就会成为两个市场上重要的钢铁供应商。由此形成以印度为中心的环印度洋钢铁贸易网络，与亚洲钢铁贸易网络交错发展，同时与北美、欧洲两大贸易市场开展贸易往来，拓展世界钢铁贸易格局。

第三，数字经济的发展将使更多的国家加入世界钢铁贸易网络。数字经

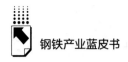

济的快速发展将普遍提升世界钢铁产业的全要素生产率，使传统的钢铁产业焕发新的生机与活力，从而活跃世界钢铁贸易市场，促进世界钢铁贸易网络的扩大。当前的世界钢铁贸易主要集中于北半球，而铁矿石的主要产地在南半球，原材料产地和钢铁贸易市场不匹配。数字经济有利于南半球更多地参与全球钢铁贸易，在数字化的推动下，南半球国家不仅是钢铁产品原材料的供应地，而且将逐渐成为钢铁贸易的重要参与者。

四　总结与展望

（一）主要结论

第一，基建行业以及汽车、机械等制造业是拉动世界各国钢铁产业需求的主要行业。而中国作为世界最大的钢铁生产国，房地产行业是拉动钢铁需求的又一主要行业。由于新冠肺炎疫情的影响，相较于 2019 年，2020 年世界钢铁需求总量下降约 0.03 亿吨。中国的钢铁需求量也有所波动，整体上呈现稳中向好的态势。近年来，世界钢铁产业的粗钢产能利用率呈现下降趋势，世界钢铁产业一直处于产能过剩状态。同时，钢铁产业产能过剩是全世界共同面临的问题，化解世界钢铁产业产能过剩需要世界各国的共同努力。

第二，从钢铁产业布局现状来看，世界钢铁产业生产、消费与贸易布局呈现不同的特点。其中，世界钢铁产业生产布局重心呈现阶段性特征。继欧洲、美洲之后，亚洲成为目前世界钢铁产业生产布局的重心。同时，东南亚地区在世界钢铁产业生产布局中的作用将越发凸显。世界钢铁产业消费布局重心呈现向发展中国家偏移的态势。在未来，尚处于工业化时期的发展中国家将是拉动未来世界钢铁需求的主力军。世界钢铁产业贸易布局以亚洲、欧洲和美洲为重心，在世界范围内形成了三大核心贸易市场。近年来，越来越多的国家开展钢铁贸易，世界钢铁贸易网络呈现密集化趋势。中国钢铁产业生产布局在总体上呈现北重南轻、东多西少的特征。同时，由于钢铁产业的生产布局与消费布局不协调，形成了北材南运的供需结构。

第三，从数字经济带来的影响来看，数字经济能够通过促进企业创新、提高资源配置效率、改善信息不对称等提高钢铁企业的全要素生产率，进而达到优化调整世界钢铁产业结构与布局的目的。对于世界钢铁产业结构，数字经济主要是通过影响钢铁产业链的经营主体来影响钢铁产品的供给与需求，进而优化钢铁产业结构。对于世界钢铁产业布局，由于数字经济无法独立发挥作用，因而无法对其产生直接影响。在未来，世界钢铁产业结构将向服务型、低碳化方向转变。在短期内，数字经济将会强化目前的世界钢铁产业布局，其对世界钢铁产业结构与布局的影响主要体现为阶段性、区域性调整；在长期内，随着各国数字经济发展水平的提高，其对钢铁产业带来的影响将是深刻的，将对世界钢铁产业结构与布局产生显著影响。

（二）研究展望

在各国的高度重视与支持下，数字经济快速发展，给各行各业带来了深远影响。不同地区的数字经济发展水平不同，其在传统制造业中发挥的作用也不尽相同，产生的影响也会具有一定的不确定性。钢铁产业作为重要传统制造业之一，流程工序复杂，供应链长，运输方式多，物流成本高，这些特点给数字化技术的应用带来了非常广阔的空间。然而，数字经济对钢铁产业的影响机制十分复杂，本报告虽然浅议了数字经济对钢铁产业结构与布局的影响机制，但仍未完全打开数字经济对钢铁产业影响的黑匣子。数字信息资源以及数字化技术应用对钢铁产业发展的推动作用、中介作用和平台作用都有待深入研究与验证，而这对钢铁产业的数字化转型与发展具有重要的理论与实际意义。对此，在目前的研究基础上，可以进一步探寻数字经济影响钢铁产业结构与布局的中介因素，探讨钢铁产业结构数字化转型升级的路径，进而不断释放数字经济对钢铁产业的潜在影响力，更好地发挥数字经济对钢铁产业的促进作用，推动世界钢铁产业数字化发展。

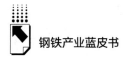

参考文献

［1］邹蕴涵：《中国产能过剩现状及去产能政策建议》，《发展研究》2016 年第 7 期。

［2］谢康、廖雪华、肖静华：《效率与公平不完全相悖：信息化与工业化融合视角》，《经济研究》2021 年第 2 期。

［3］韩先锋、惠宁、宋文飞：《信息化能提高中国工业部门技术创新效率吗》，《中国工业经济》2014 年第 12 期。

［4］杨光、侯钰：《工业机器人的使用、技术升级与经济增长》，《中国工业经济》2020 年第 10 期。

［5］祁明明：《钢铁智能化与数字供应链》，《中国储运》2020 年第 6 期。

［6］荀志伟、李维汉、贾捷、杨晓英：《5G＋工业互联网在钢铁行业的应用研究》，《邮电设计技术》2021 年第 7 期。

［7］World Steel Association，"2021 World Steel in Figures"，2021.

［8］Arvanitis, S., Loukis, E. N., "Information and Communication Technologies, Human Capital, Workplace Organization and Labour Productivity：A Comparative Study based on Firm-level Data for Greece and Switzerland", *Information Economics and Policy*, 2009, 21（2）：43 – 61.

［9］Yoshizawa, I., Nakagawa, S., "Development of Systems, Instrumentation, and Control Technologies for Steel Manufacturing Processes and Future Prospects", *Nippon Steel & Sumitomo Metal Technical Report*, 2019.

［10］Chou, Y., Hao, C., Shao, B., "The Impacts of Information Technology on Total Factor Productivity：A Look at Externalities and Innovations", *International Journal of Production Economics*, 2014, 158：290 – 299.

B.12
数字化影响世界钢铁产业
政策的演变趋势

冯梅 陈楚 兰岚*

摘 要： 在数字经济蓬勃发展的时代，数字化深刻影响着世界众多国家钢铁产业政策的演进历程。本报告基于对全球产业数字化发展历程的梳理，发现世界主要国家在产业数字化萌芽阶段、形成阶段、深化阶段逐渐形成如下特征：信息基础设施与数字技术赋能产业提质增效；产业互联网再造产业数字化发展新模式；产业平台化发展生态和产业集群助推产业数字化发展。由此，研究视角逐渐聚焦于钢铁产业数字化发展。综合对不同时期各国钢铁产业数字化政策的分析，可以概括出钢铁产业数字化政策是通过革新钢铁产业生产管理技术、打造智能化钢铁产业链和完善钢铁数字化基础设施建设三条路径对钢铁产业数字化发展发挥作用。为推动钢铁产业数字化与智能化发展，政府应该加速钢铁产业数字技术升级，提高钢铁产品竞争力；打造钢铁智能制造产业链，推进钢铁产业结构升级；统筹数字化基础设施建设，促进钢铁产业合理布局。

关键词： 钢铁产业 产业政策 产业数字化 产业智能化

---

* 冯梅，北京科技大学经济管理学院教授，研究方向为产业竞争力与产业政策、企业组织与竞争力分析、社会责任与企业战略等；陈楚，北京科技大学经济管理学院博士研究生，研究方向为企业环境责任；兰岚，北京科技大学经济管理学院硕士研究生，研究方向为产业经济学。

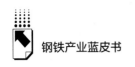

一 世界产业数字化发展历程

随着数字经济的蓬勃发展，新一代数字科技在国民经济的发展中发挥着支撑和引领作用。由于世界各国所处的经济发展阶段、科技综合实力以及经济发展目标不同，产业数字化发展进程和侧重点也有所不同。总体来看，世界范围内产业数字化的演进历程大致可分为三个历史阶段：萌芽阶段（20世纪60~90年代）、形成阶段（20世纪90年代末至2015年）、深化阶段（2016年至今）。基于对不同时期内世界主要国家产业数字化状况的梳理，可以概括出产业数字化转型是通过信息基础设施建设与数字技术应用、产业互联网构建、产业平台化发展生态和产业集群等路径发挥作用。

（一）萌芽阶段：信息基础设施与数字技术赋能产业提质增效

20世纪60~90年代，这一阶段产业数字化发展以大力开展信息基础设施建设和数字技术创新研发为主要特征，世界主要国家通过行政手段支持与鼓励互联网、计算机等高新技术的发展，实现新一代信息技术的原始性创新积累，为产业数字化转型奠定坚实基础。信息基础设施建设与数字技术创新研发给世界经济环境与经济活动带来了深刻影响，不仅极大地提高了传统产业的效率和质量，而且实现了制造模式的重塑与生产方式的变革。世界主要国家在此阶段纷纷将发展数字技术作为推动经济发展的重要手段和激发经济活力的新引擎，通过多种方式，如出台产业数字技术支持政策、提供扶持资金与税收补贴等，促使资本向信息基础设施建设和数字技术创新研发领域集中，加速数字技术创新成果转化，促进数字技术与传统产业的有机融合，激发产业创新活力，从而实现国民经济发展的提质增效。

美国作为全球最早布局产业数字化发展的国家，凭借有效的产业技术支持政策，实现新一代信息技术的原始性创新积累，引领全球产业数字化发展浪潮。20世纪60~90年代，美国政府高度重视并大力推动信息基础设施建设和数字技术发展，以国家专项计划的形式进行产业数字化过程中的关键技术攻关。在大型综合性高科技发展计划方面，里根政府提出"星球大战"计划，支持火箭技术、航天技术、高能激光技术、微电子技术、计算机技术等高新技术的研究工作；克林顿政府提出"国家信息基础设施行动"，在全美范围内建设通达全国的信息高速公路。在产业技术专项计划方面，美国政府相继推出《先进技术计划》（1990年）、《先进制造技术计划》（1993年）和《新一代车辆合作计划》（1993年）等计划，运用新一代信息技术助推传统产业转型升级。此外，美国政府还通过增加数字技术专项支持资金，推动数字技术的成果转化与广泛应用。1976～1995年美国政府对计算机科学研究和技术开发的资金支持，从1.8亿美元增加到9.6亿美元。基于强大的数字技术和信息基础设施建设，美国将数字技术引入传统产业领域，充分利用数字的价值，通过先进的传感器、控制器和软件应用程序将现实世界中的人、机器、生产线等工业生产要素互联，颠覆传统制造业的设计、生产、保障与服务方式，使得建筑、钢铁、汽车、化工等资本密集型产业实现向技术密集型产业的转变，进一步提高美国制造业在全球经济竞争中的地位。

在这一阶段，日本也通过行政手段支持信息与通信技术的发展，将经济发展主张由过去的"贸易立国"转向"技术立国"，重点支持信息基础设施建设和数字技术研发应用，将"创造性知识密集化"作为产业结构的发展方向，运用数字技术助推传统产业转型升级。一方面，日本政府制定产业政策直接支持产业数字化技术研发应用，例如：设立"高度信息通信社会推进本部"，进一步加大政府对信息领域的领导力度；出台"日本高水平信息通信基础设施"计划，投资95亿日元支持新一代信息技术的发展。另一方面，日本政府鼓励引进吸收，对外来先进数字技术进行改进升级，在此基础上形成新的生产制造数字技术并加以应用。信息基础设施是为传统产业、国民生活及社会发展各个领域提供信息服务的基础，日本通过自主学习以CALS系统为代表的信息生产管理系统，在设计、开发、采购、生产、交易、维修、补给的全产业链中实现数据电子化，以提高产品质量和生产效率。

在这一阶段，德国也是典型代表。德国通过政策支持新一代信息技术的

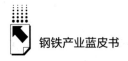
发展，促进数字技术与传统产业相互融合。1983 年，德国政府出台《政府促进微电子学、信息和通信技术发展的方案》，聚焦于改善信息技术工业环境、加强信息技术课程培训、加强信息技术基础设施建设、加强与国防技术的结合、加强与工业的融合发展五个方面。德国是世界上第一个研发出通用计算机的国家，其数字技术研发应用与信息基础设施建设起步较早，数字技术被广泛应用于农业和工业领域。从农业领域来看，一方面，德国依托计算机的数据处理功能，建立涵盖各地区、村庄、道路的农业数据存储信息系统，为相关农业决策提供信息依据；另一方面，德国依托计算机的模拟技术，研发农业病虫害管理、农药残留处理、作物保护等数据库，提高农业生产监测效率，减少农作物病虫危害。从工业领域来看，德国利用信息技术直接改造机械制造、精密加工、精细化工、食品加工、钢铁、汽车等传统产业，实现工艺流程、过程控制、产品配方、信息采集、运行管理、市场销售、物流配送的全产业链流程数字化，进一步重塑产业流程和决策机制，降低生产成本，从而增强传统产业的竞争力。

（二）形成阶段：产业互联网再造产业数字化发展新模式

20 世纪 90 年代末至 2015 年，这一阶段以形成产业数字化发展模式为主要特征，世界主要国家纷纷意识到对传统制造业的数字化改造是产业数字化发展的主赛道，形成产业数字化发展模式是时代发展的必然要求。产业数字化转型不仅受到国家宏观政策的支持和引导，还受到企业自主创新的驱动。产业互联网作为数字时代各垂直产业的新型基础设施，由产业中的骨干企业牵头建设，以共享经济方式提供给产业生态中的广大从业者使用。世界主要国家通过建设产业互联网，改造甚至重塑垂直产业链和内部的价值链，降低整体产业运营成本，提高运营质量与效率，激发传统产业的发展活力，推进传统产业数字化转型升级，从而提高本国产业在世界范围内的竞争力。在世界范围内主要有两种产业互联网路径：一种是以美国为代表的 B2B2C 模式，以生产为核心，从生产过程的数字化和智能化，向外扩展到整个产业体系；另一种是以中国为代表的 C2B2B 模式，以消费者为出发点，把数字连接扩展到为消费者提供产品和服务的各个环节。

美国作为互联网技术的发源地，在 20 世纪 90 年代末就开始构建独特的产业互联网业态，并在汽车产业中率先开展应用。从汽车领域来看，美国汽车产业中的头部企业通用汽车公司、福特汽车公司和戴姆勒－克莱斯勒公司共同创建了 Covisint 平台，让整个汽车产业中所有的制造商、供应商、合作伙伴、利益相关企业共享同一个互联网基础设施，这有助于传统企业改善供应链管理，进一步提高运营质量和效率。产业互联网基于信息技术和互联网平台连接现实世界中的机器、设备、团队，构建产业内各公司之间的实时连接，以更为智能的操作、高质量的服务重构传统产业生态，助推产业数字化转型发展。互联网与产业的深度融合拓展了传统产业的增长空间，激发了传统产业发展新动能。

中国的产业互联网起步略晚于美国。2015 年，以工信部和国务院发展研究中心为代表的政府部门开始研究并推动产业互联网工作，产业互联网应用进一步深化。中国以产业互联网为有机载体，将多条产业链的上游资源、中间商、服务企业、核心生产企业、终端消费者等组成多节点的生产网络，这是信息流动的去中心化过程。在工业制造领域，中国推动生产交付与深度服务的持续融合，通过构建产业互联网实现生产协作网络互通，使得生产即服务成为可能。在这一阶段，中国已经出现生产即服务制造商，帮助汽车、机械制造、零部件加工、钢铁制造等垂直产业链中的企业共同使用生产基础设施网络，打通供给侧和需求侧的双向连接，形成需求与供给高度互动的快速反馈机制，推动全产业链的集成和创新，助力传统产业的数字化转型。

（三）深化阶段：产业平台化发展生态和产业集群助推产业数字化发展

2016 年至今是产业数字化深入发展的时期，呈现平台化、共享化特征。世界主要国家纷纷依托互联网、大数据、云计算、工业互联网、人工智能、虚拟现实等数字技术，培育产业平台化发展生态，打造跨越物理边界的"虚拟"产业园和产业集群，促进数据、劳动、技术、资本等要素的全面互

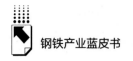

联，推动供应链、创新链、服务链、物流链、金融链等全产业链上下游的高度协同，构建开放协同的产业数字化、智能化创新体系。

在这一阶段，中国以加快新一代信息技术与传统制造业深度融合为主线，以工业互联网为核心抓手，推动产业数字化、智能化转型。为了促进工业互联网产业的发展，2016 年以来，中国相继出台一系列政策，加大工业互联网行业应用赋能、区域落地推广力度。《关于深化"互联网 + 先进制造业"发展工业互联网的指导意见》《"十四五"智能制造发展规划》《工业互联网创新发展行动计划（2021—2023 年)》等政策不断推动工业互联网产业创新发展。工业互联网作为新一代网络信息技术和现代工业融合的新型基础设施，能够促进互联网从消费领域向生产领域、从虚拟经济向实体经济的延伸，对支撑以钢铁产业为代表的生产制造领域全要素、全产业链、全价值链连接具有重要作用，为钢铁产业数字化与智能化发展提供了新的机遇，实现了更加高效与绿色的生产流程，适应了钢铁产业升级的发展大势。钢铁产业作为传统制造业的有机组成部分，具有混合流程、工序耦合、规模化生产、环境约束强等特点，工业互联网能够从平台化设计、智能化制造、个性化定制、服务化延伸、数字化管理及网络化协同六个方面赋能钢铁产业的智能制造。从平台化设计来看，工业互联网将钢铁产品的成分、参数、性能、结构等信息通过数字化模型的形式表达出来，组织创新研发，形成数据驱动的新型研发模式。从智能化制造来看，工业互联网通过加大 5G、大数据、人工智能等新一代信息技术在生产全流程的应用力度，全面提升钢铁行业生产操作与生产管理的智能化水平，打造全流程动态优化和精准决策的生产模式。从个性化定制来看，工业互联网基于对钢铁产业用户需求与生产计划的深度协同分析，打造柔性生产系统，实现小批量订单的定制化生产。从服务化延伸来看，工业互联网通过数字化钢材产品打通钢铁产业链上下游，基于产品模型构建和数据汇聚分析，形成钢铁产品衍生服务、钢铁生态服务等全新的商业服务模式。从数字化管理来看，工业互联网通过打通钢铁企业内部各个管理环节，打造数据驱动、敏捷高效的扁平式经营管理体系，提高响应能力，实现对成本的精细管控，显著降低运营成本。从网络化协同来看，工业互联网能够汇聚跨区域产业资源,实现产供销协同、多基地协同。目前,中国应用工业互联网技术赋能钢铁产业智能制造还处在起步发展阶段,未来需要进一步发挥工业互联网的共享、互通作用,从而推动产业数字化、智能化转型。

韩国也是积极利用产业平台化发展生态和产业集群助推产业数字化与智能化转型的典型代表。随着全球第四次工业革命浪潮的到来,韩国重新审视本国智能制造和信息技术的发展,大力推进智能工厂和智能工业区建设,从而实现制造业数字化、智能化的全面转型。2019年6月,韩国公布了人工智能产业的发展目标和投资计划,提出到2030年建设2000家"人工智能工厂",并建立数据中心促进关键软件、机器人、传感器等智能制造设施的发展。目前,智能工厂建设是韩国产业数字化发展的重要举措,在信息传输速率、数据作用范围和产品多样化等方面都发挥了巨大的作用,为钢铁产业数字化、智能化发展提供了强大的技术支持。智能工厂技术运用了物联网和大数据等数字技术,将虚拟世界与现实世界合二为一,最终实现真正的智能化控制。在钢铁产业智能工厂的建造过程中,无须人为干预,只需利用积累的数据,设备就可以自主运行"认知—判定—实施"的流程,可以对尚未发生的诸多问题进行预防,从而显著降低生产成本。与此同时,智能工厂可以借助人工智能对生产状况进行自动判断和决策,达到实时监控和解决问题的目的,进一步提升钢铁工业智能制造效率和钢铁制品质量,从而促进韩国钢铁产业的发展。

二 产业数字化背景下世界钢铁产业政策演变

当前,全球正在经历从工业经济向数字经济加速转型的过渡时期,推动信息技术与传统产业深入融合成为时代发展的必然趋势。作为制造业的脊梁,钢铁产业的发展与各国的经济息息相关。世界众多国家根据各国所处的发展阶段、资源禀赋、产业基础、发展条件以及发展目标制定了不同的钢铁产业数字化政策,以数字技术赋能钢铁产业转型升级。总体来看,世界钢铁

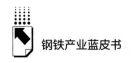

产业数字化政策的演进过程大体可分为三个阶段：鼓励与扶持钢铁产业数字化阶段（20世纪60~90年代）；促进钢铁产业全流程数字化阶段（20世纪90年代末至2015年）；驱动钢铁产业数字化、智能化转型阶段（2016年至今）。下文将对三个阶段具有代表性的国家的钢铁产业数字化政策进行梳理，并结合不同阶段各国的钢铁产业数字化发展情况，总结各阶段钢铁产业数字化的政策特点。

（一）鼓励与扶持钢铁产业数字化阶段

20世纪60~90年代是鼓励与扶持钢铁产业数字化阶段，世界范围内的钢铁产业政策以鼓励和支持信息技术与钢铁产业融合为主，侧重钢铁生产数字技术的不断革新和钢铁生产规模的扩大。世界范围内主要国家纷纷在此阶段制定促进钢铁产业数字化的鼓励和支持政策，通过直接与间接方式，促进钢铁产业数字技术的研发与应用。

美国为这一阶段的典型代表。20世纪70年代，美国钢铁产业增长速度明显放缓，逐渐由原来的高速增长阶段转向低速增长阶段。美国政府为了保持和巩固其在世界钢铁产业中的领先地位，出台《国家1979技术创新法》，加大科研资金投入，促进数字技术开发与升级，支持和鼓励包括钢铁工艺在内的最新数字技术转化，从而提高美国钢铁产业在世界范围内的竞争力。20世纪80年代，美国出台《史蒂文森－威德勒技术创新法》，在联邦政府执行部门中建立组织，引导钢铁企业利用发达的数字信息技术进行大规模的管理及技术改革，有效地促进了钢铁产业技术革新与结构重组。20世纪90年代，以信息技术和数字技术为代表的新一轮技术革命深刻影响和改变了传统钢铁产业的发展模式，美国掀起钢铁产业数字化浪潮。在该阶段，美国政府主要以财政投资的手段推动钢铁产业的数字化转型。1995年美国政府实施了为期5年的"敏捷制造使能技术战略发展计划"（TEAM），每年投资3000万美元用于支持数字技术与制造业的融合，通过技术创新实现包含钢铁产业在内的制造业的生产流程数字化和精准化。

在这一阶段，日本钢铁产业也在鼓励与扶持的产业政策下快速发展。日本的现代钢铁产业始建于二战以后，1961～1965 年，第三次钢铁产业"合理化计划"强调建设现代化的大型钢铁企业，这是日本钢铁产业数字化迅猛发展的重要原因。20 世纪 80 年代，日本钢铁产业进入成熟期，钢铁产业对环境的严重污染促使日本政府及时调整了钢铁产业政策。1983 年，《特定产业结构改革临时措施法》出台，提出各种鼓励措施，以促进本国数字化技术研发水平的提高。

20 世纪 60～90 年代也是韩国钢铁产业从起步期过渡到稳定期的关键阶段，韩国政府开始减少对国外技术装备的依赖，重视钢铁产业数字化技术的发展。1969 年，《钢铁工业育成法》的出台是韩国钢铁产业崛起的开端。为了最大限度地利用资源以拉动钢铁产业的发展和提高钢铁产业集中度，韩国政府从法律和政策层面大力扶植浦项制铁集团公司的发展，请求日本支援浦项钢厂一期工程，日方八幡制铁、富士制铁和 NKK 三家大型钢铁企业对其进行数字化技术指导。1973 年，韩国政府成立了重化工业促进委员会，制定了"发展重化工业长远计划"。在此背景下，机电、汽车和造船等以钢材为基础的行业开始发展起来，数字化与钢铁企业的结合开始受到重视。20世纪 80 年代，重工业的过快发展导致轻重工业失调和结构性通胀等问题出现，韩国政府转变发展策略，逐步调整产业结构，大力开发新兴数字化技术产业，将钢铁产业这样的传统优势产业与数字化相结合形成新的发展模式，并将通过数字化技术改造增加钢铁产品的科技含量作为钢铁产业新的发展目标。

与世界钢铁强国相比，中国的钢铁产业数字化技术发展较晚。改革开放之前，中国对钢铁产业数字化技术的关注度较低，围绕钢铁产业数字化发展的政策尚未形成，处于钢铁产业数字化技术政策相对空白的阶段。改革开放后，与世界更加紧密的联系使得引进国外先进数字化技术、利用国际成果成为可能。1978～1992 年是中国钢铁产业数字化技术的针对性引进阶段，数字化技术和设备的更新使钢铁产业的技术水平不断提高，也提高了中国钢铁企业的竞争力，促进了经济社会的发展。1978 年，中国通过利用进口铁矿石以及引进国外先进数字化技术和设备，建设上海宝山钢铁厂，钢铁产业取

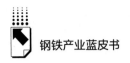

得一定发展。1982 年，国务院颁布了《关于对现有企业有重点、有步骤地进行技术改造的决定》，提出应将先进的数字化技术与新工艺和新设备相结合，认真改造落后的工艺技术，更新落后设备，引进适合中国的先进数字化技术。1986 年，国务院做出了利用外资加快钢铁产业发展的决定，并专门批准成立了中国国际钢铁投资公司，负责引进国外先进数字化技术的签约和谈判等工作。中国政府通过有针对性的政策引导，鼓励和支持引进先进技术，实现钢铁产业生产技术的创新升级，不断增加钢铁产量。

（二）促进钢铁产业全流程数字化阶段

20 世纪 90 年代末至 2015 年是钢铁产业信息化迅速发展的阶段，各国政府为钢铁产业的技术创新提供更多资金支持和政策优惠，如财政补贴和税收优惠等，致力于实现钢铁产业全流程的信息化，解决前一阶段钢铁产业规模迅速扩张而导致的低端过剩产能的问题。

泡沫经济之后，日本开始了经济发展战略的又一次转型。此次转型以《科学技术基本法》（1995 年）为标志，日本的钢铁产业开始减少对国外数字技术的依赖，开始向自主研发数字技术推动钢铁产业发展的方向迈进。日本通过财政措施如税收优惠、财政补贴和低利率贷款等鼓励民间的数字化技术开发，提升了日本钢铁产品在国际市场的竞争力。20 世纪末，日本政府颁布了多项与环境有关的法律法规，提出了"循环""共生"等环保理念，指导钢铁产业向循环经济发展模式转变，以提高钢铁产业数字化和国际化的程度，促进其逐步向低碳化发展。

20 世纪 90 年代末，韩国政府调整工业发展战略，将全产业链数字化作为战略调整的重点，大力鼓励钢铁企业进行合并重组，以钢铁产业数字化发展较好的企业带动经营不佳的钢铁企业，实现钢铁产业内部结构的调整。同时，加强与美国、日本等钢铁产业数字化强国的合作，成立研究中心，学习和引进国外先进钢铁数字化技术，加速本国数字化与钢铁产业相结合的成果转化，为进一步实现全产业链数字化奠定基础。进入 21 世纪，韩国政府制定了《2015 年钢铁产业发展政策》，旨在实现钢铁全产业链数字化，提升韩国钢铁产业在世界范围内的产业竞争力，占领世界钢铁技术的制高点。在该阶段，韩国钢铁产业一直保持稳定的增长，钢铁产业全流程信息化粗具规模。

这一阶段，发展中国家为推动本国钢铁产业向全球产业链中高端迈进，开始制定相关政策来促进钢铁产业数字化升级。例如，俄罗斯政府出台了《俄罗斯矿物发展计划》和《俄罗斯冶金工业工艺技术设备现代化改造计划》，提出政府要大力支持钢铁工业生产工艺的提升与设备的更新换代，为钢铁产业的结构优化和数字化、现代化改造指明了方向。《俄罗斯冶金工业发展战略》要求钢铁产业提高钢材连铸率、钢铁生产能力和利用率，继续进行数字化技术改造，不断探索数字化与钢铁产业相融合的新发展模式。这一阶段，印度政府也采取相应的措施来开发或引进先进的钢铁产业数字化技术，促使钢铁产业尽快实现全流程信息化的目标，这些举措取得了一定的成效。在政策资金的支持下，印度钢铁企业在钢材超长时间防腐和高纯氧率的新型炼钢炉均取得了突破。

在这一阶段，中国钢铁产业更加注重技术和先进设备的应用。随着改革开放进程的不断深入，中国的钢铁产业不再将重心放在产业规模的扩大上，而是更加注重钢铁产品质量的提升与技术的革新。1999年，国家冶金局提出了一系列控制总量的措施，如通过淘汰落后设备，减少无法适应钢铁产业数字化发展和产能过剩的钢铁产品。2002年，《国家产业技术政策》出台，指出钢铁产业应顺应数字化、智能化的发展潮流，重点研究新一代钢铁材料开发技术、高炉综合节能及环保技术、新型炼焦数字化技术、控制轧制与控制冷却技术和智能化技术等。为大幅提高钢铁产品质量，实现钢铁产业升级与钢铁产业的健康可持续发展，2005年国家发展和改革委员会颁布了《钢铁产业发展政策》，对钢铁工业装备水平和技术经济指标准入条件进行了明确规定，这对中国钢铁产业的进一步健康发展具有重要的指导意义，成为实现钢铁产业全流程信息化的重要一环。2009年国务院办公布了《钢铁产业调整和振兴规划》，从严格控制总量、促进企业重组、进行技术改造、优化产业布局等八个方面对钢铁产业的发展做了详细规划，进一步加大技术改造力度，持续增加技术改造投入，技术进步将成为推动中国钢铁产业发展的重要因素。

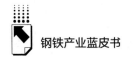

（三）驱动钢铁产业数字化、智能化转型阶段

2016 年至今是钢铁产业数字化和智能化转型阶段，随着新一轮产业变革和科技革命持续深入，新型网络基础设施不断完善，各产业发展进入崭新阶段，新一代数字技术与产业深度融合，数字化、智能化成为产业发展的重要方向。为进一步促进钢铁产业数字化转型，世界各国纷纷制定产业政策，驱动钢铁产业向数字化、智能化转型，探索以数字智能技术赋能钢铁全产业链，推动全流程自动化，为钢铁行业智能制造奠定了良好基础。

在这一阶段，欧美等工业发达国家的钢铁产业已经开始由粗放式发展转向集约化发展，纷纷依托良好的工业基础实施"再工业化"政策，大力推动数字技术赋能钢铁产业低碳绿色转型，强调在满足市场用钢需求的基础上注重环境的保护与资源的节约，促进钢铁产业数字化与智能化的有机融合。2016 年美国政府先后出台《智能制造振兴计划》《先进制造业美国领导力战略》，提出依托新一代信息技术、新材料、新能源等加快发展包括钢铁产业在内的先进制造业，通过将先进传感器、工业机器人、先进制造测试设备等智能制造技术作为全产业链生产数字化、智能化改造的支撑，保证美国在先进制造业的领先地位。2017 年，英国发布《工业战略：建设适应未来的英国》，投资 7.25 亿英镑用于新的"工业战略挑战基金项目"，发挥人工智能、5G、大数据、互联网等技术对于钢铁等工业全产业链数字化、智能化转型升级的引领和支撑作用。除了以国家为主体制定数字化发展战略以外，欧盟也于 2016 年正式出台《欧洲工业数字化战略》，旨在整合欧盟成员国的工业数字化战略，加快欧洲包括钢铁产业在内的工业的数字化进程。

中国为世界钢铁产业数字化转型过程中的典型代表。在这一阶段，中国正式掀起了数字化、智能化融合的热潮，各级政府分别制定了促进数字化、智能化融合的政策文件，如《"十三五"国家信息化规划》《国家信息化发展战略纲要》《"十四五"数字经济发展规划》等。在这一热潮下，聚焦钢铁产业数字化与智能化的政策也相继出台。2016～2018 年，先后有冶金数字矿山试点示范项目、钢铁热轧智能车间试点示范项目和钢铁企业智能工厂试点示范项目等9个钢铁企业的智能制造项目被工信部列为"国家智能制造试点示范项目"。2018年，河北省政府出台了《关于加快推进工业转型升级建设现代化工业体系的指导意见》，鼓励钢铁企业采用新工艺、新技术，提高产品质量和稳定性。2019年，江苏省政府发布《关于全省钢铁行业转型升级优化布局推进工作方案的通知》，提出应进一步提升行业技术水平，促进冶炼装备绿色化、智能化、大型化水平的提升。2019年，工信部出台了《关于促进制造业产品和服务质量提升的实施意见》，提出应加快钢铁、水泥、电解铝、平板玻璃等传统产业转型升级，推广清洁高效生产工艺，实施绿色化、智能化改造，鼓励研发应用全流程质量在线监测、诊断与优化系统。2020年，河北省发改委出台了《河北省钢铁产业链集群化发展三年行动计划》，提出将实施现代化数据资源体系建设工程、数字化转型升级改造工程和数字化生态体系建设工程三大工程，助推钢铁行业转型升级，形成以大数据、数字化车间、全流程智能制造、行业云平台为支撑的数字化发展新格局。2020年12月，工信部发布《关于推动钢铁工业高质量发展的指导意见（征求意见稿）》，鼓励有条件的地区积极探索钢铁产业数字化平台建设，推动数字产业与钢铁产业深度融合，开展钢铁行业智能制造行动计划，推进5G、工业互联网、人工智能、区块链、商用密码等技术在钢铁行业的应用。

三　世界钢铁产业数字化发展的产业政策体系

回顾世界钢铁产业数字化政策的发展历程，各国政府以数字信息化技术和钢铁产业的发展现状为基础，实现了由鼓励扶持钢铁产业实现数字化发展到大力驱动钢铁产业实现智能化飞跃的政策导向的转变。就具体的钢铁产业数字化政策而言，各国政府纷纷将目光聚焦于以下三个方面：加速钢铁产业数字技术升级，提高钢铁产品竞争力；打造钢铁智能制造产业链，推进钢铁产业结构升级；统筹数字化钢铁基地建设，促进钢铁产业合理布局。

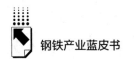

（一）加速钢铁产业数字技术升级，提高钢铁产品竞争力

通过钢铁产业数字技术升级来提高钢铁产品的国内外竞争力这一政策贯穿于钢铁产业数字化发展过程始终。各国政府不断加大政策扶持和资金支持力度，通过创新完善数字化信息技术以达到优化钢铁产业生产设备和钢铁产品的目的。钢铁产业不断发展壮大的过程中蕴含着丰富的数字资源，对数字资源的合理利用成为钢铁产业创新发展的新驱动力。具体来看，加速钢铁产业数字技术升级可以从以下两方面进行。

第一，政府通过政策扶持和资金支持等方式增加新设备并对已有工厂设备进行数字化改造。不断更新钢铁产业生产车间内部的各项生产设备，实现设备自动化、智能化，在一定程度上可以降低生产成本，同时提高生产效率，扩大生产规模，为企业的生产带来规模经济，提高企业各方面的竞争力。在钢铁产业技术起步之初，政府会将政策重心放在购买引进其他发达国家的现代化设备之上。政府通过资金调拨，鼓励支持本国大型钢铁企业引进先进的钢铁生产设备，如新型炼钢炉等，从而提高生产能力，并使得生产出来的钢铁产品具有一定的附加值，促进钢铁产业的数字化发展。随着国内钢铁产业和其他数字信息技术的不断发展，政府会逐渐降低对国外生产制造设备的依赖程度，将资金投入重心放在自主研发设备上。政府应该大力支持创建各式钢铁数字化设备研发中心，成立专项研发小组，并加强对相关人才的培养，改进已有工厂设备，制造智能化的钢铁产业工艺设备。这些设备一方面可以增加钢铁企业的生产能力，提高产品附加值，扩大钢铁企业的生产规模，另一方面可以实现钢铁生产的信息化和智能化。钢铁智能化制造设备在进行生产作业的同时会将产生的各项数据进行汇总，深度挖掘其中蕴藏的价值并同时实现生产过程中工艺模型和数据模型的优化升级，微调不尽合理的生产环节，以实现大规模定制和预测式制造。在实现设备现代化的过程中，政府会在重点关注大型钢铁企业的同时建设钢铁产业园，鼓励支持和引导龙头企业优先发展，为中小型钢铁企业发挥引领和示范作用，有利于在数字钢铁产业园区内形成产业联盟，打通整个钢铁产业的数字资源，实现规模经济，提升国家钢铁产品的整体竞争力。

第二，政府通过技术引进和创新等方式实现钢铁生产工艺流程数字化。一方面，政府助力实现对各生产流程内部资源的循环利用，提高资源利用效率，做到"零废物生产"，实现钢铁产业"资源—产品—废弃物—再生资源"的循环模式，或是使钢铁产业生产流程中的废料和副产品可以投入其他产业中持续使用，避免造成资源浪费，实现对资源的"完全回收"。因而政府应该助力各钢铁企业紧跟数字信息技术发展的步伐，不断优化生产、加工等工艺流程，重点关注污染环境、浪费资源的工艺，提高技术附加值，运用数字化的新型技术，降低碳排放量，减少资源浪费。另一方面，政府推动将信息技术融入钢铁工艺流程的管理工作当中，实现自动化管理。各工艺流程之间的信息交互是智能化生产的一个重要环节。在智能化工厂内，各数字化设备除了可以对各自工艺的数据信息进行挖掘分析外，还可以与其他设备进行信息交流，建立内部信息平台。在不需要人力的情况下，通过大数据、大共享、大连接等实现钢铁企业内部的管理自动化，自主优化升级工艺流程，减少危害。政府还可以引导信息平台与外部相连接，掌握钢铁产业市场需求状况，物尽其用，生产市场需要的钢铁产品，化解低附加值钢铁的产能过剩，提升优质、特殊品种钢材的生产比重。

（二）打造钢铁智能制造产业链，推进钢铁产业结构升级

打造钢铁智能制造产业链是在各钢铁企业逐渐实现自身生产管理数字化的基础上提出的，以实现钢铁产业数字化、智能化的融合。智能制造即借助智能制造技术，转变生产管理模式，实现敏捷制造和精细化管理，进而推动钢铁产业转型升级。将智能制造贯穿于整个钢铁产业的产品制造与运营决策的过程中，有利于提升钢铁产业的发展质量。打造钢铁智能制造产业链可以促进钢铁产业在技术维度和管理维度的双重变革，是推进钢铁产业结构转型升级的重要途径。具体来看，打造钢铁智能制造产业链可以从以下三个方面进行。

第一，政府带头建设智能化钢铁产业"互联网＋"平台。"互联网＋"

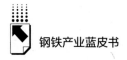

平台可以实现对钢铁垂直产业链的重塑和改造，对产业链的各环节进行数字化赋能，促进钢铁产业链协同发展，形成钢铁产业智能化生态圈，进而推进钢铁产业结构升级。这主要体现在三个方面。一是智能化钢铁产业"互联网＋"平台可以保障产业链上游信息的实时更新。"互联网＋"平台运用云计算、大数据等信息技术，实时更新钢铁生产所需各种原材料和辅料的生产、销售、运输、存储等信息，为钢铁的高效率生产提供了保障，排除了原材料突然短缺的情况。二是智能化钢铁产业"互联网＋"平台可以优化产业链中游的钢铁制造全过程。加快变革生产、营销、管理模式，优化钢铁生产交易流程，以销定产，科学决策，并在一定程度上减轻库存压力，解决过去信息不对称的问题，优化资源配置，生产出以数据分析为基础的产品组合，实现供给侧结构性改革。三是智能化钢铁产业"互联网＋"平台可以升级下游用钢产业市场。"互联网＋"平台可以加强中下游产业之间的近终端合作。下游企业可以提供特定需求，甚至可以直接参与产品研发，这大大提高了下游用钢企业的参与度，并能在一定程度上拓宽下游市场。因此，政府应该合理统筹规划，加大对钢铁产业"互联网＋"平台建设的资金支持，加强钢铁产业链上、中、下游的数字化联系，促进钢铁智能制造产业链的建设。政府应鼓励支持钢铁企业与冶金优势院校、科研院所等的交流与合作，建设一批产学研深度融合的智能化钢铁产业"互联网＋"平台、产业研发平台、大数据平台、成果转化中心。

第二，政府鼓励各钢铁企业入驻智能云端平台。钢铁企业入驻智能云端平台，有利于对钢铁产业的数据进行整合，加强信息的互通和共享，形成钢铁产业的智能化生态圈。政府应加快钢铁产业内部智能云端平台的普及，特别是要让钢铁产业链内中小型钢铁企业充分体会到入驻智能云端平台所能获取的生产、研发、销售、管理等各方面的优势。例如，在生产方面，钢铁企业可以对产业链上游的生产要素和中游的生产流程进行动态化、智能化的配置管理；在研发方面，钢铁企业可以对接下游用户的个性化需求，提高产品多样性。入驻智能云端平台的钢铁企业越多，就越能够完善数据信息库，提高钢铁产业链效率，降低钢铁产业链成本。政府可以颁布实施优惠政策，降低中小型钢铁企业入驻平台实现智能制造的成本。同时，政府应该加强对已经入驻智能云端平台的钢铁企业的管理，形成一定的标准规范，并鼓励这些企业向其他企业展示钢铁产业数字化转型的成果，以此来激励对于智能云端平台持有怀疑态度的钢铁企业加入，从而优化国家的钢铁产业结构。此外，在智能云端平台上，政府应加强管理工作，建立数据安全保护体系，加强数据收集、存储、处理等多种环节的安全防护能力，重视工业互联网平台信息安全立法与管理，保障产业链中各主体的合法权益，尽快完善云端安全标准。

第三，政府履行钢铁智能产业链管理员的责任。一方面，在钢铁智能制造产业链中，智能化的关键是数据可以自动转化为信息，信息可以自动转化为知识，因此，对数据的管理和对平台的运营十分重要。政府作为产业链管理员，应该监管产业链上下游企业的数字化融合，整合企业端的资源和客户端的需求，解决好上下游信息不对称问题，指导上游钢厂合理排产、智慧化制造，有效化解低端过剩产能，增大满足市场需求的高端产能在市场中所占的比例，优化资源配置，优化产品结构，最大限度地集聚产业链资源，增强预测性，降低市场不确定性导致的价格波动给钢铁产业带来的风险。在维护平台运营的同时，还应该不断升级智能平台，助力钢铁智能制造产业链不断优化升级。另一方面，在钢铁产业智能化发展的关键时期，政府除了监管智能云端平台的运营之外，还应该制定相应标准体系。标准体系的缺失会产生重复研发、数据不匹配等问题，严重影响钢铁智能制造的发展，降低钢铁产业结构优化的效率。因此，应该分阶段建立钢铁产业智能制造的标准体系，打造具有行业影响力和认可度的高质量标准。钢铁产业智能制造标准体系应全面覆盖基础共性标准、关键技术标准、行业应用标准，以在钢铁产业数字化发展、提质增效的过程中更好地发挥作用，进而优化钢铁产业结构。

（三）统筹数字化钢铁基地建设，促进钢铁产业合理布局

由于钢铁产业是典型的规模经济效应产业，产业集聚发展会为钢铁产业带来规模报酬，因此钢铁产业基地的建设会在一定程度上影响钢铁产业的发

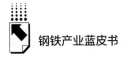

展。钢铁产业起步之初，钢铁产业的基地选址问题就一直深受各国政府的关注。随着数字信息技术的不断发展，传统的钢铁产业面临着数字化转型升级，钢铁产业基地的搬迁与调整也是其中重要的一环。为了改进资源导向型的产业布局，使未来钢铁产业朝着"环保、节能、降本、增效"的方向发展，应该推进新型基础设施的应用。具体来看，促进钢铁产业合理布局可以从以下三个方面进行。

第一，推进钢铁产业布局与环境承载力相适应。传统钢铁产业基地选址严重依赖于各种原材料资源的地理分布情况，但是以资源开发为依托的钢铁产业布局势必会使得钢铁产业基地内的资源逐渐枯竭，环境日益恶化，进而导致钢铁产业发展放缓而无法适应未来钢铁产业高效、集约、绿色发展的需要。因此，随着大规模的数字化基础设施的竣工和数字化钢铁产业发展战略的颁布，政府应逐步将钢铁产业基地从原来的地方迁移出来。一方面，是为了缓解原来钢铁产业基地所承受的环境压力，改善污染状况；另一方面，是为了迎合数字化基础设施的建设，选择更加适合数字化钢铁产业发展的地理环境。政府在规划新的钢铁产业基地的地理位置时，应该充分考虑当地的环境承载能力，统筹规划，避免走先污染后治理的老路。同时，还应该考虑当地数字化基础设施建设状况，力争数字化钢铁产业基地在数字化基础设施更加完善的地方落地，从而抓住数字化基础设施给钢铁产业带来的数字化、智能化发展机遇，提高钢铁产业竞争力。此外，政府还应该充分利用数字化基础设施，尽快实现钢铁生产、加工等流程的自动化，提高劳动效率，降低劳动力成本，进而减少能源消耗与碳排放，促进钢铁工业效率的提升与绿色转型。

第二，推进钢铁产业布局与物流运输相协调。钢铁产业属于典型的资源依赖型产业，传统的钢铁产业基地由于重点考虑了资源分布的地理位置而疏忽了对于消费市场的距离和交通运输状况的把控。而往往资源丰富的地区并不一定是交通便利、市场潜力最大的地区，甚至还会因为交通的不发达而使得物流成本大大增加，降低钢铁产品的利润。为此，政府在选择新的钢铁产业基地时，应该综合考虑交通运输状况和数字化基础设施的建设程度，统筹规划，尽力实现钢铁产业内部利润最大化。一方面，应该运用大数据、云计算等技术，掌握海量数据，并将数据转化为有效信息，以择优选择数字化钢铁产业基地的位置，优化钢铁产业布局；另一方面，运用城际高速铁路、城市轨道交通等新型基础设施，根据不同钢材的吨位等具体情况进行有效运输，提高物流效率，降低物流资金成本和时间成本，为新的钢铁产业基地的选址提供更大的考虑空间。

第三，推进钢铁产业布局与消费相协调。钢铁产业是国民经济发展的支柱产业，消费需求量大，产业链下游行业呈现多样性。同时，随着科技的发展，新型基础设施建设的需求不断增加，钢铁材料的国内、国际消费市场均进一步拓宽。为加速实现钢铁产业的数字化、智能化发展，大量新型基础设施动工，并不断会有新型基础设施投入建设。以5G基站、城际高速铁路、城市轨道交通为代表的新基建建设需要大量基础性材料，因而钢材的需求量十分庞大。因此，政府在优化钢铁产业布局时，要充分考虑数字化基础设施带来的对于钢材的庞大市场需求，将特种钢、轨道材、电工钢等优质钢材的生产与加工厂址向靠近市场、港口的区域集聚，以方便国内外消费者的采购，从而高效建设高质量、高水平的新型基础设施，加速钢铁产业智能化、数字化进程，为钢铁产业向更高层次演进提供新动能，全面优化钢铁产业布局。

综合不同时期世界范围内产业数字化的发展历程和主要国家钢铁产业政策的演进趋势，可以看出数字经济的蓬勃发展促使各国钢铁产业政策朝着加快钢铁产业数字化发展的方向演进。为了进一步推进钢铁行业数字化、智能化转型升级，实现高质量发展，政府应该鼓励钢铁产业以数字技术为抓手加快创新发展的步伐，不断更新、优化钢铁产品的生产工艺流程和生产设备，提高钢铁产品的附加值。同时，政府还应该助力钢铁产业的上、中、下游产业紧密联系，形成智能化的钢铁产业链，做到高效运用供给端原材料，充分满足需求端的个性化需求。此外，为实现钢铁产业的数字化、智能化转型，政府还应该统筹规划数字化钢铁产业基地的布局，充分发挥规模经济效应。未来随着新型数字信息化技术的发展和大型基础设施的完善，政府需要进一

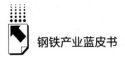
步加大政策鼓励和资金支持，促使钢铁产业与时俱进，快速适应新的科技环境，高效运用新型技术设备，实现数字化、智能化转型。

参考文献

［1］李永红、黄瑞：《中国数字产业化与产业数字化模式的研究》，《科技管理研究》2019 年第 16 期。

［2］肖旭、戚聿东：《产业数字化转型的价值维度与理论逻辑》，《改革》2019 年第 8 期。

［3］王海兵：《产业政策化解产能过剩的国际经验与启示——以美国和日本钢铁产业为例》，《现代日本经济》2018 年第 6 期。

［4］任超、李瑜婷：《产业生命周期下日本钢铁产业政策分析》，《现代商业》2015 年第 32 期。

［5］郭振中、雷婷：《中国钢铁产业布局政策的价值取向辨析》，《东北大学学报》（社会科学版）2012 年第 6 期。

［6］黄涛：《主要钢铁生产国家钢铁产业政策比较》，《冶金管理》2018 年第 8 期。

［7］曾德麟、蔡家玮、欧阳桃花：《数字化转型研究：整合框架与未来展望》，《外国经济与管理》2021 年第 5 期。

［8］万学军、何维达：《中国钢铁产业政策有效的影响因素分析——基于政策制定与实施过程的视角》，《经济问题探索》2010 年第 8 期。

［9］孟繁瑜、李新瑶：《科技创新政策支持下的产业升级换代研究——以美国钢铁行业史为鉴》，《科学管理研究》2019 年第 3 期。

［10］吕铁：《传统产业数字化转型的趋向与路径》，《人民论坛·学术前沿》2019 年第 18 期。

［11］Marlene，A.，"Policy Support for and R&D Activities on Digitizing the European Steel Industry"，*Resources*，*Conservation & Recycling*，2019，143：244–250.

案 例 篇
Cases

B.13
河钢集团高质量发展实践

河钢集团

摘　要： 本报告主要从创新发展、数字发展和低碳绿色发展三个方面介绍了河钢集团的高质量发展实践。在创新发展方面，河钢集团建立了完善的科技创新体系架构，持续加大研发投入，大幅提升装备的大型化、产线的智能化水平，建立全球研发创新平台。在数字化发展方面，河钢集团强化战略引领，构建数字化人才队伍；创新技术赋能，提升数字化发展动力；借助区位调整，打造示范工厂。在低碳绿色发展方面，河钢集团发布低碳绿色发展行动计划与低碳发展技术路线图；以超低排放为中心，引领行业绿色发展；加快推进区位调整、转型升级，打造高质量绿色化钢厂；全面加快氢能全产业链布局，引领行业能源革命；携手上下游倾力打造低碳绿色产业生态圈。

关键词： 河钢集团　创新发展　数字化发展　低碳发展　绿色发展

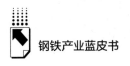

一　河钢集团发展概况

作为世界最大的钢铁材料制造和综合服务商之一,河钢集团有限公司(以下简称河钢集团)以"建设最具竞争力钢铁企业"为愿景,致力于为各行各业提供最具价值的钢铁材料和工业服务解决方案。目前,河钢集团是世界钢铁协会副会长、中国钢铁工业协会轮值会长单位;在 MPI 中国钢铁企业竞争力排名中获"竞争力极强"最高评级;连续 13 年进入世界企业 500 强榜单,2021 年居第 200 位。

(一)发展历程

2008 年 6 月 30 日,唐钢集团和邯钢集团联合组建成立河北钢铁集团有限公司,并于 2015 年 11 月 20 日,正式更名为河钢集团。回顾发展历程,河钢集团立足自身资产资源条件,紧扣时代发展主题,先后经历装备升级、产品升级两个发展阶段,目前进入技术升级新阶段。其在结构调整、布局优化、国际化、绿色发展、智能制造、企业文化建设等方面精准发力,取得令社会关注、令行业认可的业绩。

1. 装备升级阶段

2008～2013 年,河钢集团贯彻落实河北省委、省政府决策部署,"淘汰落后、上大压小",累计投入近 1000 亿元实施装备大型化、现代化改造,通过装备全面升级,补齐了硬件短板,弥补了工艺缺陷,改变了"巧妇难为无米之炊"的局面,为产品升级奠定了硬件基础。

2. 产品升级阶段

2013～2021 年,河钢集团坚持"客户高度决定产品高度、产品高度决定企业高度"的理念,全面对接市场、深度贴近客户,建立大客户技术营销体系,以客户结构高端化倒逼产品结构升级,并持续优化"两个结构",打通进入高端客户的"嵌入式"战略通道,持续释放装备潜能,加快推进"钢铁向材料""制造向服务"的转型升级。

3. 技术升级新阶段

2022年，河钢集团进入依靠技术激发企业潜能，厚植企业"底座"，实现内涵式增长、高质量发展的新阶段。河钢集团将彻底摆脱对硬件投资的依赖，持续加大对研发体系、工艺完善、技术迭代、材料革新、人力资源等创新要素的投入；以科技创新和技术进步为推手，充分释放现有装备、人才、产品等资源潜力，以提升技术"软实力"为支撑，构建新的比较优势和核心竞争力；以增强产品盈利能力为核心，打造极具可持续发展能力的品牌优势、竞争优势。

（二）聚焦"市场"和"产品"，"两个结构"实现高端化

河钢集团坚持与强者为伍，全面对接高端市场，服务国家重大工程，不断提高客户端结构，在满足高端客户严苛标准和服务需求的过程中，实现了产品竞争力的快速提升。高端直供客户超过1000家，客户群覆盖高端家电、乘用车、重卡、工程机械及海洋工程等行业知名品牌。目前，汽车用钢直供奔驰、宝马、上汽、一汽等高端汽车制造企业；家电用钢实现海尔、美的、LG、三星等行业知名客户全覆盖；工程机械用钢稳定供货卡特彼勒、小松、徐工等全球机械行业领军企业。河钢集团以国家重大工程急需钢材为己任，定制研发的一系列高端产品助力港珠澳大桥、"华龙一号"核电站、"天眼"工程、奥运工程、国产大飞机、极地重载运输船、航空航天等系列重大科技成果和工程项目，在铸就"大国重器"中彰显了"河钢集团品牌"的力量与担当。

客户结构的高端化倒逼产品结构不断升级，河钢集团产品整体迈向高端，培育了系列市场"单打冠军"。2021年，河钢集团品种钢比例达到75%，全年生产汽车钢715万吨，同比增长8%。"十三五"以来，LNG船用低温奥氏体型高锰钢、超厚加钒铬钼钢、锌铝镁涂层钢等30余个新产品填补国内空白。核电用钢、海洋工程用钢、锅炉及压力容器用钢、高强抗震钢筋等产品的国内第一品牌优势更加凸显。

1. 家电板。河钢集团是国内第一大家电板生产企业，实现了家电产

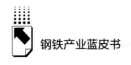

品全覆盖。家电彩板、锌铝镁新型镀层、先进涂层等一批高端产品的市场占有率国内第一，引领了家电彩钢的产品发展方向。定制开发的高端涂覆系列产品用于海尔卡萨帝高端品牌，属于国内独家产品；抗菌原石系列印刷彩板在海尔洗衣机的份额达到100%，是行业唯一的洗衣机用高拉伸彩板产品，国内销量第一。

2. 汽车钢。河钢集团具备了汽车整车用钢的供货能力，汽车面板的质量保证能力大幅度提升。2GPa热成型高强汽车钢填补了国内空白；镀锌汽车板实现向宝马、奔驰等高端合资企业的批量供货；河钢集团成为国内第二家具备第三代汽车用钢QP1180生产能力的企业；河钢集团成为国内唯一供货国外高端商务车曲轴用钢企业。

3. 高端中厚板。独家掌握国内最大的扁钢锭制造和国内唯一的双极串联电渣重熔核心工艺；国内独家供货核电、能源化工、海工、国防等领域用超厚板；是国内首家开发LNG船用高锰钢的企业；首创世界最大断面H13和DIEVAR模具钢；首发大厚度F级高强海工钢。

4. 特种棒材。河钢集团的轴承钢、齿轮钢、弹簧钢打破国外垄断；高速铁路弹簧扣件用钢的国内市场占有率第一，达到50%；河钢集团成为国内军用车辆动力和传输系统最大的特材供应商。

5. 百米重轨。河钢集团是国内唯一一家通过欧标认证CRCC的企业，其生产的百米重轨实现了普速轨和高速轨的"全覆盖"。

6. 高端棒线材。"燕山牌"螺纹钢在国内建材领域享有盛誉，在华北市场稳居第一；开发的超高强度精轧钢筋、HRB600E高强钢筋和耐腐蚀抗震钢筋等产品，广泛应用于港珠澳大桥、核电工程等国家重点项目。

7. 大规格优质角钢。河钢集团角钢产品实现了全系列和全覆盖，其中28#~30#角钢为国内独家供货产品，市场份额为100%；Q355~Q420耐候角钢系列产品实现国内首发，建立了国内首座热轧耐候角钢输电试验塔。

8. 优质钒钛。高纯度钒产品市场占有为率为国内第二、世界第三；原创研发的具有自主知识产权的超纯钒技术，实现了钒产品短流程、低成本、高效率、清洁化生产；氧化钒产品应用于欧洲市场及国内军工、航天等领域。

（三）推进全球全产业链立体化布局

河钢集团树立全球、全产业链理念，推进"钢铁向材料""制造向服务"的转型升级，形成钢铁材料、新兴产业、海外事业与产业金融深度融合、高效协同的格局，努力成为具有世界品牌影响力的跨国工业集团。

1. 做精做强钢铁产业。提高专业化制造能力，打造高端钢材生产基地、精品特钢生产基地、高效钢材生产基地和高端钢材深加工基地 4 大精品钢材生产加工基地和 1 个矿产资源保障基地。

2. 全球化布局。河钢集团秉持"全球拥有资源、全球拥有市场、全球拥有客户"的国际化发展理念，大力实施海外战略投资和国际交流合作，加快产业链全球化布局。近年来，先后收购并成功运营南非最大的铜冶炼企业南非矿业公司、全球最大的钢铁材料营销服务平台瑞士德高公司、塞尔维亚唯一国有大型钢铁企业斯梅代雷沃钢厂，形成"四钢两矿一平台"的海外格局。

3. 发展壮大新兴产业。河钢集团紧随世界科技创新与产业革命发展方向，依托钢铁产业链资源优势，按照"横向更宽、纵向更深"和"将钢铁产业链、供应链打造成价值链、创效链"的基本思路，积极培育发展新材料、数字技术、工业技术等战略性新兴产业，积极培育新的战略支撑点和效益增长点。

二　河钢集团创新发展

（一）建立完善的河钢集团科技创新体系架构

河钢集团科技创新体系架构由"决策层——技术创新决策委员会""咨

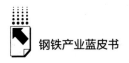

询层——专家委员会""管理层——集团科技创新部""实施层—河钢钢研和子公司"组成。

1. 决策层——技术创新决策委员会

由集团董事会、经理班子成员、集团主要部门负责人等组成，决策部署集团重大科技创新项目。

2. 咨询层——专家委员会

由外聘专家和集团内部专家组成集团专家委员会及专业委员会，负责论证集团技术和产品发展规划，提出产线定位诊断意见，审议集团重大科技项目，为决策层决策提供技术支撑等。

3. 管理层——集团科技创新部

集团科技创新部主要负责集团技术创新体系建设，组织编制科技发展规划，进行重大科技项目、科技成果、知识产权、产学研协同创新与联盟管理。

4. 实施层——河钢钢研和子公司

河钢钢研作为集团科技创新体系的核心。侧重新产品、新技术的捕捉、推广及转化，产线诊断与服务，情报信息技术研究，用户技术研发，新工艺、新产品、新材料研发等。

子公司侧重产线工艺优化、技术改进、产品质量提升及产品开发等。

（二）持续加大研发投入强度

近年来河钢集团不断加大研发投入，2018年研发强度为1.44%，2019年研发强度为1.50%，2020年研发强度为1.63%，2021年研发强度为1.82%，研发强度逐年递增。研发投入重点方向如下。

1. 产品结构升级调整，高端产品研发，产品升级与质量提升。

2. 新工艺、新技术应用。铁前工艺以"高效、优质、低耗、长寿、环保"为发展方向，炼钢"以质量稳定、绿色化、高效化、智能化、低成本"为方向，轧钢工序以"高效率、低耗能、低成本、高精度、质量稳定、生态化"为方向。

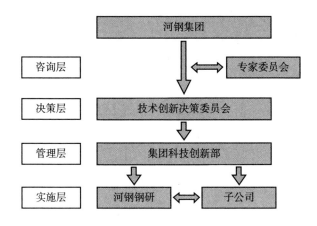

图1　河钢集团科技创新体系架构

3. 钢铁制造全流程绿色工艺研究。

4. 产线自动化、信息化、数字化、智能化工艺研究。

5. 未来钢铁前沿技术研究和储备。

（三）大幅提升装备的大型化、产业的智能化水平

河钢集团工艺装备全面实现了大型化、现代化。铁前系统配备有 7m 大型焦炉、760 m^2 球团带式焙烧机（国内最大）、435 m^2 烧结机、3200 m^3 高炉等先进大型装备。炼钢系统拥有 260t 转炉、130t 超高功率电弧炉，后续配备同等吨位的 LF、VD、RH 精炼炉等全套装备。河钢集团还拥有国内先进的 330mm 板坯、600mm 圆坯、拉速达到 5m 的方坯连铸机。轧钢系统中，热轧拥有 2250mm、2050mm、1780mm、1580mm 4 条产线；中厚板配备 6 条轧线，包括唐钢 3500mm 轧机和 3500mm 双击架轧机、邯钢 3500mm 轧机和 3000mm 轧机、舞钢 4100mm 双机架轧机和 "4200mm＋4300mm" 双机架轧机；冷轧配备 3 条冷轧机组，包括唐钢 1700mm 机组、邯钢 2180mm 机组和 1780mm 机组；轧后配备了连退、镀锌、镀锡、涂覆、剪切等完善的深加工产线；棒材、线材和型材配备了 φ260mm 大规格棒材轧机、国内首家引进的摩根七代高速线材轧机以及万能型型材轧机等。

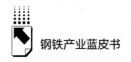

河钢集团综合开发工业互联网、云计算、大数据等新一代信息技术在钢铁场景的集成应用，依托现有工艺装备，抓住区位调整机遇，积极推进产线装备完善和数字化、智能化升级，整体提高产线效率和精准制造、柔性制造能力。特别是，2020年建成投产的唐钢新区，集世界先进的冶金装备、工艺技术和设计理念于一身，集成应用230余项前沿新工艺及130多项钢铁绿色制造技术，包括全球首座智能化无人料场、国内最大自主集成的球团带式焙烧机、全球首创热轧智能磨辊间等，技术装备达到国际领先水平，整体实现工艺现代化、流程绿色化、制造智能化和产品品牌化；石钢新区集成应用了70多项国际先进的节能减排技术、80余项智能制造技术以及20余项炼钢连铸新技术，建有国内首批投用的SHARC全废钢电炉、国际浇注断面最大的特钢大方坯连铸机，配备智能炼钢、智能立体库、工业大数据平台、废钢自动验质、智能分拣等智能技术，是国内钢铁短流程智能工厂的样板。

（四）建立全球研发创新平台

河钢集团汇聚全球技术创新要素，与全球著名科研机构、企业和行业组织建立了紧密的合作关系，共推研究机构的管理创新，建立了更加包容、开放、深度融合的全球协同创新平台，致力于解决制约河钢集团产业升级的关键性、根本性技术难题。河钢集团先后与中科院、中国钢研集团、东北大学、北京科技大学等国内科研院校，与澳大利亚昆士兰大学、伍伦贡大学以及瑞典SWERIM研究院等国外著名学府及科研院所，以实体化运作和项目合作的形式建立了32个全球研发创新平台。以项目为载体，河钢集团与清华大学、天津大学、燕山大学、华北理工大学等高校开展科研合作。

近年来，河钢集团依托全球研发平台开展了包括前沿技术、重大装备、高端产品在内的协同创新研发项目100余项，一大批研发成果在产线实施、见效，在理顺生产流程、优化工艺路径、提升产品质量、推动技术进步、引领行业发展等方面，为河钢集团科技竞争实力大幅提升提供了强大动力支撑。

（五）产线技术进步和竞争力大幅度提升

河钢集团以解决制约集团和行业发展关键的问题为抓手，研发的板坯凝固末端重压下技术、亚熔盐高效清洁提钒技术、棒线材免加热直接轧制技术等一批国际首创、国内"第一"或"唯一"的技术，系统解决了一批制约河钢集团产业升级、高质量发展的关键性、根本性技术问题，疏通了产线瓶颈，推动了河钢集团产品质量和产线效益的提升，提升了河钢集团的技术引领实力。

三　河钢集团数字发展

河钢集团自成立以来一直扮演着中国钢铁事业发展战略先行者和开拓者的重要角色。近年来，随着大量新兴技术与河钢集团丰富的应用场景融合，叠加效应逐渐得到释放，数字化发展取得了丰硕的成果。目前，其已拥有6个国家级试点示范项目，分别为唐钢智能工厂试点示范项目、石钢绿色短流程特钢智能制造示范工厂项目、唐钢智能仓储优秀场景项目、承钢智能仓储优秀场景项目、中关铁矿智能矿山建设示范工厂项目、河钢数字工业互联网试点示范项目。

（一）强化战略引领，构建数字化人才队伍

河钢集团深刻认识到产业数字化、数字产业化是当前时代发展的主题，也是集团新时代战略发展、塑造新竞争优势的重要途径。针对河钢集团子公司众多、数字化能力强弱不一、一些子公司在数字化转型过程中存在困难等问题，河钢集团通过统筹规划，提出打破原来各子公司建设的思路，加强系统谋划和自主创新，形成自己的数字化队伍，发展自主可控、可持续发展的核心技术。

目前，河钢集团已经打造了河钢数字、河钢工业技术、河钢唐钢微尔自动化等专业公司。河钢数字扎根产线，注重设备、工艺和自动化产线人

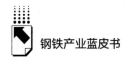

员协同，高水平推进集团智慧工厂与智能产线建设。河钢工业技术、河钢唐钢微尔自动化充分利用钢铁行业丰富的场景优势，重点在传感器、工业机器人等智能装备领域发力。河钢集团的数字产业发展架构已经形成，通过强化内部分工协作，建设智慧工厂、智能产线，各专业公司分工明确，形成合力，使得新技术在河钢集团得到创新应用。

（二）创新技术赋能，提升数字化发展动力

河钢集团在国家新一轮发展战略中，加快数字化转型，以科技创新为驱动力，形成了一批自主可控的核心技术。

河钢集团的工业互联网平台。通过聚焦钢铁工业企业难题，面向海量数据，河钢集团构建了 WeShare 工业互联网平台。该平台具备一站式数据采集、处理、价值挖掘和决策应用能力，实现了研发、生产、供应链、营销等各环节的信息贯通及协同，全面提升了智能工厂综合管理水平。河钢集团还打造了钢铁行业智能研发、智能生产、智能营销和智能服务等钢铁全产业链的工业应用服务体系，助力企业实现知识积累、资源共享及能力协同，降低成本，提高生产效率。

河钢集团中央数字中心。该中心基于 WeShare 工业互联网平台，整合了集团各子公司的核心数据，提供统一的数据汇聚和边缘计算服务，并深度结合业务，施行分域分层的治理服务，构建层次、主题明晰的数据仓库。为保障不同时效性数据的高效使用，该中心为冷热数据提供不同的数据引擎和计算链路，满足离线处理、实时计算、交互式查询等多场景数据应用需求，同时依托 AI 数据智能分析能力，结合工业知识经验和大量实践经验，为河钢集团生产经营的不同环节构建可复制、可移植的分析模型，建立集团大数据分析系统，指导工业生产经营的智慧决策。

全过程质量监测平台。该平台利用大数据分析技术优势和物联网先进技术手段，通过对过程质量模型的建立、工业工艺数据的梳理，在钢铁质量监测提升、生产实时控制、设备运维管理、排产效率优化、节能降耗分析、库存分析管控等维度提升产线制造管理绩效。

其他应用实践。河钢集团在不断发展完善自己的数字化能力基础上，不断开拓新的数字化应用场景。目前，基于 WeShare 工业互联网平台，孵化了石钢工业大数据；为打通钢铁企业与汽车厂、家电厂端到端的数据服务能力，开发了 DAC 智慧营销平台等。

（三）借助区位调整，打造示范工厂

河钢集团紧紧抓住区位调整的历史机遇，将区位调整的"危机"转变为高质量发展的"生机"。河钢集团在唐钢新区和石钢新区建设过程中坚持高标准、高定位，集合当今世界最先进的元素和理念，打造代表中国乃至世界钢铁工业先进水平的技术、创新、产品、智能制造和绿色发展高地。

河钢唐钢从规划之初就按照最先进智慧工厂的架构进行设计，以"绿色化、智能化、品牌化"为建设目标，以物质流、能源流、信息流的最优网络结构为方向，运用最新的钢厂动态精准设计、冶金流程学理论和界面技术。唐钢新区在工业互联网数据集成、混合模型与数据分析、多专业协同、智能机器人技术、无人料场、全流程质量监控、节能环保、5G 智能点检等关键领域取得重要突破。同时其在生产节奏、工艺控制、物质能源协同优化、劳动效率提升等多个领域，实现管控智能化、预测预警、业务协同，取得了丰富经验，在钢铁行业贡献了一座智能工厂范例。

河钢石钢借新区建设的契机，利用工业互联网、云计算、大数据等新一代信息技术，建成了国际一流的数字化工厂。其数字化能力主要体现为"五全"：一是废钢智能验质、电炉智能炼钢、一键 LF、一键 RH、智能连铸、轧钢多线一室、高线黑灯工厂、精整作业黑灯产线，"全流程"均实施了智能制造；二是销售、生产、质量、物流、采购、设备、能源、环保、安全等业务实现智能制造"全覆盖"；三是基础检测等智能设备、二级专家系统、三级生产管理系统、四层企业经营、五层供应链，"全层级"均实施了智能制造，完整构建了石钢新区智能工厂；四是各层级"全贯通"，在同一顶层规划下，通过企业服务总线实现互联互通，避免出现任何数据孤岛；五

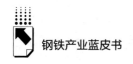

是石钢新区所有过程实现"全智能"，完整实现系统自感知、自学习、自决策、自执行、自适应。

四 河钢集团低碳绿色发展

为深入贯彻落实习近平生态文明思想，促进钢铁行业低碳绿色转型升级，河钢集团将低碳发展、污染治理、优化布局、绿色转型作为集团公司首要战略任务和社会责任，推动企业低碳、绿色、可持续发展。

（一）发布低碳绿色发展行动计划与低碳发展技术路线图

河钢集团已于 2021 年 3 月 12 日向全社会发布低碳绿色发展行动计划，目标是在"2022 年实现碳达峰、2025 年实现碳排放量较碳峰值降 10% 以上、2030 年实现碳排放量较碳峰值降 30% 以上、2050 年实现碳中和"。

2022 年 3 月 2 日河钢集团发布了低碳发展技术路线图，表明了低碳发展目标以及"6 + 2"低碳技术路径。

（二）以超低排放为中心，引领行业绿色发展

河钢集团以技术升级驱动绿色化发展，加速动力变革。河钢集团通过科技创新赋予绿色发展更加深刻的内涵，释放更加多元、更具能量的"绿动能"，发挥"绿色制造"和"制造绿色"的双重效能，构建绿色制造、绿色产业、绿色产品、绿色采购、绿色物流和绿色矿山"六位一体"的绿色制造体系。

2016 年以来，河钢集团累计投资 305 亿元，实施重点节能减排项目 500 余项；建成了全封闭机械化原料场、污水处理中心等行业标志性示范项目；实施了主要工序烟气超低排放改造项目，在业内率先全部采用国六以上汽车及氢能源和电动重卡，在唐山市建成了第一条"柴改氢"绿色物流链；布置环保智能化管控平台，实现污染物集中管控。2020 年，其吨钢颗粒物、二氧化硫、氮氧化物排放量较"十二五"末期分别降低 63%、62%、44%，

主要排放指标优于"国家钢铁企业清洁生产"一级标准。

瞄准前沿攻关，河钢集团创新成果和先进技术共荣获国家科学技术进步奖二等奖 1 项、环境保护科学技术奖一等奖 3 项、环境技术进步奖一等奖 2 项。

2017～2019 年，河钢集团连续三年荣膺"中国最具影响力绿色发展企业品牌"，河钢唐钢、河钢邯钢、河钢承德钒钛新材料入选工信部"绿色工厂"名录。河钢唐钢被世界钢铁协会授予"世界钢铁工业可持续发展卓越奖"。

（三）加快推进区位调整、转型升级，打造高质量、绿色化钢厂

河钢集团坚决贯彻落实区位调整、转型升级、产能置换相关政策。"十二五"期间，共压减生铁产能 560 万吨、粗钢产能 684 万吨；在此基础上，"十三五"期间再度压减生铁产能 512 万吨、粗钢产能 693 万吨。河钢集团启动实施了唐钢、邯钢、宣钢、石钢 4 家子分公司钢铁产业区位调整、转型升级重点项目，成为钢铁行业区位调整、转型升级的典范。

河钢集团通过区位调整，高质量地建成唐钢新区，打造绿色化、智能化、品牌化的新一代钢厂；高标准地建成石钢新基地，打造新一代绿色低碳全废钢－电炉短流程钢厂；积极推进张宣高科基地建设，打造高端装备核心零部件制造和氢冶金示范基地。目前，邯钢东区退城搬迁整合项目也已开工建设。

区位调整后，唐钢新区颗粒物、二氧化硫、氮氧化物排放量分别减少 25%、53%、31%；石钢新区二氧化碳排放量较老区消减 52%，污染物排放总量较老区消减 75%，污水实现"零排放"。

（四）全面加快氢能全产业链布局，引领行业能源革命

当前，全球能源结构正在发生变革，氢能作为洁净、高效、可持续的"二次能源"，具有"零排放、零污染"的突出特性，是实现碳中和的重要手段。

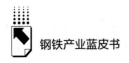

河钢集团积极探索氢能产业向规模化、集聚化和高端化发展。中国首例"加氢站和氢燃料重卡同步运营示范项目"在河钢集团投入运行，构建了真正意义上的绿色、可循环的工业生态运输体系。河钢集团以氢能重卡示范应用推广为切入点，通过与政府、企业、科研机构的通力合作，构建氢能重卡"研、产、用"全产业链生态示范圈。

同时，河钢集团率先启动全球首例焦炉煤气制氢的氢冶金示范工程。该工程采用氢能替代传统高炉碳冶金工艺，年减碳幅度可达60%，为推动"碳冶金"向"氢冶金"转变迈出示范性、关键性步伐。此外，河钢集团还将从分布式绿色能源利用、低成本制氢、氢气直接还原、二氧化碳脱除等全流程和全过程进行创新研发，探索氢能产业全流程相关技术。

河钢集团将结合氢能运输体系，打造氢冶金、制氢、储氢、加氢、用氢技术输出及氢能装备制造全氢能产业链，探索世界钢铁工业发展低碳甚至零碳经济的最佳途径，拉开中国钢铁工业从"减排"向"零排"发展的序幕。

（五）携手上下游倾力打造低碳绿色产业生态圈

在世界钢铁协会的指导和支持下，河钢集团联合国内外10家单位在北京发起成立了世界钢铁发展研究院，以绿色化、智能化为主题，研究探讨未来钢铁工业可持续发展之路，致力于构建钢铁与人类社会、自然环境和谐共生的产业生态圈。

河钢集团携手上下游打造钢铁低碳绿色产业链，与必和必拓、宝马、TMS等企业展开合作，共同研究和探索温室气体减排技术和路径。

河钢集团非常重视二氧化碳捕集利用与封存（Carbon Capture, Utilization and Storage, CCUS）在钢铁行业碳中和中的作用，正在与北京师范大学、中国科学研究院、北京科技大学等单位开展CCUS路线制定、技术研究等相关工作；与中石化石油工程技术研究院签订有关战略合作；在河北省政府的支持下，牵头成立河北省二氧化碳捕集利用与封存产业技术联盟，积极开展二氧化碳捕集利用、咸水层二氧化碳封存等技术研发与示范项目，努力推动钢铁行业以及工业领域实现碳中和。

B.14
POSCO 保持可持续竞争力

关键词： 浦项制铁 POSCO　可持续竞争力　创新发展　数字化发展　低碳发展

一　POSCO 发展概况

浦项制铁（以下简称 POSCO），是韩国第一家综合钢铁厂，成立于 1968 年 4 月 1 日，是世界最大钢铁材料制造商之一，注册地址为韩国庆尚北道浦

---

* 此报告为河钢集团根据公开资料整理编制。

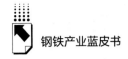
项市南区。POSCO 主要从事炼铁、炼钢、轧钢制品的生产和销售，其产品包括热轧钢、钢板、线材、冷轧钢、镀锌钢、电镀锌钢、电工钢、不锈钢、钛等。POSCO 业务遍及 52 个国家，在韩国国内拥有 33 个分支机构，在海外拥有 162 个分支机构，拥有 6.3 万名员工（国内 3.5 万名，海外 2.8 万名）。

2020 年，POSCO 粗钢产量 4058 万吨，世界排名第六；营业收入 3321 亿元，净利润 103 亿元；市值达到 216.93 亿美元，位居全球钢铁企业第二。POSCO 连续 12 年被评为全球最具竞争力的钢铁企业，被世界经济论坛评为全球 100 家最可持续企业之一，2021 年列世界 500 强第 226 位。

（一）POSCO 发展历程

世界钢铁产业发展与人类文明及区域经济的发展紧密相关，POSCO 的发展历程与韩国经济发展也密不可分。POSCO 于 1968 年 4 月 1 日成立，在没有资金、技术和经验的情况下白手起家，经历了创业期、浦项建设期、光阳建设期、私有化阶段、全球化阶段，目前已进入控股集团二次创业时期。

1. POSCO 创业期（1965～1970 年）

20 世纪 60 年代，韩国政府开始了重振经济的行动，于 1961 年实施了第一个五年计划，开始大力发展替代进口的消费品工业。伴随工业化进程的加快和经济规模的不断扩大，韩国工业对钢材的需求大幅增加，韩国认识到工业化过程中大力发展钢铁工业的必要性。1967 年 6 月 30 日，韩国政府选定浦项为综合钢铁厂的选址，1968 年浦项制铁公司成立，朴泰俊就任第一任会长。1969 年，韩国通过债券基金的形式引进了日本八幡制铁、富士制铁等企业的技术。1970 年，浦项制铁一期 103 万吨产能项目开工建设。

2. 浦项建设期（1971～1984 年）

1973 年 7 月 3 日，浦项制铁一期项目竣工，1974 年底出口额超过 1 亿美元。1976 年 5 月 31 日，年产 260 万吨的浦项制铁二期项目竣工。1977 年 4 月 30 日，浦项制铁第一批冷轧产品出货。1978 年 12 月 8 日，年产 550 万吨粗钢的浦项制铁三期项目竣工。1981 年 2 月 8 日和 1983 年 5 月 25 日，年产 850 万吨粗钢的浦项制铁四期综合项目和年产 910 万吨粗钢的四期 2 次综合项目竣工。

3. 光阳建设期（1985~1992年）

1985 年 3 月 5 日，浦项制铁开始在光阳市全面开工建设年产 1180 万吨粗钢的光阳制铁工程一期项目。1987 年 5 月 7 日，该项目设备和设施的总体建设竣工。1986 年 12 月浦项制铁出资成立浦项工科大学，1987 年 3 月成立浦项产业科技研究院，推进创新体系的建设。1988 年 7 月 12 日和 1990 年 12 月 4 日浦项制铁先后在光阳市建成年产 1450 万吨粗钢的光阳制铁所二期项目和年产 1750 万吨粗钢的光阳制铁所三期项目。1992 年 10 月 2 日，浦项制铁宣布完成了浦项工程的全部建设。

4. 私有化阶段（1993~2002年）

1993 年 4 月 1 日，浦项制铁成功完成从浦项到光阳的漫长建设时期，为迎接新时代，宣布了"新浦项制铁"的诞生。1994 年 10 月 14 日和 1995 年 10 月 27 日，浦项制铁以信用等级为标准，先后在纽约证券市场和伦敦证券市场上市融资。1997 年 3 月 14 日，浦项制铁引进外部董事制度和外部审计制度，提高了经营透明度。1998 年，韩国政府启动了浦项制铁私有化进程，并于 2000 年 10 月 4 日实现民营。2002 年 3 月 15 日，浦项制铁更名为"POSCO"。

5. 全球化阶段（2003~2021年）

POSCO 为了成长为世界一流企业，在其全球化方面付出了很多努力。2003 年 11 月 7 日浦项（中国）投资有限公司成立，作为全面负责 POSCO 在中国境内业务的中国区总部，为 POSCO 旗下的中国投资法人提供人事、劳务、培训、革新、财务、法务以及技术交流等企业经营活动相关的业务支援。2009 年 8 月，POSCO 在墨西哥启动了第一家海外汽车钢板厂，10 月在越南启动东南亚同类中最大的冷轧项目。2011 年 6 月，POSCO 完成张家港浦项不锈钢整体项目施工。2013 年 12 月，印度尼西亚喀拉喀托浦项钢铁公司上市。在此期间，POSCO 积极推动多元产业的发展，形成了钢铁、材料化工、能源、ICT、贸易及工程建设六大事业群。

6. 二次创业阶段——POSCO 控股（2022年以来）

为应对全球低碳环保时代经营环境急剧变化的情况，加速技术革命，向 ESG 经营结构转变，建立以持续增长和提高企业价值为核心的经营方针，POSCO 完成经营结构向控股公司的转变，将负责钢铁制造及销售等相关业务的钢铁板块进行了垂直剥离，并于 2022 年 3 月 2 日成立了 POSCO 控股公司。未来，POSCO 控股集团将在钢铁、二次电池材料、镍锂、氢、能源、建筑、基础设施等领域，选择集团层面正在推进的核心项目，促进 POSCO 均衡增长，进一步提升竞争力并创造协同效应。

（二）POSCO 战略发展规划

1. 确保钢铁行业的全新竞争优势

在钢铁产业领域，POSCO 计划继续投资其现有设施，继续扩大产量和增加高质量产品的销售，如千兆级超高强汽车板和高档家电用高耐蚀钢板。与此同时，POSCO 还将加快发展碳减排技术，向更绿色的钢铁生产工艺升级，在市场领先产品和解决方案方面加大投资，包括移动出行材料、建筑用钢材料和绿色能源材料等。

鉴于未来不确定的商业环境，POSCO 还将专注于先进的营销技术手段，通过环保汽车的综合品牌 e-Autopos 和优质钢建材品牌 INNOVILT，与业务伙伴一起参与产品开发和营销项目。在建立低成本、高效率的生产体系方面，POSCO 计划推广智能工厂 2.0，从而提高整体竞争力，并为钢铁行业制定新的标准。

2. 加速发展集团的核心业务

液化天然气业务作为替代煤炭的低碳能源解决方案正在引起业界的关注，POSCO 计划在亚洲和澳大利亚等地区采购油气田，在液化天然气业务中的战略资产将用于进一步的收购和销售。为应对液化天然气业务日益增长的需求，POSCO 计划对光阳液化天然气接收站的第六个储罐进行扩建。

随着全球人口的增长和经济的发展，POSCO 拟通过扩大乌克兰谷物码头，提高浦项国际公司的盈利能力，同时提高韩国粮食安全。POSCO 计划将智能建筑作为绿色和数字化领域发展的基础，通过推出高端品牌，在建筑业务上获得更多利润。

3. 培育绿色移动出行新业务

为应对电动汽车市场的快速增长，POSCO 专注于二次电池材料项目，同时扩大产能，进一步巩固"从锂、镍和石墨等原材料到正负极材料"的行业价值链。特别是二次电池的核心材料——锂，以阿根廷盐湖和澳大利亚锂矿石为原料，通过提取获得。到 2030 年，POSCO 将利用已有的矿山和盐湖生态友好生产技术，形成 22 万吨锂和 10 万吨镍的生产能力，阴极和阳极产能将扩大到 66 万吨，全球市场份额达到 20%。

考虑到氢经济正在快速增长，POSCO 还计划成立新的氢业务部门，今后将利用丰富的资源和实力，致力于成为领先的氢气专业公司。POSCO 计划到 2030 年氢气产能达 50 万吨，到 2050 年氢气产能达 500 万吨，建设蓝色和绿色氢气全球供应链。POSCO 将与旗下子公司在未来的氢行业发展方面进行合作，包括运输、储存和基础设施等领域，并在国内外积极寻求技术发展方面的合作，继续挖掘更多商机。

4. 实施根本性创新促进可持续发展

POSCO 希望发现和解决公司内部的各类问题。为确保这些问题得到妥善解决，POSCO 将为包括生产、采购和营销部门在内的每个单位指定一个专门的创意工作组，利用设计思维方法，改进现有的业务流程，在降低成本的同时提高生产效率，从而巩固发展的基础。POSCO 坚信"3C"（即挑战、改变、机遇）的思维模式将使其在寻求发展的过程中抓住新的机会。此外，POSCO 还将结合人工智能、大数据等新型技术手段，建立健康的企业文化和稳定的劳资关系。

5. 实践以安全和环境为中心的 ESG 管理

POSCO 将对所有设施和工地进行风险评估，并通过升级老旧或不安全的设备和设施，有效消除风险因素。同时，POSCO 通过尽快增加更多的现代化安全设备，如便携式监控系统、智能手表等，及时发现、识别

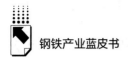

和预防任何潜在的安全问题。为实现碳中和，POSCO将利用现有碳减排技术开发新的低碳产品，并且开发氢还原炼铁技术，同时实现钢渣循环利用，创建海洋森林等。此外，为确保ESG管理达到最佳状态，POSCO要求公司所有员工践行"企业公民"的管理理念，以树立公司整体的价值观。

二 POSCO创新发展情况

（一）建立科技创新体系

POSCO高度重视研发工作，在1968年公司创立之初，就设立了专门的研发机构——技术研究实验室，将技术开发与各个阶段的设备改造工作同步推进。经过50多年的努力，目前已形成较为完备的技术创新体系。POSCO的科技创新战略由4家创新机构负责承接实施，分别是浦项技术研究院（POSLAB）、浦项产业科技研究院（RIST）、浦项工科大学（POSTECH）钢铁学院和浦项全球研发中心。POSCO科技创新体系总体架构如图1所示。

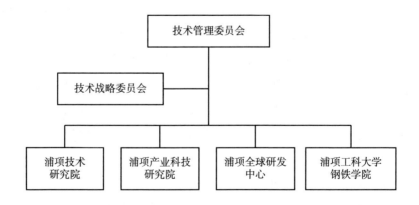

图1 POSCO科技创新体系架构

POSLAB 是 POSCO 的研发核心，该研究院直接隶属于 POSCO，POSCO 的大部分科研经费每年都投入于此。POSCO 以 POSLAB、RIST 和 POSTECH 为依托，以追求技术原创为理念，以长期保持技术世界领先水平为目标，以 EVI 活动为载体，构建了产学研相结合的研发体系。在研发方向上，一方面加大有别于传统工艺的创新型钢铁生产工艺技术以及更高级别高端产品的开发力度，适时转化为现实生产力以取得成效；另一方面积极从事未来 30 ~ 50 年的下一代钢铁生产新技术和新产品开发工作，首先开展前瞻性和基础性研究，待经过理论论证后再投入试验研究。

2010 年 11 月，POSCO 在仁川松岛经济开发区完成浦项全球研发中心建设工作，要将其打造成增强 POSCO 未来技术竞争力的研发基地。来自 POSLAB、RIST 和 POSTECH 的 530 余名技术研究人员常驻于此。该中心主要从事产品应用技术开发、结构用钢开发、焊接技术开发、智能型自动控制技术开发、通用技术开发、有色材料开发、可再生新能源开发、纳米与生物技术开发 8 个领域的研发工作。

（二）重视科技研发投入

POSCO 每年的总研发费用根据公司销售额和公司发展战略，由公司最高层决定，按照研究方向的重要性分配不同的额度，研发费用由 POSCO 集团公司下拨。

2020 年，POSCO 研发费用为 6145 亿韩元，占销售额的比例为 2.13%，分别比 2019 年增加了 1156 亿韩元和 0.6 个百分点。增加的支出主要支持了以下项目。

·汽车钢板：底盘用高成形性结构钢、高焊接性钢（PosZET™）。

·高性能 STS：用于汽车成型材料的高光泽度 STS、用于汽车尾气减排装置的 STS。

·冷轧钢板：太阳能电池用 PosMAC 钢板。

·热轧钢板：高强度油砂管线钢、风电结构用厚板。

·高端线材：用于高速拉丝的帘线钢。

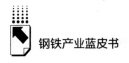

（三）开展全球产学研合作

基于战略考虑，POSCO 每年都有一定比例的研发费用预算用于全球化产学研合作。POSCO 对外合作创新的原则是：核心研发自己做，具有不确定性的早期研发或非核心的研发委托外方做。目前，POSCO 已与国内外 70 多家企业和研究机构建立了紧密的合作关系，特别是对全球高校资源的利用更为主动。POSCO 对高校的前沿性和新技术研发成果非常敏锐，一旦发现，会立即主动与之进行交流与合作。

（四）推进系统解决方案研究

随着 POSCO 创新能力的不断提升，除钢铁生产中各工序的许多全球领先技术外，POSCO 还进一步聚焦对用户场景的理解、用户体验的改善方面，科技创新模式已从技术研发上升到系统解决方案阶段。例如，POSCO 正在全球推广的 POIST 解决方案，该方案包括 FINEX 炼铁工艺、PS-BOP 炼钢工艺和 CEM 紧凑型无头轧制工艺，这三大工艺几乎涵盖了钢铁生产的全流程，而且每种工艺都代表了当今世界的领先水平，通过将三大工艺整合到一起，能使用户获得最大收益，最大限度地提高竞争力。此外，POSCO 的 FINEX 工艺、CEM 工艺也能形成独立的解决方案，并且已经陆续与印度和德国等海外企业签订了合作协议。通过系统解决方案的输出，POSCO 实现了由点状研发向链状研发的转变，增加了研发价值。

（五）促进创新成果转化

RIST 专门设置了技术转移中心，负责产业科技研究院技术转移体系的运作，在研究人员和企业间充当桥梁作用，技术转移包括知识产权、技术营销、技术评估、技术诀窍、计算机程序、设备安装、设计及应用保障措施、专有技术的商业化生产等。

（六）实施 WP 产品战略

早期 POSCO 引入了全球优等（WP）产品的概念，并致力于推行以高附加值产品为中心的营销战略。WP 产品主要包括：全球最早开发或 POSCO 独创的 WF（World First，全球首创）产品、技术实力和经济性位居全球前三的 WB（World Best，全球最佳）产品以及受客户青睐、具有市场竞争力的 WM（World Most，全球最多）产品。2014 年 POSCO 的 WP 产品销量为 1021 万吨，占比为 33.3%；2015 年销量为 1271 万吨，占比为 38.4%；2016 年销量为 1597 万吨，占比为 47.3%；2017 年销量为 1733 万吨，占比为 53.4%；2018 年销量为 1837 万吨，占比为 55.1%。

2019 年，POSCO 在产品开发方面更看重技术实力和未来发展潜力，提出不包括 WM 产品，仅包括 WF 产品和 WB 产品的"WTP"（World Top Premium，全球顶级优等）产品的概念，希望进一步扩大生产具有差异化优势、最高级别的钢材产品。

2020 年，POSCO 将营销战略细分为未来（WTP-F）和候选（WTP-C）两大类，专注于开发未来增长潜力大的产品。这类产品考虑了产品的全生命周期、技术完整性和盈利能力。2020 年，POSCO 的 WTP 产品的销量为 874 万吨，WTP 产品销售占比为 25.5%，考虑到新冠肺炎疫情造成下游用户需求显著下降的情况，这一销售业绩较为理想。

（七）成立 POSCO N. EX. T Hub

2022 年，POSCO 在首尔成立 POSCO N. EX. T Hub，致力于人工智能、二次电池材料和氢气及低碳能源的研究，POSCO 计划将其打造为取得相关技术和培养下一代人才的平台，以配合其对低碳和生态友好业务的关注。POSCO N. EX. T Hub 将监督 POSCO 的整体研发项目，相关业务与位于庆尚北道浦项市的现有的以炼钢为重点的技术研发中心分开。其人工智能研究部门将探索技术战略，并通过人工智能模型加速 POSCO 的制造流程转型；二次电池材料研究部门将领导试点研究，在阳极、阴极和锂材料领域生产新产品；氢气和低碳能源研究机构将推动氢气和碳捕获及储存技术的发展，使目前的炼钢工艺更加环保，并最终建成氢气的大规模生产系统。

三 POSCO数字化、智能化发展情况

当今世界经济环境复杂多变，而且新冠肺炎疫情不断蔓延，POSCO钢铁面临着巨大的生存压力，为应对当前复杂的外部环境，确保在钢铁行业持续处于领先地位，POSCO钢铁瞄准当前新兴技术，将人工智能、大数据、机器视觉等一系列新兴技术应用到钢铁制造过程中去，进行智能工厂建设，并且与学校以及科研机构合作，培育第四次工业革命时代的创新型数字化人才，运用数字化技术进一步优化钢铁产品生产过程，降低钢铁制造的生产成本，建立高效率、高质量的生产体系，最终提高其整体的竞争力，确保其能够在复杂多变的世界经济环境中实现可持续发展。

POSCO正在构建智能生产系统，该系统使用物联网技术收集现场数据，基于大数据分析和流程预测，使用人工智能技术自动控制流程，以最大限度地提高生产效率、产品质量和降低生产成本，同时减少污染物排放。此外，POSCO基于生产工艺和生产设备智能技术开发的成果，将其智能化扩展到整个价值链，推动从客户订单到交付全流程的连接，提高整个流程的效率，创造安全的人工智能工作场所。

（一）建设钢铁行业灯塔工厂

灯塔工厂代表着世界范围内数字化、智能化领先的工业公司，POSCO是韩国第一家被确认为灯塔工厂的公司。POSCO被评为灯塔工厂，是因其采用物联网、云计算、大数据以及人工智能等先进技术，并与钢铁产业相融合，在经济生产以及运营等方面具有领先的实力。POSCO在被授予灯塔工厂资格之后，也与全世界范围内先进的制造业企业分享知识和经验，共同提升自身智能化工厂的建设水平。在近5年的时间里，POSCO大力发展智能化、数字化工厂业务，通过技术手段提升钢铁主业的竞争力，并且选择与中小企业进行密切的合作，给予中小企业创新与发展的机会，旨在实现钢铁行业共同进步、共同发展。

（二）进行技术革新

1."PosFrame"智能平台控制生产

2015 年 POSCO 的智能化工厂业务刚刚起步，当时智能化建设在全球范围内并未兴起，POSCO 的光阳制铁厂率先引进了大数据新技术，成为 POSCO 智能化工厂业务的实验工厂。"PosFrame"智能平台在光阳制铁厂实验过程中产生，该平台融合了 POSCO 过去 50 多年的操作数据以及积累的技能经验，成为 POSCO 自主创建的智能化处理平台。同时，该平台充分运用物联网技术与人工智能技术，能够对相关的数据进行自主学习，从而不断提高 POSCO 钢铁生产工艺，实现对钢铁生产过程的精准控制。"PosFrame"智能平台是全球首个应用于连续制造过程的智能化平台，在使用过程中能够收集并且整理生产过程中的实时数据；能够在后续发现存在缺陷产品的时候，找到缺陷源头；能够精准确定可能出现质量波动的工序，将数字化信息与智能化信息相结合，提高生产工序的精密性，从而提高生产效率。

"PosFrame"智能平台的创建，使得 POSCO 的操作人员将简单又重复的制造工作委托给机器，实现了人类与技术的高效协同。由此可见，"PosFrame"智能平台已经超越了数字化的范畴，迈上了智能化的台阶。POSCO 借助"PosFrame"智能平台的技术，加快了其智能化工厂的建设脚步，其参与"PosFrame"智能平台使用的员工也成为人工智能方面的专家性人物。为了进一步推广智能化工序，自 2017 年起，POSCO 面向全体员工开展了相关智能化与数字化的培训，极大地提高了工作人员的操作技能，在全企业范围内构建了数据驱动的工作环境。

2.数字孪生系统

POSCO 在数字化、智能化发展的过程中不断探索新技术的应用，为了进一步降低原燃料费用，优化原燃料配比，开发了名为"PosPLOT"的数字孪生系统。该系统将炼铁、炼钢工艺在虚拟空间进行了再建，对其工艺过程能够进行数值模拟，借助"PosPLOT"系统，可以在 2 分钟内模拟原料质量、成本和对生产的影响，并从 ESG 经营角度评估二氧化碳排放量的变化。

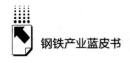
员工利用"PosPLOT"系统中的模拟仿真数据，计算出最优结果，对制定年度采购计划非常有用。该系统充分考虑了钢铁厂的加工成本，可以轻易模拟出应用效果。该系统也被应用于经营决策上，节约了相当多的成本。目前，该系统主要以碳钢生产工序为中心，今后将推广至不锈钢生产工序中，并在今后"碳中和"战略中得到有效利用。配合数字孪生概念，该系统也将进行同步更新，不断完善系统功能。

3. 智能化的订单管理

小批量订单的处理是许多大型制造业企业的难题。传统处理的方式需要大量的人力与物力，甚至会出现订单遗漏的现象，会极大地损害公司的声誉。POSCO引入智能任务（Smart Task）工具之后，人工智能工具能够对小批量订单进行集中的整理，极大地提高了生产效率。而且人工智能技术能够进行自我学习，对先前处理过的小批量订单能够进行自主评价，不断提升其处理的精准程度，减少了人力与物力的消耗，降低了生产成本。随着智能任务工具的不断完善，POSCO将小批量订单处理与其他订单处理相结合，精准程度达到了99.99%，处理时间缩短了数十倍。

4. 高炉自动控制技术

POSCO通过与科研院校和地方科技企业广泛开展合作，采用深度学习的人工智能技术，开发了人工智能高炉技术，通过在高炉的风口安装摄影机，在高炉工作的过程中对炉内的状况进行拍摄，并对拍摄的图像进行数据化处理，运用人工智能的手段对炉内状况进行分析与评价，形成了高炉的数字化模型，从而实现对铁矿石和焦炭装料的自动控制。就目前POSCO的高炉自动控制技术来看，燃料费用较以往年均水平节省了1%，从而降低了公司的生产成本，并且提高了生产效率。

5. 连续热镀锌工序智能表面处理技术

连续热镀锌工序中对涂层厚度的把握一直是一个技术难题。POSCO钢铁在智能化实践过程中开发出了连续热镀锌工序智能表面处理技术，通过人工智能手段，精准控制钢卷表面涂层的厚度。智能表面处理技术，能够根据钢种、板厚、宽度、操作条件和目标涂层重量等相关因素进行深度学习，在气刀后 200 米长度内进行涂层重量测定，最终实现对钢卷涂层厚度更加精准的测量与控制，预测准确率将从 89% 提升至 99%。由于该技术的先进性与创新性且能够解决钢铁镀锌过程中的难题，该项技术已被评选为韩国"国家核心技术"。

四 POSCO 低碳发展情况

全球钢铁行业是碳排放的最大来源之一，为了应对气候变化和保持地球的可持续发展，钢铁行业脱碳不仅不可避免，而且十分紧迫。POSCO 认为实现可持续发展，企业必须与社会协同发展，应对气候变化是实现可持续发展、创造更美好未来的关键议程，并且这不是一个未来的问题，而是一个需要立即采取行动的问题，企业应该在寻找建立低碳社会的途径方面发挥关键作用。

（一）突破低碳钢铁生产技术

现阶段的钢铁生产是一个能源和二氧化碳密集过程，POSCO 认为需要开发创新型技术，以摆脱钢铁生产对化石燃料的依赖。POSCO 长期以来致力于开发环保型钢铁生产工艺，所开发的低碳炼铁 FINEX 工艺是 POSCO 独有的革新炼铁技术。基于纯氧高炉概念的 FINEX 工艺在采用碳捕集、利用与封存（CCUS）技术方面具有优势，同时流化态还原系统也有利于氢基炼铁技术的推广应用。目前 POSCO 的低碳炼钢技术处于早期开发阶段。

POSCO 结合进化式的碳精益和革命性的碳中和途径，制定了碳中和转型路线图，旨在实现各种低碳炼钢工艺的商业化和部署。POSCO 计划在未来 10～15 年内开发一系列"桥梁技术"（Bridge Technologies），并将其纳入现有钢铁生产过程，实现更大幅度的减排，助力钢铁生产过程实现碳中和。这其中包括从循环经济角度出发，提高高炉－转炉废钢用量以及研发部分高炉利用富氢尾气作为现有高炉工艺中的还原剂的氢冶金技术等。同时 POSCO 还计划扩大 CCUS 技术规模，并将其整合到生产过程中。

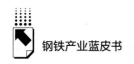

废钢回收利用是降低二氧化碳排放量的重要一环。POSCO 正在研发的独特技术能够在保持原有高炉－转炉工艺流程的基础上，最大限度地利用废钢，有望实现铁水比率降低 70%，从而减少二氧化碳排放量。与此同时，POSCO 还在探索建设和使用更多电炉，通过提高电炉比例实现二氧化碳减排。

利用富氢气体作为还原剂炼铁也是降低二氧化碳排放的重要手段。POSCO 将富氢的焦炉煤气（COG）和 FINEX 尾气（FOG）注入高炉和 FINEX 内，并计划通过天然气重整制氢或绿氢以作为炼铁过程中的还原剂，实现二氧化碳减排，预计能够降低 10% 的排放量。

CCUS 技术是钢铁行业实现碳中和的关键手段，POSCO 已在 FINEX 工艺中实现了商业化规模的二氧化碳捕集技术示范（产能为 1 万立方米/小时，纯度为 75%），并在生产过程中重复使用所捕集的二氧化碳，计划在未来十年内继续扩大规模。

从长远来看，POSCO 认为氢冶金是钢铁行业实现碳中和的关键，并将竭尽全力实现氢冶金工艺商业化。以 FINEX 工艺为基础，POSCO 正在开发绿氢直接还原炼铁技术 HyREX，与欧洲典型的高品位球团直接还原铁（DRI）技术不同，HyREX 可以直接利用铁矿粉生产还原铁。目前 POSCO 拥有的产能分别为 150 万吨和 200 万吨的两个流化还原炉已投入商业运营，预计在 10～20 年内完成 HyREX 技术的产业化发展。韩国政府也正在努力通过绿色新政倡议以实现低碳经济转型，预计将在未来几十年内建成绿氢生态系统。POSCO 认为当氢生态系统完全成熟时，可通过 HyREX 技术以可持续的方式生产绿色氢基直接还原铁，并结合以可再生能源为基础的电炉实现碳中和。

（二）研发环保型高附加值新产品

随着全球向低碳经济转型，越来越多的企业走上了低碳发展道路，这种绿色趋势预计对钢铁行业产生深远的影响。为保证下游客户的经济性，并支持其完成低碳转型，POSCO 对下游客户提供各种具有先进解决方案的钢材产品，使客户能够在整个价值链中减少其活动和产品的碳足迹。

汽车领域将是钢铁行业下游客户绿色化的重点领域，汽车电气化所需的电工钢以及轻质高强的汽车用钢是实现绿色交通的关键高性能钢。POSCO能够为下游客户提供制造电动汽车的电机所需的高质量无取向电工钢（Hyper NO），这种钢材能够提高电机效率，实现电动汽车行驶里程的增加。同时 POSCO 还开发了下一代汽车板材"GIGA STEEL"，该板材能够用于生产车身、底盘以及电池包，实现车身重量的显著降低。与铝材以及碳纤维增强塑料（CFRP）等材料相比，这种材料具有低成本、可回收、质量轻以及耐久性好等优点，能够满足下游行业对低碳钢材以及经济性的需求。此外，POSCO 还开发了用于太阳能光伏发电结构的高耐腐蚀钢板 PosMAC，可提升光伏设施的耐久性。

（三）重视新能源技术开发

大力发展可再生能源已成为全球能源革命的优先行动。POSCO 大力发展氢业务，具备每年 7000 吨的氢气产能，目前已将其中约 3500 吨副产氢气用于钢厂作业和发电，并计划逐步提高产能利用率，进一步推动投资，持续扩大氢气年产能。此外，为了实现绿氢的生产、引进和利用，POSCO 计划利用风能、太阳能等可再生能源发电，然后利用这种绿色电力电解水制备氢气，再将其合成氨气，经过运输和储存后，再从氨气中提取氢气，用作工业、发电用原料及能源等。通过持续推进氢业务，POSCO 奠定了绿氢"生产－运输－储存－利用"的价值链基础，同时计划开发储氢专用的钢材，由此带动配套基础设施建设。

同时，POSCO 通过关键电池材料的研发来加快推进交通和能源系统的电气化。PosLX * 是 POSCO 专有的锂提取技术，目前光阳示范工厂正在从原矿中生产氢氧化锂和碳酸锂，未来还将建设年产能为 68000 吨的锂生产厂（韩国 43000 吨，阿根廷 25000 吨），用于生产电池级氢氧化锂。POSCO 还通过浦项化学开展阴极、阳极材料业务，并加入电池材料价值链。浦项化学作为韩国唯一的阳极制造商，也是世界上最大的阳极制造商之一，预计在2023 年建成年产 16000 吨的石墨阳极工厂。

Abstract

The steel industry has a fundamental role in supporting the development of the national economy and building a modern and strong country. During the 13th Five-Year Plan period, China's steel industry has continued to promote structural reform on the supply side, continuously solving the problems of overcapacity and low concentration, the industrial structure tends to be reasonable, the green and low-carbon development is effective, the innovation capability is increasing, the digital transformation is also accelerating, and the steel industry is starting to move towards a healthy development track. "World Steel Industry Development Report (2022)" is the latest annual report on steel industry development jointly prepared by University of Science and Technology Beijing and Hebei Iron and Steel Group, which is divided into six parts. It provides a comprehensive summary of the development of the steel industry, focusing on the latest development trends in the steel industry with the themes of low carbon, innovation and digitalization, while exploring the changes in steel companies through case studies.

The general report section of this book provides a comprehensive evaluation of the competitiveness of the world steel industry and major enterprises, as well as the high-quality development of Chinese steel enterprises, and provides a more accurate picture of the competitive situation of the world steel industry. In the Development Index section, a development evaluation index is compiled based on the characteristics of the steel industry and enterprises, which assesses the development of Chinese and world steel enterprises. The low carbon development chapter focuses on the low carbon development of the global steel industry, analyzing the production status, CO_2 emission trends and energy consumption of the steel industry in the world and representative countries, and systematically analyzing the energy consumption, CO_2 emission performance and economic benefits of carbon trading of steel enterprises, taking typical steel enterprises in China as the research target. In the section on technological innovation, the history and characteristics of steel technology development in representative countries and regions are reviewed, the characteristics of steel technology innovation in these countries and regions are analyzed, the trends of steel industry transfer and regional differences are summarized, and the technical efficiency and innovation efficiency of the steel industry are studied from the perspective of countries and enterprises respectively. In the digital development chapter, the current status of the digital transformation of the world steel industry is analyzed and the future development trends are examined. At the end, the case studies show the development and transformation of steel companies through the cases of Hebei Iron and Steel Group and Pohang Iron and Steel Group in South Korea, and reveal the current development and future trends of steel companies.

The 14th Five-Year Plan period, China's steel industry is still facing the pressure of production capacity, industry concentration and key core process development level also needs to be further enhanced, green low-carbon and digitalization is still the core direction of transformation of steel enterprises. In the face of the new situation and new requirements, it is necessary to better promote the high-quality development of the iron and steel industry. This book provides a systematic introduction and analysis of the development of the steel industry from a social science perspective with a combination of theory and empirical evidence, which will enable readers to understand the current situation and trends of the development of the world's steel industry and provide reference for government departments to introduce policies and measures related to the steel industry and for enterprises to formulate relevant strategic plans.

Keywords: World Steel Industry; Industrial Competitiveness; Technological Efficiency

Contents

I General report

Abstract: Under the background of a new round of scientific and technological revolution and industrial transformation, it is imperative to enhance the competitiveness of the world iron and steel industry. Based on the review of the development of the world iron and steel industry, this paper makes a comprehensive evaluation of the competitiveness of the world iron and steel industry, the competitiveness of the world's main steel enterprises and the high-quality development of China's steel enterprises are evaluated comprehensively in order to accurately describe the competitive situation of the world iron and steel industry. The first part of this paper reviews the development history of iron and steel industry in the world, and divides the development history of iron and steel industry into four stages: initial stage, rapid development stage, structural adjustment stage and transformation stage. The second part of this paper evaluates the competitiveness of the world iron and steel industry from four aspects: production capacity, market performance, technology level and development environment of the world steel industry. The third part evaluates the competitiveness of the world's top ten iron and steel enterprises from three aspects:

enterprise scale, operation status and innovation ability. The competitiveness of the world's top ten crude steel enterprises shows great differences. The fourth part evaluates the high quality development of Chinese iron and steel enterprises from five aspects of innovative development, coordinated development, green development, open development and shared development. The continuous progress of high quality development of Chinese iron and steel enterprises will promote the formation of a higher level of dynamic balance between supply and demand of Chinese iron and steel industry. Finally, the paper looks forward to the development of iron and steel industry from three aspects of intelligent production, green technology and high-end products.

Keywords: Industrial Competitiveness; Iron and Steel Industry; Steel Enterprises

II Development Index

B. 2 2011 −2020 Evaluation of Iron and Steel

Industry Development Index in China

Yan Xiangbin, Jin Jiahua and Li Xin / 034

Abstract: Iron and steel industry is an important part of the national economy and its development is an important indicator of the level of industrialization of a country or region, with the characteristics of a long industrial chain, wide influence and obvious cumulative effects. In the early days, economists usually used steel production or per capita steel production to evaluate the level of development of a country or region's steel industry. However, it is difficult to reflect the level of technology, resource consumption and policy support behind the industry development evaluation by a single indicator, especially in the context of the general overcapacity of steel worldwide and the tightening of carbon emission policies, production is no longer the only criterion to measure the level of development of a country or region's steel industry. Based on theories of industrial economics, this report proposes a set of indicators for the evaluation of the steel

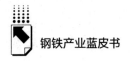

industry development index from three aspects: development foundation, development environment and development capacity, including three primary indicators, nine secondary indicators and 22 tertiary indicators. The final data was collected to evaluate China's steel industry development index from 2011 to 2020. The evaluation results show that China's steel industry is developing on a stable basis, driven by a significant increase in development capacity, and the overall industry is developing in a good manner. However, the environment for the development of China's steel industry is facing profound and complex changes under the policy of de-capacity and "double carbon target".

Keywords: Iron and Steel Industry; Low Carbon Production; Industry Development Index

B.3 Competitiveness Evaluation and Analysis of Listed Iron and Steel Enterprises in China in 2020

Jin Jiahua, Guo Xiya and Lu Zhan / 075

Abstract: With the world's spread of the COVID − 19 pandemic, the economic and social development situation in 2020 have become complex and grim. China has become the only one among the world's major economies to achieve positive growth in 2020 by actively restoring production, enhancing infrastructure construction and expanding exports. As the "stabilizer" and "ballast stone" of China's economy, the iron and steel industry performed better than expected in 2020, showing the characteristics of "high demand, high output, high cost and efficiency". In this paper, we research on China's main listed steel enterprises and construct a set of evaluation index system of steel enterprise competitiveness including 4 first-level indexes, 9 second-level indexes and 15 third-level indexes based on the related theories of enterprise competitiveness evaluation. We use subjective and objective methods to assign weights to indicators, and finally collect index data to evaluate the competitiveness of 17 Chinese listed steel enterprises. Our analysis demonstrates that according to the comprehensive evaluation of production, operation, innovation and low-carbon capacity, these 17 steel enterprises can play a leading role in the domestic steel industry. We also show that the top five steel enterprises are Baosteel shares, Shaosteel Songshan, Sansteel Minguang, Nansteel shares and Tisco stainless steel. Among them, Baosteel is particularly outstanding in terms of production capacity and innovation capacity, while the remaining enterprises are outstanding in terms of low carbon capacity and operation capacity. Baotou Steel shares ranked the lowest, in the 17 enterprises in all aspects of capacity to improve.

Keywords: Steel Enterprises; Iron and Steel Industry; Listed Steel Companies; Competitiveness Evaluation

B.4 Competitiveness Analysis of Major Foreign Listed Iron and Steel Enterprises in 2020

Jin Jiahua, Wei Yuhan and Pan Jinqiong / 118

Abstract: The steel industry is an important industrial sector of the country and also the material basis for the development of the national economy and national defense construction. The level of the metallurgical industry is also a measure of a country's industrialization. At present, the scale of assets and business scope of iron and steel manufacturers in different countries in the world are different, and it is difficult to evaluate the operating ability and development level of a steel enterprise only by the index of iron and steel production capacity. Based on the relevant theoretical framework of enterprise economics, combined with the industry characteristics of steel enterprises, this paper proposes an index system for the competitiveness evaluation of iron and steel enterprises, which includes 2 first-level indicators, 5 second-level indicators and 11 third-level indicators, to evaluate and analyse the competitiveness of foreign iron and steel enterprises that are in the forefront of the world's iron and steel rankings. We found that although

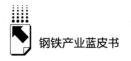

production capacity and asset scale can reflect the assets and development capabilities of iron and steel enterprises, operational capabilities also play an important role in the evaluation system. At the same time, the outbreak of the COVID −19 in 2020 has also brought a certain impact on the steel industry around the world. The sudden drop in the demand of downstream enterprises has caused some enterprises to encounter difficulties in the operation of assets. However, after the recent restrictions on the epidemic have been gradually lifted, these steel enterprises with strong background are also gradually resuming business operations, and then aiming at more diversified development.

Keywords: Steel Enterprises; Listed Steel Companies; Competitiveness of Steel Enterprises

III Low Carbon Development

B.5 Report on the Low Carbon Development of the World Iron and Steel Industry　　*Shao Yanmin*, *Li Junlong and Hu Yiwen* / 146

Abstract: The low carbon development report of the world iron and steel industry focuses on the theme of global low carbon development of iron and steel, analyzes the production status of the world's representative countries iron and steel, and discusses the CO_2 emission trend of the world's top ten countries with crude steel output. It is found that (1) The CO_2 emission concentration of the world's iron and steel industry is high, the CO_2 emissions in most countries tend to be flat after an upward trend; (2) Several world's crude steel producing countries showed a downward trend in carbon emissions per ton of steel and consumption of blast furnace gas and proportion of blast furnace steelmaking, indicating that those countries are improving carbon emissions by adjusting production mode and optimizing energy structure; (3) The empirical study using the data of 30 countries from 1990 to 2019 show that the increase of crude steel and urban population will lead to the increase of carbon dioxide emissions from the iron and steel industry; The expansion of trade openness and the improvement of financial development level will reduce carbon dioxide emissions from the iron and steel industry; The relationship between per capita GDP and carbon dioxide emission of iron and steel industry presents an inverted U-shaped relationship.

Keywords: Low Carbon Development; Energy Consumption; CO_2 Emission

B.6 Research on Energy Consumption and Carbon Dioxide

Emission Performance Index of Typical Iron and Steel

Enterprises in China *He Weijun, Li Bai / 192*

Abstract: As one of the major sources of carbon dioxide emissions, the green, low carbon and sustainable development of China's iron and steel sector is crucial for China to tackle the global climate change and achieve high quality economic development. Taking 18 Chinese typical iron and steel enterprises as examples, this study thoroughly analyzes their energy consumption, carbon dioxide emission performance and economic gains of carbon emissions trading. We find that the energy consumption and carbon dioxide emissions per unit of steel of 18 enterprises present an continuously downward trend over 2012 - 2019, which indicates that China's iron and steel industry has made great progress in achieving low carbon development. In the meanwhile, the carbon dioxide emissions performance indicator of different enterprises is obviously different, and the average performance of 18 enterprises is approximately 0. 562 in 2019, showing a slight increase compared with 0. 558 in 2012. Besides, we find the carbon emission congestion phenomenon in 18 enterprises, which implies in a moderate carbon emission reduction may improve their productivity and output. Furthermore, we also find that carbon emissions trading among 18 enterprises is an effective way to reduce the economic cost of carbon emission reduction, and their total steel outputs present an obvious increase by implementing carbon emission trading, which could further improve

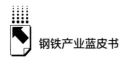

carbon emission performance and reduce the emissions per unit of steel.

Keywords: Iron and Steel Enterprise; Energy Consumption Per Unit of Steel; Carbon Trading.

Ⅳ   Technological Innovation

B.7   Regional Differences of Global Iron and Steel Trade and Production Technology

Lin Min, Zhang Jianliang and Cao Jianing / 217

Abstract: How does the world steel industry evolve, regenerate and transfer? What are the main drivers of each major technological change? What are the evolution and location differences of steel industry in the world? Only by answering the above questions can we fully understand the law of technological development of iron and steel industry, grasp the future trend of technological innovation of iron and steel industry, and promote the major technological reform of the industry. First of all, through carding global steel production technology evolution, the qualitative analysis of the trend of the iron and steel industry transfer, and points out that the industrial technology innovation center is shift will shift to Asia, at the same time to predict the future development direction for the whole life of green technology development cycle, clean and low carbon technology will deeply integrated into the intelligent manufacturing technology such as product design. Secondly, the trade of steel products in the world is used to quantitatively analyze the location difference and technological evolution among industries. The results show that the ups and downs of a country's steel industry are closely related to its industrialization process and international economic policies. However, the narrowing of the international steel market does not necessarily mean that the steel industry is weak, but also closely related to the segmentation of the international steel market-for example, China's export of high-end products due to coating technology innovation is on the rise. Finally, through summarizing and comparing the development paths of steel industry technology in Europe, Japan and South Korea, the United States, China and other typical countries, the experience worth learning in different development paths is found, such as the similarities and differences between China and Japan and South Korea's steel industry development models. The research on the above issues is helpful to understand the evolution and location difference of steel production technology in the global scope and grasp the future development trend of technology.

Keywords: Iron and Steel; Industrial Transfer; Location Difference

B.8 Technological Innovation Efficiency of Global Iron and

Steel Enterprises (2019)

Ge Zehui, Sun Xiaojie and Zhang Yunhuan / 290

Abstract: In the face of industry competition and environmental regulatory requirements, the world's representative Iron & Steel companies insist on leading the technological development of the industry with the soft power of technological innovation. The research on representative Iron & Steel enterprises is beneficial to provide analytical framework and policy thinking for the improvement of technological innovation performance of world steel enterprises. This report conducts research on technological innovation efficiency based on panel data of 29 representative companies from 2015 to 2020. Construct the input and output evaluation index system of technological innovation efficiency of Iron&Steel enterprises, and use the input and output scores calculated by principal component analysis to measure the input and output of technological innovation. The DEA — Malquist index method combined with the Super — SBM model is used to describe the dynamic trend and static characteristics of the technological innovation efficiency of Iron&Steel enterprises; the technological innovation efficiency value obtained based on the Super — SBM model is used to measure the technological innovation level and rank, and a panel Tobit regression was constructed. The

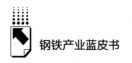

model explored the main factors affecting the technological innovation efficiency of Iron&Steel enterprises. The study found that 82.8% of enterprises' technological innovation investment showed an upward trend. The average value of technological innovation efficiency of enterprises is above 0.9, 89.7% of enterprises' technological innovation efficiency showed a stable performance during the study period, and 10.3% showed a downward trend. The average difference in technological innovation efficiency among enterprises is not large. The current gross profit, the number of patents, etc. have a positive impact, while the proportion of R&D investment and firms' assets have a negative impact on the efficiency of enterprises. Based on the conclusion of theoretical analysis, it is suggested that governments of countries actively build Iron &Steel technology innovation centers, enterprises introduce technology and continuously deepen reforms, and pay attention to the improvement of patent quality, so as to improve the technological innovation efficiency of Iron&Steel enterprises.

Keywords: Iron and Steel Enterprises; Technological Innovation Efficiency; Innovation Performance

B.9　Technological Innovation Efficiency of Global Iron

　　　　Steel Industry (2020)

Ge Zehui, Yan Xiangbin and Zhang Yunhuan / 311

Abstract: Technical innovation plays an important role in promoting the development of the steel industry, cutting overcapacity and sustainable development of the industry – wide ecological chain. In this report, we select 36 countries from the top 50 countries or regions of crude steel production in 2020 ranked by the World Steel Association as samples to study the technical efficiency of steel industry. The technical innovation input is measured from two dimensions of economic growth level and high – tech scale by using entropy method, and the technical innovation input score of steel industry is obtained as the input index.

Using industrial design patent and patent application quantities as output index. The technical efficiency of steel industry in each country was evaluated based on super − SBM model, and the influence of relevant factors was analyzed by Tobit model. It is found that 61% of the countries' technical innovation input increased every year, and the level of technical innovation input is closely related to the degree of industrialization and presents regional differences. In terms of technical efficiency, the value of technical efficiency of steel industry in all countries is less than 1, which indicates the low technical efficiency of steel industry and the transformation deficiency of technical innovation achievements in the world in recent years. In addition, the import volume of steel products and the amount of patent applications have a positive impact on technical efficiency, while GDP、 per capita GDP and technology export ratio have a negative impact. To improve national technical efficiency of steel industry, the government should increase the import of high − tech steel products; encourage businesses and individuals to apply for patents.

Keywords: Iron and Steel Industry; Technological Innovation; Technological Efficiency

V Digital Development

B. 10 Digital Transformation and Development of

World Steel Industry *Ma Jianfeng, Yu Feng and Liu Tao* / 350

Abstract: In recent years, the scale of the digital economy around the world has continued to expand. As the two pillars of the digital economy, the proportion of the industrial digitization and digital industrialization has increased year by year, promoting the transformation of the traditional industrial economy to the emerging digital economy. As an important link of the national industrial chain, the digital transformation of steel industry is advancing comprehensively. The digital transformation of China's steel industry has achieved remarkable results. With

471

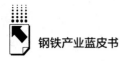

independent research and the help of social forces, the scale of online transactions and Internet logistics has grown rapidly. All world countries are actively preparing for the digital transformation competition. The developed countries represented by the United States, Germany, Japan, South Korea and the United Kingdom are taking industrial intelligence as the guide, increasing investment in new technologies to empower traditional industries to increase efficiency. Developing countries represented by India focus on new digital infrastructure, improve digital governance system, digital construction on the fast track of development. The world's leading steel companies have deepened its digital transformation planning into the operations side, with each department developing in an orderly way to achieve continuous optimization of the user experience. In the future, the steel industry will face a stronger trend of digital integration, digitalization through all aspects of production, linking upstream and downstream enterprises to form industrial ecological clusters, which will gradually realize digital and intelligent driving from the region to the overall situation.

Keywords: Steel Industry; Digitalization Intelligence; Development Status

B. 11　The Impact of the Digital Economy on the Structure and Layout of the Steel Industry and the Development Trend of the Industry

Ma Jianfeng, Li Qiaomin and Li Xiaohong / 378

Abstract: Technology and market are the two major determinants that affect the structure and layout of the steel industry. As the core of Industry 4.0, the digital economy leads the fourth industrial revolution, creating unprecedented opportunities for the transformation, upgrading and future development of the steel industry. As the industrial backbone of countries around the world, the steel industry supports and promotes the development of all industries in society. At present, infrastructure industry, automotive manufacturing, and machinery manufacturing are the main sources of world steel demand. However, since the international financial crisis, the overcapacity of the steel industry has continued and become a long-term problem faced by all countries in the world. The layout of the world steel industry has undergone several changes in the long-term economic development, forming the current layout of production, consumption and trade with different characteristics. The rapid development of the digital economy will bring disruptive changes to the steel industry and have a profound impact on the structure and layout of the steel industry. In order to study the impact and trend of the digital economy on the structure and layout of the steel industry, this paper starts from the analysis of the current situation of the world and China's steel industry structure and layout, and finds that the digital economy can promote the digital transformation and upgrading of the entire steel industry chain by empowering the steel industry and its upstream and downstream industries. The digital economy improves the total factor productivity of steel enterprises through channels such as promoting enterprise innovation, improving resource allocation efficiency, and alleviating asymmetric information, thereby realizing the optimization and adjustment of the structure and layout of the steel industry.

Keywords: The Digital Economy; Steel Industry Structure; Steel Industry Layout

B.12 An Analysis of the Evolution of the World Iron and Steel Industry Policy Based on Digitization

Feng Mei, Chen Chu and Lan lan / 411

Abstract: In the era of vigorous development of the digital economy, digitalization has profoundly affected the evolution of steel industry policies in many countries around the world. Based on the sorting out of the development process of global industrial digitalization, this paper finds that in the budding stage, forming

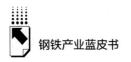

stage and deepening stage of industrial digitalization, the world's major countries gradually form information infrastructure and digital technology to enable industries to improve quality and efficiency, and industrial Internet to rebuild new industries in digital development. Modes, industrial platform development ecology and industrial clusters boosting industrial digital development and other phasedcharacteristics, the research perspective gradually focuses on the digital development of the steel industry. Based on the analysis of the digitalization policies of the iron and steel industry in different countries in different periods, it can be concluded that the digitalization policy of the iron and steel industry has an effect on the digital development of the iron and steel industry through three paths: innovating the production management technology of the iron and steel industry, building an intelligent iron and steel industry chain, and improving the construction of the iron and steel digital infrastructure. In order to promote the digital and intelligent development of the iron and steel industry, the government should accelerate the upgrading of digital technology in the iron and steel industry and improve the competitiveness of iron and steel products; build an industrial chain of iron and steel intelligent manufacturing, and promote the upgrading of the iron and steel industry structure; coordinate the construction of digital infrastructure and promote the rational distribution of the iron and steel industry. Further play the guiding and supporting role of the digitalization policy of the steel industry.

Keywords: Steel Industry; Industrial Policy; Industrial Digitalization; Industrial Intelligence

Ⅵ Cases

权威报告·连续出版·独家资源

皮书数据库
ANNUAL REPORT(YEARBOOK)
DATABASE

分析解读当下中国发展变迁的高端智库平台

所获荣誉

- 2020年，入选全国新闻出版深度融合发展创新案例
- 2019年，入选国家新闻出版署数字出版精品遴选推荐计划
- 2016年，入选"十三五"国家重点电子出版物出版规划骨干工程
- 2013年，荣获"中国出版政府奖·网络出版物奖"提名奖
- 连续多年荣获中国数字出版博览会"数字出版·优秀品牌"奖

皮书数据库

"社科数托邦"
微信公众号

成为会员

　　登录网址www.pishu.com.cn访问皮书数据库网站或下载皮书数据库APP，通过手机号码验证或邮箱验证即可成为皮书数据库会员。

会员福利

- 已注册用户购书后可免费获赠100元皮书数据库充值卡。刮开充值卡涂层获取充值密码，登录并进入"会员中心"—"在线充值"—"充值卡充值"，充值成功即可购买和查看数据库内容。
- 会员福利最终解释权归社会科学文献出版社所有。

数据库服务热线：400-008-6695
数据库服务QQ：2475522410
数据库服务邮箱：database@ssap.cn
图书销售热线：010-59367070/7028
图书服务QQ：1265056568
图书服务邮箱：duzhe@ssap.cn

社会科学文献出版社 皮书系列
SOCIAL SCIENCES ACADEMIC PRESS (CHINA)

卡号：265582379764
密码：

S 基本子库
SUB DATABASE

中国社会发展数据库（下设 12 个专题子库）

紧扣人口、政治、外交、法律、教育、医疗卫生、资源环境等 12 个社会发展领域的前沿和热点，全面整合专业著作、智库报告、学术资讯、调研数据等类型资源，帮助用户追踪中国社会发展动态、研究社会发展战略与政策、了解社会热点问题、分析社会发展趋势。

中国经济发展数据库（下设 12 专题子库）

内容涵盖宏观经济、产业经济、工业经济、农业经济、财政金融、房地产经济、城市经济、商业贸易等 12 个重点经济领域，为把握经济运行态势、洞察经济发展规律、研判经济发展趋势、进行经济调控决策提供参考和依据。

中国行业发展数据库（下设 17 个专题子库）

以中国国民经济行业分类为依据，覆盖金融业、旅游业、交通运输业、能源矿产业、制造业等 100 多个行业，跟踪分析国民经济相关行业市场运行状况和政策导向，汇集行业发展前沿资讯，为投资、从业及各种经济决策提供理论支撑和实践指导。

中国区域发展数据库（下设 4 个专题子库）

对中国特定区域内的经济、社会、文化等领域现状与发展情况进行深度分析和预测，涉及省级行政区、城市群、城市、农村等不同维度，研究层级至县及县以下行政区，为学者研究地方经济社会宏观态势、经验模式、发展案例提供支撑，为地方政府决策提供参考。

中国文化传媒数据库（下设 18 个专题子库）

内容覆盖文化产业、新闻传播、电影娱乐、文学艺术、群众文化、图书情报等 18 个重点研究领域，聚焦文化传媒领域发展前沿、热点话题、行业实践，服务用户的教学科研、文化投资、企业规划等需要。

世界经济与国际关系数据库（下设 6 个专题子库）

整合世界经济、国际政治、世界文化与科技、全球性问题、国际组织与国际法、区域研究 6 大领域研究成果，对世界经济形势、国际形势进行连续性深度分析，对年度热点问题进行专题解读，为研判全球发展趋势提供事实和数据支持。

法律声明

"皮书系列"（含蓝皮书、绿皮书、黄皮书）之品牌由社会科学文献出版社最早使用并持续至今，现已被中国图书行业所熟知。"皮书系列"的相关商标已在国家商标管理部门商标局注册，包括但不限于LOGO（ ）、皮书、Pishu、经济蓝皮书、社会蓝皮书等。"皮书系列"图书的注册商标专用权及封面设计、版式设计的著作权均为社会科学文献出版社所有。未经社会科学文献出版社书面授权许可，任何使用与"皮书系列"图书注册商标、封面设计、版式设计相同或者近似的文字、图形或其组合的行为均系侵权行为。

经作者授权，本书的专有出版权及信息网络传播权等为社会科学文献出版社享有。未经社会科学文献出版社书面授权许可，任何就本书内容的复制、发行或以数字形式进行网络传播的行为均系侵权行为。

社会科学文献出版社将通过法律途径追究上述侵权行为的法律责任，维护自身合法权益。

欢迎社会各界人士对侵犯社会科学文献出版社上述权利的侵权行为进行举报。电话：010-59367121，电子邮箱：fawubu@ssap.cn。

社会科学文献出版社